《唐史论丛》编辑委员会

目　录

考古与碑志

书　评

CONTENTS

Economics and Law

Politics and Military

Religion and Culture

Archaeology and Inscriptions

Book Reviews

经济与法律

环境·技术·经济：唐代蜂业再研究*

杨　凯

蜜蜂与蚕、白蜡虫并称中国历史上的三大养殖昆虫（又称“经济昆虫”“资源昆虫”），不仅养殖历史悠久，而且具有独特的方法和较高的经济效益，是古代农业的补充部分。目前学界在蜂业研究中较为重要的成果有杨淑培《中国养蜂史之管见》[1]，概述了中国古代养蜂业的形成和发展历史，归纳出我国养蜂史的四个阶段；王华夫等撰《中国蜂业简史》[2]对古代蜂业史作出了纲要式的描述，涉及养蜂技术、蜂产品应用等方面。上述论著对唐代蜂业的介绍都比较简略，远不如宋及宋以后的朝代。

郭锐《唐代蜂业初探》[3]总结了唐代蜂业的地理分布、养蜂技术以及蜂产品在日常生活领域中的应用，是笔者目力所及仅见的专文探讨唐代蜂业的研究成果，描述了唐代蜂业的基本历史面貌，归纳出其一般特点。然该文篇幅短小，对于唐代蜂业发展的生态环境背景、生产经营以及贸易情况的考察尚付阙如，对养蜂技术的分析也有待深入，缺乏多维视角的观察与论述。故笔者不揣谫陋，试再作探讨，如有舛谬之处敬请方家指正。

一、环境：蜂业发展的背景

考察历史时期一个农业部门的发展状况，需有“了解之同情”，将其置于

---

*本文系国家社科基金重大项目“多卷本《中国生态环境史》”（项目编号：13&ZD080）阶段性成果。

[1] 杨淑培：《中国养蜂史之管见》，《中国农史》1988年第2期，第82—90页。

[2] 乔廷昆主编，王华夫等撰：《中国蜂业简史》，北京：中国医药科技出版社，1993年，第1—31页。

[3] 郭锐：《唐代蜂业初探》，《中国社会经济史研究》2011年第1期，第5—10页。

特定的历史背景之中。从生物学的角度来看，一方面，蜜蜂具有趋光、喜温的生物习性；另一方面，蜜蜂的食物主要是被子植物的花粉，而被子植物也依赖蜜蜂传粉才能繁殖，二者是互相依存的关系。蜜源植物的繁殖与分布与气温、植被等环境因素息息相关。故而，欲考察唐代蜂业，需了解当时的生态环境。

历史自然地理方面的研究成果表明，隋唐时期气候温和。以长安为例，史书记载有数次冬季无冰无雪的情况。唐代植物的生长季节可能比现在要长，农作物复种指数提高[1]。农牧业交界线北移，农耕区持续扩张，农作物产量提高[2]。有学者推测当时气温应比现在高1℃[3]。在这种气候条件下，森林植被覆盖面积也获得有利的发展。据樊宝敏推测，隋唐时期我国的森林覆盖率应在33%—37%之间，从整个历史时期森林丰度的变化来看，这个数量还是较为可观的[4]。

鹿类动物、大象、老虎等野生动物生活在茂密的森林之中，通过考察它们的活动轨迹和范围，可以推测唐代森林植被的覆盖程度。中古时期华北地区存在大量的鹿类动物，而这种动物对于生态环境尤其是林地草地的要求较为严格，这说明当时它们所处的生态环境良好[5]。此时文献中记载的野象活动领域包括秦岭、淮河以南的整个华南地区，活动范围十分广阔。这既说明当时茂密的森林植被为野象提供了良好的栖息地，又证实当时气温比现在更加温暖，因为野象也具有喜温的生物习性[6]。

需要注意的是，因当时人们还没有大规模使用煤炭，只以林木薪柴为主要燃料；加之大量建筑工程的开展，对木材的消耗较大，故而有唐一代对森林植被的破坏也比较严重。为此唐政府颁布了一些生态保护政策，对避免森林遭到破坏、保持水土和维护生物多样性起到了一定的效果。唐高祖时设立虞部，“掌京城街巷种植，山泽苑囿，草木薪炭，供顿田猎之事。凡采捕渔猎，必以其时。凡京兆、河南二都，其近为四郊，三百里皆不得弋猎采捕”[7]。还制定相

---

[1] 竺可桢：《中国近五千年来气候变迁的初步研究》，《考古学报》1972年第1期，第15—38页。

[2] 蓝勇：《唐代气候变化与唐代历史兴衰》，《中国历史地理论丛》2001年第1辑，第4—15页。

[3] 蓝勇：《中国历史地理》，北京：高等教育出版社，2002年，第21页。

[4] 樊宝敏：《中国历代森林覆盖率的探讨》，《北京林业大学学报》2001年第4期，第62页。

[5] 王利华：《中古华北的鹿类动物与生态环境》，《中国社会科学》2002年第3期，第188—200页。

[6] 文焕然等：《中国历史时期植物与动物变迁研究》，重庆出版社，2006年，第189—191页。

[7]（后晋）刘昫：《旧唐书》卷四三《职官志二》，北京：中华书局，1975年，第1841页。

关法律，对毁坏山林者加以惩处，规定“毁伐树木稼穑，各准盗论”[1]；“诸占固山野陂湖之利者杖六十”[2]；“诸于山陵兆域内失火者徒二年，延烧林木者流二千里”[3]；“诸失火及非时烧田野者笞五十”[4]。

综上所述，唐代温暖的气候适宜蜜蜂的生存与繁衍；面积广阔的森林植被蕴藏着丰富的蜜源植物，是蜂业生产良好的物质基础。所有这些都为蜂业的发展提供了较为优越的生态环境条件。

二、技术：蜂业发展的动力

杨淑培先生将我国古代养蜂史归纳为四个阶段：第一阶段为原始社会至东汉时期，人们掠取蜂蜜、蜜蜡、蜂子，蜜蜂处于野生状态；第二阶段是东汉至南北朝时期，人们在山野处养蜂，蜜蜂处于半野生状态；第三阶段是南北朝至唐代，蜜蜂由野生向家养过渡；第四阶段是唐代至清末，为家庭养蜂，蜜蜂处于驯养状态[5]。由此可见，唐代是从掠取野生蜜蜂、山野养蜂向家庭养蜂过渡的重要转折期，有必要对其进行专门的研究。

唐代以前，古人养蜂积累了一定的经验。《高士传》记载，东汉时汉阳上邽（今甘肃天水一带）姜岐“以畜蜂、豕为事，教授者满于天下，营业者三百余人。辟州从事，不诣。民从而居之者数千家”[6]。魏晋南北朝时，养蜂采取以蜜、蜡涂桶，吸引蜂群的方法。《太平御览》引南朝宋郑缉之《永嘉郡记》云：

> 七八月中常有蜂群过，有一蜂先飞觅止泊。家中人知，辄内木桶中。以蜜涂桶中，飞者闻蜜气或停，不过三四，后便举群悉至。[7]

类似于晋代养蜂将蜂箱置于庭院之中，唐人将蜂箱置于檐下，使蜂箱免受恶劣天气的影响。李商隐《蜂》云：“红壁寂寥崖蜜尽，碧檐迢递雾巢空。”[8]

除了养蜂地点，收蜜时间也是值得关注之事。《四时纂要》将“六月开

[1] 刘俊文：《唐律疏议笺解》卷一九，北京：中华书局，1996年，第1369页。

[2]《唐律疏议笺解》卷二六，第1824页。

[3]《唐律疏议笺解》卷二七，第1889页。

[4]《唐律疏议笺解》卷二七，第1892页。

[5] 杨淑培：《中国养蜂史之管见》，《中国农史》1988年第2期，第82页。

[6]（晋）皇甫谧：《高士传》，上海古籍出版社，2014年，第298页。

[7]（宋）李昉：《太平御览》卷九五〇《虫豸部》，第九册，上海古籍出版社，2008年，第444页。

[8]（唐）李商隐：《李商隐全集》，上海古籍出版社，1999年，第74页。

蜜"[1]列为农家历事之一。然而实际上，蜂蜜的收集时间不尽相同，春、夏、秋皆有[2]。值得注意的是，孟郊《济源寒食》中有两句是："蜜蜂为主各磨牙，咬尽村中万木花。君家瓮瓮今应满，五色冬笼甚可夸。"[3]有人引用这句诗，以此为冬蜜[4]。但据诗题，"寒食"在清明节前二日，是为春季。且"冬笼"通"冬珑"，象声词，与冬季无关[5]，故应归为春蜜。

为保证蜂蜜的质量，唐人靠近花、果等优质的蜜源植物养蜂。蜜蜂采梨花、茶花、黄连花所酿之蜜质量很好，受到人们的喜爱。梨花蜜"色白如凝脂"[6]，是蜜中的珍品，故被用来上贡。《唐两京城坊考》云：西京昌乐坊，"坊西官园，供进梨花蜜"[7]。西京永阳坊西大总持寺，"寺中常贡梨花蜜"[8]。又有茶花蜜，是馈赠好友的礼物。《云仙散录》云："陆展郎中见杨梅，叹曰：'此果恐是日精，然若无蜂儿采香，谁胜难和之味？'即以竹丝篮贮千枚，并茶花蜜送衡山道士。"[9]另外，还有黄连蜜，具有药效，"宣州有黄连蜜，色黄，味苦，主目热，蜂衔黄连花作之"[10]。

如果上述史料不能说明唐人自觉靠近蜜源植物养蜂，而仅仅是观察到蜜蜂靠近花果所酿之蜜品质优良，那么裴明礼的案例则恰恰可以证明唐人在养蜂过程中对环境选择的主动性——"周院置蜂房，以营蜜，广栽蜀葵杂花果，蜂采花逸而蜜丰矣，营生之妙，触类多奇，不可胜数。"[11]

另外，还有一个需要解决的技术问题，即蜂蜇的防护措施与治疗手段。为避免蜂蜇，在采集野生蜂蜜时，唐人以遮蔽法、烟熏法来防护自身。"土人采时，须以草覆蔽体，以捍蜂螫。复以烟火熏散蜂母"[12]。又，顾况《采蜡一

[1]（唐）韩鄂原编，缪启愉校释：《四时纂要校释》卷三，北京：农业出版社，1981年，第161页。

[2][4] 郭锐：《唐代蜂业初探》，第7页。

[3][5]（唐）孟郊著，华忱之、喻学才校注：《孟郊诗集校注》卷五，北京：人民文学出版社，2005年，第199页。

[6][10]（唐）陈藏器撰，尚志钧辑释：《本草拾遗辑释》卷九，合肥：安徽科学技术出版社，2002年，第416页。

[7]（清）徐松撰，（清）张穆校补，方严点校：《唐两京城坊考》卷二《西京》，北京：中华书局，1985年，第47页。

[8]《唐两京城坊考》卷四《西京》，第127页。

[9]（后唐）冯贽编，张力伟点校：《云仙散录》，北京：中华书局，2008年，第39页。

[11]（宋）李昉：《太平广记》卷二四三《治生》，北京：中华书局，1961年，第1875页。

[12]（唐）刘恂撰，商壁、潘博校补：《岭表录异校补》，南宁：广西民族出版社，1988年，第183页。

章》云："采蜡，怨奢也。荒岩之间，有以纩蒙其身，腰藤造险。"[1]这里所谓的"蜡"是指蜜蜡，而"纩"是指新丝绵絮，

唐人有大量治疗蜂螫的方药，多数遵循类比疗法的原则，即俗语所谓"以毒攻毒"的方法[2]。大体观之，常以生蜜[3]、蜂房[4]、蛇皮等毒物入药。如《备急千金要方》"治蜂螫方"云："蜜（五合）、蜡（二两）、猪脂（五合），上三味和煎如膏，候冷以涂之。"[5]《外台秘要》"治蜂螫方"云："取蛇皮以蜜涂之，炙令热，以贴螫处效。又以酱汁涂蛇皮，炙以封之，甚效。"其"蜂毒方"云："蜂房及蓝青解之。"[6]

此外，也有以各种植物入药的药方，如《外台秘要》"必效疗蜂螫方"云："捣青蒿封之，亦可嚼用之。又方，近用薄荷挼贴之大效，蜀中应验。"[7]《新修本草》记载了两种治疗蜂毒的药材，"（蓝实）尖叶者为胜，甚疗蜂螫毒"[8]，"（白兔藿）主蛇虺、蜂虿、猘狗、菜肉、蛊毒、鬼疰，风疰，诸大毒不可入口者，皆消除之"[9]。《本草拾遗》在介绍香药"甲煎"的功效时也提到，"虫、蜂、蛇、蝎所螫疼"[10]亦在其治疗范围内。

三、生产：蜂产品的分布范围与内部构成

蜜蜂在我国生活的历史，甚至可以追溯到地质时代。近年来的研究成果表

[1]（唐）顾况撰，王启兴、张虹注：《顾况诗注》，上海古籍出版社，1994年，第19页。

[2]"类比疗法"（cure by analogy）的概念，见梁其姿《麻风——一种疾病的医疗社会史》，朱慧颖译，北京：商务印书馆，2016年，第65页。

[3]古人认为生蜜有毒，故而入药、和药和蜜炙所用之蜜，多为炼蜜。《论衡》云："食蜜少多，则令人毒。"见（东汉）王充撰，黄晖校释：《论衡校释》卷二三《言毒篇》，北京：中华书局，1990年，第951页；又，《四时纂要》云："勿食生蜜，令人发霍乱。"见《四时纂要校释》卷四，第170页。

[4]《千金翼方》："露蜂房，味苦咸，平，有毒。"见（唐）孙思邈撰，李景荣等校释：《千金翼方校释》卷四《本草下》，北京：人民卫生出版社，1998年，第66页。

[5]（唐）孙思邈著，李景荣等校释：《备急千金要方校释》卷二五《蛇毒》，北京：人民卫生出版社，1998年，第539页。

[6][7]（唐）王焘：《外台秘要》卷四〇，北京：人民卫生出版社影印本，1955年，第1124页。

[8]（唐）苏敬等撰，尚志钧辑校：《唐·新修本草》（辑复本）卷七《草部上品》，合肥：安徽科学技术出版社，1981年，第185页。

[9]《唐·新修本草》卷七《草部上品》，第200页。

[10]《本草拾遗辑释》卷三，第112页。

明，第三纪喜马拉雅山地壳运动之后，我国西南地区成为蜜蜂种类最多、最集中的地区[1]。西藏和横断山脉地区，是为蜜蜂的起源中心[2]。后来随着海陆变迁和气候变化，蜜蜂的生活、繁殖地域不断扩大。由中古时期蜂产品的产地可以看出，其分布范围几乎遍布我国境内。

以往论者往往忽略敦煌文书中相关记载，其实这其中包含着很多信息。如敦博58《天宝年间地志残卷》载：关内道成、武、延、丹四州贡蜡烛，邠州贡白蜜；河东道晋州贡蜡烛，代州贡崖蜜[3]。伯2522《贞元十道录残卷》载：霸州静戎郡之安信、牙信（利）保宁、皈（归）化贡石蜜[4]。伯2511《诸道山河地名要略残卷》：岚州物产为食蜜[5]。此皆为残卷，只能反映部分史实。然而作为第一手史料，具有很高的价值，可以验证正史的记载。

当然，若要获得更为全面、完整的资料，需搜检《唐六典》《通典》《元和郡县图志》《新唐书·地理志》中的土贡、物产记录，现将各种史料中蜂产品的产地信息以表格呈现：

表1　唐代各种文献中蜂产品产地一览表

史料 / 州名 / 蜂产品	《唐六典》[6]	《通典》[7]	《元和郡县图志》[8]	《新唐书·地理志》[9]
蜜类[10]	潞州	文州	慈州、隰州、凤州、处州、涪州、施州	邠州、慈州、隰州、石州、代州、潞州、复州、凤州、文州、通州、阶州、湖州、翼州

[1] 洪友崇：《蜜蜂化石和起源问题》，《中国养蜂》1997年第5期，第4页。

[2] 李有泉、王海蓉：《蜜蜂的起源地再议》，《养蜂科技》2000年第2期，第4页。

[3] 唐耕耦、陆宏基编：《敦煌社会经济文献真迹释录》第一辑，北京：书目文献出版社，1986年，第56—60页。

[4] 唐耕耦、陆宏基编：《敦煌社会经济文献真迹释录》第一辑，第68页。

[5] 唐耕耦、陆宏基编：《敦煌社会经济文献真迹释录》第一辑，第75页。

[6]（唐）李林甫等撰，陈仲夫点校：《唐六典》，北京：中华书局，1992年。

[7]（唐）杜佑撰，王文锦、王永兴等点校：《通典》，北京：中华书局，1988年。

[8]（唐）李吉甫撰，贺次君点校：《元和郡县图志》，北京：中华书局，1983年。

[9] 郭锐《唐代蜂业初探》（第6页）中的《〈新唐书〉所见唐代进贡蜂产品地区一览表》列出42处产地记载，笔者重新细检史料，共检出50处，于此拾遗补缺，重新排列。

[10] 包括蜜、白蜜、花蜜等名目。

续表

史料 州名 蜂产品	《唐六典》	《通典》	《元和郡县图志》	《新唐书·地理志》
蜡类[1]	晋州、慈州、凤州、兴州、集州、夔州、武州、成州、思州、黔州、费州、业州、溱州、珍州、夷州、古州、福禄州、邵州	晋州、慈州、成州、武州、舒州、夔州、峡州、归州、兴州、凤州、开州、集州、汀州、黔州、思州、夷州、施州、业州	凤翔府、邠州、丹州、延州、绥州、晋州、慈州、隰州、石州、房州、凤州、兴州、成州、文州、邵州、泉州、漳州、汀州、黔州、思州、费州、珍州、溱州、播州、溪州、施州、奖州、谅州、唐林州、武州	凤翔府、庆州、丹州、延州、绥州、晋州、绛州、慈州、隰州、辽州、石州、峡州、归州、夔州、涪陵郡、房州、兴元府、洋州、利州、凤州、成州、文州、集州、通州、阶州、庐州、舒州、处州、汀州、施州、黔州、奖州、夷州、思州、费州、松州、古州、峰州、福禄州

根据上述资料，统计唐代史料中各道出产蜂产品的州郡数目如下：

表2 唐代各种文献记载诸道中出产蜂产品的州郡数目统计表

史料 州郡数 道	《唐六典》	《新唐书》	《通典》	《元和郡县图志》
关内道	缺	6	缺	5
河东道	3	8	2	5
山南道	4	15	9	5
陇右道	2	1	1	1
淮南道	缺	2	1	缺
江南道	7	12	6	17
剑南道	缺	3	缺	缺
岭南道	3	3	缺	2

根据表2的统计，可以看出唐代至少有56个州郡出产蜂产品，其集中分布于南方，尤其以山南道与江南道州郡数目最多，在全国占有相当的比例。北方出产蜂产品州郡数目最多的为河东道，但是相较于江南道和山南道而言，仍然相

[1] 包括蜡、黄蜡、白蜡、熟蜡、蜡烛等名目，笔者按，唐代白蜡亦指蜜蜡，非后世之虫白蜡。

差甚远。这种分布特点很有可能是由植被（蜜源植物）的分布特征导致的——具有经济价值的蜜蜂需要靠近蜜源植物，才能保证产蜜的质量与数量。而南方丰富多样的植被资源为此提供了良好的生态环境基础。

另外，在蜂产品的内部构成方面，据《通典》卷六《食货六》中的记载，可以计算出“天下诸郡每年常贡”蜡烛80条，蜡930斤，蜂蜜120斤[1]。再综合蜂产品产地信息，产蜜的州郡数约占州郡总数的25%，产蜡的州郡数约占州郡总数的75%。本来蜜与蜡在蜂巢之中同时存在，但很多州郡贡蜡而不贡蜜，且贡蜡的数量远远超过贡蜜，应该是因为唐代上层社会对于蜡的需求量更大。日本学者吉田光邦在研究我国传统失蜡铸造工艺时也指出——“如果假定蜡型是使用像现在的蜜蜡，那么，在这种情形下，蜜蜡的大量供给立刻成为问题。因此，蜜蜡的供给来源，同时会成为关于铸造技术发展的一个指标。”[2]唐代失蜡铸造工艺已经取得一定的成就，加之蜜蜡广泛应用于制烛、密封、熏香、蜡染、美容、制药等日常生产生活领域，这或许也是唐代蜡的需求量更大的原因之一。

四、贸易：蜂业与唐代社会经济

有关唐代蜂产品贸易的史料十分有限，目前研究成果也很少，笔者仅见有葛凤晨等人撰写的《中日蜂业贸易史源探析——唐代渤海国对日本蜂蜜贸易活动》一文[3]。实际上，国外一些汉学家对于唐代蜂产品贸易也有所关照，只是没有专文系统讨论，如薛爱华在《撒马尔罕的金桃》中所写道：“我们十分熟悉那些由外国人在唐朝境内搜求的，或者是唐朝人自己带到国外的商品：诸如丝绸之类的奢侈品、酒、陶瓷制品、金属器皿等，还有像桃子、蜂蜜、松果那样美味的食物。”[4]

[1]《通典》卷六《食货六》，第114—128页。笔者按，该记载中武州土贡蜜蜡的数量不详，没有被列入统计范围。另外，阴平郡每年土贡白蜜一石，根据唐代《夏侯阳算经》的换算方法，1石相当于120斤。见杨东晨、卢建国：《唐代衡制小识》，《文博》1984年第1期，第107页。

[2]［日］吉田光邦：《〈天工开物〉的冶炼铸造技术》，载［日］薮内清等《天工开物研究论文集》，章熊、吴杰译，北京：商务印书馆，1961年，第173页。

[3]葛凤晨、陈东海、历艳芳：《中日蜂业贸易史源探析——唐代渤海国对日本蜂蜜贸易活动》，《养蜂科技》1996年第6期，第30—32页。

[4]［美］薛爱华：《撒马尔罕的金桃：唐代舶来品研究·导论》，吴玉贵译，北京：社科文献出版社，2016年，第29页。

据葛凤晨等人的研究，考诸东北地方史志，其中记载最早采蜜以及蜂蜜贸易的时间是唐代渤海政权时期。此期间我国东北蜂业经济长足发展，以在八连城设立的东京龙原府为基地，中日官方、民间的蜂产品贸易十分活跃。渤海本地盛产的蜂蜜大量输入日本，在渤海内外贸易占有主要地位[1]。不宁唯是，蜂蜜作为本地特产，有时还被当作礼物馈赠邻国，如《渤海国志长编》云："大兴二十七年（763），使臣以蜜聘于日本。"[2]《唐大和上东征传》亦云：鉴真在出访日本时，带着"蜂蜜十斛，甘蔗八十束"[3]。

也有外国蜂产品输入国内的记载，属于朝贡贸易的一部分。《杜阳杂编》云：

> 公主疾既甚，医者欲难其药饵，奏云：得红蜜白猿膏，食之可愈。上访内库，得红蜜数石，本兜离国所贡也。[4]。

西北地区也有蜂产品贸易存在。这方面的史料一般见于敦煌吐鲁番文书。囿于原始资料的残缺，我们仅可拾得有关当时蜂产品物价的一鳞半爪，或可与砂糖、石蜜等其他同类甜食价格做一比较。

《唐天宝二年（743）交河郡市估案》载有"流蜜壹合，上直钱拾肆文（后缺）"[5]；"生石蜜壹两，上直钱叁拾文（后缺）"，"石蜜壹两，上直钱拾陆文（后缺）"[6]；"砂糖壹两，上直钱拾贰文，次拾文，下玖文"，"砂糖壹两，上直钱拾叁文，次拾贰文，下拾文"[7]。

孙思邈《备急千金要方》曾说过蜜的计量单位"斤"与"合"之间的换算关系："凡云蜜一斤者，有七合。"[8]又说明计量单位"两"与"斤"之间的关系是"今则……十六两为一斤"[9]。前引"流蜜一合"中的流蜜应该是指液体

[1] 葛凤晨、陈东海、历艳芳：《中日蜂业贸易史源探析——唐代渤海国对日本蜂蜜贸易活动》，第30页。

[2] 金毓黻编：《渤海国志长编》长编十七，台北：华文书局影印本，1968年，第767页。

[3] ［日］真人元开著，汪向荣校注：《唐大和上东征传》，北京：中华书局，2000年，第47页。

[4] （唐）苏鹗：《杜阳杂编》卷下，载《笔记小说大观》第一册，扬州：广陵古籍刻印社，1983年，第150页。

[5] ［日］池田温：《中国古代物价初探——关于天宝二年交河郡市估案断片》，载刘俊文主编《日本学者研究中国史论著选译》第四卷《六朝隋唐》，北京：中华书局，1992年，第453页。

[6] ［日］池田温：《中国古代物价初探——关于天宝二年交河郡市估案断片》，第464页。

[7] ［日］池田温：《中国古代物价初探——关于天宝二年交河郡市估案断片》，第466页。

[8]《备急千金要方校释》卷一，第17页。

[9]《备急千金要方校释》卷一，第16页。类似表述还见于《唐·新修本草》卷一《合药分剂料理法》"今则……十六两为一斤"（第31页），"凡方云蜜一斤者，有七合"（第41页）。

蜂蜜，按照孙思邈的换算方式，上等流蜜的价格一两应为6.125文。对比《市估案》中的砂糖、石蜜单位价格，蜂蜜的单价要低很多。

为什么会出现这种现象呢？笔者分析其原因可能是：首先，正如前文所述，唐代蜂产品产地分布范围很广，还出口日本等地，产量也应不少。尤其是河西陇右地区，自先秦以来直至唐代一直为蜂蜜丰产区。《唐天宝二年（743）交河郡市估案》反映的恰恰是西北地区贸易活动的历史事实，此地蜂蜜量多而价贱。其次，砂糖价格的问题。河陇地区气候较为干旱，不产甘蔗，砂糖也无法制造。此地砂糖从遥远的南方运来，运费自然不菲。加之砂糖的制造也需人工熬制，更增加了成本。第三，石蜜价格的问题。季羡林先生曾经在其著作《糖史》第一编第三章中对石蜜问题进行了细致的讨论，概括出石蜜具有11种含义，包括固体石蜜、牛乳糖、蜂蜜、甘蔗等[1]。那么，此《市估案》中的石蜜应该具有哪种含义呢？结合季羡林先生的划分标准，笔者推测，此石蜜即牛乳糖或者所谓的“固体石蜜”（“固体石蜜”就是将蔗浆熬好后，在太阳下面曝晒形成的固体），因为此二者从西域进口而来，又被称为“西极（国）石蜜”[2]。笔者判断的依据是，《市估案》中的石蜜有“石蜜”“生石蜜”之分。虽然“石蜜”含义颇多，难以辨清，但“生石蜜”的含义却比较明确，也就是常作为贡品进入唐朝宫廷的“西极（国）石蜜”。举例如《册府元龟·外臣部》：“五月，火寻国遣使献紫獐皮、白生石蜜、黑盐。”[3]又，开元七年二月，安国王笃萨波提上表曰，愿奉献“生石蜜一百斤”[4]。因其自域外进口而来，价格自然较蜂蜜更高。

与同为甜源的砂糖、石蜜相比，蜂蜜具有价格优势[5]。又因为家养蜂蜜品质很好，应用亦广，成为深受唐人喜爱的食品。《新修本草》将蜜分为“崖蜜”“木蜜”“土蜜”三种，家养蜂蜜属于“木蜜”，色白浓稠，味美质优[6]。在医疗领域，家养白蜜的效用最佳，被视为上等蜂蜜[7]。凡有利可图的商品，自

[1] 季羡林：《糖史》（上），南昌：江西教育出版社，2009年，第33—42页。

[2] 有关“西极（国）石蜜”的问题，参看季羡林著《糖史》（下），第539—545页。

[3]（宋）王钦若：《册府元龟》卷九七一《外臣部》，北京：中华书局，1960年，第11245页。

[4]《册府元龟》卷九九九《外臣部》，第11558页。

[5] 当然，依据有限的史料，这个推断不可扩大到全国范围，仅限于河西陇右地区。

[6]《唐·新修本草》卷一六《虫鱼部》云：“又木蜜，呼为食蜜，悬树枝作之，色青白，树空及人家养作之者，亦白而浓厚，味美。”第401页。

[7]（唐）孟诜、张鼎：《食疗本草》云：“点目中热膜，家养白蜜为上，木蜜次之，崖蜜更次。”北京：人民卫生出版社，1984年，第87页。

然会被奸商利用以谋取不义之财。唐人为了购买纯净的家养蜂蜜及木蜜，须亲自前往看取——“亦有杂木蜜及人家养者，例皆被添，殆无淳者，必须亲自看取之，乃无奈耳，且又多被煎煮。”[1]

养蜂本是禽虫之技，然而有人赖以为生甚至因此致富。贾岛诗云：“凿石养蜂休买蜜，坐山秤药不争星。”[2]又，唐天宝年间，有一女子名吴寸趾，“其家竟以作蜜典，富甲里中。”[3]唐人裴明礼“善于理生，收人间所弃物，积而鬻之。以此家产巨万……周院置蜂房，以营蜜，广栽蜀葵杂花果，蜂采花逸而蜜丰矣，营生之妙，触类多奇，不可胜数”[4]。从山野养蜂到家庭养蜂，养蜂活动经历了从自发到自觉的过程。唐人养蜂营蜜，蜂房遍布院落，同时在其周围大量种植花果等优质蜜源植物，说明其时家庭养蜂业已形成规模。借助养蜂累积“家产巨万”“富甲里中”，则说明养蜂业具有良好的经济效益。

五、余论：如何评价唐代蜂业?

环境、技术、经济，是考察唐代蜂业发展状况的三个维度。环境是蜂业发展的自然背景与生态基础，技术的进步为蜂业发展提供了动力，生产以及贸易的形式、规模是蜂业发展的表现与结果，三者互为表里，紧密联系。

尽管前文已经总结出唐代蜂业发展取得的种种成就，但还需认识到，在我国蜂业发展史中，唐代尚处于由掠夺野生蜜蜂向家庭养蜂过渡的阶段，还有相当一部分蜂产品来自野生蜜蜂。如当时山崖上的天然蜂蜜被称为崖蜜，《本草拾遗》云：“崖蜜别是一蜂，如陶（指陶弘景）所说，出南方岩岭间，生悬崖上，蜂大如虿，房著岩窟。”[5]唐诗中常有采集崖蜜的记载，所谓“充肠多薯蓣，崖蜜亦易求”[6]，“崖蜜松花熟，山杯竹叶新”[7]，“岸沙从鹤印，崖蜜劝人蘸”[8]。凡此种种，不再赘述。

[1]《唐·新修本草》卷一六《虫鱼部》，第401页。

[2]（唐）贾岛著，李嘉言新校：《长江集新校》卷九，上海古籍出版社，1983年，第107页。

[3]（元）伊世珍辑：《琅嬛记》卷下，载《元代笔记小说》第一册，石家庄：河北教育出版社，1994年，第437页。

[4]《太平广记》卷二四三《治生》，第1874、1875页。

[5]《本草拾遗辑释》卷九，第415页。

[6]（唐）杜甫著，（清）仇兆鳌注：《杜诗详注》卷八，北京：中华书局，1979年，第672页。

[7]《杜诗详注》卷一八，第1623页。

[8]（唐）陆龟蒙著，宋昌明、王立群点校：《甫里先生文集》卷四，郑州：河南大学出版社，1996年，第28页。

囿于上古、中古时期农业史料限制，我们难以考证出有关蜂业更加具体的细节，但这并不意味着这项研究无法进行。以往学界在蜂业史研究中总认为宋元时代才是蜂业取得技术突破和整体较大发展的时期，殊不知这可能是由前后历史时段史料丰度不对称给我们带来的观感[1]。通过对唐代文献“披沙拣金”式的梳理，以及新视角的运用和对新材料的把握，我们可以推想当时蜂业发展的概貌及其对社会经济的积极作用，并且能够对唐代在中国蜂业史中的历史地位做出一个较为客观的评价。

（作者单位：南开大学历史学院）

Environment, Technique and Economy: The Restudy of Apiculture in the Tang Dynasty

Yang Kai

[Abstract] The apiculture in the Tang Dynasty can be re-examined from the perspective of environment, technique and economy, which is contribute to have a new understanding of its development background, motivation and performance. As to the development of apiculture in the Tang Dynasty, the suitable natural environment was the ecological basis and the technique progress promoted the development. The form and scale of apiculture's production and trade reflected its positive effect on social economy. Despite the historical achievements of apiculture in the Tang Dynasty, it is still necessary to realize that the transition from collecting wild honey to family apiculture has not been completed. In conclusion, it is not appropriate to overestimate the development level of apiculture at that time.

[1] 正如包伟民所言：“现今存世的宋代文献比其前代增加了不止数倍，这就使大量在前代隐讳不显的历史现象在宋代的文献中首次见诸记载。前后期历史信息的不对称，常常使得研究者误以为那些历史现象在两宋时期首次产生，造成认识错位。”参看包伟民《视角、史料与方法：关于宋代研究中的问题》，《历史研究》2009年第6期，第23页。

释昇平公主“脂粉硙”

——兼论唐代水力碾硙的生产效率和营利能力*

方万鹏

水力碾硙是以水为动力、以谷物制粉为主要功用的加工工具，是人类有效利用自然力和制造大型机械能力有机结合的产物，较之人力、畜力，水力碾硙的生产效率更高，营利能力亦更具优势。史载有唐一代，富商大贾、权势之家竞相于关中的河渠上设置水力碾硙谋取私利[1]，昇平公主有“脂粉硙”两轮即在其列。《旧唐书·郭暧传》记称“大历十三年，有诏毁除白渠水支流碾硙，以妨民溉田。昇平有脂粉硙两轮，郭子仪私硙两轮，所司未敢毁彻”[2]。《唐会要·硙碾》亦载其事，称“时昇平公主，上之爱女，有硙两轮，乞留，上曰：‘吾为苍生，尔识吾意，可为众率先。’遂即日毁之”[3]。水硙本与谷物加工密切相关，那么所谓的“脂粉硙”该作何解呢？前贤诸论于此未有着墨，

*本文系国家社科基金重大项目“多卷本《中国生态环境史》”（项目编号:13&ZD080）阶段性成果。

[1] 参梁中效：《唐代的碾硙业》，《中国史研究》1987年第2期，第130、131页。自20世纪初，中外学界围绕唐代碾硙业的研究文章颇多，比较有代表性的有［日］那波利贞：《中晚唐時代に於ける燉煌地方佛教寺院の碾磑経営に就きて》（上），《东亚经济论丛》第1卷第3号，1941年，第567—575页；［日］西嶋定生：《碾硙寻踪——华北农业两年三作制的产生》，韩昇译，载刘俊文主编《日本学者研究中国史论著选译》第四卷《六朝隋唐》，北京：中华书局，1992年，第358—377页；钱穆：《水碓与水硙——思亲强学室读书记之十四》，《责善半月刊》第2卷第21期，1942年，第19—21页；吴晗：《中古时代的水力利用——碾、硙、碓》，《中国建设月刊》第6卷第1期，1948年，第36、37页，等等。

[2]（后晋）刘昫：《旧唐书》卷一二〇《郭暧传》，北京：中华书局，1975年，第3470页。

[3]（宋）王溥：《唐会要》卷八九《硙碾》，上海古籍出版社，1991年，第1925页。

而且与此相关的水力碾硙实际生产效率和营利能力问题亦鲜有讨论。如果这些涉及技术的基本问题没有得到解决，那么由此延展的诸多史实判断将缺乏准确合理的历史解释，而这正是本研究意欲探讨和补论的着力所在。

一

一般来讲，“脂粉硙”容易被解读为“汤沐邑”[1]的一种类型，即两轮水硙提供谷物加工服务的营利所获（加工费用）作为公主的脂粉之资。这个看法当然解释得通，以“汤沐邑”的形式供给脂粉之资古已有之，如刘裕曾于东晋义熙九年（413）“罢临沂、湖熟皇后脂泽田四十顷，以赐贫人”[2]。而在昇平之后，宪宗长女惠康公主亦有脂粉田，唐人权德舆有诗称其逝后“雾湿汤沐地，霜凝脂粉田”[3]。因此，水硙和田地一样作为不动产，其经营收益被用作脂粉之资亦合乎情理。

武则天尚为皇后时，曾于咸亨三年（672）“助脂粉钱二万贯”用以造像[4]。《旧唐书·杨贵妃传》称“韩、虢、秦三夫人岁给钱千贯，为脂粉之资”[5]。《新唐书》记其事称“赐诸姨钱岁百万为脂粉费”[6]。可见，脂粉钱数量颇为不菲，昇平身份尊崇，下嫁之郭家亦是权贵，虽然8世纪中后期的唐廷局势维艰、财力困顿，但是作为极受代宗宠爱的公主的脂粉钱却要以水硙营利的形式开支，多少还是令人心存疑惑，尤其是当两轮水硙要被拆毁时，公主又亲赴宫廷恳求代宗予以特赦。那么，两轮水硙的营利能力究竟有多大呢？

《新唐书·高力士传》记高力士封渤海郡公后通过各种途径大肆敛财，其中包括于“都北堰沣列五硙，日僦三百斛直”[7]。《说文解字》称：“僦，赁也。”[8]又此处“直”当通“值”，故所谓“日僦三百斛直”，即谓沣水上的五

[1]“汤沐邑”源于周代制度，本指天子赐给朝见诸侯的王畿以内供住宿和斋戒沐浴的封邑，后指皇后、公主等受封者收取赋税的私邑。

[2]（唐）房玄龄：《晋书》卷一〇《安帝纪》，北京：中华书局，1974年，第264页。

[3]（唐）权德舆：《权载之文集》卷八《挽词歌诗·赠梁国惠康公主挽歌词》，《四部丛刊》景印清嘉庆本，第3页。

[4]温玉成：《〈河洛上都龙门山之阳大卢舍那像龛记〉注释》，《中原文物》1984年第3期，第99页。

[5]《旧唐书》卷五一《后妃上·杨贵妃传》，第2179页。

[6]（宋）欧阳修：《新唐书》卷七六《后妃上·杨贵妃传》，北京：中华书局，1975年，第3494页。

[7]《新唐书》卷二〇七《宦者上·高力士传》，第5859页。

[8]（东汉）许慎：《说文解字（附检字）》，北京：中华书局，1963年，第168页。

轮水硙每日的赁值收入可达三百斛。然《旧唐书》记该事则略有不同，《旧唐书·高力士传》称其“于京城西北截沣水作碾，并转五轮，日碾麦三百斛”[1]，指五轮水硙每日一共可以加工小麦三百斛。这两条材料是中古时期水硙加工、营利情况所仅存的文本记载，在有关唐代农业、经济、城市工商业等研究中也经常被引用，但是，所指并不相同的两个记载究竟孰是孰非呢？

水硙的经营方式多为租赁经营，其谋利方式是通过加工谷物收取加工费用，费用以实物为主，即从需要加工的谷物中按照一定的比例扣除。所以，《新唐书》中所谓的赁值可做两种理解：一是水硙由高力士直接经营，每天收取的谷物加工费用为三百斛；二是高力士将水硙租赁给承租人，承租人每天需要给高力士交纳三百斛的赁金。一般来讲，承租人交纳的赁金出自经营水硙赚取的加工费用，也就是说如果是第二种情况，则意味着五轮水硙每天要比第一种情况加工更多的谷物。

那么，水硙在唐代加工费用的扣除比例一般是多少呢？唐耕耦根据伯希和非汉文文书1088（A.B.C）号硙课历，计算得出吐蕃占领敦煌时期，干麦、罗麦、粟的硙课征收比例分别为10%、25%、20%。唐先生指出，照此比例，则“磨面加工费是相当昂贵的”，因此他强调：“这是吐蕃占领时期的加工费，其他时期，是否也是如此，缺乏材料，不得而知。”[2]所谓干麦和罗麦均指被加工的小麦，其扣除比例的不同依加工成品——粗面和细面的工序繁简程度不同而定。假设高力士的五轮水硙是由自身经营，每日收取加工费三百斛，在非特殊时期，若以10%计，那么每日的粮食加工量要多达三千斛。如果这个数字是承租人交纳的赁金，那么每日的加工量还要远超过三千斛，这与《旧唐书》所记的日加工量出入甚大。所以，判定孰是孰非的关键在于了解水硙合理的加工效率，也即一轮水硙一天究竟能够加工多少谷物。

关于水硙加工效率的精确记载，唐以前的文献基本未见。有唐一代，也就仅有《旧唐书·高力士传》中的一条，即所谓“日碾麦三百斛”，但其作为待论证对象，暂且不能当作参考。宋人王珪记晁仲衍称“郡境有沁水，创碾硙借水

[1]《旧唐书》卷一八四《高力士传》，第4758页。需要说明的是，沣水乃渭河支流，所谓“八水绕长安”，沣水即其中之一。“沣”的繁体为“灃”，与“澧”字字形颇为接近，《旧唐书》中华书局点校本将“沣水”误作“澧水”，应予纠正，澧水属长江南岸洞庭湖水系。

[2]唐耕耦：《关于敦煌寺院水硙研究中的几个问题》，《文献》1988年第1期，第195页。

势岁破麦数千斛”[1]。晁氏所创碾硙数量不详，姑且仅按一轮计算，一年的加工能力方才数千斛，由此可见即便是五轮水硙，单日加工即达上千斛是不太合理的。一般来讲，水硙的形制和技术特点在历史时期变化不大，即便有所改进，也应是朝着进步的方向，所以仅就加工效率而言，晚近以来的文献记载亦有较高的参考价值。《甘肃乡土志》称：“沿黄河、洮河各县，亦皆有设置，惟临夏装设者多，且水磨制造较佳，每盘每昼夜出面二千斤，为全国冠。”[2]再如《平定县志》称当地“每盘水磨昼夜可磨面650公斤”[3]。兹按一斛合今制120斤来粗略估算，则号称“全国冠”的黄河、洮河流域水磨每盘每昼夜的加工量约合二十斛（按民国二千斤合今制2400斤计算），而滹沱河流域平定县的水磨每盘每昼夜则约为十一斛。所以，《旧唐书》所载五轮水硙“日碾麦三百斛”是相对比较合理的，即每轮每日可加工六十斛，这个数字相对于晚近以来水磨的普遍加工效率，已属很高了。《新唐书》所载“日僦三百斛直”有可能是纂史者在渲染高力士敛财之术时的率意之笔，不可据信，当以《旧唐书》所载为准。

回到昇平公主的两轮水硙，参照高力士五轮水硙日碾麦三百斛，那么单轮水硙可达六十斛，两轮即一百二十斛，单日营利十二斛（按硙课比例10%）。唐开元《水部式》称：“诸溉灌小渠上，先有碾硙，其水以下即弃者，每年八月卅日以后，正月一日以前，听动用。自余之月，仰所管官司于用硙斗门下，着鏁封印，仍去却硙石，先尽百姓溉灌。若天雨水足，不须浇田，任听动用。”[4]也就是说，水硙每一年度可正常运营四个月，但对于关中河渠而言，十一、十二月是枯水期，而且十二月是结冰期，再加上水硙修缮等，其运营时间可能远不足四个月。当然，如史书所载，权势之家罔顾法规的情况时有存在，所以姑且按四个月、连续运营120天来计算，两轮水硙的年营利为1440斛。唐代粮价变化前后很大，货币购买力亦相差较远，黄冕堂《中国历代粮食价格问题通考》[5]称一石皮粮（稻、粟、高粱等）在初唐至盛唐为50—200文，唐后期为

---

[1]（宋）王珪：《华阳集》卷五〇《提点京东诸路州军刑狱公事兼诸路劝农事朝散大夫行尚书祠部员外郎充秘阁校理上轻车都尉借紫晁君墓志铭》，载《景印文渊阁四库全书》第1093册，台北：商务印书馆，1983年，第373页。

[2]朱允明：《甘肃省乡土志稿（二）》，载《中国西北文献丛书》第一辑《西北稀见方志文献》第31卷，兰州古籍书店影印稿本，1990年，第140页。

[3]平定县志编纂委员会编：《平定县志》，北京：社会科学文献出版社，1992年，第140页。

[4]唐耕耦、陆宏基：《敦煌社会经济文献真迹释录》第二辑，1990年，第581页。

[5]黄冕堂：《中国历代粮食价格问题通考》，《文史哲》2002年第2期，第38页。

200—400文，若按300文计，则昇平公主的两轮水硙年营利为432贯。即便抛开唐前、后期的货币购买力差异不讲，这个数字无疑与前面提到的武则天、杨贵妃姐妹的脂粉之资相去较远，而同样的粮食数量，如果按照初唐至盛唐的价格折算，折钱数将变得更少。

《旧唐书》记昇平“尤喜诗人，而端等十人，多在暧之门下。每宴集赋诗，公主坐视帘中，诗之美者，赏百缣”[1]。可见公主财力不菲，那么又何必为了数百贯钱要亲自赴宫中乞求代宗留下两轮水硙呢？

二

由此，“脂粉硙”似还可以作第二种理解，即水硙乃参与脂粉制造的特殊工具。因为唐人尚浓妆，脂粉消费市场庞大，不仅后宫妃嫔、达官贵人[2]有相应的脂粉款项，即便是宫女、普通民众的消费数量亦非少数。王仁裕《开元天宝遗事》记称：“贵妃每至夏月，常衣轻绡，使侍儿交扇鼓风，犹不解其热。每有汗出，红腻而多香。或拭之于巾帕之上，其色如桃红也。”[3]王建《宫词》讲述一个宫女在盥洗之后，其洗漱盆中犹如泼了一层泥浆，诗称“舞来汗湿罗衣彻，楼上人扶下玉梯。归到院中重洗面，金花盆里泼红泥”[4]。《法苑珠林》记一女子“盗父母百钱，欲买脂粉”[5]。《酉阳杂俎》记“房孺复妻崔氏，性忌，左右婢不得浓妆高髻，月给燕脂一豆、粉一钱”[6]。庞大的消费市场无疑催涨了脂粉产量，如此一来，若是营事脂粉生产，获利必相当可观。

唐人罗隐有诗《昇平公主旧第》，云：

> 乘凤仙人降此时，玉篇才罢到文词。两轮水硙光明照，百尺鲛绡换好诗。

[1]《旧唐书》卷一六三《李虞仲传》，第4266页。

[2]（宋）李昉：《太平广记》卷四九七《杂录五·脂粉钱》引《嘉话录》称：“湖南观察使有夫人脂粉钱者，自颜杲卿妻始之也。柳州刺史亦有此钱，是一军将为刺史妻致，不亦谬乎。”北京：中华书局，1961年，第4078页。

[3]（五代）王仁裕撰，曾贻芬点校：《开元天宝遗事》卷下《红汗》，北京：中华书局，2006年，第51页。

[4]（明）毛晋编：《三家宫词》卷上《唐·王建》，载《景印文渊阁四库全书》第1416册，第671页。

[5]（唐）释道世：《法苑珠林》卷九二《十恶篇》，上海古籍出版社，1991年，第536页。

[6]（唐）段成式：《酉阳杂俎》前集卷八《黥》，北京：中华书局，1981年，第78页。

带砺山河今尽在，风流樽俎见无期。坛场客散香街暝，惆怅齐竽取次吹。[1]

所谓“两轮水硙光明照”，“光明”当作何解？《后汉书·南匈奴传》称昭君“丰容靓饰，光明汉宫，顾景裴回，竦动左右”[2]。是故“光明”当是形容公主“光彩动人”，而罗隐将“两轮水硙”与“光明照”放在一起，似乎是将水硙与脂粉质量联系起来，即水硙研磨出的上好脂粉，使公主的容颜光彩动人。此外，《诗·周颂·敬之》载：“日就月将，学有缉熙于光明。”郑玄笺曰：“且欲学于有光明之光明者，谓贤中之贤也。”[3]也即光明亦可作贤者之仪范讲。罗隐作为稍晚于昇平时代的诗人，如果公主在代宗毁硙事件中表现出的姿态已经作为佳话广为流传的话，那么“光明照”作“贤明”之义也是讲得通的。

如果说罗隐之诗尚有模棱两可之意的话，那么，后人对“脂粉硙”的理解似乎比较明确地将其与脂粉生产联系了起来。元人马祖常《拟唐宫词》称：“合宫舟泛跃龙池，端午争悬百彩丝。新赐承恩脂粉硙，上阳不敢妒蛾眉。”[4]此处对于“硙”的理解倾向于是承恩赏赐、用以加工生产脂粉的工具，且加工质量当属上乘，以致上阳众多宫女“不敢妒蛾眉”。又有元人许有壬《记塘上草木二十四首》之十一称：“粲粲白玉簪，堕自天仙髻。幻作奇绝花，清香偶兰蕙。蜕形冰雪窟，脱身脂粉硙。云胡不自持，终焉苍姜桂。”[5]所谓“脱身脂粉硙”，同样倾向于将硙理解为加工脂粉的工具。那么，如果这些推测成立的话，水硙是如何参与脂粉生产中呢？欲解答这个困惑，我们应该先了解一下唐代及其之前的脂粉生产原料和技术细节。

国人施脂粉的习惯可以上溯至先秦时代。所谓脂粉，其实是“脂”和“粉”的合称。“脂”一般指由动植物提炼出的油质、脂膏，如用植物花瓣做成的胭脂，以及使用火煎的方法制作的猪脂、牛脂等，而“粉”则是指用来扑面做妆底的米粉、铅粉等，谷物粉是其中重要的一种。《说文解字》称：

---

[1]（唐）罗隐撰，潘慧惠校注：《罗隐集校注·甲乙集》卷八《昇平公主旧第》，杭州：浙江古籍出版社，1995年，第234页。

[2]（南朝宋）范晔：《后汉书》卷八九《南匈奴传》，北京：中华书局，1965年，第2941页。

[3]（清）阮元校刻：《十三经注疏》，北京：中华书局，1980年，第599页。

[4]（元）马祖常：《石田文集》卷五《拟唐宫词》，载《景印文渊阁四库全书》第1206册，第544页。

[5]（元）许有壬等：《圭塘欸乃集》卷下，载《景印文渊阁四库全书》第1366册，第893页。

“粉，傅面者也，从米分声。”[1]《齐民要术》卷五《种红蓝花及栀子》较为详细地记载了几种脂粉制作之法。兹择其要，列表如下：

表1 《齐民要术》作脂粉法[2]

作燕脂法	预烧落藜、藜藋及蒿作灰，……取第三度淋者，以用揉花，和，使好色也。**揉花。十许遍，势尽乃止**。布袋绞取淳汁，着瓷碗中。取醋石榴两三个，擘取子，捣破，少着粟饭浆水极酸者和之，布绞取沈，以和花汁。……**下白米粉，大如酸枣，粉多则白**。……
作紫粉法	**用白米英粉三分，胡粉一分，不着胡粉，不着人面**。和合均调。取落葵子熟蒸，生布绞汁，和粉，日曝令干。若色浅者，更蒸取汁，重染如前法
作米粉法	**粱米第一，粟米第二**。必用一色纯米，勿使有杂。**臼使甚细，简去碎者**。各自纯作，莫杂余种。……于木槽中下水，脚踏十遍，净淘，水清乃止
作香粉法	唯多着丁香于粉合中，自然芬馥。**亦有捣香末绢筛和粉者**，亦有水浸香以香汁溲粉者，皆损色，又费香，不如全着合中也

从技术发展可能性的角度来看，旋转磨在贾思勰的时代理应比较成熟[3]，但是《齐民要术》中关于旋转磨的记载并不多见，所以以上表作米粉法为例，所谓“臼使甚细”，而非用磨。不过对于谷物制粉而言，纵然臼、碓都可以通过反复捶捣的方式来完成，但是真正高效且有质量保障的加工工具应该还以旋转磨为优选。自汉魏以降，小麦作为主粮的地位在黄河中下游地区逐步上升，并最终在唐中后期实现了与粟平分秋色，其重要原因即在于旋转磨的普及和制粉技术的不断进步，水硙的发明和应用即是这一制粉需求旺盛和技术成熟的时代产物。在以往的论述中，研究者提到水硙，往往只注意到它的加工效率，其实相较于一般的旋转磨，水硙的磨盘重量和转速优势突出，制粉质量亦属上乘。因此，唐代的脂粉一旦因社会消费风尚而成为可以获利的大宗商品，营事谋利者使用水硙来参与到生产工序中也是有可能的。

要之，昇平公主的“脂粉硙”不论是作为“汤沐邑”之一种，还是作为脂粉生产的工具，其加工对象均是谷物，只是出于不同的加工目的，其工序和

---

[1]《说文解字（附检字）》，第148页。

[2]（北魏）贾思勰撰，缪启愉、缪桂龙译注：《齐民要术译注》卷五《种红蓝花及栀子》，上海古籍出版社，2006年，第361—366页。

[3] 参李发林：《古代旋转磨试探》，《农业考古》1986年第2期，第157页；卫斯：《我国汉代大面积种植小麦的历史考证——兼与［日］西嶋定生先生商榷》，《中国农史》1988年第4期，第23—26页。

制粉的精细化程度会有较大的差异，产量亦会明显不同。较之前者，用于脂粉制作的谷粉加工量不会很大，但精细化程度无疑要求较高，所获收益亦要大得多。总之，两种论点解说的背后实则是唐人权力、资本、技术和社会消费风尚关联的一个历史侧面，或许有更多相关的细节值得继续挖掘。

（作者单位：南开大学历史学院）

Interpretation on the Princess Shengping's "Rouge Milling" （"脂粉硙"）: On the Productivity and Profitability of Water Mill in the Tang ynasty

Fang Wanpeng

［Abstract］According to historical records, the Princess Shengping in the Tang Dynasty had two hydraulic "Rouge Milling", which could be understood in two ways. Firstly, water mill was a production tool to provide grain processing services, and the profits were used for the princess's rouge. Secondly, water mill was a technical tool for the production of rouge. From the historical records, both views are possible.

唐律“逆”罪的形成及其原因辨析

李勤通

在我国古代刑法罪名体系的发展中，唐律承上启下，考察其罪名体系的形成有助于提高对整个古代罪名体系的认识。唐律中的“逆”罪法条（以下简称逆罪），是指以逆为名的罪，主要包括“十恶”中的谋大逆与恶逆[1]。《唐律疏议·名例律》“十恶”条载：“二曰谋大逆。谓谋毁宗庙、山陵及宫阙。”同条又规定：“四曰恶逆。谓殴及谋杀祖父母、父母，杀伯叔父母、姑、兄姊、外祖父母、夫、夫之祖父母、父母。”[2]十恶只有此两罪被称为逆。当然，《唐律疏议·名例律》“十恶”条规定：“一曰谋反。谓谋危社稷。【疏】议曰：案《公羊传》云：‘君亲无将，将而必诛。’谓将有逆心，而害于君父者，则必诛之。《左传》云：‘天反时为灾，人反德为乱。’然王者居宸极之至尊，奉上天之宝命，同二仪之覆载，作兆庶之父母。为子为臣，惟忠惟孝。乃敢包藏凶慝，将起逆心，规反天常，悖逆人理，故曰‘谋反’。”[3]即谋反尽管不以逆为名，但深合逆之法理。其不为逆的原因，从它与谋大逆的条文对比来看，

[1] 戴炎辉将《北齐律》重罪十条的反逆至恶逆等称为“逆罪”。参见戴炎辉：《唐律十恶之渊源》，载氏著《中国法制史论文集》，台北：中国法制史学会出版委员会，1981年，第43页。但戴炎辉并未详言以“逆罪”指称反逆、大逆、叛、降及恶逆的合理性。本文以“逆罪”称“谋大逆”与“恶逆”，一方面是因为在梳理汉代大逆罪的过程中自然发现汉代大逆与唐律谋大逆、恶逆的关系，另一方面是因为这两个罪名最大的相似就是以“逆”为名，且在唐律罪名中仅见。同时，“逆”在《唐律疏议》中的出现也多与这两者有关，仅部分情况与谋反有关。参见庄为斯：《唐律疏议引得》，台北：文海出版社，1965年，第639、640页。谋大逆与恶逆两罪的变迁研究常是十恶研究的重要部分，但较少单独研究。参见戴炎辉：《唐律十恶之渊源》，第1—72页；［日］若江贤三：《秦汉律中的“不孝”罪》，《东洋史研究》1996年第2期，第249—282页；等等。

[2]（唐）长孙无忌等撰，刘俊文点校：《唐律疏议》卷一《名例律》，北京：中华书局，1983年，第6页。

[3]《唐律疏议》卷一《名例律》，第6页。

是因为其性质更严重[1]。作为以“逆”为名的重罪，谋大逆与恶逆在唐律中的定型并非一蹴而就。本文试对唐律中逆罪的发展脉络进行深入探讨。

一、汉代的大逆罪及其主要内容

以“逆”为罪名，说明“逆”字与罪之间有着密切关系。甲骨文中已经出现“逆”字[2]，意义主要有三种：第一，迎；第二，方国名；第三，人名[3]。金文中，同样有相当多的“逆”字[4]，其意义更加多元：第一，迎接；第二，方国名；第三，人名；第四，一期贞人名；第五，通“遡”；第六，反；第七，不合理、乖于常理；第八，通“朔”[5]。春秋时期“逆”字用法更加抽象，其意义如：第一，迎接；第二，违背礼法道德者；第三，违反、违抗；第四，迎战[6]。从这些义项来看，“逆”在春秋时期开始指违背礼法道德的行为。

出礼入刑的观念意味着“逆”可能从春秋时期就逐渐与罪产生内在关系。到秦汉时期，逆罪主要指两种罪行。第一，侵害君权的行为。如《韩诗外传》卷一载晋灵公语：“夫大者天地，其次君臣，所以为顺也。今杀其君，所以反天地，逆人道也，天必加灾焉。”[7]当然这种用法可能受法家影响更大，法家将逆的用法在很大程度上与君主联系在一起。如《管子·君臣上》载：“为下而

[1] 甘怀真认为唐律中的谋反、谋大逆、谋叛等都属于反逆罪，但又认为唐律反、逆、叛的划分有内在意义。参见甘怀真：《反逆罪与君臣关系》，载高明士主编《唐律与国家社会研究》，台北：五南图书出版公司，1999年，第79页。若从抽象理念上将它们都称为反逆罪也未尝不可，但立法语言的功能在于表达不同罪的差异。甘怀真是试图通过不同罪的实质特征来考察它们的内在关系，但本文更关注逆的立法表达，兼及逆罪的形式与实质。所以，反逆之逆不等同于“逆”罪之逆。

[2] 参见中国社会科学院考古研究所编：《甲骨文编》，北京：中华书局，1965年，第64页；古文字诂林编纂委员会编纂：《古文字诂林》第二册，上海教育出版社，2000年，第353页；刘钊：《新甲骨文编》（增订本），福州：福建人民出版社，2014年，第94页。

[3] 参见徐中舒主编：《新编甲骨文字典》，成都：四川辞书出版社，2014年，第153页。

[4] 参见毕秀洁：《商代金文全编》第一册，北京：作家出版社，2012年，第45页；董莲池编著：《新金文编（上）》，北京：作家出版社，2011年，第179、180；周法高主编：《金文诂林》第二册，香港中文大学出版社，1974年，第897页。

[5] 参见方述鑫等：《甲骨金文大字典》，成都：巴蜀书社，1993年，第120、121页。其中“第五，通‘遡’”的解释采陈初生编纂、曾宪通审校：《金文常用字典》，西安：陕西人民出版社，1987年，第170页。

[6] 参见杨伯峻、徐提：《春秋左传词典》，北京：中华书局，1985年，第576、577页。

[7] （汉）韩婴撰，许维遹校释：《韩诗外传集释》，北京：中华书局，1980年，第23页。

胜，逆也。”[1]《韩非子·难一》载：“师旷行之于君，此大逆之术也。”[2]第二，侵害父母的行为。如《韩非子·忠孝》载：“臣事君，子事父，妻事夫，三者顺则天下治，三者逆则天下乱。”[3]《汉书·礼乐志》载：“自京师有悖逆不顺之子孙，至于陷大辟受刑戮者不绝，繇不习五常之道也。”[4]这些观念的法律表现就是成文“大逆”罪的出现[5]，且其包括侵害君权与杀害父母的行为。

（一）侵害君权为大逆

以大逆指代弑君在秦汉之际就已经出现。《史记·高祖本纪》载：“项羽放杀义帝于江南，大逆无道。”[6]汉代“大逆”罪所包括的危害君权的行为逐渐固定。大逆不道是不道中的最重者。大庭脩对大逆罪内容的分析比较全面[7]。

[1]黎凤翔撰，梁运华整理：《管子校注》卷一〇《君臣上》，北京：中华书局，2004年，第554页。

[2]（战国）韩非，陈奇猷校注：《韩非子新校注》卷一五《难一》，上海古籍出版社，2000年，第859页。

[3]《韩非子新校注》卷二〇《忠孝》，第1151页。

[4]（东汉）班固：《汉书》卷二二《礼乐志》，北京：中华书局，1962年，第1034页。

[5]有学者认为汉代大逆罪的称呼主要有大逆不道、大逆无道、大逆亡道、大逆毋道。参见魏道明：《汉代的大逆与大逆不道罪》，《青海社会科学》2003年第2期，第112页。实际上还有直称大逆或逆无道者。

[6]（汉）司马迁：《史记》卷八《高祖本纪》，北京：中华书局，1963年，第370页。

[7]参见［日］大庭脩：《汉律中“不道”的概念》，徐世虹译，载杨一凡、寺田浩明主编《日本学者中国法制史论著选·先秦秦汉卷》，北京：中华书局，2016年，第359页。戴炎辉对汉代谋反大逆的案例也有较全面的梳理。参见戴炎辉：《唐律十恶之渊源》，第13—18页。沈家本《历代刑法考·汉律摭遗》在“大逆无道”条下分出谋反与大逆，并认为汉律中“谋反大逆本是一事，一则已谋，一则已行耳”。（清）沈家本撰，邓经元、骈宇骞点校：《历代刑法考》，北京：中华书局，1985年，第1313、1314页。现代学者对汉代谋反与大逆的认识更为混乱。有的认为谋反与大逆本是一事，参见张晋藩主编：《中国法制史》，北京：高等教育出版社，2007年，第86页；张晋藩：《中华法制文明的演进》，北京：法律出版社，2010年，第257页。有的认为谋反与大逆完全不同，参见吕丽：《汉“谋反”“大逆”“大逆不道”辨析》，《社会科学战线》2003年第6期，第192页；王立民：《中国法制史》，上海人民出版社，2003年，第113、114页。有的认为大逆与不道为一体，参见曾宪义主编：《中国法制史》，北京：中国人民大学出版社，2006年，第87页；范忠信、陈景良主编：《中国法制史》，北京大学出版社，2007年，第215页；曾代伟主编：《中国法制史》，北京：法律出版社，2012年，第73、74页。有的认为大逆罪包括谋反、不敬、大不敬、不道等，参见杨一凡主编：《新编中国法制史》，北京：社会科学文献出版社，2005年，第262页。有的甚至将大逆等同于贼盗罪或群盗罪，参见章颖：《中国法制史》，北京：中国经济出版社，2007年，第80页；袁兆春：《中国法制史》，北京：科学出版社，2009年，第70页。相比之下，大庭脩不仅明确区分了大逆与不道，而且指出大逆在主要包括谋反的情况下还包括其他，这应该是最准确、全面的看法。但其仍有不足，下文详述。

他认为大逆主要包括取代在位天子或加害天子之身的企图及行为[1]；破坏宗庙及其器物；危害天子后继者的企图及行为。第一，如《史记·淮南王列传》载："淮南王安甚大逆无道，谋反明白，当伏诛。"[2]第二，如《史记·吴王濞列传》载："今印等又重逆无道，烧宗庙，卤御物。"[3]第三，如《汉书·宣帝纪》载："今大司马博陆侯禹与母宣成侯夫人显……谋为大逆。显前又使女侍医淳于衍进药杀共哀后，谋毒太子，欲危宗庙。逆乱不道，咸（服）〔伏〕其辜。"[4]除大庭脩所指外，大逆罪还有几处需要注意。《汉书·成帝纪》载："定陵侯淳于长大逆不道，下狱死。"[5]据《汉书·佞幸传》载："长具服戏侮长定宫，谋立左皇后，辠至大逆，死狱中。"[6]淳于长因干涉立后事而被定为大逆罪。《汉书·元后传》载："廷尉致其（王章）大逆罪，以为'比上夷狄，欲绝继嗣之端；背畔天子，私为定陶王。'"[7]王章被定为大逆罪的原因在于他干涉立储君。无论是干涉立后还是立嗣，都与最高权力的更迭有关。立嗣毋庸置疑，立后的权力意义如《后汉书·皇后纪上》载："皇后之尊，与朕同体，承宗庙，母天下。"[8]故立后也涉及最高权力的更迭。因此，无论侵害皇帝的人身还是私涉立后、立嗣，都使得大逆超出直接的侵害行为而与广义的最高权力更迭有关。

（二）杀害父母为大逆

在汉代，大逆罪不仅包括侵害君权的行为，而且包括杀害父母的行为。但这一点似乎存疑。不少学者在论述汉代大逆时常常不纳入杀母弑父[9]。但也有

[1] 需要注意的是，试图取代天子的行为非限于武力或阴谋篡权。第一，要求皇帝禅让而代以他姓的行为也会被认定为大逆。如《汉书·眭弘传》载眭弘与友人内官长赐上书要求汉昭帝禅让退位，结果下狱坐大逆。又如《汉书·盖宽饶传》载："执金吾议，以为宽饶指意欲求禅，大逆不道。"（《汉书》卷七七《盖宽饶传》，第3247页）第二，有侵害君主人身的危险。如《汉书·酷吏传》载："（咸宣）坐怒其吏成信，信亡藏上林中，宣使郿令将吏卒，阑入上林中蚕室门攻亭格杀信，射中苑门，宣下吏，为大逆当族，自杀。"（《汉书》卷九〇《酷吏传》，第3661、3662页）而且，这点与唐律"谋大逆"中谋毁宫阙相似。

[2]《史记》卷一一八《淮南王列传》，第3094页。

[3]《史记》卷一六〇《吴王濞列传》，第2834页。

[4]《汉书》卷八《宣帝纪》，第251页。

[5]《汉书》卷十《成帝纪》，第329页。

[6]《汉书》卷九三《佞幸传》，第3732页。

[7]《汉书》卷九八《元后传》，第4023页。

[8]（南朝宋）范晔：《后汉书》卷一〇《皇后纪上》，北京：中华书局，1965年，第421页。

[9] 参见［日］大庭脩：《汉律中"不道"的概念》，第359—369页；吕丽：《汉"谋反""大逆""大逆不道"辨析》，第191—194页。其中，吕丽明确提出大逆属于侵害皇权和政权的犯罪。

部分学者认同，他们论证大逆包括杀害父母的材料来自《通典》[1]。《通典》卷一六六《刑法四》载：“汉景帝时，廷尉上囚防年继母陈论杀防年父，防年因杀陈，依律，杀母以大逆论。帝疑之。武帝时年十二，为太子，在旁，帝遂问之。太子答曰：‘夫‘继母如母’，明不及母，缘父之故，比之于母。今继母无状，手杀其父，则下手之日，母恩绝矣。宜与杀人者同，不宜与大逆论。’从之。”[2]其中，杀母被定为大逆罪。但杀母“以大逆论”与汉代法律存在矛盾。《汉书·景帝纪》如淳注:“（汉）律，大逆不道，父母妻子同产皆弃市。”[3]杀母而导致夷三族应该不可能。《张家山汉简·二年律令·贼律》规定：“子牧杀父母，殴詈泰父母、父母、叚（假）大母、主母、后母，及父母告子不孝，皆弃市。”[4]杀母之刑为弃市，与大逆的处刑也是矛盾的。杀害父母的罪行与侵害君权的大逆罪显然有别。再引《礼记·檀弓下》载：“子弑父，凡在宫者，杀无赦。杀其人，坏其室，洿其宫而豬焉。”郑玄注：“言诸臣、子孙，无尊卑皆得杀之，其罪无赦……明其大逆，不欲人复处之。”[5]汉律大逆需要夷三族，郑玄注弑父为大逆，但刑罚却是“杀其人，坏其室，洿其宫而豬焉”。既然两者刑罚并不同，何以郑玄称之为“大逆”？有两种可能。第一，在时人观念中，杀害父母的行为也是严重的逆行，因此人们习惯性称之为大逆，但未必在法律中如此称呼。在这种意义上，逆罪并未将侵害父母的行为纳入其中。第二，杀害父母的行为在法律中也被称为大逆，只是与伤害君主的刑罚有异。

本文更倾向于后者，理由如下。第一，臣弑君、子弑父一直以来多并称。如前引孔安国传。又如《史记·太史公自序》载：“臣弑君，子弑父，非一旦

---

[1] 参见（清）沈家本：《历代刑法考》，第1458页；贾丽英：《秦汉不孝罪考论》，《石家庄学院学报》2008年第1期，第71页；程树德：《九朝律考》，北京：中华书局，1963年，第109页；陈乃华：《秦汉族刑考》，《山东师大学报（哲学社会科学版）》1985年第4期，第37页；梁文生：《“不道”罪源流考》，《河北法学》2010年第2期，第52页；俟欣一：《孝与汉代法制》，《法学研究》1998年第4期，第134—147页；［日］西田太一郎：《中国刑法史研究》，段秋关译，北京大学出版社，1985年，第121页。

[2]（唐）杜佑撰，王文锦等点校：《通典》卷一六六《刑法四》，北京：中华书局，1988年，第4288、4289页。

[3]《汉书》卷五《景帝纪》，第142页。

[4] 张家山二四七号汉墓竹简整理小组：《张家山汉墓竹简（二四七号墓）》，北京：文物出版社，2006年，第13页。

[5]（东汉）郑玄注，(唐）孔颖达正义，吕友仁整理：《礼记正义》卷一四《檀弓下》，上海古籍出版社，2008年，第429页。

一夕之故也，其渐久矣。”[1]《汉书·王嘉传》载：“纵心恣欲，法度陵迟，至于臣弑君，子弑父。”[2]臣弑君、子弑父并举大概意味着时人认为两者的危害性相似。再如《论语·微子》载：“故旧无大故，则不弃也。”何晏集解引孔安国曰：“孔曰：‘大故，谓恶逆之事。’”[3]《礼记·檀弓下》孔颖达正义：“杀父害君，乃为大故。”[4]两者皆称大恶，严重程度绝相类似。第二，汉代以孝治天下，但缺少有关杀害父母的罪名。杀害父母无疑是不孝行为，但不少学者认为杀害父母属于不孝罪[5]，这就存在问题，因为秦汉不孝罪并不包括杀害父母。睡虎地秦墓竹简《法律答问》载：“免老告人以为不孝，谒杀，当三环之不？不当环，亟执勿失。”[6]张家山汉简《二年律令·贼律》规定：“子牧杀父母，殴詈泰父母、父母、叚（假）大母、主母、后母，及父母告子不孝，皆弃市……教人不孝，黥为城旦舂。”[7]按秦汉律规定，不孝罪属父母告子女之罪，其前提必然是父母在世，《二年律令》则直接将不孝罪与杀、殴詈父母相区别。故有学者认为：“从律文出发，汉初的不孝罪不包括牧杀、殴詈父母。”[8]因此，大逆可能是为称呼杀害父母这一更加严重的不孝行为而冠之的。第三，汉代典籍很少记载杀害父母为大逆可能与政治避讳有关[9]。在汉代观念中，杀害父母的现象被认为是灾异。《汉书·魏相传》载：“‘军旅之后，必有凶年’，言民以其愁苦之气，伤阴阳之和也。出兵虽胜，犹有后忧，恐灾害之变因此以生……案今年计，子弟杀父兄、妻杀夫者，凡二百二十二人，臣

[1]《史记》卷一三〇，第3298页。

[2]《汉书》卷八六《王嘉传》，第3494页。

[3]黄怀信主撰：《论语汇校集释》，上海古籍出版社，2008年，第1651、1652页。

[4]《礼记正义》卷一四《檀弓下》，第437页。

[5]参见侯欣一：《孝与汉代法制》，第141页；李文玲：《汉代孝伦理的法律化》，《江淮论坛》2003年第6期，第96页；张功：《秦汉不孝罪考论》，《首都师范大学学报（社会科学版）》2004年第5期，第12页；刘厚琴：《汉代伦理与制度关系研究》，北京：中国社会科学出版社，2008年，第11页；贾丽英：《秦汉家族犯罪研究》，北京：人民出版社，2010年，第77页；等等。有学者已经注意到这一问题，如孙家红：《论唐律“子孙违犯教令”条与不孝罪的区别和联系》，载赵晓耕主编《古今之平：唐律与当代刑法》，北京：社会科学文献出版社，2012年，第31页。

[6]睡虎地秦墓竹简整理小组：《睡虎地秦墓竹简》，北京：文物出版社，1978年，第195页。

[7]张家山二四七号汉墓竹简整理小组：《张家山汉墓竹简（二四七号墓）》，第13页。

[8]徐世虹：《秦汉简牍中的不孝罪诉讼》，《华东政法大学学报》2006年第3期，第126页。

[9]这也有谶纬学证据。《史记》卷六《秦始皇本纪》张守节《正义》引《孝经内记》载：“彗在三台，臣害君。彗在太微，君害臣。彗在天狱，诸侯作乱。所指其处大恶。彗在日旁，子欲杀父。”第225页。

愚以为此非小变也。”[1]甚至，时人有因谈论子杀母之事而坐罪的。《汉书·两龚传》载：“常又为胜道高陵有子杀母者。胜白之，尚书问：‘谁受？’对曰：‘受夏侯常。’尚书使胜问常，常连恨胜，即应曰：‘闻之白衣，戒君勿言也。奏事不详，妄作触罪。’”[2]政治避讳可能是杀害父母被称为大逆的记载鲜见于文字的重要原因。第四，非议孝道为大逆罪，遑论杀害父母。《后汉书·孔融传》载：“（孔融）与白衣祢衡跌荡放言，云‘父之于子，当有何亲？论其本意，实为情欲发耳。子之于母，亦复奚为？譬如寄物缻中，出则离矣’……大逆不道，宜极重诛。”[3]孔融因为非议孝道而坐大逆不道，杀害父母则更应该以大逆论了。同时，前文证明郑玄等也将杀害父母称为大逆，并且他们指出法律中有对应刑罚。既有现实的罪名需求，也有非议孝道坐罪大逆的实际案例，后世还有司法实践将杀父定为大逆者（详见后文北齐“毕善昭杀父案”），故大逆罪在秦汉时很可能包含杀害父母的行为。

需要指出的是，殴詈父母、祖父母等也不在汉代不孝罪中，它们是否也为大逆？尽管唐律中殴父母、祖父母为恶逆，但由于没有直接证据，所以本文很难下定论，故主要论述杀害父母的大逆罪。从汉唐对比来看，唐律中的逆罪与之有异同。就相同方面而言，汉唐的逆罪均包括侵害君权和杀害父母的行为；就不同方面而言，唐律将谋反析分出大逆，又将杀害父母的行为析分为恶逆，并且唐代恶逆中杀害尊亲属的范畴远超出父母范畴。之所以出现这种变迁，可能有多种原因。

二、大逆罪中谋反从汉代到隋唐的发展

在汉唐逆罪的发展中，谋反比较独特。一者，谋反罪到唐律中已经被剔出大逆；二者，谋反罪作为罪名一直有较强的独立性。谋反或称“反”，在汉代前已经存在，但大逆在秦汉前很少见到。

“反”字在甲骨文、金文中已经出现[4]，《尚书》中已有作为罪的“反”。《尚书·吕刑》载：“五过之疵。惟官、惟反、惟内、惟货、惟来。”[5]但是，

[1]《汉书》卷七四《魏相传》，第3136页。

[2]《汉书》卷七二《两龚传》，第3082页。

[3]《后汉书》卷七〇《孔融传》，第2278页。

[4]参见古文字诂林编纂委员会编纂：《古文字诂林》第二册，第413—416页。

[5]（汉）孔安国传，（唐）孔颖达正义，黄怀信整理：《尚书正义》卷一九《吕刑》，上海古籍出版社，2007年，第782页。

这并非指谋反罪[1]。《左传》中“反”的含义约有九种[2]，但有“反”而无“谋反”之意。《墨子·号令》中的谋反记载较早，其曰：“诸吏卒民有谋杀伤其将长者，与谋反同罪，有能捕告，赐黄金二十斤，谨罪。”不过，《号令》主要记载守城的方法，所谓“谋反”是指试图反城。故其篇又称：“城上卒若吏各保其左右，若欲以城为外谋者，父母、妻子、同产皆断。”[3]当然，这种意义与反对政权的谋反十分相似。

战国及以后，颠覆政权意义上的谋反罪开始增多。《史记·秦本纪》载：“秦仲立三年，周厉王无道，诸侯或叛之。西戎反王室，灭犬丘、大骆之族。”[4]但西周时，西戎并非周王室治下的诸侯国，因此此言未必是实指当时有反罪。就谋反罪而言，其称“反”者，如《史记·秦本纪》载：“及孝公卒，太子立，宗室多怨鞅，鞅亡，因以为反，而卒车裂以徇秦国。”[5]此时，反作为罪名大量出现。其称谋反者，如《史记·李斯列传》载：“二世乃使高案丞相狱，治罪，责斯与子由谋反状，皆收捕宗族宾客。”[6]从反到谋反，意味着该罪将惩罚阶段从行为提前到思想，有谋即可定罪。

秦汉之际，谋反大量出现，但由于秦政暴虐，天下反之，在这种情况下，反更类似于古代的革命。反者很难再被称为罪。如《史记·王翦列传》载：“陈胜之反秦，秦使王翦之孙王离击赵，围赵王及张耳钜鹿城。”[7]秦亡汉兴，随着政权稳固，大逆罪作为包含谋反的罪大量出现。如《史记·孝文本纪》载：“间者诸吕用事擅权，谋为大逆，欲以危刘氏宗庙，赖将相列侯宗室大臣诛之，皆伏其辜。”[8]这里的大逆显然指诸吕欲取代刘汉而谋反。但谋反之称仍然存在。如《史记·孝文本纪》载：“淮南王长废先帝法……与棘蒲侯太子奇谋反，遣人使闽越及匈奴，发其兵，欲以危宗庙社稷。”[9]因此，谋反在作为大逆称罪受刑的同时亦保留了一定的独立性。

随着历史的发展，因其特别严重，谋反大逆在东汉的独立性进一步增强。

[1] 参见尤韶华：《归善斋〈吕刑〉汇纂叙论》，北京：社会科学文献出版社，2013年，第333页。

[2] 参见杨伯峻、徐提：《春秋左传词典》，第128、129页。

[3] 吴毓江、孙启治点校：《墨子校注》，北京：中华书局，第921页。

[4] 《史记》卷五《秦本纪》，第178页。

[5] 《史记》卷五《秦本纪》，第205页。

[6] 《史记》卷八七《李斯列传》，第2561页。

[7] 《史记》卷七三《王翦列传》，第2341页

[8] 《史记》卷一〇《孝文本纪》，第417页。

[9] 《史记》卷一〇《孝文本纪》，第426页。

需要注意的是，谋反大逆在东汉的独立可能与王莽时加重谋反的刑罚有关。《汉书·王莽传》载：刘嘉上奏王莽称“臣闻古者畔逆之国，既以诛讨，（而）（则）豬其宫室以为污池，纳垢浊焉，名曰凶虚”，后“莽又封南阳吏民有功者百余人，污池刘崇室宅。后谋反者，皆污池云”[1]。《汉书·翟方进传》则载王莽下诏：“今翟义、刘信等谋反大逆，流言惑众，欲以篡位，贼害我孺子，罪深于管蔡，恶甚于禽兽。”[2]当此时亦有谋反大逆之称。东汉继承这一点。如《后汉书·光武帝纪下》载：“赦乐浪谋反大逆殊死已下。”[3]《后汉书·孝明帝纪》载：“其令天下自殊死已下，谋反大逆，皆赦除之。”[4]在这些诏书中，谋反大逆已经具有相当的独立性，且逐渐成为赦免的排除对象，谋反大逆的严重危害性显然被进一步强调。再如《论衡·雷虚》载：“或论曰：‘饮食（人）不洁净，天之大恶也。杀大恶，不须时。’王者大恶，谋反大逆无道也。”[5]谋反大逆被认为是大恶，故有单独强调的必要。

到曹魏新律中，大逆无道与谋反大逆已经完全成为两个罪名。《晋书·刑法志》载魏律：“以言语及犯宗庙园陵，谓之大逆无道，要斩，家属从坐，不及祖父母、孙。至于谋反大逆，临时捕之，或污潴，或枭菹，夷其三族，不在律令，所以严绝恶迹也。”[6]而所谓“污潴”实际是延续了王莽“豬其宫室以为污池，纳垢浊”等的做法。在执行中，污潴的做法并不少见。如南朝宋刘劭谋反事败，《宋书·二凶传》载：“毁劭东宫所住斋，污潴其处。”[7]

谋反与大逆的绝对分离出现在北齐律中。《隋书·刑法志》载北齐律定重罪十条，称：“一曰反逆，二曰大逆，三曰叛，四曰降，五曰恶逆，六曰不道，七曰不敬，八曰不孝，九曰不义，十曰内乱。其犯此十者，不在八议论赎之限。”[8]反逆与大逆并举说明谋反与大逆已经分离，但前者仍然以逆为罪名。反逆作为罪名此前用得较少。如《汉书·晁错传》载：“吴王反逆亡道，欲危宗庙，天下所当共诛。”[9]但反逆有时会在一般谋反意义上使用。如《汉书·

---

[1]《汉书》卷九九上《王莽传》，第4084、4086页。

[2]《汉书》卷八四《翟方进传》，第3436页。

[3]《后汉书》卷一《光武帝纪下》，第49页。

[4]《后汉书》卷二《孝明帝纪》，第100页。

[5]黄晖：《论衡校释》，北京：中华书局，1990年，第302页。

[6]（唐）房玄龄：《晋书》卷三〇《刑法志》，北京：中华书局，1974年，第925页。

[7]（南朝梁）沈约：《宋书》卷九九《二凶传》，北京：中华书局，1974年，第2439页。

[8]（唐）魏徵：《隋书》卷二五《刑法志》，北京：中华书局，1973年，第706页。

[9]《汉书》卷四九《晁错传》，第2302页。

翟方进传》载："先自相被以反逆大恶，转相捕械，此其破殄之明证也。"[1]因此，反逆作为罪名少见，但以反逆指称谋反的说法十分常见。《北齐律》"反逆"作为罪名并未持续多久。一方面，北周并未采反逆之名[2]，《隋书·刑法志》载北周《大律》中："盗贼及谋反大逆降叛恶逆罪当流者，皆甄一房配为杂户。"[3]其不称反逆而称谋反。另一方面，隋律虽然继承北齐的重罪十条，但并未继承其反逆的说法。《隋书·刑法志》载隋律十恶为："一曰谋反，二曰谋大逆，三曰谋叛，四曰恶逆，五曰不道，六曰大不敬，七曰不孝，八曰不睦，九曰不义，十曰内乱。"[4]反逆不存其中。而且到隋律中，谋反与大逆彻底分离。以谋反取代反逆说明该罪的严重性使刑法对其的界定从行为提前到"谋"的预备阶段。

唐律继承隋律对谋反的单独规定。《唐律疏议·名例律》"十恶"条规定："一曰谋反。（谓谋危社稷。）【疏】议曰：案《公羊传》云：'君亲无将，将而必诛。'谓将有逆心，而害于君父者，则必诛之。《左传》云：'天反时为灾，人反德为乱。'然王者居宸极之至尊，奉上天之宝命，同二仪之覆载，作兆庶之父母。为子为臣，惟忠惟孝。乃敢包藏凶慝，将起逆心，规反天常，悖逆人理，故曰'谋反'。"[5]按疏议的解释，只要有逆心无须付诸行动，就已经是对天常、人理的严重背离，因此对君亲的谋反应该被扼杀在萌芽中。而且，虽则疏议注引《公羊传》的君亲无将，但显然偏重于君（即王者）。甘怀真认为，唐律的罪观念建立在其宇宙观的基础上，君主领导的政治秩序是宇宙秩序的一部分[6]。谋反就是对宇宙秩序的背离，或者用疏议的话来说，它是对天常、人理的极端背离。因此，谋反成为十恶之首，是法律的重点打击对象。唐律继承前代单独规定谋反罪的做法，并将其合法性上升到先验论的高度，这显示出唐律对谋反罪立法精神的进一步发展。

同时，《唐律疏议·贼盗律》"谋反大逆"条对谋反罪的刑罚做了具体规定："诸谋反及大逆者，皆斩；父子年十六以上皆绞，十五以下及母女、妻

---

[1]《汉书》卷八四《翟方进传》，第3436页。

[2]尽管部分学者认为隋律"因北齐而不袭北周"，但这一说法显然具有片面性。参见倪正茂：《隋律渊源若干问题考辨》，《法学》2010年第10期，第79—83页。

[3]《隋书》卷二五《刑法志》，第708页。

[4]《隋书》卷二五《刑法志》，第711页。

[5]《唐律疏议》卷一《名例律》，第6、7页。

[6]甘怀真：《唐律"罪"的观念》，载中南财经政法大学法律文化研究院编《中西法律传统》（第六卷），北京大学出版社，2008年，第89页。

妾、（子妻妾亦同。）祖孙、兄弟、姊妹若部曲、资财、田宅并没官，男夫年八十及笃疾、妇人年六十及废疾者并免；（余条妇人应缘坐者，准此。）伯叔父、兄弟之子皆流三千里，不限籍之同异。即虽谋反，词理不能动众，威力不足率人者，亦皆斩；（谓结谋真实，而不能为害者。若自述休征，假托灵异，妄称兵马，虚说反由，传惑众人而无真状可验者，自从袄法。）父子、母女、妻妾并流三千里，资财不在没限。其谋大逆者，绞。"[1]从中可见，第一，谋反罪不仅规定对犯罪者实施斩刑，而且保留了族刑，并实行大范围连坐；第二，对谋反的预防适用最严苛的标准，即使谋反者不可能产生任何危害，仍然要被处以斩刑；第三，谋反与大逆的刑罚相当，这反映出尽管这两者自北齐律中就已经开始分离，但其内在亲缘关系使得它们在处刑上仍然保持了相当的一致性。不过，唐代对谋反罪的处罚可能较前代为轻。《旧唐书·刑法志》载："又旧条疏，兄弟分后，荫不相及，连坐俱死，祖孙配没。会有同州人房强，弟任统军于岷州，以谋反伏诛，强当从坐。太宗尝录囚徒，悯其将死……更令百僚详议。于是玄龄等复定议曰：'案礼，孙为王父尸。案令，祖有荫孙之义。然则祖孙亲重而兄弟属轻，应重反流，合轻翻死，据礼论情，深为未惬。今定律，祖孙与兄弟缘坐，俱配没。其以恶言犯法不能为害者，情状稍轻，兄弟免死，配流为允。'从之。自是比古死刑，殆除其半。"[2]有学者指出，"比古死刑，殆除其半"是指唐律相较于汉武帝时409条的死刑而言[3]。这一说法颇有道理。不过，从唐律立法时所面临的实际需要而言，这种变化所针对的"旧条疏"应当是继承了开皇律的武德律。

三、大逆罪中恶逆从汉代到隋唐的发展

杀害父母的行为被称为大逆的制度并未随汉王朝的瓦解而消失。如《国语·鲁语上》韦昭注："太子杀父大逆。"[4]《抱朴子·用刑》载："今若自非谋反大逆，恶于君亲，及用军临敌犯军法者，及手杀人者，以肉刑代其死。"[5]但汉代大逆罪中杀害父母的行为到唐律中被称为恶逆，它的分立也导致逆罪在

---

[1]《唐律疏议》卷一七《贼盗律》，第321、322页。

[2]（后晋）刘昫：《旧唐书》卷五〇《刑法志》，北京：中华书局，1976年，第2136页。

[3]刘安志：《"比古死刑，殆除其半"与唐贞观年间的死刑减免问题》，《历史研究》2019年第4期，第174—176页。

[4]（三国）韦昭注：《国语》，上海古籍出版社，2008年，第79页。

[5]（晋）葛洪，庞月光译注：《抱朴子外篇全译》，贵阳：贵州人民出版社，1997年，第310页。

唐律中存在谋大逆与恶逆的两分。从汉律到唐律，恶逆的出现有其历史上粗线条的渊源，但整体来看，它的出现有某种意义上的突然性。

（一）“重罪十条”之前恶逆的含义

恶逆指代杀害父母的行为在唐代之前也出现过，但相对较少。《左传·宣公十八年》孔颖达疏引杜预《释例》称：“臣弑其君，子弑其父，世之恶逆，君子难言。”[1]《晋书·愍怀太子传》载：“太子之废也，妃父王衍表请离婚。太子至许，遗妃书曰：‘鄙虽顽愚，心念为善，欲尽忠孝之节，无有恶逆之心。虽非中宫所生，奉事有如亲母。’”[2]此处似将侵害君权与侵害父母的不忠不孝共同视为恶逆。但整体来看，恶逆多指侵害君权的行为。如《后汉书·梁统传》载：“后诸窦闻之，恐梁氏得志，终为己害，建初八年，遂谮杀二贵人，而陷竦等以恶逆。”[3]《后汉书·宦者传》载汉顺帝诏曰：“夫表功录善，古今之通义也。故中常侍长乐太仆江京、黄门令刘安、钩盾令陈达与故车骑将军阎显兄弟谋议恶逆，倾乱天下。”[4]《后汉书·陈球传》载安思阎后与梁后家皆犯“恶逆”。《后汉书·皇后纪下》则载安思阎后家试图谋反而坐罪。《后汉书·梁统附梁冀传》亦载梁冀因谋反被诛。《晋书·刑法志》载张斐《律表》称：“陵上僭贵谓之恶逆。”[5]“陵上僭贵”的恶逆当指政治地位而言，显然不能用杀害父母来解释，应该是延续之前视侵害君权为恶逆的结果。《隋书·刑法志》载北周《大律》中：“盗贼及谋反大逆降叛恶逆罪当流者，皆甄一房配为杂户。”[6]此处恶逆需要连坐，但杀害父母后无论是子孙连坐还是兄弟连坐，都意味被杀者的服制亲属需要连坐，这极为不合理。因此，此处恶逆很有可能并非指杀害父母。叶炜甚至认为北周《大律》的“盗贼及谋反大逆降叛恶逆”之外尚有与之并列的恶逆[7]。就其叙述来看，他似乎认为独立的恶逆与隋唐律的恶逆有渊源关系，而又不得不承认有侵害君权的恶逆罪存在。

（二）“重罪十条”之后恶逆所指定的罪行

北齐律“重罪十条”规定了“恶逆”。但这一“恶逆”是否将之前以侵害

---

[1]《春秋左传正义》，载李学勤主编《十三经注疏》，北京大学出版社，1999年，第681页。

[2]《晋书》卷五三《愍怀太子传》，第1460页。

[3]《后汉书》卷三四《梁统传》，第1172页。

[4]《后汉书》卷七八《宦者传》，第2516页。

[5]《晋书》卷三〇《刑法志》，第928页。

[6]《隋书》卷二五《刑法志》，第708页。

[7]参见叶炜：《北魏〈大律〉新探》，《文史》2001年第1辑，第128页。

君权为主要内容的恶逆改为以杀害父母为主要内容，也即唐律中的“恶逆”？《隋书·刑法志》载隋律：“又置十恶之条，多采后齐之制，而颇有损益。”[1]隋律受北齐律影响甚深，其恶逆极有可能受到北齐律影响[2]。《唐律疏议·名例律》“十恶”条疏议曰：“周齐虽具十条之名，而无‘十恶’之目。开皇创制，始备此科，酌于旧章，数存于十。大业有造，复更刊除，十条之内，唯存其八。自武德以来，仍遵开皇，无所损益。”[3]唐律无疑继承了隋律十恶，但是否真如疏议所言其遵开皇律而无所损益？试析如下。

就恶逆在隋朝所指涉的罪行而言，文献中并未见有杀害父母的记载。反而是《隋书·刑法志》载：“帝（隋高祖）以年龄晚暮，尤崇尚佛道，又素信鬼神。二十年，诏沙门道士坏佛像天尊，百姓坏岳渎神像，皆以恶逆论。”[4]《北史·滕穆王瓒传》载：“有人告纶怨望呪诅，帝令黄门侍郎王弘穷验之。弘希

[1] 《隋书》卷二五《刑法志》，第711页。

[2] 《北齐书·文襄帝纪》载文襄帝遗书侯景称：“君今不能东封函谷，南面称孤，受制于人，威名顿尽。得地不欲自守，聚众不以为强，空使身有背叛之名，家有恶逆之祸，覆宗绝嗣，自贻伊戚。”［（唐）李百药：《北齐书》卷三《文襄帝纪》，北京：中华书局，1972年，第34页］其中有恶逆一词，但这应非对律法中恶逆规定的反映，而是泛指谋反行为。《隋书·吐谷浑传》载隋文帝语：“浑贼风俗，特异人伦，父既不慈，子复不孝。朕以德训人，何有成其恶逆也！吾当教之以义方耳。”（《隋书》卷八三《吐谷浑传》，第1843页）尽管此处恶逆指父子关系的人伦不顺，但显然不是法律用语，而是一般指责。

[3] 《唐律疏议》卷一《名例律》，第6页。

[4] 《隋书》卷二五《刑法志》，第715页。不过，《隋书·高祖纪》载此诏为：“佛法深妙，道教虚融，咸降大慈，济度群品，凡在含识，皆蒙覆护。所以雕铸灵相，图写真形，率土瞻仰，用申诚敬。其五岳四镇，节宣云雨，江、河、淮、海，浸润区域，并生养万物，利益兆人，故建庙立祀，以时恭敬。敢有毁坏偷盗佛及天尊像、岳镇海渎神形者，以不道论。沙门坏佛像，道士坏天尊者，以恶逆论。”（《隋书》卷二《高祖纪下》，第45、46页）戴炎辉认为：“此系临时之诏，非常法；凡人以不道论；而同一行为，有特别身份者则为恶逆。”（戴炎辉：《唐律十恶之渊源》，第44页）该记载比《隋书·刑法志》详细，但两者究竟何者更准确很难判断。不过即使按《隋书·高祖纪》的记载，本文结论也不会受到影响。按本纪所载，之所以法律重点打击毁坏盗佛及天尊像、岳镇海渎神形的行为，与隋文帝认为它们对现世社会有重大帮助有关。所谓“咸降大慈，济度群品”“生养万物，利益兆人”都是强调它们的社会价值。这一点与《唐律疏议》对君权保护的说明极为相似。如《唐律疏议·名例律》“十恶”条载谋反为重罪是因为它侵害的君主是“居宸极之至尊，奉上天之宝命，同二仪之覆载，作兆庶之父母”。又同条载所谓谋大逆是“有人获罪于天，不知纪极，潜思释憾，将图不逞，遂起恶心，谋毁宗庙、山陵及宫阙”（《唐律疏议》卷一《名例律》，第6、7页）。君得上天之宝命，又作万民父母，这种描述与佛道和五岳四镇的造福万方极为相似。而且在古人的观念中，君权的神圣性要依附于天，而佛道与五岳四镇在这方面的神圣性色彩甚至要超越君主。因此，盗毁佛像天尊像等被认为是侵害君权的行为的看法更为合理，也即隋律的恶逆与侵害君权的性质更相似。

旨奏纶厌蛊恶逆，坐当死。”[1]《北史·卫昭王爽传》载：“有人告集呪诅，宪司希旨，锻成其狱，奏集恶逆，坐当死。”[2]《隋书·李密传》载：“不追诸葛瞻之忠诚，乃为霍禹之恶逆。”[3]《汉书·霍光附霍禹传》载霍禹谋反被诛。就这些材料来看，恶逆主要指的是侵害君权的行为。但这不能简单证明隋律中的恶逆与唐律有别。《隋书·刑法志》载隋炀帝继位后，“以高祖禁网深刻，又敕修律令，除十恶之条”[4]。后三条都属隋炀帝时期的材料。因此，不能简单地用大业律中的恶逆比附开皇十恶，那么为何此处称恶逆的原因就可能有多种。不过，这也可以作为佐证。

同时还有两个方面需要注意。第一，隋文帝将毁坏佛像天尊罪定为恶逆的原因究竟为何？如果恶逆指的是杀害父母，那将毁坏佛像天尊定为恶逆意味着佛与僧、民是父母与子女的关系。但实际上，隋文帝一朝，皇帝与佛的关系更为密切。《隋书·高祖纪上》载：“有尼来自河东，谓皇妣曰：‘此儿所从来甚异，不可于俗间处之。’尼将高祖舍于别馆，躬自抚养。皇妣尝抱高祖，忽见头上角出，遍体鳞起。皇妣大骇，坠高祖于地。尼自外入见曰：‘已惊我儿，致令晚得天下。’”[5]《续高僧传·隋京师大兴善寺释道密传》载隋文帝自言：“我兴由佛法，而好食麻豆。前身以从道人里来。由小时在寺，至今乐闻钟声。”[6]且从隋文帝开始，隋唐皇帝多以佛教转轮王自居[7]。如《宝泰寺碑》载：“大隋握图受命，出震君临，屏嚣尘而作轮王，救浊世而居天位。”[8]当时的僧人也多以佛教人物比拟隋文帝。那连提黎耶舍《德护长者经》载：“善男子，汝今见此德护长者大儿月光童子不……于当来世佛法末时，于阎浮提大隋国内，作大国王，名曰大行。能令大隋国内一切众生信于佛法，种诸善根。”[9]

---

[1]（唐）李延寿：《北史》卷七一《滕穆王瓒传》，北京：中华书局，1974年，第2452页。

[2]《北史》卷七一《卫昭王爽传》，第2454页。

[3]《隋书》卷七〇《李密传》，第1631页。

[4]《隋书》卷二五《刑法志》，第716页。

[5]《隋书》卷一《高祖纪上》，第1页。

[6]（唐）道宣撰，郭绍林点校：《续高僧传》，北京：中华书局，2014年，第1085页。

[7]参见孙英刚：《转轮王与皇帝：佛教对中国君主概念的影响》，《社会科学战线》2013年第11期，第78—88页。

[8]韩理洲辑校：《全隋文补遗》，西安：三秦出版社，2004年，第67页。

[9]［法］烈维：《大藏方等部之西域佛教史料》，载冯承钧编译《史地丛考　史地丛考续编》，上海古籍出版社，2014年，第241页。

月光童子在佛教中是佛祖的侍从[1]。岑仲勉称：“隋文帝受此经之蛊惑潜化者至深也。”[2]因此，隋文帝之所以禁毁佛像天尊更有可能是因为他认为自己与佛有着深刻渊源，毁佛也即毁己。另一方面，从隋朝立国来看，僧道积极参与到政权合法性建设中，甚至隋文帝“开皇”年号与道教也有莫大关系[3]。所以，隋文帝对佛教的优待也惠及道教等。第二，隋文帝承北周而来，北周《大律》中“恶逆”一词似指谋反等罪。《隋书·刑法志》载北周《大律》：“不立十恶之目，而重恶逆不道、大不敬、不孝、不义、内乱之罪。凡恶逆，肆之三日。盗贼群攻乡邑及入人家者，杀之无罪。若报仇者，告于法而自杀之，不坐。”[4]其先谈恶逆之罪，后论贼盗杀之无罪之法，似乎恶逆并非指杀害父母而是指侵害君权。但这一观点必然会面对几个疑问：

第一，隋律十恶有谋反、谋大逆、谋叛，那么恶逆究竟为何罪？《北史·滕穆王瓒传》和《北史·卫昭王爽传》所载杨瓒和杨集皆因呪诅而坐恶逆。呪诅在汉代正是大逆罪的组成部分[5]。如《汉书·刘屈氂传》载：“是时治巫蛊狱急，内者令郭穰告丞相夫人以丞相数有谴，使巫祠社，祝诅主上，有恶言，及与贰师共祷祠，欲令昌邑王为帝。有司奏请案验，罪至大逆不道。”[6]隋律应当延续了汉代将厌蛊君主视为大逆罪的传统，其在将谋反从大逆罪中剥离的同时，也将呪诅君主为大逆中剥离而规定为另一种逆罪，即恶逆。或者说，呪诅是比较典型的恶逆罪。但这一做法到唐律中发生变化，其将恶逆改为杀害父母及其他期亲尊长的行为，而将呪诅等行为归入不道。

第二，如果隋律及之前恶逆为侵害君权的行为，那么当此之时杀害父母的行为究竟为何罪名？本文认为极有可能仍为“谋大逆”，或者说至少是包括在谋大逆以内。《北齐书·酷吏·毕义云传》载毕善昭在北齐武成帝时杀其父毕义云，大臣邢邵以为“此乃大逆”。案《资治通鉴》“光大元年十二月条”，毕善昭杀父在公元567年。《北齐律》则颁行于河清三年即公元564年。当此

[1] 佛教的月光童子先有保护佛祖之实，后有皈依佛祖之举。参见丁福保编纂：《佛学大辞典》，北京：文物出版社，1984年，第347、348页。

[2] 岑仲勉：《隋唐史（上）》，北京：中华书局，1982年，第164页。

[3] 参见蔺熙民：《隋唐时期儒释道的冲突与融合》，陕西师范大学博士学位论文，2009年，第82—84页。

[4]《隋书》卷二五《刑法志》，第708页。

[5] 参见吕丽：《汉“谋反”“大逆”“大逆不道”辨析》，第192页。

[6]《汉书》卷六六《刘屈氂传》，第2883页。

之时，杀父仍称“大逆”。这条材料也说明杀害父母为大逆的法律规定源远流长[1]。而后，如果隋律中的恶逆并非指代杀害父母，而不孝等向来不能将杀害父母纳入其中，那么其也极有可能沿用北齐关于大逆的规定，即隋律“谋大逆”为杀害父母的行为，当然还有一种可能是隋律的谋大逆只是将杀害父母的行为包括在内，也并未排除其他侵害君权的行为。但是，隋律十恶中出现谋反→谋反、谋大逆→杀害父母、恶逆→咒诅的情况仍然是值得注意的。

第三，如果隋律及之前的恶逆为侵害君主的行为，那么如何理解“自武德以来，仍遵开皇，无所损益”？实际上，《唐律疏议》在论述其与隋律的关系时，经常会使用类似词语。如《唐律疏议·名例律》疏议曰：“隋因北齐，更为名例。唐因之于隋，相承不改。”[2]《唐律疏议·贼盗律》疏议曰：“隋开皇合为贼盗律，至今不改。”[3]《唐律疏议·诈伪律》疏议曰：“诈伪律者，魏分贼律为之。历代相因，迄今不改。”[4]相承不改、至今不改、迄今不改都是指唐律对隋律篇名的继承。当然它们属于单个篇目的继承，就十恶而言则属多个条目的继承。《名例律》《贼盗律》《诈伪律》从隋到唐能够真正不改的恐怕只有篇目而已，否则唐律就成为隋律的翻版。所以，十恶从隋到唐的无所损益大概只是条目，未必是指所有条款。

到唐律中，最终定型，成为侵犯特定服制近亲属的人身、生命的犯罪。

---

[1] 在这一条材料中有两点需要注意。第一，本材料条虽然对大逆的内容有直接的指称，但却是一条孤证，因此邢邵的身份需要特别说明。邓奕琦曾经认为邢邵是用汉律的理念来解读毕善昭的行为（参见邓奕琦：《北朝法制研究》，北京：中华书局，2005年，第142页）。虽然邢邵是当时有名的才子，熟习经学，为文学之冠，不过他对法律应该有比较深的理解。《北史·李顺附李希礼传》载兼任廷尉少卿的李希礼曾经与“邢邵等议定礼律”（《北史》卷三三《李顺附李希礼传》，第1217页）。尽管无法通过这一条断定邢邵是否为律学家，但显然他对北齐律有很深的了解，而且邢邵乃是北齐律颁行后上书要求对毕善昭定罪，如何能用汉律对后者的行为进行评价，此论殊难令人认同。第二，在一条隋朝的材料中“谋大逆”并非杀害父母的行为。《北史·卢同附卢贲传》载隋文帝语曰：“昉谋大逆于前，译为巫蛊于后。”（《北史》卷三〇《卢同附卢贲传》，第1107页）按《北史·刘昉传》载刘昉实为与梁士彦“相与谋反”（《北史》卷七四《刘昉传》，第2542页）。《隋书·刘昉传》继承了《北史》的这两个说法。本文认为这一条材料并不对本文的观点形成冲击。一方面，虽然杀害父母有可能被归入谋大逆，但并不排除其他行为仍然在其中。另一方面，该条材料并非法律性的，更多的是一种道德评价而非法律评价，甚至同书对刘昉就有谋反与谋大逆两种说法，而他的行为显然是谋反而非谋大逆。因此，隋文帝此语不过是从一般观念上对刘昉的评价。这与邢邵上书极可能不是在同一种意义上使用大逆这个词。

[2]《唐律疏议》卷一《名例律》，第1页。

[3]《唐律疏议》卷一七《贼盗律》，第321页。

[4]《唐律疏议》卷二五《诈伪律》，第452页。

《唐律疏议·名例律》"十恶"条载："四曰恶逆。（谓殴及谋杀祖父母、父母，杀伯叔父母、姑、兄姊、外祖父母、夫、夫之祖父母、父母。）"【疏】议曰："自伯叔以下，即据杀讫，若谋而未杀，自当'不睦'之条。'恶逆'者，常赦不免，决不待时；'不睦'者，会赦合原，惟止除名而已。以此为别，故立制不同。其夫之祖父母者，夫之曾、高祖亦同。案丧服制，为夫曾、高服缌麻；若夫承重，其妻于曾、高祖，亦如夫之父母服期。"[1]从中可以发现：其一，唐律的恶逆包括殴打和谋杀两种犯罪情形。其二，唐律的恶逆把包括对象从祖父母、父母扩展到伯叔父母、姑、兄姊、外祖父母、夫、夫之祖父母、父母等。唐律中"亲等的划定，是依据丧服礼的五服制度；期尊等的划定，则显然是源于《仪礼·丧服》的'父者子之天'，'夫者妻之天'"[2]，恶逆的内容显然符合丧服礼的规定。这是唐律对家族关系的全面保障，试图通过刑罚维护家族内部关系。其三，按照疏议的说法，恶逆又在祖父母、父母与其他尊亲属之间划分了保护等级。殴打、谋杀祖父母、父母即为恶逆；但如果对恶逆规定的其他尊亲属只是谋而未杀，那么只能被列入不睦。在赦免制度中，恶逆是常赦不免，不睦则是会赦合原、惟止除名。同时，《唐律疏议·名例律》"十恶"条又载："八曰不睦。谓谋杀及卖缌麻以上亲，殴告夫及大功以上尊长、小功尊属。"[3]唐律又在大功小功和缌麻之间划分出保护等级。由此，根据恶逆、不睦的规定，唐律对家族内部尊亲属的保护形成三个等级。这是对准五服以制罪原则的进一步贯彻，唐律的相关规定呈现出强烈的"一准乎礼"[4]特征。与此同时，隋律中可能包含在恶逆中的呪诅被归入不道。《唐律疏议·名例律》"十恶"条载："五曰不道。谓杀一家非死罪三人，支解人，造畜蛊毒、魇魅。"【疏】议曰："魇魅者，其事多端，不可具述，皆谓邪俗阴行不轨，欲令前人疾苦及死者。"[5]呪诅应当是一种魇魅的方式[6]。

从大逆、恶逆的发展情况来看，在汉唐律的变迁中，谋反被从大逆中分离出去，杀害父母亦被从大逆中分离出去并被规定到恶逆中。这使得大逆的内容被大大简化。《唐律疏议·名例律》"十恶"条规定："二曰谋大逆。（谓谋

[1]《唐律疏议》卷一《名例律》，第8页。

[2] 刘俊文：《唐律与礼的关系试析》，《北京大学学报（哲学社会科学版）》1983年第5期，第14页。

[3]《唐律疏议》卷一《名例律》，第14页。

[4]（清）纪昀总纂：《四库全书总目提要》，石家庄：河北人民出版社，2000年，第2161页。

[5]《唐律疏议》卷一《名例律》，第6页。

[6] 参见钱大群：《唐律疏义新注》，南京师范大学出版社，2007年，第28页。

毁宗庙、山陵及宫阙。）”谋大逆主要包括危害谋毁宗庙、山陵及宫阙。所谓宗庙、山陵、宫阙，【疏】议曰：“宗者，尊也。庙者，貌也。刻木为主，敬象尊容，置之宫室，以时祭享，故曰‘宗庙’。山陵者，古先帝王因山而葬，黄帝葬桥山即其事也。或云，帝王之葬，如山如陵，故曰‘山陵’。宫者，天有紫微宫，人君则之，所居之处故曰‘宫’。其阙者，《尔雅·释宫》云：‘观谓之阙。’郭璞云：‘宫门双阙也。’”[1]也即，宗庙、山陵、宫阙被视为皇权的象征，唐律不仅保护皇帝的人身、生命，而且保护皇权的象征。按照十恶中谋反、谋大逆、大不敬等规定，唐律对皇帝的保护也因之形成几个层次：第一，对谋反罪的规定，形成对皇帝生命与权力的保障；第二，对谋大逆罪的规定，形成对皇帝权力象征的保障；第三，对大不敬的规定，形成对皇帝尊严与人身的保障。杀害父母被从大逆罪中剥离意味着，唐律的立法者虽然保护君、亲，但同时也认为君、亲是有差异的，不能一概而论。唐律十恶定型后，历代沿用之。

四、影响唐律“逆”罪形成发展的因素解析

逆罪包含着对君权和父权两方面的保护。从逆的本质来看，它有极为伦理化的一面。所谓逆顺是对天理伦常的人间反映，而谋反在逆罪中的进进出出可能与政治因素有关。同时，宗教在对待孝与逆的关系上也可能有一定影响。总而言之，伦理观念、政治观念与先验观念等都在唐律逆罪条文的形成与发展中发挥了一定作用。

逆罪在秦汉之际的形成是君臣关系、父子关系伦理化发展的结果。尽管忠孝观念在此之前已经存在，但其法律化的程度并未达到法律儒家化后的高度。以谋反为例，谋反在秦代是为保障君权，但其君臣关系并未完全伦理化。在人性恶的理念中，“法家认为君臣之间其实无感情可言，只是一种纯粹的利益关系”[2]。君臣关系可以说是一种交易关系[3]，维持这种关系的方式在于君主的赏罚二柄。故《韩非子·扬榷》称君臣关系“上下一日百战。下匿其私，用试其上；上操度量，以割其下”[4]。谋反罪只是将君主控制臣下的手段具象化而已。

---

[1]《唐律疏议》卷一《名例律》，第7页。

[2] 王屾：《〈韩非子〉中“臣”的角色定位与政治心理研究》，《东北师大学报（哲学社会科学版）》2011年第5期，第52页。

[3] 韩非甚至认为父子家庭关系也是如此。参见朱贻庭主编：《中国传统伦理思想史》，上海：华东师范大学出版社，2003年，第183页。

[4]《韩非子新校注》卷二《扬榷》，第170页。

当秦承法家尚刑不尚德时，《汉书·礼乐志》载贾谊语：“汉承秦之败俗，废礼义，捐廉耻，今其甚者杀父兄，盗者取庙器，而大臣特以簿书不报期会为故，至于风俗流溢，恬而不怪，以为是适然耳。”[1]当然，并不是说秦代君臣关系就绝对功利化，《韩非子·忠孝》甚至称：“臣事君，子事父，妻事夫，三者顺则天下治，三者逆则天下乱。”但整体来看，功利性的君臣关系仍是法家观念的核心。因此，谋反罪的政治性大于伦理性。

汉代在政治理念上与秦有鲜明不同，忠孝观念被不断伦理化。尤其是儒家推动的天理伦常观念逐渐成为主流意识，这意味着忠孝关系伦理化程度的加深，同时意味着违反忠孝之罪也需要通过天理伦常表现出来，承天理伦常者为顺，背天理伦常者为逆。这践行的是《左传·隐公三年》中所阐述的观念：“贱妨贵，少陵长，远间亲，新间旧，小加大，淫破义，所谓六逆也。君义，臣行，父慈，子孝，兄爱，弟敬，所谓六顺也。”[2]逆顺之道不仅体现出对规则的遵守与违反，而且包含着对规则应当包含哪些内容的基本理念。当忠孝成为天理伦常的核心时，也就可以用逆顺来表示遵守或违反它们时的伦理评价。所以，大逆不仅意味着对忠孝规则的违反，而且意味着忠孝观念在法律观念中已经产生重要伦理影响。

忠孝关系的伦理化奠定了侵害君权与侵害父母同时被纳入大逆的基础。而且，大逆能够同时包含侵害君权与杀害父母的行为，这意味着两者的严重性在观念上是相同的。一方面，忠孝皆为伦理大常，所以都受到法律严格保护。另一方面，当时君、父位阶关系未定。秦汉之前，儒家思想中存在父高于君的观念。《郭店楚简·六德》载：“为父𢇍（绝）君，不为君𢇍（绝）父。”[3]《郭店楚简·语丛三》又称：“父亡亚（恶）。君猷（犹）父也，其弗亚（恶）也，猷（犹）三冟（军）之旍也，正也。所以异于父，君臣不相才也，则可已。不悦，可去也。不我（义）而加者（诸）己，弗受也。”[4]整理小组认为，尽管诸家对“绝”字的解释不一，但《六德》的君父关系显然以父先于君为正，这点并无异议。《语丛三》比君为父，但又称君臣不合则可去，这与父子关系的天然不可分割性有所区别。故有学者称，这体现出孝道重于君臣之道的观念[5]。

[1]《汉书》卷二二《礼乐志》，第1030页。

[2]《春秋左传正义》，载《十三经注疏》，第81页。

[3]武汉大学简帛研究中心、荆门市博物馆：《楚地出土战国简册合集》第一册，北京：文物出版社2011年，第125页。

[4]武汉大学简帛研究中心、荆门市博物馆：《楚地出土战国简册合集》第一册，第158页。

[5]李零：《郭店楚简校读记》，北京：中国人民大学出版社，2007年，第202页。

《孔子家语·六本》又载子受父罚："小棰则待过，大杖则逃走。"[1]父对子施罚因大小而有态度之别，这也与君臣间不受不义的观念不一致。不过，随着汉代专制的加强，忠先于孝的观念逐渐主流化。东汉之后，孝先于忠的观念又重新抬头[2]。三国时期，孝先于忠的情况也常见，以至于出现因奔丧而废职的情况[3]。"在两晋南朝，继承西汉中期以来封建正统法律文化传统，理论上忠孝并重，实践上忠却未能与孝鼎足，甚至出现孝先于忠、家重于国的情况"[4]。但孝先于忠的观念并未得到法律层面的完全回应，反而有时会引起部分人的反对。如《三国志·吴书·吴主传》载胡综提出："忠节在国，孝道立家，出身为臣，焉得兼之？故为忠臣者不得为孝子。宜定科文，示以大辟，若故违犯，有罪无赦。以杀止杀，行之一人，其后必绝。"[5]这也成为吴国法律。因此，忠孝位阶高低处于不断变化中。

父子一伦在天理伦常中的重要地位使得它固守在大逆罪中，但政治性因素对法律的影响并未衰减，甚至逐渐提高，即君权逐渐高于父权。有学者提出，法家化的君臣关系在法律儒家化的同时也在发挥作用[6]。这意味着，谋反等侵害君权行为的法律定位必然要高于侵害父母。针对忠孝关系在魏晋南北朝时期孝先于忠的根源，鲁迅曾言："魏晋，是以孝治天下的，不孝，故不能不杀。为什么要以孝治天下呢？因为天位从禅让，即巧取豪夺而来，若主张以忠治天下，他们的立脚点便不稳，立论也难了，所以一定要以孝治天下。"[7]论者多以为这是论述魏晋南北朝孝先于忠的经典判断。法律对此也有一定反映。如《晋书·董养传》载："每览国家赦书，谋反大逆皆赦，至于杀祖父母、父母不赦者，以为王法所不容也。奈何公卿处议，文饰礼典，以至此乎！"[8]甚至唐代时，忠先于孝的观念还有很大影响[9]。但正如以孝治天下的根本目的是维护皇权

[1] 杨朝明注说：《孔子家语》，开封：河南大学出版社，2008年，第177页。

[2] 参见李文玲、杜玉奎：《儒家孝伦理与汉唐法律》，北京：法律出版社，2012年，第105页。

[3] 参见刘伟航：《三国伦理研究》，成都：巴蜀书社，2002年，第110页。

[4]《北朝法制研究》，第174页。

[5]（晋）陈寿：《三国志》卷四七《吴书·吴主传》，北京：中华书局，1959年，第1141页。

[6] 参见吴正茂：《再论法律儒家化——对瞿同祖"法律儒家化"之不同理解》，《中外法学》2011年第3期，第496页。

[7] 鲁迅：《魏晋风度及文章与药酒之关系》，载李新宇、周海婴主编《鲁迅大全集》，武汉：长江文艺出版社，2011年，第122页。

[8]《晋书》卷九四《隐逸·董养传》，第2434页。

[9] 参见朱海：《唐代忠孝问题探讨——以官僚士大夫阶层为中心》，《武汉大学学报（人文社会科学版）》2000年第3期，第394—398页。

统治，直接威胁政权的行为显然更会受到刑法制裁。在政权更迭不断的魏晋南北朝，君主必然对维护政权有更为迫切的需求。沈家本认为，明以前的刑律编纂排序或为尊王或为重民，尊王则事关国政的篇目居前，如《卫禁》《厩牧》等，重民则事关民事的篇目居前，如《贼盗》《户婚》等[1]。而北齐后，事关国政的篇目多居于前，故北齐律到唐律皆以尊王为中心。尽管这种看法稍显粗简，但也说明一定问题。

实际上，从《唐律疏议》对谋反与恶逆的不同态度就可以看出君父在法律上的不同地位。《唐律疏议·名例律》“十恶”条载疏议曰：“王者居宸极之至尊，奉上天之宝命，同二仪之覆载，作兆庶之父母。为子为臣，惟忠惟孝。乃敢包藏凶慝，将起逆心，规反天常，悖逆人理，故曰‘谋反’。”又载：“父母之恩，昊天罔极。嗣续妣祖，承奉不轻。枭镜其心，爱敬同尽，五服至亲，自相屠戮，穷恶尽逆，绝弃人理，故曰‘恶逆’。”[2]从这两者的说明来看，谋反之所以被称为谋反，在于其“规反天常、悖逆人理”，而恶逆则因“穷恶尽逆，绝弃人理”。显然《唐律疏议》的撰写者在对比谋反与恶逆时，将谋反视为对天常、人理的违背，而将恶逆仅视为对人理的侵害。因此，与汉代忠孝先后在理论上未定的情况不同，唐律已经直接确定了忠先于孝的定位。唐律这种情况，不应仅限于对唐代的理解。从历代需求来看，维护政权显然是法律直接和根本的目的。因此，尽管理论上忠孝关系未定，甚至某些国家赦书对杀害父母的态度严于侵害君权，但政府将侵害君权视为重于杀害父母的大罪显而易见。这种政治性考虑会超越伦理争论而更早现实化。谋反从大逆中逐步剥离并重于包含杀害父母在内的大逆罪的做法，体现出对侵害君权更为强硬的政治态度。

政治态度影响了谋反从大逆中的剥离，但无法彻底将杀害父母从大逆中剥离出来。整个社会背景对杀害父母都有深刻抵触。不仅传统的伦理要素在发挥作用，宗教要素也在发挥作用。如在道教经典中，《太平经·起土出书诀》云：“天地最以不孝不顺为怨，不复赦之也……夫天地至慈，唯不孝大逆，天地不赦，可不骇哉？”[3]《不可不祠诀》载：“人居世间，作孝善而得寿，子孙相续，复见尊官重禄，是不作善为孝所致邪?自无善而不顾后有患，此为大逆恶人，更为无等比不休息乎?”[4]在佛教经典中，杀害父母为五逆罪。《阿阇世

[1]《历代刑法考》，第1360、1361页。

[2]《唐律疏议》卷一《名例律》，第6页。

[3]王明编：《太平经合校》，北京：中华书局，1960年，第115、116页。

[4]王明编：《太平经合校》，第604页。

王问五逆经》载："有五逆罪，若族姓子族姓女，为是五不救罪，必入地狱无疑。云何为五？谓杀父、杀母、害阿罗汉斗乱众僧、起恶意于如来所。"[1]无论是道教伦理观念还是佛教伦理观念，它们都认同杀害父母是逆罪，即儒、释、道三家均认为杀害父母是逆罪。这使得杀害父母的逆罪地位无可动摇，也使得杀害父母在经过相当长时期才被从大逆罪中剥离出来，而又以恶逆冠之来保留它的逆罪地位。

五、结　语

逆罪的形成与发展，可以说经历数百年的变化，从秦汉至唐代定型。纵观这一历史，可以发现单一罪名的成熟受到不同观念的影响。伦理观念的增强是侵害君权与杀害父母共同在汉代成为大逆罪的根本原因。随着历史发展，政治观念的增强推动忠先于孝在法律上的实践。谋反罪需要超出大逆罪以获得更高的法律地位或者说得到更严厉的刑法处罚。这样，谋反逐渐剥离大逆罪。而杀害父母尽管在大逆罪中保留了相当长的时间，但终于以恶逆罪保住逆罪的地位而仅被剥离出大逆罪，使后者成为主要规范侵害皇权的犯罪。杀害父母之所以能够保留逆罪的地位，是因其在伦理上具有不可动摇性。在传统正名观念下，这一做法具有很强的儒家色彩，而宗教观念也加强了这一地位。通过逆罪的这些变化可以发现，伦理观念、政治观念、宗教观念等对我国古代罪之法条的形成具有重要影响。与之类似，任何其他罪也在不同意义上也受到这些观念的影响而塑造着古代法律的具体条文。刑法以及具体刑法条文的发展都是受到多元要素影响的，而且不同时期各要素的重要性有所不同，但这也正构成了丰富多彩的中国法律史。

（作者单位：湖南大学法学院）

[1]《阿阇世王问五逆经》，收入大正新修大藏经刊行会《大正新修大藏经》第14册，台北：新文丰出版公司，1983年，第775页。

The Formation and Reasons Analysis of the Ni（逆） Crime in the Tang Dynasty

Li Qintong

[Abstract] Damaging the power of emperors and killing parents were both included in the Da Ni（大逆） Crime in the Han Dynasty. Then, the former gradually became a separate crime which was independent from normal treason in the Eastern Han Dynasty. Eventually, treason and Da Ni Crime were separated in the Northern Qi Dynasty and killing parents in the statutes of Northern Qi was included in Da Ni Crime. The statutes of Sui changed the Da Ni Crime to Mou Da Ni（谋大逆） Crime. The E Ni（恶逆） Crime in the statutes of Northern Qi and Sui mainly referred to those behaviors of damaging the power of emperor, especially Zhou Zu. Zhou Zu was included in the Shi E（十恶） Crime and the E Ni Crime was regarded as the crime which violated life of the relatives in the Tang Dynasty. Although the statutes of Tang still used the name of the Shi E Crime, their contents were possibly different. The change of the Ni Crime was affected by ethical, political and religious factors from Han to Tang Dynasties.

政治与军事

唐的官僚制与宦官

——中古近侍政治的终结序说

［日］横山裕男　区玉莹译

序　言

站在历史的长河中，以宏观的视角来观察隋唐时代，经过了几乎致唐于死地的安史之乱后的唐中后期社会，为后世社会的出现做了铺垫。唐中后期的社会性质与唐以前相比迥然不同，毋庸置疑，这是极其值得注意的问题。学界常用“唐宋变革”来说明这个变化过程，但关于“变革”性质的概念因人而异，概念定义也因此而多样。如何看待变革的性质问题并提出自己的概念定义，最终关系到中国史的时代划分问题，但现在，笔者不对此进行学术史上的展望[1]。不过，笔者的立场是：拒绝使用从中世（贵族制社会）到近世（非贵族制社会）的转换期的观点去分析“变革”[2]。

在此，作为掌握变革性质的线索，笔者拟从政治史的侧面出发，引用以往认为唐朝的衰亡与唐中后期极其出彩的党争、藩镇、宦官三者有密切关系的观点，以三者之间的政治关联，特别是以宦官和官僚制为中心，作出概观性的分析。

一、强化皇权的意向与宦官

唐朝初期的社会，至少到玄宗（712—756在位）统治为止的社会，是以均田制、租庸调制、府兵制等在南北朝，特别是北朝展开的各项制度作为统治

[1] 关于中国史时代划分的讨论，参见［日］铃木俊、西嶋定生编：《中国史的时代区分》，东京大学出版会，1957年；［日］内藤戊申：《东洋史的时代划分论——学说史展望》，《爱知大学文学论丛》1954年第9期。

[2] 该文章的完成受益于宇都宫清吉、谷川道雄、宫崎市定等诸位学者的学说，于此表示感谢。

人民的根本性法规汇总，也就是说，这是一个以律令体制作为保证的社会。使律令体制得以施行的上层构造，意味着以皇帝为最高统治者的王朝政府崛起。同时，皇帝通过运河把南朝以来不断开发的江南地区与华北地区紧密地结合起来，这是国家财政的背景，上述两者造就了“天下道路贯通长安的世界帝国”的繁荣。均田制在律令体制中发挥着重要作用。魏晋南朝时期，贵族的门第与他们在朝廷的地位大体相称。虽然贵族们夸夸其谈道“官位是由皇帝授予的，门第却不是”，但由于均田制的推行，多次有反王朝意向的贵族的经济基础遭到削弱，他们不得不作为官僚围绕在皇帝四周，紧紧地寄生在国家权力之上。不过，仅仅强调这一方面就认为唐王朝通过实行均田制实现了古代专制国家的理想，是片面的。其原因在于忽略了在南朝显著开展、北朝贵族憧憬的贵族社会结构在唐朝依旧残存，此外，把均田制的特征归结为具有单一意义的古代的东西未免有些言之过早[1]。就像把唐代社会的特征都集中在律令体制乃至均田制那样，部分学者将唐代社会的原型归于北朝。但是，以此为原型的唐代社会，并不意味着与汉族相比处于较迟发展阶段的北族创造出来的北朝体制就是古代的（非贵族制的）、后退的。南北朝中后期是贵族制的国家体制化倾向明显的时期。为了实现贵族制的国家体制化，均田制、府兵制等举措在北朝扮演着重要角色。与此相比，在欠缺这些举措的南朝，梁武帝等人尝试推行贵族制的国家体制化，却遭到了惨痛的失败，隋唐继承了使贵族的国家体制化得以实现的北朝路线。然而，南朝贵族社会的特性并没有淹没在唐的律令、均田制中，它在随后论述的律令官制中幸存下来。如此说来，以律令、均田制为基础的唐代社会，出现了前面所说的被国家体制化的贵族制的特性，它是作为贵族社会的特殊形态存在，这并不是在本质上否认贵族社会，而是作为一般形态，承认唐代的社会是以贵族制为基础的[2]。

唐初的政治机构集中在中书、门下、尚书三省以及尚书六部（吏、户、礼、兵、刑、工）中。追溯三省的起源，都是企图确立皇帝对门阀贵族主导的私人秘书机关，在与贵族不断妥协的过程中，具有了作为贵族制国家公共政治机关的性质[3]，这赋予了门下省在唐初政治机关中特殊的性质。门下省是对中

[1] 译者按：根据横山裕男先生的时代划分方法，此处的“古代”应指唐代以前。

[2] ［日］谷川道雄：《北魏研究的方法和课题》，《名古屋大学文学部研究论集》第32期，1964年。

[3] ［日］内藤乾吉：《唐三省》，《史林》第15卷第4期，1930年。［日］宫崎市定：《东洋的近世》，载《宫崎市定亚洲史论考（上）》，上海古籍出版社，2017年，第216页。

书省的立案有封驳权的政策审议机关，具有贵族官僚对抗皇权的根据地的地位[1]。也就是说，中央政府仍保留了浓重的皇帝与贵族的合议政体观。唐代贵族拘泥于门阀，史上有名的《贞观氏族志》的编纂常被作为论证该观点的小插曲出现[2]。《氏族志》由太宗（626—649在位）特令再编，但太宗只是把皇室、外戚提高到第一、二位，再次证明了即使是皇帝的意志，也不能左右家世血脉。编写《氏族志》的贵族奉皇帝之命再次修订一事，表明他们察觉到仅凭门阀贵族层的身份并不能在官场中长久地存在。贵族之所以有这种感觉，是因为科举打开了通往官场的大门。仅靠夸耀门第，并不能保证贵族在官场的枢要中站稳脚跟。只有通过科举，特别是进士科后，兼具门第和实力的人才会得到皇帝的认可，这才是通往官场枢要的捷径。他们认为在此向皇帝让一步是必要的。同时，掌握通往科举合格门户的吏部又被门阀贵族控制。对门第低的出身者来说，通过科举成为官僚的道路虽然狭窄，但他们依旧妥协且不会有所抵触。通往官场道路的科举制度是贵族层对贵族制的国家体制方针的让步，但他们依然没有舍弃门第意识，这体现在他们关心如何获得被称为“清要”的官职上。唐代的官僚组织看起来井然有序，但官职的清浊时常为官员所考虑，唐代的官僚体制实际上保留着六朝以来贵族制的特征[3]。然而，唐代贵族制对均田制、科举制度集约起来的贵族制的国家体制化方针作出了让步，因此不能忽略贵族制在唐朝已经逐渐发生了变化。

从皇帝的角度考虑，即使不能从根本上改变贵族阶层的门第意识，他们的妥协也是很大的收获。在授予令贵族层满意的，并与之门第相适应的官职的同时，皇帝身边不受律令官制约束的近侍官僚集团成长起来，吸收了贵族集团的实权[4]。当时，尽管律令官制中包含了无意义的重复[5]，但仍起到了积极的作

[1]（宋）司马光：《资治通鉴》卷二四五，大和八年八月条，北京：中华书局，1956年，第8019、8020页。

[2] 太宗拘泥于门第是受李唐皇室家系的劣等感影响。

[3] 唐代的“清流”与六朝中清要官的发展有联系，参见［日］宫崎市定：《九品官人法研究》，北京：中华书局，2008年，第126—131、329—350页。

[4]［日］砺波护：《关于三司使的成立——唐宋变革和使职》，《史林》第44卷第4期，1961年，第609—633页。

[5]（唐）杜佑：《通典》卷四〇《职官》载：“睿宗景云二年，监察御史韩琬上疏曰：‘量事置官，量官置人，使官称其人，须人不虚位。除此之外，使其耕桑，任其商贾，何为引令入仕，废其本业。臣愚以为国家开仕进之门广矣，皆弃农桑工商而身趋之。当今一夫耕而供数百人食，一妇蚕而供数百人衣，遂使公私皆无储蓄。若不厘革，其弊必甚。’”北京：中华书局，1988年，第1106、1107页。

用。在简化、统一政治名义下，近侍集团的形成没有遭到反抗。翰林学士就是这样的例子。

翰林院原本是由皇帝身边兼具各种技艺的人组成的机构，其设立目的是服务皇帝的不时之需，是属于私人性质的官僚机构。兼具文学才能及其他技艺的人，能够在出游、设宴时助兴。太宗贞观年间，朝廷从文学之士中选拔被称为“名儒”的人物，担任起草诏敕制书之职，并形成了由中书舍人正式发布诏令的惯例，但他们并没有正式的称呼。然而，一旦参与起草诏敕，翰林院中有文学才能的官僚的地位便会逐渐提高，作为皇帝亲信崛起。玄宗开元年间朝廷授予他们“翰林供奉”这一称号，后又以中书舍人执掌繁多而积压文书为由，把与起草诏敕有关的职务交给翰林供奉。之后，朝廷将翰林供奉改为学士，又创立学士院，专门负责处理皇帝的内命。但人们认为“翰林”的称呼意味着皇帝身边的要职，因此学士院前也开始带“翰林”二字，学士也被称为翰林学士。以前翰林学士院的存在并不显眼，但现在翰林学士院的地位却越来越高。

翰林学士没有特定的品秩、定员，作为寄禄官授予有才能的人以“清要”的职事官名，再加以任用，他们在宫廷中位于宰相之下，一品官员以上[1]。不久，翰林学士成为通向宰相的捷径，同时，在宰相的任免上有一定的话语权[2]。当党争风暴笼罩宫廷时，各党派出于各自的考虑，都会费尽心机地将己方或关系亲近者的意见传到翰林学士那里[3]。从党派之争暂且平息的宣宗统治期间（846—859）起，通过进士科的郡望出身者，也就是清流官员的数量增多。这表明，以私人近侍机构发迹的翰林学士，最终以“清流之名”被贵族掌握在手中，造成贵族官僚层地位的不平衡[4]。

与以翰林学士为代表的近侍集团不同，还有一个作为强化近侍的副产品而兴起的集团，那就是宦官集团。

宦官固然不是唐代的独特存在，但他们在唐中后期专横跋扈，甚至达到了能够拥立皇帝的地步，这是一个引人注目的问题。宦官在其存在的性质上，无论

[1] 译者按：此处原文为“宫廷における席次も宰相の下、一品官の上になった”，翻译为：在宫廷中位于宰相之下，一品官员以上。但实际上，唐前期宰相品阶为三品，唐后期为二品，此处作者似乎理解有误。

[2] ［日］山本隆义：《论唐宋时代的翰林学士》，《东方学》1952年第4期，第28—38页。［日］矢野主税：《唐代的翰林学士院》，《史学研究》1953年第50期，第63—70页。

[3] ［日］砺波护：《关于三司使的形成》。

[4] 其他的使职也存在同样的情况，参照前述砺波护论文。

何时都容易了解皇帝的意向，也容易察觉中央政府的动向。对皇帝而言，宦官是牵制官僚的极好武器。东汉时期，皇帝重用宦官以对抗强大的外戚官僚，这一行为引起外戚和宦官的权力争夺，最终导致政治混乱。鉴于此，唐初设置了宦官不授四品以上职事官的限制。为避免权力集中在特定的宦官上，宦官的管辖机构——内侍省不设置特定的长官，只以知省事（代理长官）处理事务，有品阶的宦官数量也被控制得很少[1]。以滥官政策闻名的武韦时期，七品以上的宦官有千余人，五品以上的却只有少数。但是，从开元元年（713）玄宗为表彰高力士的功绩，特授右监门卫将军（从三品职事官）知内侍省事开始，唐初的制度开始崩坏。此后，宦官的功绩得以承认，三品将军不断出现，形成了以高力士的权力为顶点的宦官集团，其势力不可阻挡，据说长安的良田就有半数归宦官集团所有。政治方面，来自四方的传达文书都要先经高力士过目，由他来区分大事和小事，大事待玄宗裁决，小事由他处理[2]。通过与高力士勾结以巩固官场地位的官僚层出不穷，李林甫、韦坚、杨国忠、安禄山等便是此辈。

宦官的隐秘势力虽由此构筑起来，但内侍省的构成仍保持原样，即便高力士后来成为右监门大将军（正三品职事官），但说到底只是寄禄官，职掌是知内侍省事。必须注意的是，他与玄宗的私人信赖关系不过是对官僚的威压。如果在官场中出现占上风的人物，这种威压就会减半。实际上，与他勾结并在官场得势的李林甫成为宰相后，通过巧妙的活动削弱了高力士在官场的地位[3]。

天宝十三载（754）内侍省机构改组。设置省监（正三品）二人作为内侍省的长官，原来的内侍改为少监（从三品，定员二人），新增内侍四人，高力士和袁思艺被任命为省监。这项举措从表面上看，是不再以三品职事官作为寄禄官授予宦官，而让宦官得到了该职位，但事实上却是为了把宦官赶回内侍省，这大概是杨国忠等人为把政界中的实权收回自己手中的计策。这从设置两名互相掣肘

[1]（唐）李林甫：《大唐六典》卷一二《内侍省》，北京：中华书局，1992年，第355—376页。（后晋）刘昫：《旧唐书》卷四四《职官志》，北京：中华书局，第1870页。《资治通鉴》卷二一〇，开元元年六月丁卯条，第6686页。《资治通鉴》卷二一七，天宝十三载十一月己未条，第6928、6929页。《大唐六典》注中指出：隋炀帝大业二年改内侍省为长秋监，长官、次长官由士人出任，宦官最高官至内侍承奉，唐再度恢复隋文帝时的制度。

[2]《旧唐书》卷一八四《高力士传》，第4757页。

[3]《资治通鉴》卷二一五，天宝三载十二月条，第6862、6863页。开元二十四年，玄宗自东都还，自是不复东幸。玄宗欲将政事委任给李林甫，遭到高力士反对。玄宗不悦，高力士自是不敢深言天下事。此事源于李林甫知玄宗厌巡幸，乃与牛仙客谋增近道粟赋及和籴以实关中，玄宗觉得没有必要出巡东都。

的长官等措施中可见一斑。德宗以后，在宦官的发言权愈发加强的时期，权阉对内侍省监不感兴趣，以十二卫尤其是以监门卫的将军号作为头衔知省事的例子很多，一般认为这是宦官为了提防其势力被限制在内侍省的作为。

唐朝经历了持续九年的安史之乱后，勉强保住了社稷，在必须登上中兴大业舞台的时期，奠定了将来宦官发言权进一步被加强的基础。

乾元元年（758），鱼朝恩作为观军容宣慰处置使被派遣对抗安庆绪讨伐军，其目的在于把敌对武将的混成部队统一于皇帝的指挥下。此后，军队指挥实权从节度使手中抽离，开始集中在中央派出的、作为监军使的宦官手中。讨伐叛军后，鱼朝恩只不过是以神策军监军的身份留守陕州的地方军队。广德元年（763）吐蕃入侵长安之际，鱼朝恩在陕州迎接代宗（762—779在位）并负责护卫工作，成为天下观军容宣慰处置使。吐蕃撤退后，他率神策军奉代宗返回长安。之后，神策军脱离此前的地方军团地位，成为北衙禁军的一部分[1]。至大历五年（770）鱼朝恩被诛为止，他依靠神策军恣意妄为。此外，代宗朝权势强大的宦官有李辅国、程元振，两人以拥立代宗有功，作为巩固权势的基础。但是，他们权倾朝野的原因在于与皇帝建立了深厚的私人关系。鱼朝恩凭神策军在官场叱咤风云时，正是得到了代宗的信任，他死后，代宗一朝并没有将禁军特别是神策军的指挥权交给宦官。

事态在德宗（779—805）在位期间发生了变化。即位之初的德宗以高姿态对待半独立态势的诸藩镇，并以实现唐朝中兴为己任。然而，因其方针是利用各藩镇间的对立抗争，这使得平时看上去对立的河北诸镇结成同盟，一镇屈服，反而招致被利用藩镇的实力增强。德宗利用淮西节度使李希烈讨伐山南东道节度使梁崇义，却使李希烈势力壮大。淮西镇在宪宗（805—820在位）元和十二年（817）吴元济被斩之前，一直保持半独立的态势。

宦官的势力不断强化，权阉与皇帝之间不仅仅是寻求皇权庇护的私人关系，手握禁军、将宦官集团的意志作为皇帝的意志反映在政治上可以说是从德宗与淮西镇的对抗开始的。

德宗在讨伐淮西藩镇上倾尽全力，但并没有取得实质性的效果，建中四年（783），他将原本用于防备吐蕃入侵的泾原镇军队投入对抗李希烈。同年十月，五千泾原士卒抵达长安，因不满待遇发生兵变，最终发展为拥立前泾原节

[1]［日］小畑龙雄：《神策军的形成》，《东洋史研究》第18卷第2期，1959年，第151—172页。

度使朱泚并建立政权的叛乱。德宗在宦官的保护下逃至奉天（属陕西）。

禁军在唐初只有左右羽林军，开元以后（皇权强化意向渐趋明显的同时）禁军数量逐渐增加，德宗时存在着左右羽林、左右龙武、左右神武组成的六军以及神策军、殿前射生军（贞元四年，改称神威军）。其中，出任监军的鱼朝恩权势大增后，神策军也成为禁军的中枢。然而，鱼朝恩被杀后，禁军的指挥权并没有委任给宦官，截至泾原兵变，德宗将招募禁军的一切事宜交由神策军使白志贞。白志贞却让禁军成为富豪阶层逃避税款的地方，他征收一定钱额后滥发在籍证明，导致禁军士兵虽有名在册，实际上却无此人的情况[1]。因此在发生兵变时，禁军并不能发挥任何作用。德宗认为禁军的弱化在于把军队实际指挥权交给了士人，我们暂且不去讨论这种看法是否得当。无论如何，为了保证皇权的平稳，强化禁军是非常有必要的。基于此，皇帝将实际指挥权交给关系最为亲密的宦官是必要的，他尝试强化禁军的对策如下：

首先，兴元元年（784）在六军中设立统军（从二品）一职，与大将军和将军一起用于作为优待勋臣的官职，但实权却由监军掌握[2]。其次，贞元二年（786），将神策军及殿前射生军的左右厢升格为左右神策军、左右殿前射生军，各设大将军二人、将军二人，实权也归监军掌握。贞元十二年（796），实际统辖六军及殿前射生军的监勾当左神策军使窦文场和监勾当右神策军使霍仙鸣成为左右神策军护军中尉，左右神威军使张尚进、焦希望被任命为中护军，神策军在禁军中的优越地位由此确立。此后，禁军听从神策护军中尉的指挥，手握神策军的宦官地位也变得不可撼动。此外，左右枢密使也是宦官的要职，与左右护军中尉并称“四贵”，但实力比护军中尉低。

宦官一旦掌握禁军，与强化近侍的志向相反，连皇帝的拥立也能随意操控，他们以先帝遗命的名义让所希望的人选继承帝位，利用皇权也就成为可能。在官僚化的过程中，对“皇帝的家事”不多加干涉的贵族官僚也不得不承认宦官的决定。

---

[1]《旧唐书》卷一三五《白志贞传》，第3719页。《旧唐书》卷一八四《窦文场传》《霍仙鸣传》，第4766页。

[2] 关于统军的品秩，不同的史料记载存在差异，此处按照《旧唐书》卷一二《德宗本纪》（第340页）及卷四四《职官志三》（第1905页）的记载。

二、宦官与官僚

与魏晋南北朝时期贵族的特征相比，唐代的贵族阶层在与皇权妥协的过程中发生了变化，他们明显地感受到自身在官场的地位。笔者认为贵族阶层的官僚化有两种类型。第一种是联合皇亲、外戚，企图找到在官场上飞黄腾达、明哲保身的道路，这一类型被称为外戚型；第二种是没有皇亲、外戚作为媒介，通过直接与皇权联结的方式获取权力。

第一种类型在武韦时期较为典型。这种类型是旧门阀贵族以外、六朝以来在地方具有经济实力并伴有声望，但被中央疏远在外的地方豪族层——广义上被称为郡望的阶层，他们有踏足官场的欲望。盛行的滥官政策在这样的土壤里生根发芽。但是，在这种类型中，外戚、皇亲势力的主导权依旧在士人（贵族层）手中，围绕于此的官僚集团是通过与士人（贵族层）和“请托”的个人关系形成的。在此，我们可以看到唐初地方豪族层在官场势力扩张的界限[1]。

第二种类型是在玄宗统治确立期间，作为皇帝亲政派表现出来的。换言之，它反对第一种类型。从外戚、皇亲体制脱离出来的士人（贵族层），在皇帝亲政的名义下，努力确保他们的官僚地位。对外戚、皇亲的压制政策以及玄宗初期的官僚领导者努力避免“请托”的行为即是举措的一部分。但是，要纯粹地开展这种类型，自然是有局限的。这是什么意思呢？在武韦时期滥官政策下形成的新的官僚集团，不可避免地把地方豪族层作为贵族官僚的一员纳入官僚机构中。地方豪族通过科举或者“请托”的方式进入官场，这就意味着官僚贵族社会的构成已经成为必须要考虑的现实问题。即便皇帝亲政，想要缩小急剧膨胀的官僚社会，也已经变得相当困难。如果不与这种新的情况进行妥协，旧贵族阶层就无法在官场上生存下去。

因此第二种类型不得不变型。贵族阶层不仅利用科举和强化皇权的使职中的门生故吏关系，而且利用与皇帝密切接触的宦官。这种做法无疑是亲手破坏自身的存在根基，官僚贵族为在官场生存下去做出了最后的挣扎。

安史之乱后，唐朝复兴的第一要务是确立财权，这一时期的财务官僚为了巩固地位，采取了上述方法。刘晏就是典型的例子。他在代宗统治期间，与程元振勾结，官至宰相。程元振垮台后，他不得不离开宰相之位。不久，代宗便

---

[1] ［日］谷川道雄：《武后朝末年至玄宗朝初年的政治斗争》，《东洋史研究》第14卷第4期，1956年，第273—294页。

想起他出色的财务能力，让他重新返回政界，施展手腕。这应该与程元振以外的宦官有很深的联系。此外，他不懈地在自己身边培养亲信。他努力地加强与代宗的联系，当时官场的大人物都争相与之成为亲族知己，以求得到提拔。刘晏也相应地把这些人安置为自己的部下。由于安置方法得当，虽然他与杨炎争权失败，但在他被杀后的二十年间，他的故吏仍作为财政官员活跃在朝野中。强化皇权的必要职务就是通过不受律令官制约束的“使职”，以此推动体制的运行与巩固。这种方式征辟的官员不通过吏部铨选，以“门生故吏”的方式进入官场。个人关系在官场中再度复苏。这种情况下，无论是科举出身者还是门荫出身者，仅凭出身都无法保障在官场上的地位。他们与官场实权者结成门生故吏以求掌握主导权。这种关系明显的表现便是党争。

以最尖锐形式展开的党争发端于宪宗朝，一直持续到宣宗朝的“牛李党争”。在此期间，皇权非但没有得到加强，反而成了各党派的领袖为使自己登上官场的枢要地位、将反对派驱逐出中央的权力装饰。对于党派的领袖而言，皇帝是怎样的人并不重要，只要他存在就可以。皇帝有时出于个人意愿而安置在身边的人，只要被认为不符合党派领袖的意愿，他们就可以有效地利用“门下封驳”的惯例将其驱逐。

学界对“牛李党争”有种种看法，有的将其视作任子派（门阀主义）和进士派（实力主义）的抗争；有的根据对待藩镇、异民族的区别，将其视为强硬派和怀柔派的对抗。但是，这些看法是片面的。笔者认为党争并非是意识形态的斗争，当初在体制外的使职周边结成党派的领袖们，要在体制内掌握官场的主导权，就要想方设法地把自己的党派势力固定在体制内，并有效利用皇权将反对派弹劾出体制外。换言之，这是一场近侍官僚体制内主导权的争夺战。他们在自己的党派中拥有很多郡望出身的进士及第者（若进士及第但非郡望出身的人存在困难），也就是所谓的“清流”，这是确立主导权的条件之一。他们被要求在自己的党派中加入新的官僚贵族的郡望，在掌握主导权的时候，有些宰相会拉拢一些不属于任何党派的被称为“孤寒”的人物，这些都是为了尽量排除党派独断专行的诽谤而采取的策略。

宣宗统治期间，随着牛、李两党领袖的相继离世，党争进入尾声。在官僚体制化倾向强化的过程中，生存根基遭到破坏的贵族想方设法地巩固出身郡望的进士及第者（也就是被称为“清流”的官员）的地位，从这个意义上说，党争不正是生存根基正在崩坏的贵族上层短暂地起到了掌握官僚贵族阶层主导地位的作用吗?

最有效利用党争的是宦官。他们完全掌握禁军，可以根据自己的意向拥立皇帝。党派领袖也通过加强与宦官的联系，避免偏离新皇帝的路线。因此，宦官在拥立皇帝时未遭到党派的反对。被拥立的皇帝，对于那些从多数具有皇位继承权的候选者中选择自己的宦官，也要稍微尊重一下他们的意见。试图打破党争与宦官的密切关系，将皇帝实权收回手中，并像文宗（826—840在位）那样在身边聚集第三方势力进行抵抗的皇帝亦有出现，但最终都走向失败。下面将对该问题进行详细的论述。

当皇权不再是权力寄生者的装饰品时，围绕着皇位继承者的选择问题，宦官也会产生分歧。例如，在从敬宗（824—826）到文宗，文宗到武宗（840—846）的帝位继承问题上，宦官内部曾发生过斗争。

（一）宝历二年（826）十二月，敬宗被宦官刘克明等人杀害。刘克明伪造敬宗遗诏，拥立宪宗之子绛王悟为帝，并企图驱赶权阉——枢密使王守澄、护军中尉梁守谦等人下台。然而，先发制人的王守澄等人动员禁军防备，迎立敬宗的异母弟江王涵（文宗），刘克明等人被杀。而关于文宗即位的一切礼仪手续均由翰林学士韦处厚处理。

从这个事例中我们可以看到，仅凭皇帝的遗诏是无法发挥作用的。要使遗诏发挥作用，其背后通常需要有能够驱使禁军这样武力的实权者作为必要条件。如果没有这样的背景，仅仅凭借遗诏拥立自己所希望的继承者，是完全不会成功的。在拥立绛王问题上持反对态度的王守澄派，自然会因为践踏遗诏而受到责难。但不可否认，毕竟手握权力的人可以为所欲为。翰林学士韦处厚是主张王守澄派行动正当性的重要人物。在皇帝的更替是“皇帝的家事”问题上，翰林学士听从权阉的命令并起草文书。

（二）开成五年（840）正月己卯日，颁布了一份诏书。其内容是：文宗病危，立异母弟颍王瀍（武宗）为皇太弟，并将一切国事委托于他，因去年十月所立的皇太子即敬宗的儿子成美年幼，恢复陈王身份。两天后，即辛巳日，文宗病殁，翌日陈王成美、文宗之父穆宗的妃子杨贤妃及其子安王溶被迫自杀，皇太弟即位。

这场权力更迭的戏剧中也有宦官的对立。杨贤妃是文宗末期牛僧孺派的宰相杨嗣复一族。开成四年十月，在前年病殁的皇太子永之后，她谋划立亲生儿子即文宗的异母弟安王溶立为皇太弟。这一企图因与杨嗣复对立的宰相李钰的反对而破产，相反，陈王成美被立为皇太子。文宗病危时，围绕继承者问题，宦官内部的矛盾表面化了。文宗的旨意是立成美为继承人，命支持成美的宦官知枢密事刘弘逸、薛季稜将此事转达给杨嗣复、李钰，而护军中尉仇士良和鱼弘志心怀不满，以成美幼弱为由，讨论重立太子。最终，以禁军为靠山的仇士良和鱼弘志偷换了写有接班人的诏书。武宗即位后，反对拥立武宗的杨嗣复、李钰罢相，李德裕登上政治舞台，并与仇士良勾结，在武宗朝权势煊赫。

作为皇权继承者的东宫的地位也极其不稳定，即便作为继承人即位，也会出现被宦官内部势力左右的情况。先帝在位时已经确立的继承权，也会在先帝临死之时失去效力，它会根据权阉的势力关系有所变更，这可以说体现了对“定策国老、天子门生”的嘲讽。为东宫设置的官职变得繁冗，它们以分司东都为名，被当作是远离中央官场的官职，这与东宫地位不稳定有关[1]。

贵族官僚通过结成门生故吏加强联系，宦官集团则通过形成养父子关系加强内部的沟通。懿宗（859—873在位）、僖宗（873—888在位）在位期间的权阉杨复光就是典型例子。

宦官结成假父子关系，也许并不是什么新鲜事。有意成为宦官的人希望成为内侍省宦官的假子，其典型例子是高力士。冯力士进入内侍省后成为高延福的假子，随后改姓高氏。需要注意的是，贞元时期也就是宦官势力稳固时期，宦官之间结成的义父义子关系不再是单纯的以个人的信义为前提，而是强调同族意识。贞元七年三月的敕中有这样的规定：

> 内侍省五品已上，许养一子，仍以同姓者，初养日不得过十岁。[2]

这条敕文旨在限制宦官间通过结成养父子而加强的联系。但是，这种限制似乎没有被彻底地执行就结束了。杨复光、杨复恭与贞元末年的护军中尉杨志廉有关系。杨志廉的养子杨钦义是宣宗大中年间的护军中尉，他在知枢密使时与李德裕交情颇深。杨钦义有三个养子[3]，杨复光是杨玄价的养子，杨复恭是杨玄翼的养子，此时宦官收养养子似乎是理所当然的事情，两人的传记中就有“玄价之子”和“玄翼之子”的记载。特别是杨复光，他不仅收养宦官，还收养禁军

[1]（唐）白居易：《白居易诗集校注》卷二二《知足吟》，北京：中华书局，2006年，第1768页。同书卷二三《分司》，第1768页。两诗是白居易在大和三年出任太子宾客分司东都及太子左庶子分司东都时所作。

[2]（宋）王溥：《唐会要》卷六五《内侍省》，上海古籍出版社，2006年，第1339页。

[3]译者按：分别为杨玄翼、杨玄价、杨玄寔。

将士，并企图把“杨氏一族”的势力延伸到地方。唐末，自以勇猛驰名的兴元节度使杨守亮之下，名字中带表示杨复光养子的“守”字的杨姓将军、刺史多达数十人。

在党争的过程中，清流官员在官场的枢要地位站稳脚跟后，便掌握了官场的主导权。而宦官则作为“君侧之奸”站在了他们的对立面。但是，在以禁军为靠山，甚至掌握藩镇、站在皇帝前的宦官面前，清流官员也不得不让步。

三、甘露之变始末

在被宦官拥立的皇帝中，只有文宗想方设法地压制宦官势力，并试图表达自己的政治主张。然而他制定的两次计划都失败了，最终导致宦官势力进一步扩张。

甘露之变前发生了宋申锡事件。文宗统治时期是党争最为激烈的时期。各个党派保持与宦官的联系，并企图打倒反对派。在这种状态下，党派的代表不能与宰相商讨剪除宦官一事。因此，借助第三方势力是必要的。宋申锡是所谓的“孤寒”，他不属于任何党派，也不是投机取巧的两面派人物，把他作为商谈对象是合适的。大和四年七月，宋申锡出任宰相，传言这是激励无党派人士的措施。然而宋申锡是无法独自完成清除权阉这一计划的，因此他让吏部侍郎王璠参与其中，但王璠泄密，计划传到王守澄耳中，给了宦官阵营制定计划的机会。王守澄与他的顾问神策判官郑注商量，并于大和五年二月向文宗告密宋申锡企图拥立深孚众望的文宗之弟漳王凑。文宗听信此言，并将曾与他讨论过如何剪除权阉的宋申锡判处死刑。由于左常侍崔玄亮坚持公开审判，担心因公开审判而阴谋败露的郑注说服了王守澄，最终漳王凑被贬为巢县公，宋申锡被贬为开州司马。

第二次计划是发生在大和九年十一月的甘露之变。事件由宰相李训、舒元舆与河东节度使王璠、邠宁节度使郭行余等人共同谋划。当天有大臣奏告文宗，称大明宫内左金吾卫厅舍的石榴树上有天降甘露，文宗派宦官仇士良等人前往确认。当时左金吾仗院内暗藏伏兵，准备把抵达的宦官一网打尽。但是，一阵风把遮蔽伏兵的幕布吹起，仇士良等人察觉到危险，奉文宗逃脱，计划宣告失败。察知文宗也参与这一计划，仇士良的追究极其酷烈，而文宗却束手无策。虽然仇士良对此非常生气，但对作为自身保护伞的皇帝一点办法也没有，便以谋反之名处理了此事。他在文书中写道：李训等人企图废黜文宗、拥立凤翔节度使郑注，此事的主谋是王涯。而实际上王涯并无参与这一计划。

宋申锡事件被认为是与宦官毫无联系的人策划的，与此不同的是，甘露之变的祸首李训和郑注都是通过宦官的引荐接近文宗的。郑注出身不明，在担任徐州藩镇的幕僚时与监军王守澄相识。当王守澄以护军中尉的身份返回中央时，他被擢升为神策判官。经过王守澄的引荐，得到了文宗的宠信。他在宋申锡事件中所发挥的作用如前文所述。据说李训是李逢吉（穆宗朝的强腕宰相）的同族，进士及第，因罪连坐流放，后遇赦重返长安时与郑注相识，经其介绍，通过王守澄引荐而受到文宗赏识。两人深知文宗对党争和宦官束手无策，便表明愿意协力压制，文宗也认为，为了扳倒宦官，利用与宦官联系密切的两人是掩人耳目的上策。郑注和李训两人首先把牛、李两党驱逐出中央，确立第三方势力。大和八年七月，李训充任翰林侍讲学士，对牛、李两党的弹压极其严酷，官场开始出现动摇。翌年九月一日，诏令公布即使是两党的门生故吏，除八月末前已经被罢黜的人外，其余一概不予追究，动荡得以平息[1]，党争进入了暂时的休战阶段，宰相以下的政治中枢由第三方势力组成，听凭李训意志行事。虽然是很短的一段时间，但只要李训出现在朝廷上，甚至连权阉都不敢与他直视。与他处于同等地位的宰相王涯，在党争风暴中巧妙脱身，一直是政界的枢要人物，但因与李训政府有关联而凄惨收场[2]。

李训、郑注一边作为第三方势力巩固地位，一边推进打倒宦官的计划。两人首先对王守澄下手。他们让与王守澄对立的宦官出任藩镇的监军，在煽动反王守澄情绪的同时，让参与拥立文宗却不得志的仇士良就任左神策军中尉，以对抗王守澄，又剥夺王守澄的实权，让他担任徒有虚名的左右神策观军容使，（大和）九年十月，迫其自杀。但是，李训、郑注两人并没有掌握禁军，禁军的控制权仍在仇士良手中。打倒宦官必须要拥有能够与禁军对抗的兵力，两人商量后决定利用节度使的牙军（亲卫队）。（大和）九年九月，郑注出镇凤翔，决定于十一月戊辰日参加浐水的葬礼时[3]，把葬礼上的宦官一网打尽。为了确保兵力，郭行余、王璠分别出镇河东、邠宁[4]。但是，李训急于立功，变更了

[1]（宋）宋敏求：《唐大诏令集》卷一一〇《告谕宗闵德裕亲故更不问罪敕》，北京：中华书局，2008年，第573页。

[2]《旧唐书》卷一六九《王涯传》，第4404、4405页。

[3]译者按：此葬礼为王守澄的葬礼。

[4]译者按：原文为郭行余出使河东、王璠出使邠宁，据《资治通鉴》卷二四五记载：“十一月，丙午，以大理卿郭行余为邠宁节度使……丁巳，以户部尚书、判度支王璠为河东节度使。”郭行余应出使邠宁，王璠出使河东。第6710页。

计划，提前六天采取了行动，最终导致计划失败。

文宗两次打倒宦官的计划都失败了，这两次计划按大逆或是谋反处理，首谋者文宗却依然安稳地坐在皇位上。在拥立皇帝的问题上，抑制反对派的权阉是不能轻易废黜已经拥立的皇帝的。企图废黜皇帝意味着给反对者以口实，同时也会使自己脱离主流地位。因此，作为近侍的主流派，自己拥立的皇帝是必不可少的存在。

甘露之变后，宦官力求皇帝不关心政治。他们为满足皇帝的娱乐，不惜巨额开销。他们还引导皇帝信仰道教，使其憧憬长生不老，让皇帝通过服用丹药缩短自己的寿命。有"小太宗"之称的宣宗就是牺牲者之一。官场上随即再次刮起了党争的风暴，不久，官场的主流被清流官僚占据，他们尽量压抑着对宦官的反感情绪，恰如其分地将由宦官传达的皇帝诏令付诸行动，并以能作为皇帝的屏卫者而沾沾自喜。

文宗时期，贵族制的国家体制化——有志强化皇权的唐代诸帝实行的方针带来的政治矛盾不断积累，导致了党派争夺。在这一过程中，在生存根基不断崩坏的贵族体制中，清流贵族官僚（作为贵族政治的最后存在）垄断了官场。对于清流贵族官僚体制而言，皇权沦为了一时的装饰品。

四、宦官与藩镇

宦官在构筑皇帝近侧隐秘势力的过程中，值得我们关注的事情之一是：安史之乱后，为了确保缩小了的唐朝势力范围，宦官作为监军被派遣到设置在内地的藩镇中。从监军能够掌握藩镇动向、不懈地监视藩镇的角度出发，这曾被认为是利用宦官的最好手段，但却成为引起藩镇混乱的原因。以下试举三个事例。

（一）长庆二年（822），此前因宪宗强硬的对藩政策奏效，表明归顺态度的河北三镇出现了动荡。长庆元年七月，范阳（幽州）叛乱，朝廷派遣的节度使张弘靖被监禁，朱克融被拥立为节度使留后；回纥出身的成德部将王廷凑杀节度使田弘正，并自立为节度使留后。由于没有讨伐两镇的实力，朝廷承认了范阳节度使的更替，而集中兵力讨伐成德镇。在讨伐军中设置监军是理所当然的，但监军却将精锐士兵安放在自己的身边，把老兵弱卒派往前线，战果无论大小都归功于自己，战败的责任则归于司令官，同时又以朝廷的命令为幌子为所欲为。朝廷根据监军的报告多次更换作战方案，导致指挥系统混乱，讨伐的目的也无法在新年前完成。魏博也发生兵变，部将史宪成取代田布，成为节度使留后。无法向三方派兵的朝廷只有打消讨伐的念头，承认各留后就任节度使。就这样，河北三镇再次回到代宗、德宗时期的状态，在节度使更替的问题上，先由各镇推举藩镇内部有声望的人担任节度使留后，再由朝廷事后追认。

（二）大和四年（830）二月，山南西道藩镇的治所兴元府发生兵变，节度使李绛被杀。根据监军杨叔元的报告，李绛贪污了为防御南诏入侵成都而招募的七千士兵的粮饷，引发了动乱。但实际的情况是，在新兵抵达成都前，南诏军已经撤退，兴元府的兵数有定额，因此不能直接把新兵编入定额。基于此，李绛依据皇帝的诏令慰劳并遣散军队。早已对李绛不满的杨叔元煽动不满赏赐的新军士兵，叛乱由此产生。

（三）开成年间李德裕出镇淮南时，监军是杨钦义。敕命传诏杨钦义返回长安，有传言称他将成为知枢密。在杨钦义出发前几天，妄自尊大的李德裕在官署内招待了他，并赠送了许多奇珍异玩。敕命中途变更，杨钦义再次回到淮南，并将礼物返还给李德裕，李德裕佯作不知仍然赠与杨钦义。此后，杨钦义不再认为李德裕狂妄自大。当他作为知枢密返回长安时，对李德裕多有关照，因此李德裕在武宗朝出任宰相时能压制反对派。

即使是节度使，若不能以谦逊的态度对待监军，就无法保证将来的地位，一着不慎就有被乘虚而入、引发兵乱的危险。李绛没有做到这点，而李德裕则出色地完成了[1]。

宦官与藩镇的关系产生了“债帅”一词，该词意指那些出身禁军、不惜举债向护军中尉行贿以求节度使的将领。贞元以后，节度使多从禁军中遴选，这需要有护军中尉的推荐，所以将领必须不断与护军中尉保持联络。由于这个过程中需要大量的金钱，而将领在经济上并不宽裕，所以他们不惜以十成的利息来向富豪借得活动经费，动辄亿万。成为节度使后，他们到地方赴任，为偿还债务，强取豪夺。加之因为任地有宦官派出的监军向朝廷汇报藩镇政绩，有时会像李德裕的例子一样，所以节度使必须款待监军以求留下好印象。为了朝廷的军费开支，地方节度使还必须以“羡余”“进奉”的名目向中央进贡，这使得对地方的强取豪夺更加严重。“债帅”“羡余”“进奉”的结局是，藩镇内的经济受到压迫，从中央派出的节度使并不受欢迎，在当地豪族的授意下，兵变层出不穷，藩镇内部出现反中央的态势。关于“进奉”“羡余”的弊病，自

[1]（唐）韩愈：《韩愈文集汇校笺注》卷三三《送汴州监军俱文珍序》，北京：中华书局，2010年，第3127页。此诗表明韩愈出任宣武镇观察推官时，与监军俱文珍颇有交往。

古以来就有很多追究唐朝责任的议论，可以想象的是，这些弊病中有宦官集团的因素[1]。

黄巢起义彻底断绝了藩镇与朝廷的联系。在处理黄巢起义的问题上，清流官僚和宦官没有起到作用，而是主要依靠藩镇、异民族的雇佣兵以及从黄巢军归顺的武将。雇佣兵的指挥者、归顺武将掌握新的藩镇，其中，朱全忠控制汴州，发展势力，取唐而代之的态势初见端倪。唐朝支配下的藩镇也开始出现拥立当地出身的武将的迹象，扬州杨行密、杭州钱镠、成都王建等后来被列为十国的国家缔造者也是从中崛起的。事至此时，藩镇和宦官的联系断绝，支持宦官势力的皇权、禁军、藩镇这三大支柱之一轰然倒塌。

另一方面，压抑着对宦官反感情绪的清流官僚，通过与藩镇的头目朱全忠勾结，将积郁的憎恨发泄出来。崔胤在昭宗（888—904在位）天复三年（904）正月采取行动。朱全忠与清流官僚勾结，即将取唐而代之的他首先以“君侧之奸”的名义除掉宦官，以获得稳定皇权的功绩。随后他解散禁军，使皇权比以前更加有名无实。天佑元年正月，朱全忠杀清流官僚领袖崔胤；天佑二年八月，裴枢等三十多名清流官员在白马驿被迫自杀，皇帝身边的反朱全忠派一扫而光。如此一来，唐中后期政治史上浓墨重彩的三大支柱仅剩下藩镇，五代十国军阀割据的时代拉开了序幕。

五、结　语

本篇论文旨在抓住中国史上对其性质争论较多的“唐宋变革”这一变革期的性质，以笔者定义的“变革”概念为线索，从政治史的侧面出发，以宦官和官僚制的相关问题为核心，并对与藩镇体制有关的问题作概观性的分析。在文章的结尾，笔者记下要点，为以后更加深入的分析作铺垫。

乍看唐初的政治机构，以皇帝为最高统治者的官僚体制井然有序，在唐之前、以贵族政治为根基的魏晋南北朝中，作为反皇帝势力并表现出反王朝志向的贵族阶层到了唐朝已经变成了寄生在皇权周围的官僚。但是，那终究是贵族政治的特殊形态，其本质仍旧是贵族政治。我们可以从门下省的特殊权限看到这一表征，从门下省这样的机构中，我们可以发现皇帝与贵族的妥协点。

皇帝不断地强化皇权以牵制贵族阶层。起用科举出身的官僚、设置律令

[1] 关于节度使的强取豪夺与兵变的关系，参见［日］堀敏一：《黄巢的叛乱——唐末变革期的考察》，《东洋文化所纪要》1957年第13期。

官制以外的官职等举动均可以看出皇帝的意向。但是，贵族巧妙地避开，与皇帝妥协，似乎淹没于皇帝意向的官僚体制中，却蚕食新的体制。他们拉拢那些想进入中央官场的、被称为郡望的上层地方豪族，由此形成新的贵族阶层，并垄断为加强皇权而设置的近侍官职。贵族阶层利用门生故吏关系达到垄断官僚体制要职的目的。门生故吏关系的结合，在初期，比起贵族阶层全体的代表，宰相、翰林学士等政治枢要更强烈地意识到自身作为皇帝侧近的个人名誉的层面。围绕要职的派系由此产生，党派的争夺此起彼伏。在党争过程中，那些出身郡望、科举及第者被称为“清流”，他们在中央形成了官僚贵族阶层。在自掘存在根基的贵族社会中，由清流垄断官场中枢的新兴贵族政治生根发芽，但那是贵族社会在面临贵族政治消亡时的最后挣扎。

当为强化皇权而新设的官职掌握在新形成的贵族阶层手中时，近侍集团即宦官集团应运而生。起初，这个集团凭借与皇帝形成的私人关系，以强化皇权、牵制贵族层，但后来他们作为监军，掌握了藩镇乃至禁军，可以随心所欲地拥立皇帝，把集团的意志反映到政治上。宦官在加强集团结合时所使用的是与贵族层的门生故吏相对的养父子关系，将独立存在的宦官假托同族意识结合在一起。这样，在实力不断巩固、能左右皇权的宦官集团的影响下，官僚贵族虽然对他们抱有不满，也不得不暂时隐忍。他们满足于贵族意识，坚决拒绝进入与清流相对的浊流官僚的枢要之职。当他们与浊流出身的藩镇联合、铲除“君侧之奸”宦官集团时，自身也走向灭亡。

藩镇体制中，由于宦官集团的介入，朝廷派出的节度使与当地民众间的矛盾激化。这一过程中，不亚于地方郡望的地方豪族的实力不断孕育，在他们指导下的反唐朝的动向显露出来。另外，地方豪族中的知识分子被郡望的门第意识与门生故吏关系堵住了通往中央官场的道路上，他们作为政治顾问与武人地方豪族勾结。当藩镇离开唐代贵族体制时，皇帝只会成为即将到来的禅让革命中毫无意义的道具。朱全忠挟持皇帝时，宦官与官僚贵族便失去了存在的意义。

宦官与官僚贵族消亡后，五代史只留下了藩镇割据体制。在打开这一局面的过程中，如果贵族政治体制最基本的门第意识被打破，那么地方豪族中的知识分子可以凭借经济上的宽裕所累积的文人才华，被立志建立新的中央集权体制的皇帝聚集起来，并作为文人官僚体制中的承担者。

再次重申，中国中古史是一段皇帝与贵族相克与妥协的历史，其归结点是隋唐的官僚制度。在皇权被绝对强化的官僚体制中，其根基仍是官僚体制内部的贵族中心主义。在多次强化皇权的尝试中，官僚体制内的贵族优位不断地再生产，直至唐末仍然存在。为加强皇权而与皇帝联结个人关系的近侍集团（宦官集团），不仅不能实现加强皇权的目标，也不能阻断官僚体制内贵族优位的再出现。贵族优位的官僚制与宦官集团的近侍政治体制说到底是相互依存的，当官僚贵族崩坏时，宦官集团的近侍政治也走向终结。

译者语：原文请参考横山裕男《唐の官僚制と宦官——中世的側近政治の終焉序説》，载《中国中世史研究——六朝隋唐の社会と文化》，东京：东海大学出版会，1970年，第416—442页。由于当时与现在的注释格式有所不同，故译者根据篇目名称，对部分注释进行补充，特此说明。

（译者单位：陕西师范大学历史文化学院）

The Bureaucratic System and Eunuchs in the Tang Dynasty: The Ending of Lackey Politics in the Middle Ancient Times

(Japan) Yokoyama Yuuotoko, Ou Yuying Translation

[Abstract] The political structure of the early Tang Dynasty was based on the aristocracy.In order to strengthen the rule, the emperors took some measures such as appointing the government officials who passed the imperial examinations and setting up the Shizhi（使职）. By supporting the local elites of the upper class and using the relationship between students and officials, the aristocrats monopolized the important positions and avoided this check. In order to against the bureaucratic nobility, the Eunuch group appeared. Eunuchs controled the military governors and forbidden armies, even supported emperor.In the warlord system, the contradiction between the military governors and local people had been sharpened because of the eunuch group. The aristocratic bureaucracy system and the eunuch system were feed off each other. When the aristocratic bureaucracy system broke down, the eunuch system would come to the end.

由君臣到兄弟：唐与东突厥和亲新论*

刘兴成

一、问题提出

关于唐与东突厥和亲，学界一直存在两种不同观点。一种观点认为唐与东突厥从未实现过和亲。王桐龄在全面考察汉、唐和亲情况时，对唐与突厥和亲有所涉及，其在附表“突厥可汗尚主表”中列有六次和亲，其中唐与突厥两次，分别是唐睿宗以金山公主妻默啜可汗、玄宗以南和县主妻默啜可汗子杨我支[1]。默啜可汗和杨我支都是后突厥人物，这说明作者认为唐与东突厥未实现和亲。王寿南在研究唐代和亲问题时明确表示“唐朝与突厥始终未曾和亲”[2]。既然唐与突厥无和亲，那么唐与东突厥自然也就无和亲可言。此外，周佳荣、王双怀[3]、古晓风[4]等研究者均持相同的观点。

另一观点则认为唐与东突厥实现过和亲。邝平樟虽未举出证明材料，但断言唐与东突厥实现过和亲，只不过和亲公主“其名不传耳。”另外，作者将唐

---

*本文系贵州省教育厅高校人文社会科学研究项目“唐与突厥‘和亲’问题再研究”（项目编号：2015GH10）成果。

[1] 王桐龄：《汉唐之和亲政策》，《史学年报》第1卷第1期，第9—14页。

[2] 王寿南：《唐朝的和亲政策》，载《唐代研究论集》第四辑，台北：新文丰出版公司，1992年，第141—176页。

[3] 周佳荣：《唐代“和亲”考略》，《陕西师范大学学报（哲学社会科学版）》2000年第1期，第114—120页；王双怀、周佳荣：《论唐代的和亲公主》，载杜文玉主编《唐史论丛》第八辑，第180—210页。

[4] 古晓风：《论唐王朝与突厥的和亲》，《陕西师范大学学报（哲学社会科学版）》2006年第S2期，第367—369页。

高祖给东突厥始毕可汗送女妓视为“和亲政策之变相”[1]。林恩显认为唐与突厥和亲共5次，其中与东突厥2次，即唐太宗给阿史那忠、阿史那社尔赐婚[2]。这是笔者目前所见最早将赐婚视为和亲的研究者。此后，张效禹[3]、崔明德[4]、任崇岳、罗贤佑[5]、张正明[6]、龚荫[7]等也都认为唐与东突厥实现过和亲，而且认定的和亲史实也越来越多。如崔明德在《对唐朝和亲的一些考察》[8]一文中认为唐与东突厥未正式和亲，而到20世纪90年代，崔氏在《汉唐和亲史稿》[9]、《唐与突厥和亲述论》[10]等论著中则认为唐与东突厥和亲达6次之多。

可见，长期以来，关于唐与东突厥和亲问题，学界不仅存在有无和亲之争，而且在主张实现过和亲的众研究者中，还存在和亲多少之争。实际上，这一研究还存在另一严重问题，即未能囊括唐与东突厥间所有和亲史实。通过梳理可知，以往研究者主要考察了唐与东突厥间政治联姻交涉、唐给东突厥可汗送女妓以及唐朝皇帝给东突厥降将赐婚等事件，然而还有很多发生于唐与东突厥间的被称为“和亲”的历史事件都未被纳入研究范围。既然是和亲研究，就应以所有和亲史实为研究对象，而不能只考察部分和亲史实，而将其余部分排除在研究范围之外。显然，唐与东突厥和亲研究虽然取得了丰硕研究成果，但仍然存在很多问题，还有待进一步探索。

实际上，我们对和亲政策的内涵的理解是片面的，甚至可以说是错误的。因为，在我国古代虽有不少和亲事件确实包含有不同民族或政权政治联姻的内

[1] 邝平樟：《唐代和亲公主考》，《史学年报》第2卷第2期，第23—68页。

[2] 林恩显：《隋唐两代对突厥的和亲政策研究》，《中华文化复兴月刊》1970年第3期。收录于《中国古代和亲研究》，哈尔滨：黑龙江教育出版社，2012年，第229—268页。

[3] 张效禹：《略论汉唐的“和亲”问题》，《山西大学学报（哲学社会科学版）》1979年第1期，第91—97页。

[4] 崔明德自20世纪80年代开始先后撰写《对唐朝和亲的一些考察》（《历史教学》1983年第12期）、《汉唐和亲简表》（《历史教学》1990年第3期）、《唐与突厥和亲述论》（《中央民族学院学报》1992年第3期）等多篇论文，探讨唐代和亲问题。后来，又连续出版了几部专著。这些论著，除了最早的一篇论文认为唐与东突厥没有正式和亲之外，其他论著都认为唐与东突厥之间实现过和亲。

[5] 任崇岳、罗贤佑：《试论唐代的和亲政策》，《中央民族学院学报》1981年第1期，第47—51页。

[6] 张正明：《和亲通论》，载《民族史论丛》第一辑，北京：中华书局，1986年，第3—24页。

[7] 龚荫：《唐代和亲政策述论》，《思想战线》2000年第1期，第106—112页。

[8] 崔明德：《对唐朝和亲的一些考察》，第15—20页。

[9] 崔明德：《汉唐和亲史稿》，青岛海洋大学出版社，1992年，第34—133页。

[10] 崔明德：《唐与突厥和亲述论》，第23—28页。

容，具有政治联姻的性质，但同时也有很多没有包含政治联姻内容，而与政治联姻完全无关的历史事件也被称为“和亲”。也就是说，在我国古代既有政治联姻型和亲，也有非政治联姻型和亲。而长期以来，我们一直都将和亲理解为政治联姻，从而形成了和亲即政治联姻的传统和亲观。正是在此和亲观的影响与指导下，和亲研究一直都只考察政治联姻型和亲史实，而将众多非政治联姻型和亲史实排除在研究范围之外，本文将讨论的唐与东突厥和亲研究就是典型的例子。显然，这一和亲观有问题，因为它不能涵盖所有和亲史实。有鉴于此，我们在先前的研究中重新界定了和亲政策的内涵，认为所谓和亲政策指不同民族或政权之间通过确立某种或某几种亲属或亲属化关系，将双方政治关系亲属化、亲情化，从而达到缓和或促进双方关系的政治策略。因姻亲关系是且只是众多亲属关系之一种，故政治联姻是且只是实现和亲的有效途径之一。对此，拙文《“和亲”辨义——对“和亲”即政治联姻传统观念的质疑》[1]、《政治关系亲属化才是“和亲”的真正内涵与实质》[2]等均有探讨。另外，我们还根据当事双方所确立的亲属或亲属化关系的不同，将和亲划分为兄弟和亲、父子（或母子）和亲、君臣和亲、政治联姻和亲（包含翁婿和亲、甥舅和亲等不同类型）、叔侄和亲、伯侄和亲等不同类型。对此，拙文《中国古代“和亲”类型新论》[3]、《中国古代“和亲”类型及相关问题新论》[4]已有详细论述。故本文将在重新界定的和亲理论框架下，以和亲类型演变为主要线索，来探讨唐与东突厥和亲关系。

二、李渊和亲东突厥战略的制定

隋末社会矛盾激化，各地先后出现反叛势力，如河南翟让与李密、河北窦建德、江淮杜伏威、朔方梁师都、马邑刘武周、金城薛举、武威李轨、巴陵萧铣、吴兴沈法兴等。同时，雄踞漠北的东突厥势力逐渐强盛，逐渐取代隋朝成

[1] 刘兴成：《“和亲”辨义——对“和亲”即政治联姻传统观念的质疑》，载奇文瑛主编《民族史研究》第十一辑，北京：中央民族大学出版社，第14—37页。

[2] 刘兴成：《政治关系亲属化才是“和亲”的真正内涵与实质》，《唐都学刊》2017年第6期，第85—91页。

[3] 刘兴成：《中国古代“和亲”类型新论》，《北方民族大学学报（哲学社会科学版）》2013年第3期，第10—15页。

[4] 刘兴成：《中国古代“和亲”类型及相关问题新论》，载周伟洲主编《西北民族论丛》第十辑，第220—238页。

为东亚霸主，在当时东亚国际政治格局中具有举足重轻的作用[1]。故各地方割据势力，尤其是北方各地方割据势力，纷纷“北连突厥”以反隋。

在此背景下，以李渊为核心的势力集团也积极准备以太原为基地起兵反隋，逐鹿中原。大业十二年（616），隋炀帝派李渊率兵前往马邑，与王仁恭一起抵抗东突厥南侵。面对东突厥不断骚扰、劫掠边境的现实，李渊不仅采取了相应的军事防御措施，而且还从更高层面对突厥问题进行了深入思考。他说：“匈奴为害，自古患之。周秦及汉魏，历代所不能攘，相为劲敌者也。今上（指隋炀帝，笔者按）甚惮塞虏，远适江滨，反者多于猬毛，群盗所在蜂起。以此击胡，将求以济，天其或者殆以俾余。我当用长策以驭之，和亲而使之，令其畏威怀惠，在兹一举。”[2]根据当时的形势不难推断，所谓“塞虏”实即东突厥。李渊从历史与现实两方面对突厥问题进行了思考，并明确提出“用长策以驭之，和亲而使之，令其畏威怀惠”。从语法上来看，“长策以驭之”与“和亲而使之”是对仗句式，故李渊所谓“长策”，实即“和亲”。显然，早在太原起兵之前，李渊就已制定和亲东突厥战略，准备借助和利用东突厥的势力和影响在隋末乱世中建功立业。

大业十三年（617）李渊任太原留守后非常兴奋，对李世民说：“唐固吾国，太原即其地焉。今我来斯，是为天与；与而不取，祸将斯及。然历山飞不破，突厥不和，无以经邦济时也。”[3]李渊任太原留守时所面临的形势非常复杂。首先，东突厥不断南下劫掠。虽然此前李渊与王仁恭曾一度从军事上遏制了东突厥南侵的势头，所谓“突厥丧胆，深服帝之能兵，收其所部，不敢南入”[4]，但当时正值东突厥与隋朝实力对比关系发生逆转之际，东突厥逐渐成为东亚霸主，对隋朝的边境压力越来越大。其次，与全国各地一样，河东及周边地区也出现了众多反叛势力。大业十三年，马邑刘武周击杀郡守王仁恭，“自称太守，遣使附于突厥”[5]。刘武周在东突厥兵马支援下，很快就占领了雁门、楼烦、定襄等郡[6]。“上谷贼帅王须拔自称漫天王，国号燕；贼帅魏刀儿自

[1] 吴玉贵：《突厥汗国与隋唐关系史研究》第五章，北京：中国社会科学出版社，1998年，第147—186页。

[2]（唐）温大雅：《大唐创业起居注》卷一，上海古籍出版社，1983年，第1页。

[3]《大唐创业起居注》卷一，第2、3页。

[4]《大唐创业起居注》卷一，第2页。

[5]（宋）司马光：《资治通鉴》卷一八三，义宁元年二月，北京：中华书局，1956年初版，2011年第2版，第5827页。

[6]《资治通鉴》卷一八三，义宁元年三月条，第5831、5832页。

称历山飞：众各十余万，北连突厥，南寇燕、赵”[1]，“贼帅王漫天别党，众逾数万，自号‘历山飞’，结营于太原之南境。上党、西河、京都道路断绝”[2]。尽管面对如此复杂的环境，但李渊仍然很高兴，将出任太原留守一职看成是上天赐予自己的机会。于是开始规划“经邦济世”的宏伟蓝图。正是在这种情况下，李渊认为“历山飞不破，突厥不和，无以经邦济世”，这说明在李渊看来，南灭历山飞、北和突厥是实现自己“经邦济世”宏伟蓝图的前提条件。所谓“北和突厥”与对东突厥“和亲而使之”是一致的，都是希望改善与东突厥的关系，使其为我所用。故李渊任职太原留守之后说的这段话，实际上是对和亲东突厥战略的进一步阐释。

对于这一战略，李渊曾在给李密的书信中谈论过，据《大唐创业起居注》记载，李渊在给李密的信中说：“所以仗旗投袂，大会义兵，绥抚河朔，和亲蕃塞，共匡天下，志在尊隋。”[3]《资治通鉴》也有“所以大会义兵，和亲北狄，共匡天下，志在尊隋”[4]的话。根据当时的形势推断，“蕃塞”“北狄”实际上都指东突厥。李渊是在率军进攻关中的过程中说的这句话。当时李渊已经成功实施了和亲东突厥战略，与东突厥实现了首次和亲。不仅如此，双方都已开始积极落实和亲约定，东突厥不仅派兵配合与支持李渊太原起兵，并且还派遣兵马支援李渊进攻关中。李渊说这段话，不仅向李密陈述自己已与东突厥和亲的事实，而且还很好阐释了自己和亲东突厥战略。

李渊和亲东突厥战略的制定，实际上是吸取隋炀帝“绝和亲”外交政策的失败教训，在当时东亚世界复杂的国际政治形势下作出的最优抉择。李密曾对隋末形势有过比较到位的总结和分析，他说：“当今主昏于上，人怨于下，锐兵尽于辽东，和亲绝于突厥，方乃巡游扬、越，委弃京都，此亦刘、项奋起之会。以足下之雄才大略，士马精勇，席卷二京，诛灭暴虐，则隋氏之不足亡也。”[5]“和亲绝于突厥”指的是隋炀帝后期放弃隋文帝以来与东突厥和亲的政策。《隋书·裴矩传》记载：面对东突厥毕可汗部众渐盛的局面，隋炀帝曾在裴矩策划下离间始毕可汗弟兄，“将以宗女嫁其弟叱吉设，拜为南面可汗”。

[1]《资治通鉴》卷一八二，大业十一年正月条，第5803页。

[2]《大唐创业起居注》卷一，第2页。

[3]《大唐创业起居注》卷二，第25页。

[4]《资治通鉴》卷一八四，义宁元年七月条，第5851页。

[5]（后晋）刘昫：《旧唐书》卷五三《李密传》，北京：中华书局，1975年，第2210页。

但因“叱吉不敢受”，计划受阻，“始毕闻而渐怨”[1]。后来，裴矩又建议隋炀帝“诱杀”始毕可汗的重要谋臣史蜀胡悉等，隋与东突厥关系完全破裂，“始毕亦知其状，由是不朝”[2]，不久便发生了雁门之围。从李密的分析来看，隋炀帝破坏与东突厥和亲关系，是隋末困局的重要原因。当时反隋志士大多认识到要想破解这种困局，“北连突厥”是必不可少的战略，因此之故，隋末反隋势力，尤其是北方反隋势力，大多制定并实施了此战略。杜佑说：“薛举、窦建德、王（世）充、刘武周、梁师都、高开道之徒，虽僭尊号，北面称臣，受其可汗之号。”[3]实际上，从文献记载看，当时还有很多其他反隋势力也都实施过北连突厥的战略。对此，李方《隋末唐初东突厥与中原势力的关系》[4]一文有详尽梳理，认为隋末唐初北方地区十几个军阀势力都曾结援突厥。正是在此背景下，以李渊父子为核心的反隋势力集团制定与实施和亲东突厥战略实属必然。

可见，太原起兵前，李渊对在当时背景下处理好与东突厥关系的重要性有着非常清醒的认识，制定了明确的和亲东突厥战略，并将其作为实现“经邦济世”远大理想的前提条件。

三、和亲东突厥战略的成功实施

如上所论，李渊在太原起兵前就已制定和亲东突厥战略。从文献记载看，从太原起兵到唐太宗贞观四年（630）灭东突厥的十余年间，李渊父子曾多次实施和亲东突厥战略。这段时期和亲战略的实施过程，大体上可分三个阶段：

（一）第一阶段：建国前李渊主动实施和亲东突厥战略

从谋划太原起兵到登基建国，李渊曾积极实施和亲东突厥战略。这段历史虽在唐朝建国之前，但可视为唐与东突厥和亲的第一阶段。

李渊准备起兵时面临非常复杂的内外形势。从外部看，当时太原受到以下几种势力的威胁：（1）东突厥。作为当时东亚世界霸主的东突厥不仅经常南下劫掠边郡，而且还积极支持隋朝境内各反叛势力，是太原最大的威胁。（2）地方割据势力。当时太原周边各郡纷纷爆发反叛活动，建立地方割据政权。因这些割据政权大多制定与实施了“北连突厥”战略，得到东突厥的支持，实力发

[1][2]（唐）魏徵：《隋书》卷六七《裴矩传》，北京：中华书局，1973年，第1582页。

[3]（唐）杜佑：《通典》卷一九七《边防·突厥上》，北京：中华书局，1988年，第5407页。

[4] 李方：《隋末唐初东突厥与中原势力的关系》，《中国边疆史地研究》2003年第4期，第16—27页。

展迅速，其中威胁最大者即马邑刘武周。（3）拥隋势力。尽管当时全国范围内反叛活动此起彼伏，但仍有不少地方官员誓死效忠隋炀帝，如太原辽山县令高斌廉[1]、西河郡丞高德儒[2]、副留守高君雅与王威等。这些人的存在，对李渊反隋活动构成严重威胁。

因此，李渊起兵前须妥善解决这些威胁，否则起兵活动不可能顺利进行，更不要说南下逐鹿中原。那么，如何解决这些问题？从文献记载看，李渊正是通过制定与实施和亲东突厥战略妥善解决这些问题。

《大唐创业起居注》记载：大业十三年（617）五月庚午日，李渊“自手疏与突厥书，曰‘……我今大举义兵，欲宁天下，远迎主上，还共突厥和亲，更似开皇之时，岂非好事。且今日陛下虽失可汗之意，可汗宁忘高祖之恩也？若能从我，不侵百姓，征伐所得，子女玉帛，皆可汗有之。必以路远，不能深入，见与和通，坐受宝玩，不劳兵马，亦任可汗。一二便宜，任量取中’”[3]。《唐会要》记载为：“高祖初起义兵，晋阳刘文静曰：‘与突厥相结，资其士马，以益兵势。’从之。自为手启遗始毕可汗云：‘欲举义兵迎主上。若能与我俱南，愿勿侵暴百姓；若但和亲，坐视受宝货，亦唯可汗所择。’”[4]《资治通鉴》所记与《唐会要》几乎完全相同。可见，太原起兵时李渊曾亲自给始毕可汗写信，提出“远迎主上，还共突厥和亲，更似开皇之时”的和亲方案。

需要说明的是，传世文献将李渊给始毕可汗写信的时间记载为大业十三年（617）五月庚午，即李渊逮捕王威、高君雅正式起兵后第六天。这显然值得商榷。李渊与东突厥缔结和亲关系的目的在于缓解与促进双方关系，争取东突厥对自己反隋立场的支持与配合，在于希望东突厥约束刘武周等割据势力，为太原营造一个安定的外部环境。故我们认为双方和亲关系的缔结应该在起兵之前，而起兵后第三天东突厥南寇太原实为东突厥支持与配合李渊的表现，是双方共同导演的一曲意在坐实王威、高君雅罪名的战争假戏。对此，我们将另撰文探讨。

始毕可汗积极回应了李渊的和亲请求，《大唐创业起居注》记载：“始毕

[1]《大唐创业起居注》卷一载：“太原辽山县令高斌廉拒不从命，仍遣使间行往江都，奏帝主兵。”第12页。

[2]据记载，太原起兵后不久，李渊即派李建成与李世民率军进攻西河郡，说明当时西河郡反对李渊起兵。

[3]《大唐创业起居注》卷一，第8、9页。

[4]（宋）王溥：《唐会要》卷九四《北突厥》，北京：中华书局，1955年，第1687页。

得书，大喜，其部达官等曰：‘我知唐公非常人也，果作异常之事。……但唐公欲迎隋主，共我和好，此语不好，我不能从。隋主为人，我所知悉。若迎来也，即忌唐公，于我旧怨，决相诛伐。唐公以此唤我，我不能去。唐公自作天子，我则从行，觅大勋赏，不避时热。’当日，即以此意作书报帝。”[1]对此，《唐会要》《资治通鉴》等所记大体相同。从始毕可汗“大喜”的态度及其与大臣的讨论内容来看，始毕可汗原则上同意李渊和亲请求，但反对李渊继续拥戴隋炀帝。故提出“唐公自为天子”以和亲的修正方案，并表示只要李渊“自作天子”，东突厥愿意派兵“不避时热”以支持李渊进攻关中。

面对东突厥的修正方案，李渊很是无奈和纠结，经过几天的考虑和商讨，最后提出了“废皇帝而立代王”的折中和亲方案，并得到了东突厥的认可。“六月己卯，太子与齐王至自河东，帝欢甚。裴寂等乃因太子、秦王等入启，请依伊尹放太甲，霍光废昌邑故事，废皇帝而立代王，兴义兵以檄郡县，改旗帜以示突厥，师出有名，以辑夷夏。……于是遣使以众议驰报突厥。始毕依旨，即遣其柱国康鞘利、级失、热寒、特勤、达官等，送马千匹来太原交市，仍许遣兵送帝往西京，多少惟命。”[2]始毕可汗同意了李渊的折中和亲方案，不仅派人送马来太原互市，而且还许诺派兵马帮助李渊进攻关中。这说明李渊首次实施和亲东突厥战略取得了成功，双方和亲关系正式确立。

和亲关系建立以后，双方都曾积极落实和亲约定。《资治通鉴》义宁元年（617）六月内申条记载：“突厥遣其柱国康鞘利等送马千匹诣李渊为互市，许发兵送渊入关，多少随所欲。”[3]又同年七月条记载：“刘文静至突厥，见始毕可汗，请兵，且与之约曰：‘若入长安，民众土地入唐公，金玉缯帛归突厥。’始毕大喜，丙寅，遣其大臣级失特勒先至渊军，告以兵已上道。”[4]又同年八月条记载：“癸巳，渊至龙门，刘文静、康鞘利以突厥兵五百人、马二千匹来至。渊喜其来缓，谓文静曰：‘吾西行及河，突厥始至，兵少马多，皆君将命之功也。’”[5]从这些记载看，李渊派人向东突厥请求兵马支持，同时承诺“若入长安，民众土地入唐公，金玉缯帛归突厥。”而东突厥则兑现“以兵马助之”的诺言，派“突厥兵五百人、马二千匹”，支持李渊进军关

[1]《大唐创业起居注》卷一，第9页。

[2]《大唐创业起居注》卷一，第10、11页。

[3]《资治通鉴》卷一八四，义宁元年六月条，第5848页。

[4]《资治通鉴》卷一八四，义宁元年七月条，第5850页。

[5]《资治通鉴》卷一八四，义宁元年八月条，第5857、5858页。

中。显然，李渊和亲东突厥战略得到很好的实施，李渊与东突厥的关系完全在朝着李渊、刘文静等人所希望的“复与突厥和亲”的方向发展，随着东突厥兵马加入，双方和亲关系得到进一步落实。此次和亲关系持续到唐朝建国初期。

在此次和亲过程中李渊与东突厥确立了君臣关系，对此，陈寅恪等前辈学者已有详考，无须赘言。不过，李渊与东突厥间的君臣关系和当时其他割据势力与东突厥间的君臣关系有所不同，而且这一关系的建立经历了一个曲折的讨价还价的过程。如上所论，李渊开始给始毕可汗写信请求和亲时说的是“远迎主上，还共突厥和亲，更似开皇之时”。由于隋文帝时，突厥曾向隋朝称臣，显然李渊刚开始是希望恢复隋朝与东突厥之间的君臣和亲关系。东突厥虽原则上同意李渊和亲请求，但反对李渊继续拥戴隋炀帝，进而提出李渊“自为天子”以和亲的修正方案。所谓东突厥让李渊“自为天子”实即逼迫李渊向其称臣。始毕可汗之所以提出李渊“自为天子”以和亲的修正方案，表面上是他不愿隋炀帝重掌政权，实则是他不愿再向隋称臣；不仅如此，他还希望控制李渊这一反隋力量，建立一个以李渊为首的傀儡政权，并在各割据势力间实施平衡战略。显然，这一修正和亲方案在内容方面与李渊的最初和亲方案已有较大变化，由原来东突厥向隋称臣变成了由李渊向东突厥称臣。

李渊不愿向东突厥称臣，但鉴于当时东突厥名副其实的东亚霸主的地位和实力，又不能直接拒绝，于是提出“废皇帝而立代王”折中方案。最后，东突厥接受了此折中方案。显然，此折中方案在一定程度上满足了东突厥的称臣要求，亦即李渊与东突厥间通过和亲确实建立了某种君臣关系，史称李渊“诡臣”[1]于东突厥。因李渊拒绝东突厥“自为天子”以和亲的修正方案，李渊并未向东突厥直接称臣，故“诡臣”一词颇值得玩味。李渊拒绝“自为天子”，避免了直接向东突厥称臣的局面，而又通过“废皇帝而立代王”，“诡臣”于东突厥。这说明“废皇帝而立代王”这一折中方案的内容不仅仅是废炀帝而立代王这么简单，极有可能包含有代王登基之后须向东突厥称臣的内容。一方面，李渊拥立代王，是代王的臣子，是有主之臣，一臣不事二主，故李渊拒绝向东突厥直接称臣。另一方面，因代王须向东突厥称臣，故作为代王臣子的李渊，

[1]（宋）欧阳修：《新唐书》卷二一五下《突厥传下》载：“当此时，四夷侵，中国微，而突厥最强，控弦者号百万，华人之失职不逞皆往从之，惎之谋，导之入边，故颉利自以为强大古无有也。高祖初即位，与和，因数出军助讨贼，故诡臣之，赠予不可计。”北京：中华书局，1975年，第6069页。《历代名臣奏议》卷三三五，孝宗隆兴元年同知枢密院周麟之也说：“在武德之初则诡臣突厥，在贞观之盛则生擒颉利。”

名义上也是东突厥的臣子。这样李渊就间接称臣于东突厥。这可能就是李渊“诡臣”东突厥的实情。通过这种方式，李渊成功避免了直接称臣于东突厥的局面，同时又在一定程度上满足了东突厥控制李渊的政治愿望，巧妙地化解了李渊当时面临的诸多困境。当然这只是推测，还没有任何实质性的材料证明。

（二）第二阶段：统一全国、巩固政权期间唐高祖实施和亲战略

公元618年五月，李渊称帝建立唐朝，并着手统一全国工作。武德五年（622）三月，以刘黑闼势力覆灭为标志，唐朝基本完成对全国的统一。在此期间，为消灭各割据政权、统一全国，李渊仍坚持实施和亲东突厥战略，双方多次实现和亲。这是唐与东突厥和亲的第二阶段。

如上所论，在太原起兵的过程中，东突厥之所以愿与李渊和亲，主要是希望控制这一反隋势力，并在各割据势力之间实施平衡战略。但李渊占领长安后，一方面，势力迅速发展，很快就制定并开始实施统一全国的战略，“显露出建立统一王朝的恢宏气象”[1]，局势的变化逐渐超出了东突厥的控制，威胁到了它的平衡战略。于是，东突厥很快调整了对唐政策，由过去的配合与支持转为打击和压制，这便破坏了双方和亲关系。另一方面，因李渊势力迅速发展，对其他割据势力形成了威胁，故这些割据势力除了相互联合之外，还试图联合与拉拢东突厥以压制李唐政权。在此背景下，唐与东突厥和亲关系经常受到破坏。在消灭各割据政权、统一全国的过程中，为瓦解其他割据政权与东突厥的联盟，争取东突厥的战略配合与武力支持，唐高祖曾多次主动实施和亲东突厥战略。

李渊占领长安的同时，陇右薛举也正一路东进，试图抢占长安。《旧唐书·薛举传》记载：大业十三年（617）秋七月，“（薛）举僭号于兰州……其月，举陈兵数万，出拜墓，礼毕大会。仁杲进兵围秦州。……及仁杲克秦州，举自兰州迁都之。遣仁杲引军寇扶风郡，汧源贼帅唐弼率众拒之，兵不得进。……仁杲因弼弛备，袭破之，并有其众，弼以数百骑遁免。举势益张，军号三十万，将图京师”[2]。但是，李渊父子捷足先登，抢先控制了关中，占据了长安。于是薛举重新制定联合东突厥、梁师都共图长安的新战略。《旧唐书·薛举传》记载：郝瑗“劝举连结梁师都，共为声势，厚赂突厥，饵其戎马，合从并力，进逼京师。举从其言，与突厥莫贺咄设谋取京师。莫贺咄设许以兵随

[1] 吴玉贵：《突厥汗国与隋唐关系史研究》，北京：中国社会科学出版社，1998年，第163页。

[2] 《旧唐书》卷五五《薛举传》，第2246页。

之，期有日矣”[1]。对此，《新唐书·薛举传》《资治通鉴》均有记载。薛举与梁师都、东突厥结盟后，西秦对唐朝展开强大的军事攻势，于武德元年（618）七月浅水原一战中，击败唐朝八总管，取得重大胜利，“（唐）士卒死者什五六，大将军慕容罗睺、李安远、刘弘基皆没”[2]。薛举准备乘胜直取长安，“八月，薛举遣其子仁果进围宁州，刺史胡演击却之。郝瑗言于举曰：‘今唐兵新破，关中骚动，宜乘胜直取长安。’举然之，会有疾而止。辛巳，举卒”[3]。“唐兵新破，关中骚动”一语可谓对浅水原惨败后唐朝方面的真实情况写照。

为分化瓦解薛举与东突厥的联盟，进而争取东突厥战略配合与物力支持以消灭薛氏西秦政权，从而达到稳定关中后方的目的，李渊再次主动实施和亲东突厥战略。《旧唐书》记载：李琛“与太常卿郑元璹赍女妓遗突厥始毕可汗，以结和亲。始毕甚重之，赠名马数百匹，遣骨咄禄特勤随琛贡方物。高祖大悦，拜刑部侍郎，进爵为王”[4]。《册府元龟》记载：唐高祖“遣襄武郡公琛与太常卿郑元璹赍女妓遗突厥始毕可汗，以结和亲”[5]。唐高祖派李琛与郑元璹赍女妓向东突厥请求和亲，始毕可汗“赠名马数百匹，遣骨咄禄特勒随琛贡方物”，这说明始毕可汗接受了唐朝和亲请求，唐高祖和亲东突厥战略再次成功实施，双方恢复了和亲关系。对于这次和亲的具体时间，《唐会要》记载为武德元年（618）八月[6]，而《资治通鉴》则将此事置于武德元年（618）九月庚申日与壬戌日之间[7]。这两种记载实际上并不矛盾。《资治通鉴》记载武德元年九月壬戌是东突厥使者“骨咄禄特勒”来唐之日[8]，这是东突厥对唐朝派李琛与郑元璹请求和亲的积极回应。《资治通鉴》采用的是倒叙方式。因此，这次和亲的具体过程是唐朝八月派人出使东突厥请求和亲，东突厥同意和亲，并派使者随唐使一同来唐，并于当年九月壬戌抵达长安。武德元年八九月是唐与薛仁杲决战的关键时期，李渊此时派人向东突厥请求和亲，应与此战局有关。对此，吴玉贵在《突厥汗国与隋唐关系史研究》一书中“唐灭西秦史事钩沉”

[1]《旧唐书》卷五五《薛举传》，第2247页。

[2]《资治通鉴》卷一八五，武德元年七月条，第5911页。

[3]《资治通鉴》卷一八六，武德元年八月条，第5917页。

[4]《旧唐书》卷六〇《宗室·襄武王琛传》，第2347页。

[5]（宋）王钦若等编纂，周勋初等校订：《册府元龟》卷九七八《外臣部（二十三）·和亲》，南京：凤凰出版社，2006年，第11325页。

[6]《唐会要》卷九四《北突厥》，第1687页。

[7][8]《资治通鉴》卷第一八六，武德元年九月条，第5925页。

一节已有详论[1]。此次和亲后，东突厥“发突厥兵及长逊之众，并会于太宗军所”[2]。有了东突厥的配合与支援，唐朝军队很快就扭转了战场上连连失败的被动局面，于武德元年十一月一举消灭了薛氏西秦政权，稳定了关中后方，巩固了初生的李唐政权，为进一步统一全国、重建统一帝国奠定了基础。

李世民消灭薛举班师回朝九天后便受命为“太尉、使持节、陕东道大行台”[3]，这说明唐朝君臣有着非常明确的统一全国战略，并具有坚定执行这一战略的决心。这使得李渊欲建立“统一王朝”意图更加明显。于是，东突厥单方面撕毁和亲协议，联合其他割据势力，组成新的抗唐联盟，准备大举进攻唐朝[4]。不过，在此关键时刻，发生了两件影响深远的事情：一是始毕可汗去世，联合进攻唐朝的军事行动不得不暂时停止[5]；二是刘武周接受宋金刚的建议，调整战略，决定南下逐鹿中原[6]。于是，局势发生了微妙变化：一方面，随着始毕可汗的去世，唐与东突厥的紧张关系有了一个时间上的缓冲，为唐朝争取恢复与改善双方关系提供了可能；另一方面，随着刘武周大军高调南下，不仅唐与刘武周之间矛盾激化，而且刘武周与东突厥之间的关系也产生了危机。唐高祖抓住这一难得良机，派人前往东突厥斡旋，争取到东突厥武力支援，“时太宗在藩，受诏讨刘武周，师次太原，处罗遣其弟步利设率二千骑与官军会”[7]，“秦王世民之讨刘武周也，突厥处罗可汗遣其弟步利设帅二千骑助唐”[8]。显然，在消灭刘武周的过程中，唐朝得到了东突厥的武力支持。实际上，唐朝与东突厥此次联合消灭刘武周，是在双方恢复和亲关系的前提下实现的。《旧唐书·李袭志附李袭誉传》记载：“太宗讨王世充，以袭誉为潞州总管。时突厥与国和亲，又通使于世充，袭誉掩击，悉斩之。”[9]又《新唐书·李袭志附李袭誉传》记载：“伐王世充也，拜潞州总管。时突厥已和亲，又通使世充，袭誉捕斩之。”[10]而据《资治通鉴》记载，李袭誉捕斩突厥使者的时间

[1] 吴玉贵：《突厥汗国与隋唐关系史研究》，第152—161页。

[2]《旧唐书》卷一九四上《突厥传上》，第5155页。

[3]《资治通鉴》卷一八六，武德元年十二月条，第5937页。

[4][5]《资治通鉴》卷一八六，武德二年二月条，第5958页。

[6]《旧唐书》卷五五《刘武周传》，第2253页。

[7]《旧唐书》卷一九四上《突厥传上》，第5154页。

[8]《资治通鉴》卷一八八，武德三年六月条，第5996页。

[9]《旧唐书》卷五九《李袭志附李袭誉传》，第2332页。

[10]《新唐书》卷九一《李袭志附李袭誉传》，第3790页。

是武德三年（620）七月癸亥日[1]。“时突厥已和亲”，说明在武德三年七月癸亥以前，唐与东突厥是“和亲”关系。这显然是指在消灭刘武周过程中双方所恢复的和亲关系。

后来，唐朝在消灭刘武周、王世充、窦建德、刘黑闼、辅公祏等割据势力的过程中都采用了大体相同的战略，即主动实施和亲东突厥战略。如武德四年（621）四五月间是唐军消灭王世充和窦建德两股势力的关键时刻，唐高祖派李瓌“赍布帛数万段与结和亲”[2]。又武德五年（622）三月是唐军消灭刘黑闼战斗的关键时刻，唐高祖“遣使赂突厥颉利可汗，且许结婚”[3]。李渊通过反复实施和亲东突厥战略，成功瓦解了各地方割据势力与东突厥的联盟，并争取到了东突厥的战略配合与支持，先后消灭了各地方主要割据势力，基本完成了全国统一，重构了大一统帝国。

在此阶段的多次和亲中，唐与东突厥由君臣关系逐渐变成了兄弟关系。《资治通鉴》记载：武德五年（622）八月，郑元璹当面劝说颉利可汗退兵时说：“今掳掠所得，皆入国人，于可汗何有？不如旋师，复修和亲，可无跋涉之劳，坐受金币，又皆入可汗府库，孰与弃昆弟积年之欢，而结子孙无穷之怨乎？’颉利悦，引兵还。”[4]“昆弟积年之欢”一语，也说明双方的这种兄弟关系已经建立数年之久。又《旧唐书·郑善果附郑元璹传》记载郑元璹曾说：“大唐初有天下，即与可汗结为兄弟，行人往来，音问不绝。”[5]《新唐书·郑善果附郑元璹传》记载为：“且唐有天下，约可汗为兄弟，使驲衔棰于道。”[6]从这些记载来看，唐与东突厥的这一兄弟关系建立得比较早，大概在李渊称帝的时期。显然，在李渊称帝以后，唐与东突厥间和亲关系的内涵发生了较大变化，由君臣和亲变成了兄弟和亲。

（三）第三阶段：唐与东突厥南北对峙期间和亲战略的实施

武德五年三月，刘黑闼势力被消灭，标志唐朝基本完成了对全国的统一。随着各主要割据势力，尤其是北方各割据势力的逐渐被消灭，唐与东突厥南北对峙的新局面逐渐形成。在此局面中，双方冲突不断，尽管如此，双方仍倾向

[1]《资治通鉴》卷一八八，武德三年七月条，第5996页。

[2]《旧唐书》卷六〇《李瓌传》，第2350页。

[3]《资治通鉴》卷一九〇，武德五年三月条，第6060页。

[4]《资治通鉴》卷一九〇，武德五年八月条，第6067页。

[5]《旧唐书》卷六二《郑善果附郑元璹传》，第2380页。

[6]《新唐书》卷一〇〇《郑善果附郑元璹传》，第3938页。

于通过实施和亲战略来化解危机。这是唐与东突厥和亲的第三阶段。这一阶段的和亲，又可分为两个阶段：

1.唐朝主动请求和亲阶段

进入唐与东突厥南北对峙阶段后，东突厥经常派大军南下进攻唐朝。而唐朝方面，一方面虽已基本完成对全国的统一，但政权并不稳固，不少地方势力仍然蠢蠢欲动，如唐朝虽然收服了杜伏威，但其部将辅公祏等人仍然具有很强的实力，控制着江南大片地区，这为后来辅公祏等人反叛唐朝埋下了伏笔。另一方面，自隋末以来，东突厥实力不断壮大，成为东亚世界名副其实的霸主。而李渊则自太原起兵以来一直都是通过不断地和亲来援引东突厥，获得其支持。因此，一时间唐朝还没有信心，也没有实力战胜东突厥，故为避免过早决战，保存和发展实力，唐朝方面往往通过主动实施和亲战略来化解与东突厥之间的危机。

武德五年八月，东突厥派东、中、西三路大军进攻唐朝。东路由雁门南下直指并州，西路由原州直指关中；中路由夏州南下，目标也是指向关中。面对东突厥的大规模军事入侵，唐高祖刚开始采纳封德彝“胜而后和”的建议，决心武力抵抗，进行一场决战，于是派遣太子李建成、秦王李世民分别率军迎击。《资治通鉴》武德五年八月条记载：“庚申，命太子出豳州道，秦王世民出秦州道以御之。李子和趋云中，掩击可汗，段德操趋夏州，邀其归路。”[1]这是唐朝首次与东突厥武力对抗。但唐朝的计划并未成功，东突厥军队很快就突破唐军的防御，长驱南下，西路军攻破大震关[2]，东路军占领了介休至晋州[3]的大片地区，形势十分危急。

这种危机局面的出现说明唐朝还不具备武力对抗东突厥的资本，故唐高祖及时调整战略，再次实施和亲战略，派郑元璹前往颉利可汗营帐请求和亲。《资治通鉴》记载：武德五年（622）八月“上遣郑元璹诣颉利……元璹见颉利，责以负约，与相辩诘，颉利颇惭。元璹因说颉利曰：‘唐与突厥风俗不同，突厥虽得唐地，不能居也。今掳掠所得，皆入国人，于可汗何有？不如旋师，复修和亲，可无跋涉之劳，坐受金币，又皆入可汗府库，孰与弃昆弟积年之欢，而结子孙无穷之怨乎？’颉利悦，引兵还”[4]。郑元璹劝说颉利可

[1]《资治通鉴》卷一九〇，武德五年八月条，第6066页。

[2]《资治通鉴》卷一九〇，武德五年八月条，第6067页。

[3]《旧唐书》卷六二《郑善果附郑元璹传》，第2380页。

[4]《资治通鉴》卷一九〇，武德六年十月条，第6067页。

汗“复修和亲”，这说明战前双方是和亲关系。“颉利悦，引兵还”的结果说明颉利可汗采纳了郑元璹“复修和亲”的建议，和亲战略再次成功实施，双方恢复了和亲关系，危机成功化解。对于郑元璹劝颉利可汗的话，《旧唐书·郑善果附郑元璹传》记载为：“汉与突厥，风俗各异，汉得突厥，既不能臣，突厥得汉，复何所用？且抄掠资财，皆入将士，在于可汗，一无所得。不如早收兵马，遣使和好，国家必有重赉，币帛皆入可汗，免为劬劳，坐受利益。大唐初有天下，即与可汗结为兄弟，行人往来，音问不绝。今乃舍善取怨，违多就少，何也？”[1]在这一记载中，虽然没有用“和亲”一词，但还是强调了“大唐初有天下，即与可汗结为兄弟”的事实，郑元璹劝说颉利可汗“遣使和好”，实际上就是希望东突厥恢复与唐的兄弟和亲关系。

需要说明的是，上引材料都将这次和亲说成是唐高祖派郑元璹谴责东突厥颉利可汗违背双方的和亲约定，然后劝其恢复和亲，最后东突厥请求和亲，实际上这只是史家讳饰之词。从上引材料来看，唐朝在这次武力对抗中明显处于明显劣势，东突厥军队迅速突破唐军的防御，在唐朝境内长驱直入，这说明此时唐朝还没有与东突厥抗衡的资本。东突厥在占尽优势的情况下，是不可能主动请求和亲。故在唐与东突厥南北对峙期间的和亲大多都是唐朝主动请求，而且是通过“重赂”收买实现的。诚如唐太宗自己所言，武德七年（624）八月，“吾与汝可汗面结和亲，赠遗金帛，前后无算”[2]。

此后，东突厥多次大举南寇，唐朝都是通过和亲来化解危机。武德七年八月“颉利、突利二可汗举国入寇”[3]，李世民、李元吉在原州城西向东突厥请求和亲，“世民乃帅骑驰诣虏阵，告之曰：‘国家与可汗和亲，何为负约……’颉利不之测，笑而不应。……（颉利）遣突利与其夹毕特勒阿史那思摩来见世民，请和亲，世民许之”[4]。又武德九年（626）八月，东突厥再次大举南侵，李世民“亲出玄武门，驰六骑幸渭水上”[5]，“与虏和亲而罢”[6]。这就是众所周知的便桥会盟。

另外，这一时期，唐与东突厥和亲的类型应该仍然是兄弟和亲。武德五

[1]《旧唐书》卷六二《郑善果附郑元璹传》，第2380页。

[2]《资治通鉴》卷一九一，武德九年八月条，第6131页。

[3]《旧唐书》卷一九四上《突厥传上》，第5156页。

[4]《资治通鉴》卷一九一，武德七年八月条，第6104、6105页。

[5]《旧唐书》卷二《太宗本纪》，第30页。

[6]《旧唐书》卷六七《李靖传》，第2478页。

年，郑元璹劝说东突厥颉利可汗“复修和亲”，不要“弃昆弟积年之欢，而结子孙无穷之怨”，颉利可汗接受郑元璹的劝告，双方恢复和亲关系，和亲类型应该不会发生太大变化。此后双方多次和亲应该还是延续了此前的兄弟关系，一直到武德九年八月唐太宗与颉利可汗刑白马为盟，仍然还是约为兄弟[1]。

2.东突厥主动请求和亲阶段

实际上，唐高祖在消灭各割据政权、统一全国的过程中，就已开始在为消灭东突厥、重建东亚秩序做准备。除了不断发展壮大自身力量，唐朝还在外交方面奉行远交近攻策略，交好西突厥，如《旧唐书》记载：“时北突厥作患，高祖厚加抚结，与之并力以图北蕃，统叶护许以五年冬。大军将发，颉利可汗闻之大惧，复与统叶护通和，无相征伐。统叶护寻遣使来请婚，高祖谓侍臣曰：‘西突厥去我悬远，急疾不相得力，今请婚，其计安在？’封德彝对曰：‘当今之务，莫若远交而近攻，正可权许其婚，以威北狄。待之数年后，中国盛全，徐思其宜。’高祖遂许之婚。”[2]太宗继位之后，更是直接在东突厥内部实行离间之计，成功离间了颉利可汗与突利可汗。不仅如此，唐太宗还通过支持东突厥治下反叛部落如薛延陀等来削弱东突厥势力。

经过数年韬光养晦，唐朝实力逐渐增强；同时，东突厥却在天灾人祸中逐渐衰落[3]，于是双方力对比关系发生逆转。贞观二年（628）四月，唐朝派遣大军围剿梁师都，虽然东突厥曾派军援助，但仍然无法改变梁师都覆灭的命运。更为重要的是，东突厥援军本身也受到唐军的攻击，损失惨重，最后不敢救梁师都[4]。显然，贞观二年这一战成为唐与东突厥实力对比关系扭转完成的标志。

在此背景下，东突厥颉利可汗产生了非常强烈的危机感，于是主动调整了对唐朝的政策，实施和亲战略，向唐称臣并请求政治联姻。《旧唐书·突厥传上》记载：贞观三年（629）“颉利始称臣，尚公主，请修婿礼”[5]。《唐会要》记载：贞观“三年十一月，颉利因薛延陀之封，大惧，始遣使称臣，请尚公主”[6]。《资治通鉴》贞观三年八月丙子条记载：“突厥颉利可汗大惧，始遣

[1]［美］巴费尔德：《危险的边疆》，南京：江苏人民出版社，2011年，第183页。

[2]《旧唐书》卷一九四下《突厥传下》，第5181页。

[3] 张超林：《自然灾害与唐初东突厥之衰亡》，《青海民族研究》2002年第4期，第53—56页。

[4]《资治通鉴》卷一九二，贞观二年五月条，第6163页。

[5]《旧唐书》卷一九四上《突厥传上》，第5159页。

[6]《唐会要》卷九四《北突厥》，第1689页。

使称臣，请尚公主，修婿礼。”[1]这些记载，虽然在具体时间方面存在一些差异，但是关于东突厥向唐称臣、请婚等内容却是一致的。和亲战略本来是李渊父子为了援引东突厥而制定且多次实施的战略，现在东突厥被迫主动实施此战略，说明唐与东突厥之间的实力对比关系彻底发生了逆转。

东突厥这次主动请求和亲，是希望通过实施和亲缓解来自唐朝的压力，化解危机。但唐太宗并未同意东突厥的和亲请求，而是很快就派出以李靖为统帅的五路大军讨伐东突厥。“上以颉利可汗既请和亲，复援梁师都，丁亥，命兵部尚书李靖为行军总管讨之，以张公谨为副”[2]，“上以其请和，后复援梁师都，诏兵部尚书李靖、代州都督张公谨出定襄道，并州都督李勣、右武卫将军丘行恭出通汉道，左武卫大将军柴绍出金河道，卫孝节出恒安道，薛万彻出畅武道，并受靖节度以讨之”[3]。贞观四年（630）三月，唐军生擒颉利可汗，东突厥政权灭亡。

可见，在唐与东突厥并存的十余年间，双方多次建立和亲关系。在这些和亲关系中，双方关系由建国前李渊“诡臣”于东突厥，发展到建国后双方约为兄弟，再后来随着双方实力对比关系发生变化，东突厥主动向唐请求和亲，向唐称臣并请婚，但是唐太宗没有同意。显然，唐与东突厥之间的和亲关系经历了一个由君臣到兄弟的转变。

四、唐与东突厥和亲的作用与意义

如上所论，李渊在太原起兵前就已制定和亲东突厥战略，此后曾多次成功实施此战略。此战略的制定与成功实施，在当时东亚政局中具有十分重要的历史作用与意义。

首先，对唐朝而言，与东突厥和亲具有以下三方面的历史作用与意义。

1.建国前与东突厥和亲，为顺利起兵、建设太原临时政权以及进攻关中，赢得了有利的外部环境

自隋与东突厥关系破裂以来，东突厥频繁南下，并积极扶持各叛隋势力，这严重破坏了隋朝边境地区的社会与经济秩序。刘武周马邑起兵后，在东突厥兵马支持下，迅速占领楼烦、定襄、雁门等郡。在此背景下，李渊制定并首次

[1]《资治通鉴》卷一九三，贞观三年八月条，第6177页。

[2]《资治通鉴》卷一九三，贞观三年八月条，第6177、6178页。

[3]《旧唐书》卷一九四上《突厥传上》，第5159页。

成功实施和亲东突厥的战略。此后相当长的时间，不仅东突厥没有南下骚扰[1]，而且刘武周也停止向南扩张。同时，东突厥还派兵配合李渊上演了一曲南寇太原的假戏，帮李渊清除了高君雅与王威，为顺利起兵扫清了道路。李渊起兵后，在太原成立了临时政府——大将军府。因李渊与东突厥和亲关系的继续维持，为太原临时政府的发展与巩固提供了一个非常有利的外部环境。正是在此有利环境中，李渊实施了一系列措施，发展与壮大了自己的实力，并通过西河之战消灭了周边主要拥隋势力，巩固了太原临时政权。李渊率军进攻长安的过程中，东突厥也发挥了重要作用。首先，东突厥继续维持与太原的和平，并约束刘武周等势力，稳定了太原后方。在进攻关中的过程中，因东突厥承诺的兵马迟迟未到，当时就有传言说东突厥将联合刘武周“乘虚掩袭太原”，一时间人心惶惶[2]。后来，东突厥兵马到来，破除了这一谣言，稳定了军心。其次，东突厥履行承诺，派遣兵马帮助李渊进攻关中。双方缔结和亲关系时，东突厥承诺“当不避盛暑，以兵马助之”[3]。后来，东突厥派遣一支由500人、2000匹马组成的军队与李渊一起进攻关中。东突厥的兵马支援不仅增强了李渊的军事实力，更增强了李渊攻占长安的信心。

2.统一全国过程中与东突厥和亲，为唐朝消灭各割据势力、统一全国发挥了重要作用

如上所论，李渊占领长安后，很快便制定并开始实施剪除地方割据政权、统一全国的新战略。而这一新战略的实施，不仅破坏了东突厥平衡战略，而且对其他割据政权的既得利益也形成了巨大威胁，这为东突厥联合其他割据政权共同制约李渊势力发展创造了条件和可能。面对此不利局面，唐高祖始终坚持实施和亲东突厥战略，不仅先后成功瓦解了东突厥与当时北方各割据政权的抗唐联盟，而且还多次争取到了东突厥的武力支持与战略配合，为最终消灭北方各地方割据政权，进而完成全国统一大业创造了有利条件。如武德元年（618）八九月是唐与薛仁杲决战的关键时期，唐高祖派人送女妓给始毕可汗“以结和亲”。然后，始毕可汗“发突厥兵及长逊之众，并会于太宗军所”。又武德四年（621）四五月唐灭王世充和窦建德的关键时刻，唐高祖派人“赍布帛数万段与结和亲”。然后，处罗可汗“遣其弟步利设帅二千骑助唐”。又武德

[1] 大业十三年五月，东突厥兵寇太原一事是例外，我们认为这是李渊为了除掉高君雅与王威二人，与东突厥共同导演的一曲东突厥南寇太原的假戏。

[2]《资治通鉴》《大唐创业起居注》等文献均有记载。

[3]《资治通鉴》卷一八四，义宁元年六月条，第5846页。

五年（622）三月唐灭刘黑闼的关键时刻，唐高祖“遣使赂突厥颉利可汗，且许结婚”。由此可见，和亲东突厥战略的继续成功实施，为唐朝消灭各地方割据政权、统一全国发挥了重要作用。对此，吴玉贵在《唐朝初年与东突厥关系史考》一文中有十分深入的论述，他说：“在唐朝消灭或吞并北方诸割据势力的过程中，几乎处处都可以看到东突厥的重要影响。唐朝在北方取得的每一个胜利，都直接或间接地与突厥有关，或者是得到突厥支持的结果，或者是与突厥妥协的产物。”[1]虽然作者没有将东突厥的重要影响和唐与东突厥和亲联系起来，但还是肯定了东突厥在唐灭各割据政权、统一全国中的重要作用和影响。

3.南北对峙期间与东突厥和亲，为唐朝避免与东突厥过早决战、保存与发展实力，进而最终消灭东突厥、重建东亚国际秩序赢得了时间

随着全国统一的基本完成，唐与东突厥南北对峙局面逐渐形成。如上所言，在此新局面中，东突厥开始直接武力干预，曾多次直接派兵进攻唐朝，比较有名的就是河东之战、马邑之战、豳州之战以及渭水之战等。如上所论，这些大战都充满了戏剧性，即东突厥在战场上占据绝对优势的情况下双方突然恢复和亲关系，东突厥撤军。据文献记载，这些和亲都是在东突厥的要求下实现的，但我们认为这是史家的讳饰之词，实际上是唐朝不惜重金主动请求的结果。在唐与东突厥南北对峙期间的大部分时间里，唐朝始终奉行避战政策，只要东突厥破坏和亲南寇，唐朝一般都会不惜重金谋求恢复和亲。为什么会这样？主要是因为当时东突厥强盛，是东亚世界名副其实的霸主，唐朝不敢而且也不能挑战其地位，只能韬光养晦。武德八年（625）裴矩说：“今北寇方强，为国家今日计，且当远交而近攻，臣谓宜许其婚以威颉利；俟数年之后，中国完实，足抗北夷，然后徐思其宜。”[2]显然，即便到武德八年，唐人还是认为自己不够“完实”，不能与东突厥对抗。故在唐与东突厥南北对峙期间，唐朝一再通过实施和亲战略来化解危机，从而将双方最后决战的时间一再向后推移。这为唐朝保存与发展实力，并最终战胜东突厥、重建东亚国际秩序赢得了时间。

其次，对于东突厥而言，与唐和亲主要具有两方面的历史作用与意义。

[1] 吴玉贵：《唐朝初年与东突厥关系史考》，载《中亚学刊》第五辑，乌鲁木齐：新疆人民出版社，2000年，第74—126页。

[2]《资治通鉴》卷一九一，武德八年四月条，第6107页。

1.与唐和亲进一步成就东突厥东亚霸主地位

大业末年，隋与东突厥实力对比关系发生逆转，东突厥逐渐取代隋朝成为东亚霸主。在李渊与东突厥和亲之前，东突厥就已经拥有了非常广大的势力范围。早在隋末，东突厥就已成了草原地区众多游牧族群的共主。不仅如此，随着隋朝势力的逐渐衰落，不少农耕地区也开始依附于东突厥，如高丽、刘武周、梁师都等。随着李渊与东突厥君臣和亲关系的缔结与发展，东突厥的势力范围进一步扩大，囊括了河东、关中以及其他一些陆续归附李渊的地区。李渊称帝后，虽与东突厥缔结了兄弟关系，但因唐与东突厥实力悬殊，唐朝仍可被视为东突厥的势力范围。唐王朝控制范围的不断扩大，意味着东突厥势力范围的不断扩展。

此外，每次和亲时，东突厥都可从唐朝获得巨额财富，这为推动东突厥汗国经济发展、改善人民生活提供了条件。李渊先后占领河东与关中，这两个地区都是隋唐社会经济的中心地区，经济发达；不仅如此，太原和长安也是当时非常重要的都会城市，集中有大量的物质财富。李渊占领这两个地区，为其不惜重金实施和维护与东突厥和亲关系提供了可能。统一全国前，东突厥是东亚霸主，实力远胜于唐。为获得东突厥的支持，唐朝往往不惜财物实施和亲战略。如首次和亲时，刘文静“卑辞厚礼”[1]前往东突厥请求和亲。又武德四年李瓌“赍布帛数万段与结和亲”[2]。南北对峙局面形成后，在相当长一段时间，东突厥仍然保持相对优势，为避免过早决战，唐朝仍不惜重金实施和亲战略，如武德七年李世民与东突厥在豳州和亲，“赠遗金帛，前后无算”[3]。武德九年，唐太宗更是“倾府库赂以求和”[4]，最后双方“和亲而罢”[5]。对于唐朝不惜财物与东突厥和亲的情况，《旧唐书》《资治通鉴》等均有记载[6]。

可见，与唐朝和亲，东突厥不仅扩大了势力范围，而且还从唐朝获得了丰富的物质财富，增强了汗国经济实力，进一步加强与稳固了东突厥东亚霸主地位。

---

[1]《资治通鉴》卷一八四，义宁元年六月条，第5845页。

[2]《旧唐书》卷六〇《宗室·河间王孝恭附李瓌传》，第2350页。

[3]《资治通鉴》卷一九一，武德九年八月条，第6131页。

[4]（唐）刘餗：《隋唐嘉话》卷上，载《唐五代笔记小说大观》上册，上海古籍出版社，2000年，第94页

[5]《旧唐书》卷六七《李靖传》，第2478页。

[6]《旧唐书》卷一九四上《突厥传上》载：“及高祖即位，前后赏赐，不可胜纪。”第6069页。《资治通鉴》卷一八五，武德元年五月条载：“帝以初起资其兵马，前后饷遗，不可胜纪。突厥恃功骄倨，每遣使者至长安，多暴横，帝优容之。”第5902页。

2.与唐和亲为东突厥的最终败亡埋下伏笔

对东突厥而言，与唐朝的和亲是一把双刃剑。如上所言，唐朝为避免与东突厥过早决战，不惜重金实施与维护与东突厥之间的和亲关系，这在进一步成就东突厥东亚霸主地位的同时，也给东突厥的发展埋下了隐患：一方面通过双方和亲关系的缔结与维护，营造了一个相对安定的国际环境，唐朝趁机发展和壮大了实力，为日后挑战与消灭东突厥准备了条件。每次面临东突厥威胁时，唐朝都选择妥协，最终通过和亲的方式化解危机，避免了过早的决战，既保存了实力，也为发展和壮大实力创造了有利环境。显然，东突厥在与唐朝和亲、享受和亲带来的各种好处的同时，也在无形之中造就了自己未来的对手。另一方面，由于东突厥源源不断地从唐朝获得财富，东突厥上层统治集团生活优越，而且越来越依赖唐朝，这使得东突厥统治集团内部在对唐政策上出现了严重的分歧，这为唐朝实施离间政策提供了可能。唐朝在最后消灭东突厥的战争中，不少东突厥贵族纷纷投降唐朝，固然有唐朝军事实力强盛的原因，但唐朝长期坚持和亲政策，给东突厥贵族阶层带来巨额经济实惠，从而引得不少东突厥贵族归心于唐朝，也应当起到了一定的作用。由于唐与东突厥长期和亲，唐朝实力不断发展，最终引起双方实力对比关系发生逆转。不仅如此，受到和亲的影响，东突厥统治集团内部发生分裂，为唐朝成功实施离间计创造了有利条件，削弱了东突厥的实力。显然，与唐朝和亲为东突厥最终被唐朝消灭埋下了伏笔。

综上所述，唐与东突厥和亲在当时的历史条件下具有十分重要的历史作用与意义。对唐朝而言，和亲东突厥战略的制定与实施，不仅为其反隋建国、消灭其他割据政权、统一全国创造了有利条件，而且为其避免与东突厥过早决战、保存与发展势力并最终消灭东突厥、重构东亚国际秩序创造了条件。对东突厥而言，与唐朝和亲则是一把双刃剑，它在进一步成就和巩固其东亚霸主地位的同时，也为其最终灭亡埋下了伏笔。

（作者单位：云南大学历史与档案学院，贵州财经大学经济学院）

From Ruler-subject to Brotherhood: New Discussion on the Political Marries（和亲）between the Tang Dynasty and East Turks

Liu Xingcheng

[Abstract] Long before the dispatch of troops in Taiyuan, Li Yuan had made a strategy to make peace with East Turks by Political Marries. In over ten years from the dispatch of troops in Taiyuan to the annihilation of East Turks in the fourth year of Zhenguan Period in the Tang Dynasty, the Political Marries strategy was conducted many times. During this time, the relationship between the two sides shifted from a ruler-subject situation to brotherhood, and then back to the ruler-subject relation. When the troops were dispatched in Taiyuan, Li Yuan pretended to be the subject of East Turks and determined the ruler-subject relationship through Political Marries. In the early period of Li Yuan's empire, the two sides became brothers as agreed, which lasted to the third year of Zhenguan Period. Though broken many times in this period, the relation was recovered through the efforts of the Tang Dynasty. In the third year of the Zhenguan Period, East Turks offered to be the subject of the Tang and asked for Political Marries, which was later rejected by the Tang. The determination and implementation of the strategy to make peace with East Turks by Political Marries not only created favorable conditions for Li Yuan and his sons to overturn the Sui Dynasty, conquered the whole country and rebuilded a united empire, but also assured the final annihilation of East Turks by the Tang Dynasty and the reconstruction of the order in the East Asia.

会昌年间唐朝致黠戛斯交聘文书的授与顺序及撰写过程

齐会君

引　言

唐文宗开成五年（840）黠戛斯进军漠北回鹘牙帐，击溃了回鹘，并积极派遣使者向唐朝汇报击溃回鹘之事，试图恢复与唐朝一度中断的交聘关系。在此过程中，黠戛斯四度派遣使者前往唐朝，带来朝贡物品和交聘文书，唐朝亦发给黠戛斯四封文书予以回复。黠戛斯提交至唐的交聘文书虽已不复存在，但唐朝发给黠戛斯的文书却被收录在会昌年间（841—846）的宰相李德裕的文集之中。面对击溃了漠北称雄百余年的回鹘的黠戛斯，唐朝在与之交往初期，必然持有较高的警惕心，在接待其使者及回复交聘文书等问题方面亦慎之又慎。那么，这些留存至今的文书是如何撰写成文并最终以何种顺序交到黠戛斯使者手中的呢？这个问题也是我们研究唐代交聘文书过程中不可忽视的重要一环。

自20世纪70年代以来，与中国学界对唐代交聘文书的研究无人问津相比，日本学界的研究日益盛行，并取得了累累硕果。首先，金子修一对唐朝发给周边民族或政权的交聘文书的开头用语进行分析，并指出文书开头使用“皇帝敬问××”则代表唐朝与之为对等关系，使用“皇帝问××”或“敕××”则代表唐朝与之为君臣关系[1]。然而，中村裕一则对金子修一的观点予以驳斥，认为以“皇帝敬问××”“皇帝问××”开头的文书系慰劳制书，以“敕××”开

[1]［日］金子修一：《隋唐の国際秩序と東アジア》，东京：名著刊行会，2001年，第126—171页（原载于《史学杂志》第83卷10号，1974年，第29—51页）。

头的文书系论事敕书，不同的开头用语仅代表两种不同的文书格式[1]，且该观点在日本古代史的文书研究领域也得到了证实[2]。同时，针对中村裕一的观点，金子修一提出在考察唐代交聘文书之际，要把相关文书起草前后的国际局势纳入研究视野，并对因对象而异的文书格式及所用纸张材质等进行了分析[3]。

此外，还有一些学者利用文书内容对当时的国际秩序予以考察。石井正敏通过分析确定了张九龄所撰唐朝致渤海王大武艺的四封交聘文书的授与顺序[4]。与此同时，古畑徹也以前述四封交聘文书的撰写时间为中心，发表一系列论文探明了唐渤纷争的实际情况[5]。山内晋次以张九龄起草的交聘文书为切入点，对文书的格式、称谓等交聘文书中相关用语进行分析，复原了以唐朝为中心的国际秩序[6]。

石见清裕通过对《大唐开元礼》所载外交相关礼仪的分析，指出当时交聘文书的授予仪式当在鸿胪寺或鸿胪客馆举办，并在此基础上复原了当时的相关礼仪规程。其还将唐朝发给周边民族政权的交聘文书整理成表，并通过对唐朝相关交聘文书的分析，探明了唐代国际关系之一斑[7]。齐藤达也在确定了张九龄

[1]［日］中村裕一：《唐代制勅研究》，东京：汲古书院，1991年，第299—330、578—622页；《隋唐王言の研究》，东京：汲古书院，2003年，第69—86、124—145页。

[2]［日］中野高行：《日本古代の外交制度史》，东京：岩田书院，2008年，第113—153页（相关章节原载于《古文书研究》1984年23号，第60—71页、1987年27号，第73—77页；《史学》第55卷1号，1985年，第95—103页）。［日］丸山裕美子：《慰労詔書·論事勅書の受容について》，《延喜式研究》1995年10号，49—70页。

[3]［日］金子修一：《隋唐の国際秩序と東アジア》，第236—263页（原载于《古代文化》50卷9号，1998年，第14—24页）。

[4]［日］石井正敏：《日本渤海関係史の研究》，东京：吉川弘文馆，2001年，第303—356页（原载于《朝鲜学报》1984年112辑，第65—105页）。

[5]［日］古畑徹：《大門芸の亡命年時について—唐渤紛争に至る渤海の情勢—》，《集刊东洋学》1984年51号，第18—33页；《唐渤紛争の展開と国際情勢》，《集刊东洋学》1986年55号，第16—34页；《張九齢作〈勅渤海王大武芸書〉と唐渤紛争の終結—第二、三、四首の作成年時を中心として—》，《东北大学东洋史论集》1988年3号，第35—65页；《張九齢作〈勅渤海王大武芸書〉第一首の作成年時について—<大門芸の亡命年時について>補遺—」，《集刊东洋学》1988年59号，第102—113页等。

[6]［日］山内晋次：《奈良平安期の日本とアジア》，东京：吉川弘文馆，2003年，第10—35页（原载于《続日本纪研究》1986年245号，第22—43页）。

[7]［日］石见清裕：《唐の国書授与儀礼について》，《东洋史研究》1998年57卷2号，第37—70页；《唐朝発給の“国書”一覧》，《アジア遊学》1999年3号，第39—54页；《唐·太宗期の韓半島三国と中国との外交交渉史料》，（韩国）《日本研究》2004年第22号，第5—23页；《唐·張九齢〈曲江集〉所収の対吐蕃国書四首について》，载［日］荒川正晴、柴田干夫编《シルクロードと近代日本の邂逅》，东京：勉诚出版，2016年，第329—354页。

所撰西域相关敕书起草时间的基础上，厘清了开元二十二年至二十四年唐与突骑施的关系[1]。

此外，围绕唐朝与黠戛斯的关系，学界亦有不少学者展开了相关研究[2]，但由于本文探讨重点在于唐朝致黠戛斯的交聘文书的授与日期及其撰写过程，故此处不再一一赘述。

由此可见，历来唐代交聘文书的研究中，鲜有学者对会昌年间唐朝致黠戛斯的四封交聘文书进行分析，且对外交往方面极为重要的交聘文书撰写过程的研究亦甚是少见。众所周知，当时诸国间往来多是以交聘文书为媒介而展开的，那么，这些交聘文书究竟是以何种方式、历经何种过程撰写而成的？厘清这个问题，对于我们了解当时的国家最高意志的决策机制亦有帮助，其中，必然蕴含着政府为了解决相关问题所做出的努力和双方的意识差异，对交聘文书撰写过程的考察，对我们了解当时欧亚大陆局势具有重要意义。因此，本文拟以唐朝致黠戛斯的四封交聘文书为切入点，在整理其授与顺序的基础上，对其撰写过程予以分析探讨。

一、唐朝致黠戛斯交聘文书授与时间考

开成五年（840）黠戛斯在攻破回鹘之后，夺得于长庆元年（821）和亲回鹘的太和公主，并欲将之护送回唐朝。然而，中途却遭遇回鹘拦截，护卫被杀，太和公主再度回到回鹘手中。黠戛斯为确认太和公主下落，并求得唐朝册封可汗，曾四度派遣使者至唐。在这四次使者往返的过程中，唐朝亦发给黠戛斯四封交聘文书予以答复。那么，这四封交聘文书分别是何时递交到黠戛斯使者手中的呢？实际上，关于这四封交聘文书的授与时间，已有多位学者对其进

[1]［日］齐藤达也：《〈曲江集〉所収の西域関係勅書の起草時期》，《早稻田大学大学院文学研究科纪要》别册1992年19号，第135—147页。

[2]相关研究有［日］中岛琢美：《会昌年間に於けるキルギス使節团の到来に就いて（一）》，《史游》1983年10号，第5—16页；郑元珑：《隋唐时代黠戛斯部与中原王朝关系初探》，《福建师范大学学报》2004年第4期，第102—105、113页；王洁：《黠戛斯历史研究》，内蒙古大学博士学位论文，2009年；甘长新：《贡赐体系下的黠戛斯与唐朝关系》，云南民族大学硕士学位论文，2012年；贺继红：《黠戛斯汗国及其与唐王朝的关系》，载氏著《西域论稿续编》，郑州：中州古籍出版社，2013年，第187—198页。另，拙文发表之后，余太山、李锦绣主编：《欧亚学刊》新九辑［吉尔吉斯（柯尔克孜）历史文化研究专号］（北京：商务印书馆，2019年）刊登了朱萧静《黠戛斯“朝贡”考》（第71—84页）、李锦绣《会昌、大中年间黠戛斯来唐的翻译问题》（第85—104页）、王洁《黠戛斯可汗“求”唐册封考》（第105—124页）等一系列论文。

行了考察[1]。然而，正如表1[2]所示，诸位学者的见解并不统一。因此，本节首先对这四封交聘文书的授与时间予以考察。由于篇幅关系，在此不再将四封交聘文书原文逐一展示，仅将其主要内容予以概括，具体内容参照表2。

表1　唐朝致黠戛斯交聘文书授与日期（先行研究诸说）

	使者抵达时间	使者姓名	文书	授与日期				
				岑仲勉	金子修一	中岛琢美	傅璇琮	Drompp
（1）	会昌二年（842）十月	踏布合祖	与纥扢斯可汗书【文书A】	会昌三年二月二十五日前	会昌三年三月	会昌三年一月十七日—二月十二日	会昌三年二月中旬	会昌二年二月二十五日以降
（2）	会昌三年（843）二月	注吾合素	与黠戛王书【文书B】	会昌三年三月以降	会昌三年二月	会昌三年三月	会昌三年二月中旬	无
（3）	会昌三年（843）六月	温仵合	与黠戛斯可汗书【文书C】	会昌四年夏	会昌三年六月	会昌四年夏	会昌四年夏	会昌三年夏
（4）	会昌四年（844）二月	谛德伊斯难珠	赐黠戛斯书【文书D】	会昌五年春	会昌四年三月	会昌五年春	会昌五年春	会昌五年春

[1] 本文所涉及的四封交聘文书授与时间相关的研究有：［日］中岛琢美：《〈会昌一品集〉引用文一览表》，《史游》1984年13号，第8—18页；岑仲勉：《李德裕〈会昌伐叛集〉编证上》，载氏著《岑仲勉史学论文集》，北京：中华书局，1990年，第343—461页（原载于《史学专刊》1937年第2卷第1期，第107—250页）；傅璇琮、周建国校笺：《李德裕文集校笺》，石家庄：河北教育出版社，2000年，第79—92、713—715页；［日］金子修一：《唐代の国際文書形式》，第135—142页；Michael R.Drompp, *Tang China and The Collapse of The Uighur Empire: A Documentary History*，Leiden: Brill Academic Pub.2005，pp.125—137、145—150。

[2] 本文涉及的四封交聘文书皆引自傅璇琮、周建国校笺：《李德裕文集校笺》，文书A《与纥扢斯可汗书》，第79—83页，文书B《与黠戛王书》，第713—715页，文书C《与黠戛斯可汗书》，第83—87页，文书D《赐黠戛斯书》，第88—91页。文书编号A—D系笔者依据使者到唐前后顺序所附，以下引用之际不再赘述。

表2　唐朝致黠戛斯交聘文书概要

文书	出典	文书概要
与纥扢斯可汗书【文书A】	《会昌一品集》卷六 《文苑英华》卷四七〇 《全唐文》卷七〇〇	a.起首语。b.黠戛斯使者已抵达，来表已阅。c.回顾天宝年间之前的双方关系。d.对黠戛斯击溃回鹘的功绩表示赞赏，并对回鹘背信弃义之举表示不满。e.太和公主已抵达长安。f.唐朝与黠戛斯虽是同族，但尊卑分明。g.对黠戛斯护送太和公主及击溃回鹘之举表示感谢，同时对回鹘杀害黠戛斯护送使者及抢夺太和公主表示愤慨。h.唐朝欲册封黠戛斯可汗，并派遣使者以确认黠戛斯可汗的想法。i.结尾。
与黠戛王书【文书B】	《李卫公集补》 《文苑英华》卷四七〇 《全唐文》卷七〇〇	a.起首语。b.黠戛斯使者已抵达，已收到来表以及朝贡物品。c.通过来表获悉黠戛斯百余年间未能前来朝贡的原因，对黠戛斯击溃回鹘表示赞赏。d.对黠戛斯从回鹘手中救出太和公主，并试图护送公主归唐表示感谢，对回鹘杀害黠戛斯使者、夺走太和公主表示愤慨。e.边境将士烧毁回鹘牙帐，迎回太和公主。f.命令黠戛斯消灭回鹘余党。g.结尾。
与黠戛斯可汗书【文书C】	《会昌一品集》卷六 《文苑英华》卷四七〇 《全唐文》卷七〇〇	a.起首语。b.对黠戛斯护送公主，击溃回鹘表示赞赏。c.力劝黠戛斯疏远回鹘。d.由于黠戛斯是坚昆末裔，唐朝准备册封可汗，并命礼部尚书郑肃与黠戛斯使节协商最终达成共识。e.提醒黠戛斯如果不能彻底消灭回鹘余党的话，回鹘必将成为后患。收到黠戛斯可汗的回复之后，将派重臣进行册命。f.结尾。
赐黠戛斯书【文书D】	《会昌一品集》卷六 《文苑英华》卷四七〇 《全唐文》卷七〇〇	a.起首语。b.由于交聘文书经重译之故，唐朝皇帝的意思未能准确传达。黠戛斯应彻底消灭回鹘余党。c.应该讨伐保护回鹘余党的黑车子。d.唐朝承诺与黠戛斯合力歼灭回鹘余党。e.对黠戛斯可汗的所有要求均予以应允，近期将派重臣举行册封之礼。f.结尾。

1.【文书A】《与纥扢斯可汗书》

关于黠戛斯第一批使节的到来，羽田亨和金子修一依据《资治通鉴》的记载，指出此次使节团当是会昌二年（842）十月入唐[1]。相关记载原文如下：

> 黠戛斯遣将军踏布合祖等至天德军，言："先遣都吕施合等奉公主归

[1]［日］羽田亨：《唐代回鶻史の研究》，载氏著《羽田博士史学论文集》上卷（历史篇），京都：同朋舍，1957年，第157—324页；［日］金子修一：《唐代の国際文書形式》，第135—142页。

之大唐，至今无声问……今出兵求索，上天入地，期于必得”。[1]

针对该记载，中岛琢美结合会昌二年年初至年末的实际状况，推测由于唐朝直至年末未曾言及与击溃回鹘汗国的黠戛斯直接交涉之事，唐与黠戛斯在会昌二年年底之前并无往来，否定了羽田氏“十月入唐说”，肯定了岑仲勉主张的会昌二年年末说以及使者踏布合祖与注吾合素一行系同一集团之说，并进一步提出踏布合祖与注吾合素的汉字读音较为相似，二者有可能是同一个人或同一使团的成员，至于两者会昌三年（843）正月与二月的来朝记载，前者仅是到达天德军，后者则是初次抵达长安[2]。

但是，【文书A】（《与纥扢斯可汗书》）载“将军踏布合祖等至，览表，具知”，【文书B】（《与黠戛王书》）载“时及阳和，想比佳适。注吾合素等至，省表并进马事，具悉”，不难看出，唐朝在踏布合祖和注吾合素来朝之际，曾分别发给黠戛斯一封文书。若两者系同一人或同一使团成员的话，唐王朝发出两封交聘文书的可能性不大。而且，从【文书A】与【文书B】的发出时间来看，中岛氏的说法亦不成立，关于这一点将在下文详述。

那么，根据羽田氏与金子氏的说法，会昌二年十月抵达天德军处的为踏布合祖一行，唐朝所授当为【文书A】。如此一来，【文书A】是何时授与踏布合祖一行的呢？如表1所示，诸先学说法不一，其中岑仲勉认为：①太和公主至长安的时间系会昌三年二月二十五日，②该文书起草之时太和公主尚未抵达长安，故推测【文书A】当在会昌三年二月二十五日前授与黠戛斯使团[3]。然而，《会昌一品集》卷六收录的【文书A】中却有如下记载：

已取得太和公主，即至阙廷。回鹘残兵不满千人，散投山谷，旬日之内，必合枭擒。朕再见公主，良深欣慰。

从文中“朕再见公主，良深欣慰”之句来看，显然太和公主此时已经抵达长安。Drompp亦对前述岑仲勉的观点予以否定，并据此记载推测【文书A】系太和公主到长安以后即会昌三年二月二十五日以后发出[4]。另《资治通鉴》卷二

[1]（宋）司马光：《资治通鉴》卷二四六，会昌二年十月条，北京：中华书局，1956年，第7968页。

[2]［日］中岛琢美：《会昌年間に於けるキルギス使節団の到来に就いて（一）》，第7—9页；岑仲勉：《李德裕〈会昌伐叛集〉编证上》，第423、424、428—431页。

[3] 岑仲勉：《李德裕〈会昌伐叛集〉编证上》，第430页。

[4] Michael R.Drompp, *Tang China and The Collapse of The Uighur Empire: A Documentary History*, p125.

四七，会昌三年三月条载：

> 三月，以太仆卿赵蕃为安抚黠戛斯使。上命李德裕草《赐黠戛斯可汗书》，谕以“贞观二十一年黠戛斯先君身自入朝，授左屯卫将军、坚昆都督，迄于天宝，朝贡不绝。……待赵蕃回日，别命使展礼”。[1]

可知，唐朝于会昌三年三月遣太仆卿赵蕃前往黠戛斯并赐交聘文书。此外，史料中所引“赐黠戛斯可汗书”内容与《会昌一品集》所收录的【文书A】的内容基本一致。故可以推测，【文书A】系会昌三年三月授与踏布合祖。

2.【文书B】《与黠戛王书》

第二批使者是会昌三年二月辛未（十二日）抵达长安的注吾合素[2]一行，针对黠戛斯提出的各种要求，唐朝授与【文书B】予以回复。关于【文书B】的授与日期，先行研究的诸观点如表1所示，即岑仲勉认为是会昌三年三月以后，中岛琢美认为是会昌三年三月，傅璇琮认为是会昌三年二月中旬，金子修一认为是会昌三年二月[3]。不过，从【文书B】开头部分“皇帝敬问黠戛王，时及阳和，想比佳适”之辞来看，该文书系“阳和”之时发出，即春季二月或三月，故岑仲勉的说法当不成立。

至于注吾合素的入朝，《旧唐书》卷一八上《武宗本纪》，会昌三年二月条载：

> 黠戛斯使注吾合素入朝，献名马二匹，言可汗已破回鹘，迎得太和公主归国，差人送公主入朝，愁回鹘残众夺之于路。帝遂遣中使送注吾合素往太原迎公主。[4]

由此可知，武宗曾派遣中使与注吾合素同行前往太原迎接太和公主。另《唐会要》卷六《和蕃公主·杂录》载：

[1]《资治通鉴》卷二四七，会昌三年三月条，第7975、7976页。

[2]（唐）李德裕：《会昌一品集》（载傅璇琮、周建国校笺《李德裕文集校笺》，第713页）、（后晋）刘昫:《旧唐书》卷一八上《武宗本纪》（北京：中华书局，1975年，第595页）、（宋）欧阳修：《新唐书》卷二一七下《回鹘传下》（北京：中华书局，1975年，第6150页）作“注吾合素”，《资治通鉴》卷二四七，会昌三年二月条（第7973页）、（宋）王溥:《唐会要》卷一〇〇《结骨国》（北京：中华书局，1955年，第1785页）作“注吾合索”，本文统一为前者。

[3]岑仲勉：《李德裕〈会昌伐叛集〉编证上》，第434—436页；［日］中岛琢美：《〈会昌一品集〉引用文一览表》，第17页；傅璇琮、周建国校笺：《李德裕文集校笺》，第713—715页；［日］金子修一：《唐代の国際文書形式》，第139页。

[4]《旧唐书》卷一八上《武宗本纪》，第595页。

（会昌三年二月）其月二十五日，（太和）公主自蕃还京。……三月，中书门下奏："伏闻定安大长公主，二月二十五日，以回纥背叛恩德，侵轶边陲，于光顺门内脱去簪珥，变服请罪……[1]

文中"定安大长公主"为太和公主归唐后的称号，其于二月二十五日抵达长安[2]，故黠戛斯使者注吾合素当与太和公主同行回到长安。再者，前引《旧唐书》卷一八《武宗本纪》中"诏黠戛斯出兵攻之"之句与表2所列【文书B】段落f的内容一致，故可以推测【文书B】系会昌三年二月发给注吾合素。此外，结合文书中"焚帐幕而公主归还，透网罗而元恶逃遁"的记载，可知该文书发出之时太和公主已到达长安。由此，可以推测【文书B】系会昌三年二月二十五日—三十日授与注吾合素。

不过，Drompp认为【文书B】并未发给黠戛斯，而是【文书A】的原稿，其理由有三：①【文书B】中所用国名并非当时通用的"黠戛斯"，而是"黠戛"；②称呼黠戛斯的君主为王而非可汗，是对黠戛斯君主的轻视；③【文书A】与【文书B】中有诸多重复之处。Drompp进一步指出，正是基于这些理由，李德裕文集编者并未将【文书B】列入文集主体，而是将其编入附录部分[3]。关于【文书B】中所见黠戛斯国名及君主称号将在本文第二节进行详细分析，但由于唐朝与黠戛斯之间的朝贡关系已中断了百余年，对于如何处理黠戛斯问题仍处于摸索阶段，仅因称其君主为王这一点便断定唐朝轻视黠戛斯似乎不太合适。且细读唐朝发给黠戛斯的四封交聘文书的话，不难看出各个文书之间均有重合之处。因此，笔者认为Drompp的观点尚有值得商榷之处。

3.【文书C】《与黠戛斯可汗书》

继注吾合素一行之后，以温仵合为首的第三批使节于会昌三年六月抵达长安，经过一番交涉之后，唐朝将【文书C】授与使团以回复黠戛斯君主。关于该文书的授与日期，岑仲勉、中岛琢美与傅璇琮认为是会昌四年夏，金子修一认

[1]《唐会要》卷六《和蕃公主·杂录》，第78页。

[2]关于太和公主抵达长安的日期，《旧唐书》卷一八《武宗本纪》（第595页）载："三月，太和公主至京师，百官班于章敬寺迎谒，仍令所司告宪宗、穆宗二室。"《资治通鉴》卷二四七，会昌三年二月条（第7974页）载："庚寅，太和公主至京师，改封安定大长公主，诏宰相帅百官迎谒于章敬寺前。"由此可知，前者作会昌三年三月，后者作会昌三年二月庚寅（三十一日）。然而，据日本学者平冈武夫主编《唐代の暦》（京都大学人文科学研究所，1954年）所载，会昌三年二月仅三十天，《资治通鉴》中所载日期可能有误，故本文以《唐会要》卷六之记载为准。

[3] Michael R. Drompp, *Tang China and The Collapse of The Uighur Empire: A Documentary History*, pp.134－135。

为是会昌三年六月，Drompp认为是会昌三年夏[1]。不过，诸位学者并未进行详细论述，岑仲勉据《会昌一品集》所录会昌四年夏初所发《代李丕与郭谊书》[2]中所载“将军百余人”即温仵合一行，再结合《资治通鉴》卷二四七，武宗会昌四年二月条《考异》所载“黠戛斯使来在四年二月”以及【文书C】末尾“夏热”之辞，推测该书发于四年夏[3]。但是，在《资治通鉴》卷二四七，会昌四年二月条[4]中却有如下记载：

> 黠戛斯遣将军谛德伊斯难珠等入贡。言欲徙居回鹘牙帐，请发兵之期，集会之地。上赐诏，谕以“今秋可汗击回鹘、黑车子之时，当令幽州、太原、振武、天德四镇出兵要路，邀其亡逸，便申册命，并依回鹘故事。”朝廷以回鹘衰微，吐蕃内乱，议复河、湟四镇十八州。乃以给事中刘濛为巡边使（《考异》曰：《实录》，以濛为巡边使在明年二月壬寅。壬寅，二十五日也。按《一品集》，会昌四年二月二十二日奏状曰：“缘李回等称黠戛斯使云，今冬必欲就黑车子收回鹘可汗余烬，切望国家兵马应接。黠戛斯使回日已赐敕书，许令幽州、太原、振武、天德各于要路出兵邀截。”又曰：“仍令代北诸军掇掇排比。”又曰：“其幽州兵马至多，不必先令排比，待至冬初续降中使赐诏。”黠戛斯使来在四年二月，德裕奏状所谓今冬、防秋、冬初者，皆四年事也。不容至五年二月始以濛巡边使，濛之奉使要在今年春夏，不知的何月日，且附于此。）[5]

根据上述记载，会昌四年二月入朝的黠戛斯使者显然是谛德伊斯难珠一行。再者，关于第三批入唐黠戛斯使者，《资治通鉴》卷二四七，会昌三年六月条载：“黠戛斯可汗遣将军温仵合入贡。上赐之书，谕以速平回鹘、黑车子，乃遣使行册命。”[6]也就是说，温仵合一行于会昌三年六月抵达长安，唐朝于当月

[1] 岑仲勉：《李德裕〈会昌伐叛集〉编证上》，第443—446页；［日］中岛琢美：《〈会昌一品集〉引用文一览表》，第11页；傅璇琮、周建国校笺：《李德裕文集校笺》，第83—87页；［日］金子修一：《唐代の国際文書形式》，第139页；Michael R. Drompp, *Tang China and The Collapse of The Uighur Empire: A Documentary History*, pp.138－139.

[2] 傅璇琮、周建国校笺：《李德裕文集校笺》，第156、157页。

[3] 岑仲勉：《李德裕〈会昌伐叛集〉编证上》，第445页。

[4]《资治通鉴》的不同版本对谛德伊斯难珠等入朝日期的记录有所不同，四部丛刊版与古籍出版社版（1956年）中为会昌四年三月（甲寅朔）、中华书局点校本（1956年）中为会昌四年二月（甲寅朔）。据《唐代の暦》与《二十史朔闰表》（陈垣著，北京：古籍出版社，1956年）所载，甲寅非会昌四年三月朔日，而是二月朔日。故本文采用中华书局版会昌二年四月之记载。

[5]《资治通鉴》卷二四七，会昌四年二月条，第7999、8000页。

[6]《资治通鉴》卷二四七，会昌三年六月条，第7985页。

迅速授与【文书C】，督促黠戛斯尽快讨伐回鹘余党和黑车子。由此可知，【文书C】当于会昌三年六月授与温仵合，而非岑仲勉等所推测的会昌四年夏。

4.【文书D】《赐黠戛斯书》

第四批入唐黠戛斯使节系前述谛德伊斯难珠一行，唐朝所授交聘文书为【文书D】。关于【文书D】的发出时间，岑仲勉、中岛琢美、傅璇琮与Drompp认为是会昌五年春，金子修一认为是会昌四年三月[1]。岑仲勉以①谛德伊斯难珠系温仵合归国后来朝，必在会昌四年之夏后，②【文书D】末尾有“春暖”之辞，认定该文书必在五年春发出[2]。

那么，岑仲勉的说法是否成立呢？以下将诸史书中谛德伊斯难珠入朝相关记载整理如下：

《旧唐书》卷一八上《武宗本纪》，会昌三年八月条：

> 八月壬戌，……黠戛斯使谛德伊斯难珠入朝。[3]

《资治通鉴》卷二四七，会昌四年二月条：

> 黠戛斯遣将军谛德伊斯难珠等入贡，言欲徙居回鹘牙帐……[4]

《册府元龟》卷九八〇《外臣部二·通好》：

> （会昌）三年八月，黠戛斯遣使谛德伊斯难珠来朝。九月，与黠戛斯敕书曰：“皇帝敬问黠戛斯可汗。将军谛德伊斯难珠至，览书并白马二匹，具悉……”[5]

由上可知，关于谛德伊斯难珠的来朝日期，有《旧唐书》《册府元龟》所载“会昌三年八月”与《资治通鉴》所载“会昌四年二月”两种可能。那么，究竟哪种说法更为准确呢？首先，从【文书D】末尾“春暖”之辞可以推测该文书当是春季二月或三月发出。若会昌三年八月入朝的话，则谛德伊斯难珠一行

[1] 岑仲勉：《李德裕〈会昌伐叛集〉编证上》，第449页；［日］中岛琢美：《〈会昌一品集〉引用文一览表》，第11页；傅璇琮、周建国校笺：《李德裕文集校笺》，第88—91页；［日］金子修一：《唐代の国際文書形式》，第139页；Michael R. Drompp, *Tang China and The Collapse of The Uighur Empire: A Documentary History*, p146.

[2] 岑仲勉：《李德裕〈会昌伐叛集〉编证上》，第449页。

[3]《旧唐书》卷一八上《武宗本纪》，第596页。

[4]《资治通鉴》卷二四七，会昌四年二月条，第7999页。

[5]（宋）王钦若：《册府元龟》卷九八〇《外臣部二·通好》，南京：凤凰出版社，2006年，第11350页。

在唐滞留半年以上。但是，这又与【文书D】中“谛德伊斯难珠，朕已于三殿面对，兼赐宴乐，并依来表，不更滞留”之记载相矛盾，故《旧唐书》与《册府元龟》中记载有误的可能性较高。因此，本文依据《资治通鉴》之记载，推测【文书D】系会昌四年二月发出。

综上，唐朝致黠戛斯四封交聘文书的发出顺序为【文书B】→【文书A】→【文书C】→【文书D】，而且对于黠戛斯君主的称呼，在【文书B】发出之时为“王”，自【文书A】起统一为“可汗”亦是佐证[1]。

二、“黠戛斯”汉译族名诸问题

众所周知，《旧唐书》《新唐书》等史书所载黠戛斯族名均统一为“黠戛斯”[2]，然而如前节所述，唐朝致黠戛斯的交聘文书的发出顺序为【文书B】《与黠戛王书》→【文书A】《与纥扢斯可汗书》→【文书C】《与黠戛斯可汗书》→【文书D】《赐黠戛斯书》。显然，在不同阶段黠戛斯的汉译族名亦有所不同，即自【文书C】以后统一为“黠戛斯”。实际上，除了上述四封文书之外，《会昌一品集》所收录其他文书中亦可见到“黠戛斯”相关记载，如唐朝发给回鹘宰相的《代刘沔与回鹘宰相书白》中有如下一节：

> 纥扢斯专使将军踏布合祖、达干悉禾亥义、判官元因娑拽汗阿已时等七人至天德，上表云……。皇帝宠待存恤，必更加恩。辄献良箴，幸垂采纳。恐要见纥扢斯表本，今亦录往。[3]

该文书系唐朝回复黠戛斯第一批使节之前，于会昌二年年末发给回鹘宰相的交聘文书。从内容来看，唐朝首先告知回鹘宰相黠戛斯使者来朝的消息，并将黠戛斯呈交给唐朝的交聘文书誊抄一份交给回鹘。需要留意的是，该文书亦将黠戛斯族名为“纥扢斯”。也就是说，在【文书C】发出之前，黠戛斯汉译族名为“纥扢斯”或“黠戛”。

此外，关于黠戛斯的族名问题，《会昌一品集》卷六的卷头注中明确记

---

[1] 金子修一指出对黠戛斯君主的称谓从“王”变为“可汗”，反映了唐朝的可汗号授与对象从回鹘到黠戛斯的转变（［日］金子修一：《唐代の国際文書形式》，第139—142页）。

[2] 关于黠戛斯族名汉译问题，参照王洁：《汉译黠戛斯族名考释》，《古代文明》2013年第3期，第78—82、114页。［日］Yukiyo Kasai, “The Chinese phonetic transcriptions of the Old Turkish words in the Chinese sources from 6th —9th Century: focused on the original word of Tujue”，*Studies on The Inner Asian Languages XXIX*, 2014，pp.57—135.

[3] 岑仲勉：《李德裕〈会昌伐叛集〉编证上》，第143、144页。

载："黠戛斯国号，皆依蕃书译字，所以不同。商量册命时奏请，依贾相公《华夷述》，便以黠戛斯为定。"[1]由此可知，黠戛斯汉译族名依据贾耽《古今郡国县道四夷述》统一为"黠戛斯"，而且此时黠戛斯呈交给唐朝的交聘文书并非用汉字撰写而成。

至于当时黠戛斯与唐朝的交涉情况，《会昌一品集》卷一五《论译语人状》中有以下记载：

> 右，缘石佛庆等皆是回鹘种类，必与本国有情。纥扢斯专使到京后，恐语有不便于回鹘者，不为翻译，兼潜将言语辄报在京回鹘。望赐刘沔、忠顺诏，各择解译蕃语人不是与回鹘亲族者，令乘递赴京，冀得互相参验，免有欺蔽。未审。会昌二年正月十日[2]

由于黠戛斯使者到京交涉之际需要译语，而在京译语皆是回鹘人，所以出于信息安全考虑，时任宰相的李德裕上书武宗，要求边境地区甄选与回鹘没有密切关系的译语递送至京。另外，还有一则记录宣宗年间黠戛斯来使情况的史料，其内容如下：

> 时黠戛斯遣使朝贡，有称敕使者。府君曰："是必重译之失也。以此名号奏御，于理未安。"乃命舌人言覆，果曰只，使声之误也。其为精识，又如是。[3]

该史料是大中年间（847—860）任鸿胪卿的崔鐬墓志中的一段文字，记录了崔鐬在接待黠戛斯使者之际，"舌人"即译语将"只使"误译为"敕使"之事。

从这些史料可以看出，黠戛斯使者多口头与唐朝进行交涉或传达交聘文书内容。总之，可以推测黠戛斯呈交唐朝的交聘文书系用突厥鲁尼文撰写或由使者通过口头传达。故前引《代刘沔与回鹘宰相书白》中所见李德裕誊抄的"纥扢斯表本"有可能是黠戛斯来书或使者口头传达内容的汉文译本。

那么，唐代周边民族政权所提交的非汉文撰写的蕃书是如何处理的呢？《新唐书》卷四七《百官志·中书省》载：

> 主书四人，从七品上。主事四人，从八品下〔（原注）有令史二十五人，书令史五十人，能书四人，蕃书译语十人，乘驿二十人，传制十人，

[1] 傅璇琮、周建国校笺：《李德裕文集校笺》，第79页。

[2] 傅璇琮、周建国校笺：《李德裕文集校笺》，第271页。

[3] 吴钢主编：《全唐文补遗》（千唐志斋新藏专辑）之《崔鐬墓志》，西安：三秦出版社，2006年，第404页。

亭长十八人，掌固二十四人，装制敕匠一人，修补制敕匠五十人，掌函、掌案各二十人〕。[1]

即唐朝中书省置“蕃书译语十人”，这也反映了周边民族政权向唐朝呈交的交聘文书中存在利用蕃语撰写的情况。李锦绣指出：“中书省蕃书译语直官掌周边民族或政权来朝交聘文书及在京蕃胡所上表疏的笔译，也负责在中书省举行机密会谈的口译，并在关键时期身兼重任，出使诸国。……鸿胪寺译语人负责蕃使接待口译事宜，与中书省的蕃书译语直有明确分工。”[2]因此，会昌年间黠戛斯来书当为由突厥鲁尼文撰写的文书或使者口头传达，后经中书省译语译为汉文，进而上呈皇帝。在收到黠戛斯来书之后，面对其求册命等诸多要求，武宗“恐加可汗之名即不修臣礼，踵回鹘故事求岁遗及卖马”[3]，故在如何回复黠戛斯的问题上尤其是答书的撰写过程中必然慎之又慎。那么，唐朝对黠戛斯的答书究竟是由哪个机构、经何种过程撰写而成的呢？下一部分将就这一问题进行深入探讨。

三、交聘文书的撰写问题

1.交聘文书的撰写机构

据《唐六典》及新旧《唐书》所载，以交聘文书为代表的王言的起草系中书舍人的职掌，但实际上唐代诏敕的起草并非仅由中书舍人负责。关于这个问题，德宗年间时任翰林学士的陆贽于贞元年间（785—805）针对诏敕起草问题所撰的三封上奏文书中有详细论述。

《旧唐书》卷一九〇下《吴通玄传》：

> （陆）贽性偏急，屡于上前短通玄。又言：“承平时工艺书画之徒，待诏翰林，比无学士。只自至德后，天子召集贤学士于禁中草书诏，因在翰林院待进止，遂以为名。奔播之时，道途或豫除改，权令草制。今四方无事，百揆时序，制书职分，宜归中书舍人，学士之名，理须停寝。”[4]

《知不足斋丛书》第一三集上《翰苑群书》上卷《翰林志》：

[1]《新唐书》卷四七《百官志·中书省》，第1212页。

[2] 李锦绣：《唐代的翻书译语直官：从史诃耽墓志谈起》，《晋阳学刊》2016年第5期，第35—57、131页。

[3]《资治通鉴》卷二四七，会昌三年二月条，第7974页。

[4]《旧唐书》卷一九〇下《吴通玄传》，第5057页。

> 贞元三年，（陆）贽上疏曰："……肃宗在灵武、凤翔，事多草创，权宜济急，遂破旧章。翰林之中始掌书诏，因循未革……陛下若俯顺人情，大革前弊，凡在诏敕，悉归中书，远近闻之，必称至当。……事关国体，不合不言。"[1]

《册府元龟》卷四七四《台省部·奏议五》：

> 贞元四年，（陆）贽奏曰："学士私臣，玄宗初令待诏内庭，止于唱和诗赋文章而已。诏告所出，本中书舍人之职，军兴之际，促迫应务，权令学士代之。今朝野乂宁，合归职分。其命将相制诏，请付中书行遣。"[2]

从这三封奏议的内容不难看出，陆贽认为依旧制起草诏敕之职皆属于中书省。由于安史之乱的爆发，肃宗遂破旧章，翰林学士始掌书诏之职，一直延续到德宗朝。但诏敕起草关乎国体，理应归还中书。不过，从《会昌一品集》所收录的李德裕的上奏文书中屡屡出现"望付翰林，约此意诏示""望付翰林，各赐诏处分""望付翰林，约此意传诏"等语来看，会昌年间由翰林学士起草诏书的情况并不少见。如此看来，德宗并未采纳陆贽的意见，翰林学士起草诏书的情况到武宗朝依然存在。

关于这一点，山本隆义指出唐代还有兼任知制诰的官员草制的情况，但自从置翰林学士后直到唐末草制之职分由翰林学士和中书舍人共同执掌，分别承担内制和外制的起草[3]。向井润则主张唐代并不存在翰林学士起草内制、中书舍人起草外制的明确区分[4]。此外，毛蕾在对唐代翰林学士进行系统分析的基础上，指出制度上虽未对翰林学士负责内制、中书舍人负责外制的分工进行明确区分，但到唐朝后期，虽有个别例外，但基本作为社会共识而存在[5]。

不过，从《会昌一品集》所收录的文书来看，李德裕作为宰相亦多次负责诏敕的起草[6]。关于李德裕起草诏敕的背景，《资治通鉴》卷二四七，会昌三年三月条中有如下记载：

---

[1]（唐）陆贽：《陆贽集》下，北京：中华书局，2006年，第774页。

[2]《册府元龟》卷四七四《台省部·奏议五》，第5368页。

[3]［日］山本隆义：《中国政治制度の研究》，东洋史研究会，1968年，第254、255页。

[4]［日］向井润：《唐代の翰林学士—その職制を中心として—》，《东洋史苑》1982年21号，第23—74页。

[5]毛蕾：《唐代翰林学士》，北京：社会科学文献出版社，2000年，第95—100页。

[6]毛蕾指出内制的起草本是翰林学士的职掌，宰相不能参与起草，但由于武宗的特许，身为宰相的李德裕亦能起草诏敕（毛蕾：《唐代翰林学士》，第139页）。另，关于《会昌一品集》所收录制敕的研究，可参照［日］中村裕一：《唐代公文書研究》，东京：汲古书院，1996年，第547—589页。

> 自回鹘至塞上及黠戛斯入贡，每有诏敕，上多命德裕草之。德裕请委翰林学士，上曰："学士不能尽人意，须卿自为之。"[1]

即负责诏敕起草的翰林学士所撰文书不能尽人意之时，武宗便直接命李德裕亲自起草相关诏敕。正因如此，《会昌一品集》中所收录的唐朝发给回鹘、黠戛斯的交聘文书均系李德裕撰写。综上所述，唐代作为诏敕一部分的交聘文书的起草，除了知制诰、中书舍人、翰林学士之外，宰相有时也会参与其中。

以上对会昌年间的诏敕尤其是交聘文书的起草情况进行了探讨，那么，唐代其他时期的情况如何？笔者将整个唐代起草过交聘文书的相关人员进行搜集整理，见于史书的有：张九龄、独孤及、陆贽、白居易、李德裕、封敖，可将其起草交聘文书的时期与对应官职整理如表3[2]所示。如前文所述，交聘文书的起草主要由翰林学士负责，作为宰相承担起草之责的仅张九龄和李德裕，且从二者的经历来看，均是深受皇帝信赖的大臣。总之，即使身兼宰相之职，并非所有人均可起草诏敕文书，只有皇帝器重且信任的宰相有时会受命撰写。

表3　唐朝交聘文书起草人员一览

交聘文书起草人	起草时间	时任官职
张九龄	开元十九年（732）—二十四年（736）	秘书少监兼集贤院学士仍副知院事、工部侍郎、知制诰、检校中书侍郎、中书侍郎同中书门下平章事兼修国史、中书令、右丞相
独孤及	永泰二年（766）	左拾遗、太常博士
陆贽	贞元二年（786）—三年（787）	翰林学士、中书舍人
白居易	元和二年（807）—六年（811）	左拾遗、京兆户曹参军、翰林学士
李德裕	会昌元年（841）—五年（845）	门下侍郎同平章事（兼左仆射）
封敖	会昌元年（841）—六年（846）	翰林学士

[1]《资治通鉴》卷二四七，会昌三年三月条，第7976页。

[2]起草时期与官职除新旧《唐书》列传外，还参考了朱金城：《白居易年谱》，上海古籍出版社，1982年，第37—57页；［日］石见清裕：《唐朝発給の"国書"一覧》，第39—54页；［日］石井正敏：《日本渤海関係史の研究》，东京：吉川弘文馆，2001年，第310页；顾建国：《张九龄年谱》，北京：中国社会科学出版社，2005年，第169—266页；王素点校：《陆贽集》，北京：中华书局，2006年，第807—810页；傅璇琮：《李德裕年谱》，北京：中华书局，2013年，第303—417页。

2.交聘文书的撰写过程

如前引史料所载，由于翰林学士所撰文书不尽人意，时任宰相的李德裕受命于武宗负责起草授与黠戛斯的交聘文书。那么，李德裕是如何撰写出令皇帝满意的文书的呢？《会昌一品集》卷六《与黠戛斯可汗书》（【文书C】）载："朕昨令礼部尚书郑肃等，与彼使臣面陈大计，温仵合将军等皆谕朕旨，愿言结成。"[1]即武宗曾命礼部尚书郑肃等人与黠戛斯使节事先进行商谈，最终双方达成共识。此外，该文书后还附有如下两封李德裕的上奏文书：

《会昌一品集》卷六《进所撰黠戛斯书状》：

> 右，今月十三日于阁中面奉圣旨，令撰书进来者。臣请待郑肃等与语了撰述，今撰讫，谨进上。[2]

《会昌一品集》卷六《进所撰黠戛斯可汗书状》：

> 右，奉宣，令臣于书内添坚昆事者。缘未审知黠戛斯的是坚昆之后，恐须粗言梗概，未可明书。今已依宣添改，其间有词意未尽处，亦更加添。臣学识空虚，文理浅近，再陈严扆。伏积兢惶，谨连封进。[3]

据《进所撰黠戛斯书状》所载，李德裕首先受命于皇帝起草赐黠戛斯书状，基于礼部尚书郑肃与黠戛斯使者的交涉结果，撰写文书后上呈武宗。再看《进所撰黠戛斯可汗书状》可知，李德裕呈上的文书并未得到武宗的认可，武宗要求其在文书中添加"坚昆"与唐朝关系的有关内容。其后，李德裕根据武宗的要求重新起草，并再度进呈武宗。从【文书C】的内容来看，《会昌一品集》所收录的文书当为最后授与黠戛斯的正式文书。

基于此，可将【文书C】的撰写过程概括如下：①武宗命李德裕起草致黠戛斯的交聘文书；②起草之前，武宗命礼部尚书郑肃等大臣与黠戛斯使者进行商谈；③基于双方的协商结果，李德裕起草文书并进呈武宗；④武宗阅后提出修改意见；⑤李德裕修改之后，再度将文书进呈武宗，等待批复。

实际上，除【文书C】外，【文书D】后亦附有一封上奏文书，其内容如下：

《会昌一品集》卷六《进所撰黠戛斯书状》：

> 右，奉宣，令臣撰进来者。臣详其表中情款，一一报答。尽不阙遗，

[1] 傅璇琮、周建国校笺：《李德裕文集校笺》，第84页。

[2][3] 傅璇琮、周建国校笺：《李德裕文集校笺》，第87页。

兼不为文言，遣其易会。缘册命时须令其称蕃事，须云册命之礼，并依回鹘故事。若须更有邀约，即待朝廷命使日别赐敕书，稍为允惬。谨缘上进，未审可否。[1]

该上奏文书也详细记述了【文书D】的撰写过程，即李德裕细读黠戛斯来书（蕃书汉语翻译），对黠戛斯所提出的问题一一予以答复，撰写完成后进呈武宗，等待批复。

综上，李德裕所撰唐朝致黠戛斯的交聘文书均需由武宗过目，并提出修改意见，修改过的文书被采纳之后，正式颁发给黠戛斯使者并被收录于李德裕文集之中。在起草的过程中，礼部尚书与黠戛斯使者进行协商，双方达成共识之后，由李德裕将其写入文书之中。

关于唐代交聘文书的撰写过程，除了前述《会昌一品集》中所收录的文书之外，在玄宗朝徐浩撰《张公（张九龄）碑铭》中亦有相关记载。

渤海王武艺，违我王命，思绝其词。中书奏章，不惬上意，命公改作，援笔立成，上甚嘉焉。即拜尚书工部侍郎兼知制诰。[2]

开元年间，唐玄宗在处理渤海王大武艺与其弟大门艺的归唐事宜之际，接连向渤海发出四封交聘文书。然而，由于中书省所上奏章不惬玄宗之意，张九龄受命重新起草文书，深得上意。玄宗亦由此进一步了解了张九龄之才学，不久就擢升其为尚书工部侍郎兼知制诰。《曲江集》中所收录的《敕渤海王大武艺书》第一首（开元二十年七月）即为张九龄所撰文书的正式文稿。从这一事例来看，玄宗朝发给周边民族或政权的交聘文书的撰写过程与武宗朝基本相同。

四、结　语

综上所述，本文在对唐会昌年间发给黠戛斯的四封交聘文书的授与日期进行考察的基础上，对交聘文书起草相关的诸问题进行了深入探讨。现将主要内容概括如下：

（1）唐朝致黠戛斯四封交聘文书的授与顺序为：【文书B】（会昌三年二月二十五日至三〇日）→【文书A】（会昌三年三月）→【文书C】（会昌三年

[1] 傅璇琮、周建国校笺：《李德裕文集校笺》，第91、92页。

[2]（唐）张九龄：《曲江集》附录《唐故金紫光禄大夫中书令集贤院学士知院事修国史尚书右丞相荆州大都督府长史赠大都督上柱国始兴开国伯文献张公（张九龄）碑铭》，北京：商务印书馆，1937年，第237页。

六月）→【文书D】（会昌四年二月）。“黠戛斯”这一汉译族名自【文书C】之后统一确立下来。

（2）会昌年间黠戛斯来书并非由汉文书写，而是由突厥鲁尼文书写或使者口头传达。最终进呈给皇帝的文书系中书省的蕃书译语翻译的汉文文书。

（3）进入唐朝后期，除了知制诰和中书舍人，翰林学士亦负责唐朝与周边民族或政权之间往来交聘文书的起草。此外，还出现了宰相受命于皇帝直接起草交聘文书的情况。

（4）唐朝致黠戛斯的四封交聘文书的撰写过程如下：①宰相受命于皇帝起草文书；②礼部尚书与黠戛斯使者交涉；③宰相以协商结果为基础起草文书；④文书进呈皇帝等待批复；⑤若得到皇帝认可，直接授与黠戛斯使者。反之，则根据皇帝要求进行修改，再度进呈皇帝，直到皇帝满意为止。现存《会昌一品集》中所收录的四封文书当为最后授与黠戛斯的文书。

从上述唐朝致黠戛斯交聘文书的撰写过程，足以窥知唐朝在面对蒙古高原的新兴势力黠戛斯之时的慎重态度。众所周知，在平定安史之乱之际，回鹘两度出兵给予军事援助，为收复两京立下汗马功劳。其后数十年间，唐朝与回鹘之间尽管一直维持着友好的朝贡关系，但在这一关系中日益强盛的回鹘却一直占据着主动地位，成为唐朝北部边疆的不稳定因素。正是在这样的历史背景下，唐朝面对击溃了回鹘的黠戛斯，尤其在回复黠戛斯来书之际，采取如此谨慎的态度亦无可厚非。另外，本文所探明的交聘文书之撰写过程，并不局限于唐朝对黠戛斯的答书，玄宗时期唐朝发给渤海的交聘文书的撰写过程亦颇为相似，这或许在一定程度上也体现了唐代发给周边民族或政权的交聘文书的撰写过程。

日本版《唐のキルギス宛国書の発給順と撰文過程—ウイグル・キルギス交替期を中心に—》（中文译名《唐致黠戛斯国书的发行顺序与撰文过程——以回鹘与黠戛斯交替期为中心》）发表于《东洋学报》2018年第100卷第1号，第1—31页。译者与作者为同一人。

（作者单位：中国社会科学院中国边疆研究所）

The Order of Grant and Writing Process of the Diplomatic Documents to Kirghiz in the Tang Dynasty during Huichang Era

Qi Huijun

[Abstract] During the Huichang Era, Kirghiz sent envoys to the Tang Dynasty for four times after the defeat of Uighurs. During this process, the Tang Dynasty granted four diplomatic documents issued by the Tang emperor to the Kirghiz ruler and drafted these diplomatic documents cautiously, which was described in part of the extant historiography. Despite the importance of this event in the diplomatics study of the Tang Dynasty, the related sources have not be annalyzed in detail. An analysis of the documents concerning Kirghiz are collected in *Huichang yipin ji*(《会昌一品集》) which reveals that diplomatic documents brought by the Kirghiz envoys were not written in Chinese, but translated into Chinese by official translators of the Imperial Secretariat(Zhongshu sheng) before being submitted to the emperor. During the late Tang period, the diplomatic documents would be drafted by chancellors, drafters of proclamations(Zhizhigao), secretariat clerks(Zhongshu sheren) or scholars of the Hanlin Imperial Academy and even the prime minister. When the chancellor was ordered to draft a diplomatic document, he would receive an imperial directive, then made a draft based on the result of other ministers' conference with the foreign diplomats, resulting in a manuscript that would be submitted to the emperor. In the case of the documents sent to the Kirghiz, the original manuscripts were authored by the chancellor Li Deyu (according to *Huichang Yipin Ji*) and rewritten with amendments proposed by Emperor Wuzong before being issued to the Kirghiz.

再论唐后期割据藩镇胡化问题

杨文春

“种族与文化”说是陈寅恪先生中古史学术体系的核心命题和关键环节[1]，具体到唐代藩镇割据问题，他提出“唐代安史乱后之世局，凡河朔及其他藩镇与中央政府之问题，其核心实属种族文化之关系也”之说，并以河朔之胡化为切入点层层展开论述[2]。自20世纪40年代以来，对于陈氏之说，学界从之（含修正、补充）者甚众，质疑、批驳之声亦从未间断[3]。本文即在前人相关成果的基础上，对唐后期另一颇具河朔色彩、以河北平卢军人为核心割据势力的

---

[1] 陈寅恪自道：“此点为治吾国中古史最要关键，若不明乎此，必致无谓之纠纷。”见《唐代政治史述论稿》，载氏著《陈寅恪集》，北京：生活·读书·新知三联书店，2001年，第201页。对陈氏此说之解读，可见林悟殊：《陈寅恪先生“胡化”“汉化”说的启示》，《中山大学学报》2000年第1期，第42—47页。对于陈寅恪该说之名称，后人之表述略异，如“种族与文化说”“民族与文化观”“种族文化观”“种族文化史观”等。

[2] 陈寅恪：《唐代政治史述论稿》，第209—234页。

[3] 学界之纷说，略可见李玉梅：《陈寅恪之史学》，香港三联书店，1997年，第328—329页注释②；李佳哲：《从诏书用词看唐廷对少数民族与河北藩镇的态度——兼论中唐时期的夷夏之辨与河朔胡化》，《烟台大学学报》2016年第6期，第77页注释①。李佳哲后又撰《陈寅恪“河朔胡化”说辨析》（《中州学刊》2017年第10期，第117—122页）一文。李氏两文属最新成果，又与本文主旨关联密切，不过该文主要就河朔藩镇而讨论，未涉及本文重点论述的淮西镇。国内讨论淮西镇胡化问题者，多以陈寅恪之说为据，亦有持不同看法者，如武强：《淮西节度使的变迁——“胡化”与区域背景下的考察》，载宁欣主编《新材料、新方法、新视野：中国古代国家和社会变迁》，北京师范大学出版社，2011年，第192—203页。以笔者所见，日本学界较早关注到淮西镇该问题者，见筑山治三郎《唐代政治制度の研究》第四章《地方官僚と政治》，大阪：创元社，1967年，第356—367页。国内最近对唐代河北胡化的系统研究，见王炳文：《从胡地到戎墟：安史之乱与河北胡化问题研究》，清华大学博士学位论文，2015年。他将河北胡化界定为“唐中期河北道统辖区域内在政治、军事、文化和社会习俗等诸方面逐渐趋向北方民族的历史过程”。

藩镇——淮西镇展开重点论述，兼及河朔藩镇，从淮夷问题引入，重新检讨所谓胡化说与藩镇割据之关系。

一、淮夷与淮西镇

出自先秦时期中原华夏文献记载中的淮夷，最为常见的指代对象，是在周代活跃于淮河流域并长时期与之对立的众多部族[1]。春秋以后，淮夷势衰。秦一统天下后，“其淮、泗夷皆散为民户”[2]。至此，淮夷存在的形态已发生根本性转变，而在后世文献中，其内涵之延伸越来越丰富。

秦汉以来，体现在政治、种族、文化、地理等多个层面的华夷观念不仅从未中断，其内涵与外延，较之先秦都有进一步的扩展与深化，以在文化层面的体现尤为明显。在政治大一统的社会环境中，政治、地理、种族因素对华夷之争的影响渐居次位，更多地反映在中原王朝历史书写语境中的是占据主导作用的文化因素，此即由来已久的文化至上的华夷观念。在华夏（士人）对中原以外的地域与族群的界定里，“夷”既可特指（主要包括居于东南、西南方的族群或势力），又可泛指（所有的化外之区）。我们对淮夷的认知也需留意于此，但不能因此而忽视其在特定历史时期（比如大分裂大动乱时期的南北朝、中央式微的中晚唐及五代时期等），泾渭分明的政治界限（立场）之于种族、文化等所具有的先行性[3]。因为这种根深蒂固的华夷有别之观念，在国家动荡或南北分裂时期最为凸显[4]。此等事例甚为常见，无须赘举。

[1] 西周时期，夷夏二元对立明显，“夷”“淮夷”等逐渐从普通的族群名号演变为自居中土的华夏对周边异族的蔑斥、歧视之称。在二十世纪二三十年代，王国维、徐中舒、傅斯年等人已做初步讨论。后亦有多人对此进一步阐释，只是在具体界定上存在差异。不复赘举。

[2]（南朝宋）范晔：《后汉书》卷八五《东夷列传》，北京：中华书局，1965年，第2809页。

[3] 今人过于强调从种族（民族）、文化两个角度来认识历史时期的华夷之别问题，而对政治层面的认识有所不足。比如刘浦江《南北朝的历史遗产与隋唐时代的正统论》总结出的普遍性规律：“在汉民族处于强势地位、民族矛盾趋向缓和的时候，人们比较容易认同文化至上的华夷标准；而当汉民族遭遇异族威胁、民族矛盾非常尖锐的时候，人们往往就会强调种族至上的华夷标准。”见《正统与华夷：中国传统政治文化研究》，北京：中华书局，2017年，第31页。［美］杜赞奇（Prasenjit Duara）将这两种华夷标准分别界定为“文化主义”和“民族主义”，见《从民族国家拯救历史：民族主义话语与中国近代史研究》，王宪明等译，北京：社会科学文献出版社，2003年，第44—49页。

[4] 陈垣《通鉴胡注表微·夷夏篇第十六》（北京：商务印书馆，2011年，第257—277页）专以南北朝和宋辽金等多政权并峙（分裂）时期史事论之，开篇即言：“夷夏者，谓夷与夏之观念，在今语为民族意识。……当国家承平及统一时，此种意识不显也；当国土被侵陵，或分割时，则

南北朝时期，在以正统自居的中原王朝（或士人）乃至笼统而言的“北人”眼中，无论是地方叛乱势力还是对峙政权，当然也包括一直以来的所谓尚未被“华夏化”之民，只要核心区域在江淮及其周边地区，皆可能被冠以“淮夷”之称[1]。由此可看出，根据相关材料，虽然能够从文化、种族等层面充分感受到对淮夷的认知，但不能忽略的一个前提就是其政治立场的导向作用。川本芳昭认为北魏时期黄河流域的人对江南人存在一种中原中心主义的思维，中原是华夏传统政治、文化中心所在，这一点并不难理解。南迁江南的东晋政权中继而出现了建康中心主义思维，比如王导等人视都城建康为中心，而以豫章、会稽等郡为蛮越之地[2]。在南北朝政权对峙时期，文化中心主义思维首先要寄之于政治中心所在。用今人眼光看，可将此理解为带有政治立场的文化偏见[3]。时人之认知虽多兼具政治、文化、种族等多重属性，难以截然分开，但不可模糊政治立场之于文化和种族偏见所具有的先行性。由此，我们对于在大一统受到严重挑战的中晚唐时期出现的夷夏观念和胡汉之别，亦需多加留意。

在唐末五代这又一大动乱大分裂时期也不例外，比如控制江淮一带的杨吴（南唐）政权即屡被中原政权称为淮夷，《旧五代史》卷三《梁书·太祖纪》：

> 先是，鄂渚再为淮夷所侵，攻围甚急，杜洪以兵食将尽，继来乞师。帝料其隔越大江，难以赴援，兼以荆州据上游，多战舰，去江夏甚迩，因命周汭举舟师沿流以救之。汭于是引兵东下，才及鄂界，遇朗州背盟作乱，乘江陵之虚，纵兵袭破之，俘掠且尽。既而汭士卒知之，皆顾其家，

此种意识特著。”该书撰写于20世纪国内抗战后期（略晚于陈寅恪《唐代政治史述论稿》的成书时间），其时代背景与“两个南北朝时期”有颇多互参之处。

[1] 魏晋南北朝时期，尤其是北魏鲜卑政权统一北方与南朝形成对立局面后，南北“异族”政权（士人）之间常见以含有轻视、歧视色彩的“岛夷”“索虏”等互称，这就包含了“华夷之分”和政治上的“正统之争”，即同时具有政治、文化与种族三重属性在内。相关解说可见张齐明：《地域、门第之别抑或华夷之分——魏晋南北朝时期的“吴人”“南人”与“北人”》，《国学学刊》2013年第2期，第71—77页。

[2] ［日］川本芳昭：《魏晋南北朝時代の民族問題》，东京：汲古书院，1998年，第477、478页。亦见于氏著《中华的崩溃与扩大：魏晋南北朝》，余晓潮译，桂林：广西师范大学出版社，2014年，第192—197页。

[3] 南北朝时期，南方对于北方或北方对于南方的观念嬗变及其解读，见［美］戚安道（Andrew Chittick）：《淮水边境与中古早期族群化进程》，潘敦译，载王晴佳、李隆国主编《断裂与转型：帝国之后的欧亚历史与史学》，上海古籍出版社，2017年，第152—165页。该文开篇一段话值得引介：“南北双方对于文化和族群差异的叙述，……将自身政权塑造成文明的，而将对手黜为野蛮的和自外于文明传统的。”第152页。

咸无斗志，遂为淮寇所败，将卒溃散，汭忿恚自投于江。[1]

“淮夷”“淮寇”皆指占据淮南地区的杨行密势力。又如天成四年（929），张昭上疏后唐明宗称“今则江、岭未平，淮夷尚梗”[2]，所指类似。而在整个唐后期，“淮夷”的指代意义则相对集中地体现在对淮西镇割据的认识上。

藩镇割据时期的淮西镇主要据有淮河上游流域（豫东南）的蔡州（汝南郡）、申州（义阳郡）、光州（弋阳郡）。其间屡与朝廷发生政治、军事冲突，叛逆程度与河朔诸镇相比有过之而无不及，因其紧邻华夏核心之区，以致被人视为朝廷的“腹心之疾”[3]。从朝廷到普通士人，多将此“腹心之疾”视作淮夷，史籍记载比比皆是。元和年间，为保障东都安全，防遏淮西镇的军事威胁，权德舆数次上书请求加强东都及周边军镇的军事力量，其中如《谨移义成军一千五百人镇阳翟状》一文对此有十分直接的体现：

伏奉今月二十日诏敕：“淮西未宁，东都兵少，今诏薛平发步军一千五百人，于阳翟县镇守，令权取臣指撝，与次元计会，差官专往勾当供顿，及排比兵马下处，善于绥抚，无失机宜。如淮夷奔冲，即逐便除讨，若无侵掠，但且防遏，优恤之间，必资得所者。”诏命自天，睿奖稠叠，捧戴惶悚，若无所容。伏以东畿之中，阳翟最重，地非岩险，境接淮夷。斯为要冲，实在捍蔽，兵力素少，疆场是虞。忽承天书，已在睿算。分滑台之坚甲，佐甸邑之偏师。戎行贾勇，河洛增气。[4]

此处的“淮夷”已与族群无关，专指主要以原河北平卢军人为核心的淮西镇割据势力。再如贞元十四年—十六年间（798—800），淮西节度使吴少诚为乱周边，即有“淮夷畔换，东郊不闻”[5]之说。对于该时期淮西的普通民众而言，则有另外一番认定，即皆被视为天子之民（或曰“王人”）。韩愈撰《刘昌裔墓志铭》称刘昌裔代上官涚为陈许节度使后，命界上吏不得犯“蔡州人”，曰：“俱天子人，奚为相伤？”[6]不过，这也同时暗示“蔡州人”此前可

[1]（宋）薛居正：《旧五代史》卷三《梁书·太祖本纪》，北京：中华书局，1976年，第55、56页。

[2]（清）董诰：《全唐文》卷六四六张昭《谏畋猎疏》，北京：中华书局，1983年，第9061页。

[3]（后晋）刘昫：《旧唐书》卷一七〇《裴度传》，北京：中华书局，1975年，第4418页。

[4]（唐）权德舆，郭广伟校点：《权德舆诗文集》卷四六《谨移义成军一千五百人镇阳翟状》，上海古籍出版社，2008年，第729页。

[5]周绍良、赵超主编：《唐代墓志汇编续集》元和〇〇二《唐故扬州大都督杨公墓志铭》，上海古籍出版社，2001年，第800页。

[6]（唐）韩愈撰，马其昶校注，马茂元整理：《韩昌黎文集校注》卷六《唐故检校尚书左仆射右龙武军统军刘公墓志铭》，上海古籍出版社，2014年，第509页。

能曾被视为“化外之民”。

又如元和年间平定吴元济之乱后，元稹《贺裴相公破淮西启》曰：“此所谓俟周公而后淮夷服，得元凯而后吴寇平。”[1]柳宗元作《平淮夷雅》二篇、《献平淮夷雅表》一篇。此类例子在传统文献以及墓志等史料中所见甚多，不必赘举。值得注意的是，在朝廷针对淮西镇或与之相关的讨伐、平乱类诏书中，鲜以淮夷径称之，仍以用淮西、淮右、淮蔡、淮寇等为多[2]。唐廷此举缘由之一是为安抚淮西民众，向天下昭示其视淮西为一体而无偏见，以瓦解割据势力[3]。不过在代表朝廷最高权威与态度的诏书中，还是能发现一些隐蔽的“淮夷”痕迹，如在贞元元年（785）的《破淮西李希烈敕》中，有唐德宗为“抚御”李希烈未果反受其害的开脱之词：“以虞舜之圣，屈于苗人；汉武之强，弊于戎虏。”[4]“苗人”“戎虏”分居南北，与狄、夷皆为四夷。德宗以淮西比之蛮、戎，实即淮夷，亦是“化外之区”。

在以上列举的不同性质的各种文本（如代表中央权威定论的诏令、后世官方编撰的史书、当时士人的文学作品、带有民间性质的普通士人撰写的墓志铭）中，何以割据期间的淮西镇会被视为淮夷？是因其在地理空间上属于淮河（上游）流域[5]，抑或地域文化上与江淮地区的“淮夷”相似，又或仅是因其与朝廷对立之后无法得到政治认同的偏见？自西周至唐后期，在长达两千年的时间跨度里，“淮夷”一词的内涵与外延的变动之著，自不待言，但也并非不可把握。

[1]（唐）元稹撰，冀勤点校：《元稹集·外集》卷二《贺裴相公破淮西启》，北京：中华书局，1982年，第646页。

[2] 见《唐大诏令集》（北京：中华书局，2008年）的相关卷次，如卷一一九《讨李希烈诏》（第628页）、《讨吴少诚诏》（第628、629页）、《讨吴元济敕》（第632页）；卷一二四《破淮西李希烈敕》（第664页）、《平吴元济诏》（第667页）等。

[3] 另一缘由更为普遍，乃朝廷或士人一般将割据势力（魁首）与民众或士卒区别对待。以淮西镇为例，在元和战争之前，韩愈曾上《论淮西事宜状》，其中有言：“蔡州士卒……原其本根，皆是国家百姓。……宜敕明诸军，使深知此意。”见《韩昌黎文集校注》卷八，第719页。

[4]《唐大诏令集》卷一二四《破淮西李希烈敕》，第664页。

[5] 在李修松《淮夷探论》（《东南文化》1991年第2期，第14—21页）对甲骨卜辞关于淮夷四方记载的解读中，春秋时期，在淮水上游及淮河以西汝、颍一带临近汉水流域的江、黄、道、柏等嬴姓国应该是商代“西淮夷”的后裔。徐中舒则认为“江、黄等居淮水之裔的小国，皆微甚，春秋时又次第见灭亡于楚，不得概以淮夷呼之也”（见徐中舒：《蒲姑、徐奄、淮夷、群舒考》，《四川大学学报》1998年第3期，第65—76页），以上揭柳宗元《平淮夷雅二篇》为例，后人一直从地理角度注解。如《柳宗元集》卷一：“元和十二年十月癸酉，平吴元济。在淮蔡，故曰淮夷。”（北京：中华书局，1979年，第1页）《柳宗元诗笺释》（王国安笺释）卷四亦云：“吴元济在淮蔡，故曰淮夷。”（上海古籍出版社，1993年，第427页）

先略言之，在春秋战国时代，豫东南长期处于楚国势力范围之内，其文化饱受楚文化浸染，属西楚文化区。秦汉至唐宋，特别是历经南北朝战乱后，豫东南地区（以蔡州为核心）的社会与文化发生了巨大变化，先是由西楚风俗之区转变为儒学（经学）重镇，再从东汉的全国文化中心之一衰落为唐代中原文化的边缘地带。虽处唐代文化落后地区，且民风犷戾尚武，但淮西镇被冠以“淮夷”乃是在其走上叛逆割据之路、与朝廷对立之后。割据的封闭性致使蔡州不再被视为王化之区，故自居正统者对其有“地虽中州，人心过于夷貊”[1]之叹。淮西镇被称为“淮夷”的根本原因不是文化上的相对落后，而是由于它从“国家州县”变成了自立一方的割据藩镇，处于朝廷的对立面。此即政治高于或先于文化、文化认同（偏见）受之于政治立场的直接体现[2]。故而，唐廷或其他士人将割据统治下的淮西镇比附于淮夷，是先有鲜明的政治立场，再有自居正统的文化自觉的。此一前一后之关系，不可倒置。在分析河朔诸镇的胡化问题时，同样需要注意到政治立场与文化偏见两者之间的先后关系。

二、胡化与河朔藩镇

在溯源藩镇割据时期河朔胡化之成因时，陈寅恪先提出一假说：“在李唐最盛之时即玄宗之世，东汉、魏晋、北朝文化最高之河朔地域，其胡化亦已开始”，继而以因东突厥帝国复兴而导致的胡族迁徙为线索，“究其所以然之故”，推断出“必有中亚胡族向东北迁徙者。……故（河朔）民族受其影响，风俗为之转变，遂与往日之河朔迥然不同，而成为一混杂之胡化区域矣”[3]。唐前期河朔地区实有大量胡人分布，但是否因此而成胡化之区确颇多可商榷之处[4]。即便此胡化假说成立，唐人所谓“天下贤士心侮之，目曰河朔间视犹夷狄”[5]却并未发生在玄宗之世，而是在安史乱后。其时，河朔三镇割据自立、与

[1]《旧唐书》卷一四五《吴元济传》，第3951页。

[2] 李佳哲《从诏书用词看唐廷对少数民族与河北藩镇的态度》（第77—87页）持相近看法：“文化”毕竟是一个抽象的标准，包含有非常广泛的内容，因此在具体的事务上，更为直观的政治立场也会成为中唐士大夫区分夷夏的标准，有时甚至还会超越“文化”成为更重要的标准。

[3] 陈寅恪：《唐代政治史述论稿》，第230—234页。

[4] 史家对此评说甚多，最新之批判，见王炳文《从胡地到戎墟：安史之乱与河北胡化问题研究》，第27—30页。该文一再强调，河北的胡化是一个持续的政治过程，它既与其内部风化、种族迁徙有关，更离不开唐朝一以贯之的政策。

[5]（唐）刘禹锡撰，瞿蜕园笺证：《刘禹锡集笺证》卷三《唐故邠宁庆等州节度观察处置使朝散大夫检校户部尚书兼御史大夫赐紫金鱼袋赠右仆射史公神道碑》，上海古籍出版社，1989年，第100页。《新唐书》卷一四八《史孝章传》（第4790页）之语类似：“天下指河朔若夷狄然。”所谓“天下贤士”“天下”自然皆是笼统泛指，必不尽然。

中央分庭抗礼，“遂使其人自视由羌狄然，讫唐亡百余年，卒不为王土”[1]。该时期河朔军政之情态，由元和七年田弘正任魏博节度使后所上之表亦可观之：

伏自天宝已还，幽陵肇乱，山东奥壤，悉化戎墟。外抚车马，内怀枭獍，官封代袭，刑赏自专，国家含垢匿瑕，垂六十载。[2]

河朔“悉化戎墟”，首因其“官封代袭，刑赏自专”，此乃藩镇割据统治之核心特征。出身卢龙的田弘正自将河北比作“戎墟”，至少能做两个层面的解读。一则说明作为“我者”，自称“从乃祖乃父以来，沐文子文孙之化”[3]的田弘正也视有割据之实的河北诸镇为胡化之区；二则田弘正对河北做如此界定，不能不首先考虑到他归心朝廷的政治立场。笔者以为，田弘正对河北政治、社会情态的不认同，兼具政治、文化双重属性，只是仅以此为据尚不能判定何者居先。

与汉化相对的胡化不是一个单纯的文化概念之界定，在天下大一统时体现的是地理、民族与文化的差异，而在中央式微或分裂对峙时期则必然，甚至首先指向政治之内涵[4]。“天下指河朔若夷狄然”的一个重要原因是，唐廷及以正统自居的士人对河朔诸镇割据统治方式及其统治之下河北地区社会情态的不认同。通过梳理、比对两《唐书》中河朔诸镇节帅传记各卷所附之史臣评论，即可见一斑。魏博镇，《旧唐书》卷一四一“史臣曰”：

玄宗一失其势，横流莫救，地分于群盗，身播于九夷。河朔二十余州，竟为盗穴，诸田凶险，不近物情。[5]

成德镇，《旧唐书》卷一四二“史臣曰”：

土运中微，群盗孔炽。宝臣附丽安、史，流毒中原，终窃土疆，为国蟊贼。加以武俊之狼狡，为其腹心，或叛或臣，见利忘义，蛇吞蝮吐，垂二百年。哀哉，王政不纲，以至于此。[6]

---

[1]（宋）欧阳修：《新唐书》卷二一〇《藩镇传·序》，北京：中华书局，1975年，第5921页。

[2]《旧唐书》卷一四一《田弘正传》，第3850页。

[3]《旧唐书》卷一四一《田弘正传》，第3849页。

[4] 罗志田《有教无类：中古文化与政治的互动——读陈寅恪隋唐两论札记》（《社会科学研究》2004年第2期）有类似看法：历代凡华夏盛朝则多发挥夷夏之辨开放性之正面，到夷夏势均力敌或夷势盛于夏时，华夏士人则往往强调其封闭性的负面，要多从政治考虑也。

[5]《旧唐书》卷一四一“史臣曰”，第3863页。

[6]《旧唐书》卷一四二“史臣曰”，第3892页。

卢龙镇，《旧唐书》卷一四三“史臣曰”：

若（李）怀先之辈，习乱河朔，志深狡蠹，忠义之谈，罔经耳目，以暴乱为事业，以专杀为雄豪，或父子弟兄，或将帅卒伍，迭相屠灭，以成风俗。斯乃王道浸微，教化不及。惜哉蒸民，陷彼虎吻！[1]

又《新唐书》卷二一四《藩镇宣武彰义泽潞传》“赞曰”：

唐中衰，奸雄圜睨而奋，举魏、赵、燕之地，莽为盗区，挐叛百年，夷狄其人，而不能复。[2]

安史之乱后，河朔诸镇“王道浸微、教化不及”，在割据统治下“莽为盗区”。两《唐书》史臣所言并非后见之明，而是由来有自。元和四年（809），李绛曾就河朔藩镇情状以成德镇为例上言宪宗曰：“（成德）内则胶固岁深，外则蔓连势广，其将士百姓怀其累代煦妪之恩，不知君臣逆顺之理，谕之不从，威之不服”[3]。天宝之前的百余年间，即已有大量胡族迁居河朔地区，而在安史乱后被视为“盗区”或“夷狄”，是因其与中央政治、军事对立而在文化上无法得到认同的结果，胡汉之族别非显要因素。《资治通鉴》的两处记载颇可引用说明：

是时田承嗣据魏、博、相、卫、洺、贝、澶七州，李宝臣据恒、易、赵、定、深、冀、沧七州，各拥众五万；梁崇义据襄、邓、均、房、复、郢六州，有众二万；相与根据蟠结，虽奉事朝廷而不用其法令，官爵、甲兵、租赋、刑杀皆自专之，上宽仁，一听其所为。朝廷或完一城，增一兵，辄有怨言，以为猜贰，常为之罢役；而自于境内筑垒、缮兵无虚日。以是虽在中国名藩臣，而实如蛮貊异域焉。[4]

[1]《旧唐书》卷一四三“史臣曰”，第3908页。

[2]《新唐书》卷二一四《藩镇宣武彰义泽潞传》“赞曰”，第6021页。

[3]《全唐文》卷六四六李绛《论河北三镇及淮西事宜状》，第6538页。李绛此言专指成德镇，冯金忠《唐代河北藩镇研究》（北京：科学出版社，2012年，第38页）认为“事实上魏博和幽州与此也相差不远，甚至有过之而无不及”。是也。淮西镇同属此类。

[4]（宋）司马光：《资治通鉴》卷二二五，大历十二年十二月条，北京：中华书局，1956年，第7250页。这段记录散见于《旧唐书》魏博田承嗣、成德李宝臣等人的列传。张伟然《中古文学的地理意象》（北京：中华书局，2014年，第62页）认为，这条记载是陈寅恪提出唐后期河北胡化说最直接的思想资源，其核心句为：“以是虽在中国名藩臣，而实如蛮貊异域焉。”张氏继而指出，让当时人及司马光产生河北“犹夷狄”的感觉，主要着眼于君臣大义。笔者以为，此“君臣大义”乃基于地方（藩镇）与中央关系的政治认同。

与淮西镇毗邻之山南东道（节度使为长安人梁崇义）亦因其不奉朝廷、自立一方而被一并视为“蛮貊异域”，与河朔诸镇等齐视之。至于未被提及的淄青镇，亦属此类。相关证据不难寻找：

> （永贞元年二月）壬子，李师古发兵屯西境以胁滑州。时告哀使未至诸道，义成牙将有自长安还得遗诏者，节度使李元素以师古邻道，欲示无外，遣使密以遗诏示之。[1]

在“欲示无外”一句之下，胡三省有注：“《春秋公羊传》曰：‘王者无外。’此唐人以化外待藩镇，故有此语。”当然胡三省这里说的藩镇是特指淄青等割据藩镇。又可知，将割据藩镇视为化外之地乃“唐人”之常态。在元和十四年平定淄青镇之乱后，桂管观察使裴行立所上贺表中有曰：

> 伏以（李）师道席父祖以作威，苞海岳而专禄，恃东秦十二之险，诱临淄三七之兵，窃据一方，岁逾五纪。朝宗之地，旷若外区；封祀之山，隔成异域。[2]

陈寅恪指出，自李正己袭其（侯希逸）业后，淄青一镇亦与河朔同风，推求其故，实由其统治者本从河朔胡化集团中分化出者也[3]。对河朔等藩镇产生诸如“虽在中国名藩臣，而实如蛮貊异域焉”“朝宗之地，旷若外区；封祀之山，隔成异域”之类的认知，无疑是建立在其与朝廷政治、军事形成对立局面之后[4]。而一旦归服，“即是王人”[5]。河朔等镇之胡化在藩镇割据时期得到了集中而极端的展现，且愈演愈烈，“河朔若夷狄”之观念遂深入人心[6]。胡汉之

---

[1]《资治通鉴》卷二三六，永贞元年二月条，第7608页。

[2]（唐）柳宗元：《柳河东集·外集》卷下《为裴中丞贺破东平表》，上海古籍出版社，2008年，第813、814页。

[3]陈寅恪：《唐代政治史述论稿》，第222页。

[4]类似佐证并不少见，在元和后期一度平定河朔、淮西诸镇割据后，唐廷实现了政治上的短暂统一，遂有“复为王土”之说。见《旧唐书·李师道传》（第3541页）：“自安、史以后……六十余年，两河号为反侧之俗。宪宗知人善任，削平乱迹，两河复为王土焉。”故所谓“王土”与“戎墟”之别，首在政治上的统一与否。

[5]《唐大诏令集》卷一一九《削夺王承宗官爵诏》，第630页。

[6]王炳文《从胡地到戎墟：安史之乱与河北胡化问题研究》（第30页）认为，河朔胡化的原因之一是河朔与中央在政治上的对峙、孤立，长期的政治对峙使得中原社会对河朔产生了胡化的印象。这种带有歧视性的看法，似乎更多来自政治上的误导。淮西吴元济时期也有类似因政治隔绝导致的歧视性现象。

别遂在政治、文化层面达到统一。在骄兵悍将取而代之成为中晚唐五代河朔历史舞台上的主角后，作为河朔藩镇割据统治文化主要表征的“河朔风俗”“河朔故事”“河北旧事”等类似界定语随之出现。

三、胡化与淮西镇

“种族与文化”观是陈寅恪中古史研究的核心观点，以在河朔藩镇割据与胡化关系问题上发挥得最为充分[1]，对后学影响极大。在系统考察河朔的胡化问题后，陈先生进一步指出：“唐代安史乱后之世局，凡河朔及其他藩镇与中央政府之问题，其核心实属种族文化之关系也。”[2]在陈氏看来，淮西镇的情况亦属此类，他不仅指出了淮西镇割据时期历任节度使（李忠臣、李希烈、吴少诚、吴少阳）的河朔胡化背景，还认为胡化是淮蔡在宪宗削藩时期能抵御王师三年之久的主要原因[3]。后有多人在此胡化说的基础上对淮西镇的割据问题进行阐释。

所谓胡化，在淮西、河朔两地有显著差异，体现在程度、范围等方面。虽然陈寅恪的河朔胡化说一直受到质疑和修正，但他对本地区胡族集中分布的考辨梳理以及胡族政治、军事势力崛起的影响分析，仍是河朔“渐染胡化深而汉化浅”的有力证据。从胡族族群分布及其区域性的胡化影响力来看，淮西远逊于河朔。在割据之前，淮西地区几乎没有河朔胡化的任何痕迹。开元十年（722）曾内迁河曲六州残胡五万余口配许、汝、唐、邓、仙、豫（蔡）等州，但十六年后即敕“听还故土”[4]。就此“残胡”内附的数量和时间来看，很难让北方胡化之风在蔡州及其周边地区落地生根。

不过，安史之乱后期南下淮西镇的平卢军人虽然数量十分有限，却逐渐发展成为一个有特定利益要求的地方政治军事势力团体——河北利益集团。此集

[1] 陈寅恪晚年在《柳如是别传》（北京：生活·读书·新知三联书店，2001年，第1002页）一书中继续强调：“论唐代河北藩镇，实是一胡化集团，所以长安政府始终不能收复。”

[2] 陈寅恪：《唐代政治史述论稿》，第212页。

[3] 陈寅恪未曾专门论及淮西镇之胡化问题，其说散见于《唐代政治史述论稿》（第227、229页）、《读书札记一集·旧唐书之部》（北京：生活·读书·新知三联书店，2001年，第218页）等，王永兴对此有详细疏证，见《陈寅恪先生史学述略稿》，北京大学出版社，1998年，第251、252页。

[4] 分见《资治通鉴》卷二一二，开元十年八月条，第6752页；卷二一四，开元二十六年二月壬戌条，第6832页。

团以效仿河朔故事为旨归，以维护、扩大割据利益为目标[1]。作为淮西镇统治势力的核心，河北利益集团的首领相继为李忠臣、李希烈、吴少诚、吴少阳、吴元济。此五人皆有河朔背景，淮西可能出现的河朔胡化倾向似乎只能由他们主导的割据统治带来的[2]。割据期间，淮西镇蔡、申、光三州处于“国家州县”的包围之中，“外来户”河北利益集团欲借此效仿河朔抗衡唐廷，须使淮西成为一独立、封闭的社会文化系统以坚为己用，而其重要的实践手段就是借助各种“虐法”“奸谋”[3]手段，使之“不知教义”。史称：

> 申、蔡之始，人劫于希烈、少诚之虐法，而忘其所归。数十年之后，长者衰丧，而壮者安于毒暴而恬于搏噬。……甲仗皆画为雷公星文以为厌胜，而少诚能以奸谋固众心。……以此激怒其众，绝其归向之心。是以蔡人有老死不闻天子恩宥者，故坚为贼用。地虽中州，人心过于夷貊，乃至搜阅天下豪锐，三年而后屈者，彼非将才而力备，盖势驱性习，不知教义之所致也。[4]

“安于毒暴而恬于搏噬”“不知教义”之“性习”，即上揭王永兴、张春海等文所强调之在“河朔风俗”影响下的淮西胡化特征。陈寅恪将“尚攻战而不崇文教”视为唐代河北社会“渐染胡化深而汉化浅”的通常情态[5]，王、张等人所主张之淮西胡化说当由此而来。将“尚攻战而不崇文教”视为河朔胡化的通常情态明显牵强，具体言之，“尚武”是河朔地区的固有风尚和特定军事、

[1] 杨文春：《唐代淮西镇割据势力演变与元和淮西战争》，载纪宗安、马建春主编《暨南史学》第十三辑，桂林：广西师范大学出版社，2017年，第31—44页。

[2] 日本学者筑山治三郎、辻正博等皆曾指出淮西镇藩帅的河北地域出身对淮西割据统治的影响，分见《唐代政治制度の研究》，第359、366页；《唐朝の對藩镇政策について——河南“順地”化のプロセス》，《東洋史研究》46：2，1987年，第332页。

[3] 相关记载分见《旧唐书·李希烈传》（第3945页）、《新唐书·李希烈传》（第6439页）、《旧唐书·吴元济传》（第3951页）、《新唐书·吴少诚传》（第6003页）等。此外，淮西境内所建吴少诚生祠、德政碑等政教化“景观”之根本目的，亦无非于此。吴少诚的生祠、德政碑，见载于（唐）韦绚《刘宾客嘉话录》，载《唐五代笔记小说大观》上册，上海古籍出版社，2000年，第799页。

[4] 《旧唐书》卷一四五《吴元济传》，第3951页。会昌年间，杜牧在《上李司徒相公论用兵书》中有类似表述，见《樊川文集》卷一一，上海古籍出版社，2007年，第165页。关于朝廷历时三年方能平定淮西之原因，陈寅恪《读书札记一集·旧唐书之部》“吴元济条”（第216页）即据《吴元济传》引文认为“此节详实，颇胜于昌黎平淮西碑”。详见王永兴《陈寅恪先生史学述略稿》（第251、252页）之疏证。

[5] 陈寅恪：《唐代政治史述论稿》，第210页。

政治形势下的必然选择，文武并重是河朔藩镇政治和军事精英们的一种追求和努力[1]；通常言之，“健武之俗，习于战斗则自成，割据久而忘顺逆，亦为事所恒有，初不关民族异同”[2]。唐前期，豫东南地区文教不兴，承续南北朝以来的犷戾尚武之风俗，为安史之乱后淮西镇的叛逆、割据事业奠定了一定的社会基础，割据统治反过来又为此风俗的集中爆发提供了平台。“小人君子咸谓（淮西）为夷貊之域”[3]是为情理之中。略需补充的是，此“夷貊”与“淮夷”虽都可特指割据时期的淮西镇，却不完全等同。淮夷似比夷貊多一层政治内涵，可指独立于华夏正朔之外、分布于淮河流域的地方叛逆、割据势力；夷貊侧重于泛指淮西之区。晚唐时期，淮河流域继之淮西镇的淮夷是“据徐、泗，大扰淮南”[4]的庞勋叛乱势力。

陈寅恪所谓的文化，其核心内容即为儒家学说及其实践的礼法，此乃中古士族门阀得以维系之根本[5]。具体到河朔胡、汉之别的问题，深受欧阳修等宋贤史家影响的陈氏，深究的仍然是儒家之礼[6]。故其有所谓“（河朔）不以长安、洛阳之周孔名教及科举仕进为安身立命之归宿。……当时大唐帝国版图以内实有截然不同之二分域，……河北社会之通常社会情态，其尚攻战而不崇文教”[7]。“文教”之核心即儒家之礼，由是观之，此胡汉之别实乃夷夏之辨。河朔、淮西割据集团的统治方式及在其治下“不遵声教”[8]的社会情态，与华夏正

[1] 张天虹：《“书剑双美”：唐河朔藩镇的军事技能培养与文化教育——基于社会流动的视角》，《南京大学学报》2011年第6期，第99—110页。

[2] 吕思勉：《隋唐五代史》（下），上海古籍出版社，2005年，第662页。其后，吕氏又续言淮西镇：“希烈、少诚，篡申、蔡四十载，史亦言其地虽中原，人心过于夷貊，岂亦有异族入据乎？陈氏之论，于是乎失之固矣。”吕思勉及其他一些学者从河朔等地“异族”数量的相对少数来批驳陈寅恪的胡化说，诚未解其意。陈氏《唐代政治史述论稿》（第129、130页）有曰：“家世或本身曾留居河朔及长于骑射二事则大抵相类，斯实河朔地域之胡化演变所致也。”

[3]（宋）李昉等编：《文苑英华》卷八三〇《土洑镇保宁记》，北京：中华书局，1966年，第4381页。

[4]《旧唐书》卷一七七《杜审权传》载：“顷罢机务，镇于江陵，值淮夷猖狂，干戈悖起。”第4611页。

[5] 相关阐释，见牟发松：《内藤湖南和陈寅恪的“六朝隋唐论”试析》，《史学理论研究》2002年第3期，第62—74页。

[6] 以礼或礼法、礼仪作为判别华夷的标准，是古已有之的观念，今人多有承说。其中以韩愈在《原道》（载《韩昌黎文集校注》卷一，第19页）一文中的总结最为经典：“诸侯用夷礼则夷之，夷而进于中国则中国之。”

[7] 陈寅恪：《唐代政治史述论稿》，第210页。

[8]《资治通鉴》卷二三七，元和四年四月条，第7659页。

朔所在的中原多有不合，在宽泛的文化视野下，视之胡化之族（夷狄、淮夷）无有不可。自古以来，这是以自我为政治、文化中心的中原一贯持有的传统。从这个角度来讲，陈氏“胡化说”可以成立。淮西犷戾尚武、“不知教义”等习俗也可等同视作与汉化相对的胡化，此亦表示淮西风俗已与河朔影响之关联甚微。略言之，这个胡化与胡族无关，而是带有鲜明政治立场的文化偏见。

河朔诸镇“讫唐亡百余年，卒不为王土”，淮西镇仅割据三十余载已是“久隔皇化”[1]，而一旦割据被平定，这个“淮蔡近郊”便“复为王土”[2]，不再被视为淮夷。“复为王土”未必就是“王化之区”，前者以政治归属为重心，后者则同时侧重文化的归属与认同。前文已指出称淮西镇为淮夷是政治立场先于文化认知的表现[3]，它随着割据的平定而自然退出，但以犷戾为核心特征的淮西风俗没有丝毫减退的迹象。晚唐时期，蔡州是山棚、盗寇、江贼、私贩等社会边缘势力的主要聚集区之一。他们猖獗活动于此，只会使淮西犷戾风俗的色彩更加浓烈。这些“亡命之徒”都是晚唐时期十分值得注意的社会群体（笔者暂以“社会边缘势力”称之），他们中间的一部分“杰出人物”乘势而起，在对抗唐王朝的军事组织中扮演重要角色[4]。唐末，蔡州及其周边地区不仅为王仙芝、黄巢叛乱和秦宗权叛逆称帝提供了生存土壤，还孕育出在唐末五代影响颇大的蔡、许军人群体。

四、余　论

何为华夏正统所在？何处是胡化之区或蛮夷所在的化外之地？世人对淮夷的认识，究竟是先存文化之自觉还是政治立场优先？这需要就不同历史时期的具体情况做仔细分辨，因为它关乎政治立场、文化观念、意识形态等多个要素。大致而言，在大一统时期，（淮）夷夏之别多属文化认同或偏见的产物；在动乱或分裂对峙时期（以南北朝时期为著），对异己政权或割据势力产生文

[1] “淮蔡近郊，久隔皇化”之语见元和十年三月《置行蔡州敕》，载《唐大诏令集》卷九九，第500页。

[2]《旧唐书》卷一四五《吴元济传》，第3952页。

[3] 武强《淮西节度使的变迁——“胡化”与区域背景下的考察》言及：“淮西镇的‘淮夷’程度，更多是由于中央政府的宣传所致。”惜其一语带过，未展开论述。见宁欣主编《新材料、新方法、新视野：中国古代国家和社会变迁》，第196页。

[4]［英］崔瑞德（Twitchett Denis）编：《剑桥中国隋唐史（589—906）》，中国社会科学院历史研究所西方汉学课题组译，北京：中国社会科学出版社，2007年，第667—671页。

化偏见的认知，要先从其所处之政治立场来考量。

约言之，西周时期，豫东南是淮夷、荆楚与华夏王朝长期争斗的前沿地带，但未曾为淮夷势力所控制。春秋以后，淮夷势衰，固始地区一度是其（群舒）分布范围的最西端。秦汉以来，淮夷主要是中原朝廷或自居正统的士人主要对淮河流域文化“落后”地区或敌对势力的歧视性蔑称，既有实指，亦有泛泛而论。割据时期的淮西镇被称为淮夷，要做地理、政治、文化三个层面的解读，首先是淮西镇割据时期的基本区域（蔡、申、光三州）居于豫东南的淮河之滨；其次是其与中央在政治及军事上呈对立态势；再次是所谓华夏正统所持之夷夏观的产物。虽说政治立场先于文化认知，但在实际语境中，夷狄、淮夷等指称多含有政治、文化双重属性。易言之，时人（基于各种形式的文本）对割据藩镇胡化之认知，是带有鲜明政治立场的文化偏见。

河朔之胡化毋庸置疑，只是尚需就其程度和范围做具体分析，尤其是藩镇普通民众与统治（割据）势力之间的差异。陈寅恪既有对“当日河北社会全是胡化”的过度阐释，也有对藩镇割据之核心势力（包括军队）胡化色彩的强调。对河朔等藩镇诸如“虽在中国名藩臣，而实如蛮貊异域焉”的认知，无疑是建立在其与朝廷政治、军事形成对峙局面之后，是唐廷或以正统自居的士人对河朔诸镇割据统治方式及其统治之下河北地区社会情态的不认同。此等问题，亦可从“历史书写”等史料批判角度展开分析。淮西镇的所谓胡化不仅在程度、范围上远逊于河朔地区，还需要更多地从政治立场与文化自觉等方面进行理解。至于胡化对藩镇割据产生、持续的影响力究竟几何，尚难定论。相比从政治、经济、军事等角度的直观切入，从文化上进行把握需要更加非凡的史识。这也正是陈寅恪胡化之说即使存有不周之处，但仍具持久魅力原因之所在。

作为唐史研究的“老问题”，藩镇（割据）及其与胡化之关系问题，特别是围绕陈寅恪之说展开的讨论，学界已有丰富的积累，相关问题也是愈辩愈明。不过，胡化仅是认识藩镇（割据）问题，乃至唐代政治、社会情态的一个视角，并非唯一。作为后学者，更应该试图挣脱陈寅恪“远”在20世纪40年代即已建构起来的学说模式的束缚，从史料再出发，重新申发议题。如此，方能更加接近“藩镇时代”政治与社会情态之真实。

（作者单位：信阳师范学院历史文化学院）

Further on the Minority of Separatist Fanzhen in the Late Tang Dynasty

Yang Wenchun

[Abstract] In the period of nations splitting up, Huaiyi was more frequently used to identified the independent power or regional regime in Huaihe rivers. As a locality separatist power in Tang Empire, Huaixi Fanzhen whose core region in the southeast Henan Province was called Huaiyi. The reason why the court or Chinese scholars regarded the separating Huaixi Fanzhen as Huaiyi was a clear political stance in the first and the cultural self-consciousness of orthodox in the second. The tandem relation between political stance and self-consciousness also could not be in reverse in the cognition to the minority of Heshuo Fanzhen.

五代时期诸国禁军制度补考*

杜文玉

关于五代十国时期禁军制度研究，学术界已有一些研究成果存世[1]，笔者也在《五代十国制度研究》一书中有专章进行过讨论[2]。近年来，大量碑刻、墓志、买地券、造像题名、塔铭等被发现，其中记载了不少五代时期诸国禁军的设置情况，为进一步研究这一问题提供了宝贵的资料。由于笔者此前对这一问题已有过初步研究，所以本文只是在已有成果的基础上进行补充研究，对已有研究的结论不再重复。

一、前、后蜀禁军制度

关于前、后蜀的禁军，据笔者研究，分为步军、马军与水军，与中原王朝不同的是，均没有侍卫亲军之置。

---

*本文系国家社科基金重大项目“五代十国历史文献的整理与研究”（项目编号：14ZDB032）阶段性成果。

[1] 齐勇锋：《中晚唐五代兵制探索》，《文献》1988年第3期，第166—179页。张其凡：《五代后梁禁军探微》，《安徽师大学报（哲学社会科学版）》1988年第3期，第88—95页；《五代后周禁军考述》，《安徽师大学报（哲学社会科学版）》1989年第3期，第352—359页；《五代晋汉禁军考略》，《广州师院学报》1989年第3期；《五代后唐禁军考实——五代禁军再探》，《暨南学报（哲学社会科学版）》1991年第2期，第78—90页。陶懋炳、张其凡、曾育荣：《中国历史·五代史》，北京：人民出版社，2009年，第314—341页。以上研究主要涉及五代时期中原王朝的禁军制度，关于这一历史时期南方诸国禁军制度的研究，主要有罗庆康：《马楚兵制与五代兵制比较研究》，《常德师范学院学报（社会科学版）》2000年第1期，第74—77页。杜文玉：《前后蜀兵制初探》，《江汉论坛》2004年第11期，第91—97页。

[2] 杜文玉：《五代十国制度研究》，北京：人民出版社，2006年，第372—505页。

前蜀禁军军号已知的有：黄头军、决云军、威信军、飞棹军、义勇军、定远军、大昌军、怀胜军、散旗军、貔虎都、感德军、奉驾军、决胜军、威猛军、骁骑军、长直军、龙武军、忠义军、雄胜军、龙捷军、神武军、亲从军、云骑军、雄霸军、拱宸军等，其中飞棹军为其水军，骁骑军、长直军为其马军[1]。根据新搜集的史料，还可以再补充如下一些军号。

静远军：据传光所撰的《慧义寺节度使王宗偘尊胜幢记》载：王宗偘“子□□□静远军使、金紫光禄大夫、检校尚书□仆射、守□□□卫大将军、兼御史大夫、上柱国。”[2]从其所任的散官、检校官、勋官、兼官看，静远军使的地位不低。另据《王宗侃墓志铭》载：“长子承绰，左静远第二军使、检校太保，……次子承肇，自左静远第一军使，改充衙队右龙捷第一军使，……次子承遵，自右静远第一军使……”[3]又，杜光庭有《静远军司空承肇本命醮词》之文[4]，乃是为王宗侃之子王承肇所撰之醮词。王宗偘、王宗侃等，均为前蜀高祖王建的养子，地位尊贵，分掌兵权，以上在静远军充任军使的诸人应是王建之养孙，都是与皇帝关系比较亲密之人。从上面的记载看，静远军又分为左、右军，在其下又为分第一、第二军使，可知其兵力是相当雄厚的。

雄锐、义胜等军：《李会内志铭》记其“长女适左雄锐军厢虞候贾彦铎，次女适右义胜军厢虞候王忠诲”[5]。义胜军在唐代为节镇名，这里既称右义胜军，其下又有厢一级编制，显然指军号。雄锐军也为左、右，其下置厢，按照唐五代禁军编制，在厢之下有军一级编制。故雄锐、义胜均为前蜀的禁军军号。《十国春秋》记后蜀有“义胜军左、右牙指挥使、义胜都头”等军官名[6]，却不知早在前蜀已有设置。可惜传世文献对其记载极少，故无法详述其渊源及变化情况。

扈跸军：据周蕚《大蜀故秦国夫人进封明德夫人清河张氏内志铭并序》载：“一女夙承教导，动合轨仪。性行温恭，容止端（庄）。年十八，属于右扈跸第一军使、检校太（傅）、充任嘉州团练使、兼水路都发运使顾在珣。”[7]另

[1] 杜文玉：《前后蜀兵制初探》，第91—97页。

[2]（清）陆增祥：《八琼室金石补正》卷八一，民国十四年希古楼刻本。

[3][7] 成都文物考古研究所、龙泉驿区文物保护管理所：《成都市龙泉驿五代前蜀王宗侃夫妇墓》，《考古》2011年第6期，第33—44页。

[4]（五代）杜光庭：《广成集》卷一三，北京：中华书局，2011年，第187页。

[5] 章红梅：《五代石刻校注》，南京：凤凰出版社，2017年，第939页。

[6]（清）吴任臣：《十国春秋》卷一一四《十国百官表》，北京：中华书局，2010年，第1586页。

据《王宗侃墓志铭》载："女一人，适右扈跸军使、守嘉州团练使、检校太傅顾在珣。"王宗侃与张氏为夫妇关系，两方墓志所记为同一事，但《张氏墓志》较详，扈跸军分为左、右两军，顾在珣所任乃右军第一军使。扈跸军乃唐末所建，当时称扈跸都，为田令孜所置神策军五十四都之一[1]，李茂贞、杨守亮等皆充任过此都都将，亦称都头，王建称帝后，仍保留此军军号，成为其禁军之一。

宣胜、威胜等军：道士杜光庭《广成集》收有《宣胜军使王说为亡男昭允明真斋词》一篇[2]。《晋晖墓志铭》载：其子"次曰匡议，忠义第二军使、检校尚书左仆射，婚左威胜太尉长女琅琊王氏"[3]。据此可知前蜀还有军号为宣胜、威胜的禁军部队，其中威胜分为左、右两军，当为禁军无疑。前蜀无军号为宣胜的节镇，故此军当为禁军之一。

保义军：据《蜀中广记》载："乾德三年辛巳正月十六日，井监使、保义军使、太保马全章。"[4]唐与五代中原王朝皆有军号为保义的节镇，然前蜀未见有保义的节镇，加之马全章官名为"军使"，而不是节度使，故推测其应为前蜀禁军军号。

除了以上诸军外，已研究过的诸军中，由于史料匮乏的缘故，论据比较单薄，故有必要加以补充。

拱宸军：据《李会内志铭》载："首效职于故唐朝左拱宸第一都都知兵马使李，讳祐，公之昆长也。棣萼连荣，庭荆双茂。光从武幕，显历辕门。初补拱宸军正将，次转授安国奉圣功臣、左神策军正将。……充左拱宸第二军都知兵马使，寻奏请左拱宸第一军使"云云[5]。可知拱宸军乃唐末所置禁军，为前蜀所沿袭。

龙捷军：除了《晋晖墓志铭》记有"次女适右龙捷第二军使"王承谷一条史料外[6]，《王宗侃夫人张氏墓志铭》记有："次男承肇，忠贞佐命宣力功臣，

[1]（宋）司马光：《资治通鉴》卷二六〇，乾宁二年七月胡三省注，北京：中华书局，1956年，第8472页。

[2]《广成集》卷五，第73页。

[3][6]陈尚君：《全唐文补编》卷一一八《大蜀故忠贞护国佐命功臣前武泰军节度观察处置等使开府仪同三司检校太师兼中书令守黔州刺史上柱国弘农王食邑五千户赠太师弘农王赐谥献武晋公（晖）墓志铭并序》，北京：中华书局，2005年，第1473—1476页。

[4]（明）曹学佺：《蜀中广记》卷八《仁寿县》，载《景印文渊阁四库全书》第591册，台北：商务印书馆，1983年，第107页。

[5]章红梅：《五代石刻校注》，第939页。

右龙捷第一军使。……季男承遵，怀忠秉义匡佐功臣、右龙捷第四军使、检校太傅。”《王宗侃墓志铭》亦载：“次子承肇，自左静远第一军使改充衙队右龙捷第一军使，……次子承遵，自右静远第一军使，圣上在东宫日，改充衙队右龙捷第四军使。”[1]“圣上在东宫日”句，指后主王衍为太子时，王承遵以右龙捷第四军使充衙队，当是以此军为东宫卫队，说明其与太子东宫有着密切的关系。

后蜀禁军已研究过的主要有：义胜、定远、左右牙、左右骁锐、左右宁远、左右冲山、义宁、左右牢城、左右飞棹、左右效义、左右肃边、左右明义等军。以上为孟知祥称帝前所置各军军号，称帝后正式整编其禁军。这些禁军军号既有沿袭后唐之制的，也有其新创的，其军号有：左右卫圣军、左右匡圣军、捧圣控鹤军、奉銮肃卫军、左右骁锐军、亲卫军、殿直军等军[2]。现据新搜集的史料，增补如下：

宣威军：据《徐铎内志》载：“长兴元年春二月，改转充左厢第四宣威指挥使。”[3]孟知祥创建后蜀于后唐庄宗同光三年（925），长兴元年（930）已距其建国后五年，故此处的宣威军号当为其整编禁军后所保留的军号。关于这一论断，从徐铎之志的全称可以证明，其志由赵延龄撰写，全称是《故竭诚耀武功臣、左匡圣步军都指挥副使、兼第二明义指挥使、金紫光禄大夫、检校太保、使持节彭州诸军事、守彭州刺史、兼御史大夫、上柱国、高平县开国男、食邑三百户徐公（铎）内志》，其中已有左匡圣步军都指挥副使、第二明义指挥使等名号，这些都是后蜀整编禁军后确立的军号，亦可证明宣威之军号为整编后的后蜀军号。此外，高晖亦充任过宣威军使之职，其死于长兴三年（932）三月[4]。

崇武军：《高晖墓志铭》载：“特敕授银青光禄大夫、检校工部尚书、兼御史大夫、上柱国、充左崇武军使。”[5]既有左军，亦当有右军，可知此军分为左、右两军。

[1] 成都文物考古研究所、龙泉驿区文物保护管理所：《成都市龙泉驿五代前蜀王宗侃夫妇墓》，第33—44页。

[2] 杜文玉：《前后蜀兵制初探》，第93—96页。

[3] 成都博物馆考古队：《成都无缝钢管厂发现五代后蜀墓》，《四川文物》1991年第3期，第58—62页。

[4][5] 吴钢：《全唐文补遗》第四辑《唐故北京留守押衙前左崇武军使兼宣威军使西川节度押衙银青光禄大夫检校工部尚书兼御史大夫上柱国渤海高公（晖）墓志铭并序》，西安：三秦出版社，1997年，第278、279页。

后蜀与前蜀的禁军制度不同，前蜀与中原王朝的后梁、后唐（明宗时进行整编）一样，对其禁军没有进行整编，故军号杂乱而繁多。后蜀主要沿袭后唐同光时期的军号，又接受前蜀诸军，然后加以整编，故其禁军军号的数量大大减少，显得整齐划一。

二、吴、南唐禁军

吴国在杨行密统治时期，其兵制仍为节度使体制，吴王以诸道都统的名义节制诸将。杨隆演于武义元年（919）称吴国王后，始改变节度使体制，改牙兵为禁军。从目前所掌握的史料看，吴国有侍卫诸军与六军之制，诸卫大将军、将军仅为虚职，并不实际领兵。由于吴与南唐为承继关系，故将其禁军制度合而论之。目前研究已涉及的军号有：神武军、龙武军、天威军、雄武军、神卫军、龙卫军等，以上为其六军军号，其中龙武、雄武两军吴已有之，龙卫与神卫两军应为其马军部队。侍卫诸军系统有：拱圣军、卫圣军、宣威军、殿直军、龙骧军、龙翔军、龙安军、静江军、神威军、天雄军、奉节都、小殿直军、黑云都、控鹤军、长剑军、黄头军、拔山军、随身军、冲山军等。其中拱圣、殿直、静江、天雄、黑云、控鹤、长剑、黄头等，皆吴国时所置，南唐沿置不废。龙翔、龙安、静江等军应为水军部队，龙骧为马军[1]。现将其未尽之处，补述如下：

龙威军：释道弘《吴故左龙威军先锋马军指挥使巨鹿郡公（赟）墓志铭》载："公累迁美秩，旋捧丝纶，授左龙威军先锋马军指挥使、银青光禄大卿。……长子承嗣，左军衙前虞候、充左龙威先锋马军指挥第三都副兵马使、银青光禄大（夫），检校国子祭酒、兼御史中丞、上柱国，……次子承规，右军衙前十将、充左龙威先锋马军指挥第二都虞候、银青光禄大（夫）。"[2]龙威军分为左、右，志文中又将其与马军联系在一起，故其应为吴国禁军中的马军部队。南唐是否仍然沿袭这一军号，未见史籍记载，不好论定。

天德军：《唐故左右静江军都军使忠义军节度建州观察处置等使留后光禄大夫检校太尉右威卫大将军临颍县开国子食邑五百户陈公（德成）墓志铭》载："今上嗣服，屡表乞还，征为右天德军都虞候。"[3]志文所谓"今上"，指南唐

[1] 杜文玉：《五代十国制度研究》，第450—464页。

[2] 周阿根：《五代墓志汇考》，合肥：黄山书社，2012年，第85、86页。

[3]（宋）徐铉撰，李振中校注：《徐铉集校注》卷一六，北京：中华书局，2016年，第493、494页。

后主，“乞还”意为请求回到京师金陵，故天德军当为禁军无疑。又，《全唐文》有“天德军使程成谥议”一篇[1]，故知南唐确置有此军军号。天德军在唐代为军镇名，五代时中原王朝皆作为节镇军号，并为北宋沿袭。南唐天德军的军号当受此影响，然不同的是，前者作为军镇名，而后者则作为禁军军号。

左右弩队：杨行密《举史实牒》中有“左押衙充右弩队都指挥使”一句[2]。弩队既分左右，其长官又称为都指挥使，说明其兵力不弱。此文为吴王杨行密以诸道行营都统的名义发给史实的牒文，故此军应为其下属的诸军之一。

天威军：此军原为唐代军镇之一，位于鄯州（治今青海乐都）境内。唐宪宗元和三年（808）正月，罢左右神威军，合为一，号天威军，遂为禁军军号。元和八年（813），废天威军，将其兵分隶于左右神策军[3]。神策军在黄巢义军的打击下溃散，僖宗幸蜀，田令孜招神策新军五十四都，分为十军，其中就有天威军。南唐沿袭唐朝禁军军号，仍置有天威军。史载：刁彦能，“烈祖代吴，入为环卫，迁至天威军都虞候、左街使”[4]。何敬洙，“事烈祖为裨将，进天威军都虞候”[5]。马仁裕，“改右天威副统军，进爵为伯”[6]。姚嗣骈，“改元升元。……迁左天威军第七指挥使”[7]。另据《十国春秋》卷一一四《十国百官表》载，有天威军统军之置。从以上记载看，可知南唐建国之始，就设置了天威军，并将其作为禁军之一。因为已有的研究虽提到此军，然却语焉不详，故补述如上。

三、吴越、闽、楚禁军

吴越军的基础是所谓“八都”，即临安县石镜都，余杭县清平都、嘉兴都，於潜县於潜都，盐官县盐官都、海昌都，新城县新城都、武安都、东安都，唐山县唐山都，富春县富春都、静江都，钱塘县龙泉都、浙江都等。后来钱镠在此基

[1]（清）董诰：《全唐文》卷八七四，北京：中华书局，1983年，第9147页。

[2]《全唐文》卷一二八，第1277页。

[3]（宋）欧阳修：《新唐书》卷五〇《兵志》，北京：中华书局，1975年，第1335页。

[4]（清）吴任臣：《十国春秋》卷二一《刁彦能传》，北京：中华书局，2010年，第306页。

[5]《十国春秋》卷二二《何敬洙传》，第313页。

[6]《徐铉集校注》卷一一《唐故德胜军节度使检校太保同中书门下平章事扶风马（仁裕）匡公神道碑铭》，第391—393页。

[7]吴钢：《全唐文补遗》第七辑《姚嗣骈墓铭》，西安：三秦出版社，2000年，第192、193页。

础上又组建了五都，即紫溪都、保城都、龙通都、三泉都、三镇都，共成十三都之数。钱镠成霸业后，这些军都的名号仍然保留下来。此外，还有武勇都、上直都、中直都、右直都、镇武都、镇国都、向明都、上右厅、佽飞都、匡武都、亲从军、亲卫军等[1]。由于钱镠及其子孙均没有称帝，以上所述诸军皆为吴越国王直属之军，就其地位而言相当于禁军，只是没有禁军名号而已。其未尽之处，补述如下：

殿直都：《俞让墓志铭》载：其孙仁安，“代父职任副兵马使、殿直都副将”[2]。另据《钱义光墓志铭》：“次兄义隆，上军讨击使、充殿直都厢虞候、兼御史中丞。弟义忠，上军衙前虞候、充殿直都队将。”[3]殿直都下置有厢一级编制，可见其兵力不弱。

当直都：上引《俞让墓志铭》载：“第三男仁祚，军事押衙、充当直都队将、知省回图库务。”另据《袁从章墓铭》载：其子“长曰继荣，充当直虞候”[4]。

天龙军：上引《钱义光墓志铭》亦载：“父讳琏，皇任天龙军镇国右五都指挥使、兼皇城都巡检使、检校司徒。……（次兄义隆）婚天龙军镇国都指挥使张太傅之女。……府君初婚天龙军镇国诸都都指挥使盛太尉第二女。”另据《后晋石屋洞造像题名》载：“天龙军副将潘彦并妻陈十二娘，共造罗汉二躯”云云[5]。从天龙军镇国右第五都、镇国诸都都指挥使等名号看，可知天龙军下辖都一级编制极多，故其兵力应该十分雄厚。

金马都：上引《后晋石屋洞造像题名》载：“弟子金马都副将戴彦并妻沈一娘，同发心造罗汉一躯。”关于此都名号仅见于此，传统文献亦未有记载，尚待进一步补充史料。

拱御、理胜都：前引《钱义光墓志铭》载：“次弟义保，系拱御都队

[1] 杜文玉：《五代十国制度研究》，第488—494页。

[2] 陈尚君：《全唐文补编》卷一一四崔铎《大吴越国匡时励节功臣台州教练都知兵马使罗城四面都巡检使银青光禄大夫检校刑部尚书上骁卫将军兼御史大夫上柱国俞让墓志》，第1428、1429页。

[3]《吴越国故上军讨击使充中吴军随使当直厢虞候银青光禄大夫检校国子祭酒兼御史中丞上柱国彭城钱府君（义光）墓志铭并序》，原石藏于会稽金石博物馆。

[4] 章国庆编著：《宁波历代碑碣墓志汇编》之《大吴越国明州故汝南郡袁府君（从章）墓铭并序》，上海古籍出版社，2012年，第58页。

[5]（清）阮元：《两浙金石志》卷四，杭州：浙江古籍出版社，2012年，第82页。

将。……（其妹）一人适彭城金仁皓司空，见充中吴军随使、当直都虞候，即理胜都指挥使、昆山镇遏金司徒子也。”这两都之名仅见于此，传统史籍亦未有记载，故须进一步考证。

闽国前期为节度使体制，自从王延钧称帝后，遂建立了禁军系统，是以王审知亲兵组建而成。现能考知的其禁军军号有：宸卫军、拱宸都、控鹤都、飞捷军、亲从都、楼船军、扈圣军、捧圣军，以及威烈效节、左右扈从都、扈驾小牌、内外弓箭、左右龙武、左右神武、左右羽林等军[1]。

马楚割据于今湖南一带，自马殷以来，皆未称帝，其霸府直辖军队相当于禁军，军号繁多，马、步、水诸军齐全。其牙军长官称牙内都指挥使，通常以马氏子弟充任，以保卫楚王府及牙城。霸府直属军队主要有：决胜军、长直军、衡山军、强弩军、战棹军、义胜军、归义军、银枪都、静江军等。

近年来新发现的《马光赞墓志铭》可以补充一个楚国军号。其志曰：“（天福）五年庚子，年二十一，改授尚书左仆射、右亲卫马前弓箭指挥使。八年癸卯，年二十四，转左银枪指挥使、……先娶武平军左亲从指挥使王司徒长女，封琅琊县君。”[2]墓志马光赞乃马殷孙子，其所任右亲卫马前弓箭指挥使之职，当为霸府直属军队。从“左银枪”三字看，说明银枪军分为左、右，人数当不少。至于志文所记的“亲从”军当不是霸府直属军队，而是武平军下辖的军队之一。武平军为楚国所属节镇之一，治所朗州（今湖南常德）。

四、南汉、北汉禁军

南汉偏处岭南，虽然称帝，然文化落后，典制不全，禁军制度亦是如此。从史籍记载来看，南汉没有侍卫亲军之制，但却有六军的名号，然不见六军具体军号的记载，现能知道仅有左右龙虎军，置有观军容使一职，掌其兵权。除此之外，南汉的禁军军号现能考知的主要有：巨象军、巨舰军、神弩军、左右雄勇军、左右静波军等[3]。其中巨舰军为其水军，由于南汉临海，故其战舰高大，因称巨舰军。由于史料匮乏，能够补充的南汉禁军较少，主要有以下数种：

---

[1] 杜文玉：《五代十国制度研究》，第499—503页。

[2] 邵磊：《五代马楚史料的一则重要发现——马光赞墓志考释》，《南方文物》2007年第3期，第107—110页

[3] 杜文玉：《五代十国制度研究》，第498、499页。

据《灵景寺庆赞斋记》载："同会弟子管舀指挥使李彦晖、李延赏、陈延嗣"等[1]。其中管舀军当为其禁军之一，从其下所设指挥使数量看，其兵力亦颇雄厚。另据《乾亨寺铜钟款》载："管甲指挥使全友诚、刘处详，……马军郭道崇、陈延嗣、何怀坚、李怀进、梁道崇、李延真、区彦从、钱珣、唐绪、颜位、陈彦详；防拓军十将何肱、聂轲、王畋"等[2]。其中管甲军与防拓军当为其两个禁军军号，又有马军之号，说明南汉亦置有骑兵部队，不过岭南并不出产马匹，故其马军部队当不会很强大。

北汉仅有十二州之地，土瘠民贫，物产不丰，养兵不多。北汉称帝建国，其仿效后汉的禁军体制，仍然建立了侍卫亲军系统，置马步军都指挥使之职为统帅，其下又分为侍卫亲军马军都指挥使、侍卫亲军步军都指挥使。在侍卫亲军马步军之下，置有诸军，见于记载的有：拱卫、散指挥、殿直、捉生等军军号[3]。

近年来山西太原出土了一些五代碑志，其中《刘珣墓志铭》记载了一些有关北汉禁军的资料，录之如下："至（乾祐元年）四月，内御署兼授鹰扬军使。至二年八月中，蒙恩赐以国姓，兼改本名。至三年十月，内御署授厅直第二指挥使。……（乾祐四年）当年三月，内宣授护卫第一指挥使，权都指挥使。至七年十月，内宣授保卫右厢都指挥使，……至乾祐八年九月内，蒙圣上宣授保卫左厢都指挥使、□□金紫光禄大夫、检校司徒。"[4]墓主刘珣所任鹰扬军使，为北汉建国前的军职，所谓"厅直""护卫""保卫"等军号，皆为北汉称帝建国后的军号，当为禁军军号。又保卫军分为左、右厢，每厢各置有都指军使一职，可知兵力雄厚，当为北汉禁军中的主力部队。

（作者单位：陕西师范大学历史文化学院）

[1]（清）吴兰修编，陈鸿钧、黄兆辉补征：《南汉金石志补征·金石补遗》，广州：广东人民出版社，2010年，第157页。

[2]《南汉金石志补征》卷一，第53、54页。

[3]杜文玉：《五代十国制度研究》，第503、504页。

[4]渠传福：《太原五代墓志释考》之《大汉故保安宣力功臣前汾州防御使金紫光禄大夫检校□□□御史大夫□□彭城县开国男食邑三百户刘（珣）公墓志铭并序》，载《山西省考古学会论文集（四）》，2006年，第272—277页。

The Supplementary Study of the Imperial Guard System during the Five Dynasties

Du Wenyu

[Abstract] There were a few studies on the imperial guard system and the relevant materials were also scarce during the Five Dynasties. Based on the collected statue titles, epitaphs, inscriptions of towers, Jiaoci（醮词）and other materials, the article explored the imperial guard of the general titles of the Qianshu, the Houshu, the Wu, the Southern Tang, the Wuyue, the Min, the Chu, the Southern Han, the Northern Han and other countries which were missing from the existing studies. The article enriches the research content of this problem.

后周建国前史：郭威家世仕宦考*

罗　亮

后周作为五代最后一个王朝，社会渐趋稳定，经济得到较快恢复，为北宋王朝重建秩序奠定了基础，因此后周的两位皇帝周太祖郭威和周世宗柴荣在历史上都得到了较高的评价。学界对后周历史的研究也主要集中在二人之上，尤其是强调周世宗柴荣的作用[1]。有关郭威的研究则聚焦于后周建国后执行的诸多政治改革之上[2]，针对郭威的家世、建周前事迹的相关研究却并不多见。然而，郭威的早年经历不仅决定了汉周易代之时的政治形势，也使得他在建国制定政策时做出了一定的妥协，甚至还导致了河东刘崇政权的建立与对峙，其影响一直到宋太宗平定北汉时才算消除。对此进行深入研究，有助于推进我们认识后周至北宋初期北方政局的形成。

*本文系2019年度中山大学青年教师培育项目“新资料与晚唐五代朝藩关系研究”（项目编号：19wkpy42）阶段性成果。

[1] 其评传即有四部：韩国磐：《柴荣》，上海人民出版社，1960年。［日］栗原益男：《乱世の皇帝——後周の世宗とその時代》，东京：桃源社，1979年。李小树、黄崇岳：《周世宗柴荣》，上海人民出版社，1987年。文晓璋：《乱世明君周世宗》，成都：巴蜀书社，2006年。关于其改革的文章亦有不少，如［日］菊池英夫：《五代後周に於ける禁軍改革の背景——世宗軍制改革前史》，《东方学》1958年第16辑，第58—66页。黄晓华：《周世宗柴荣改革琐议》，《苏州大学学报》1995年第3期，第126、127页。张箭：《后周世宗文明限佛析论》，《文史哲》2003年第4期，第28—33页。

[2] 如唐启淮：《郭威改革简论》，《湘潭大学学报》1988年第3期，第91—96页。刘永平：《郭威改革述论》，《徐州师范学院学报》1992年第1期，第73—76页。王永平：《后周政治改革述论》，《扬州师院学报（社会科学版）》1994年第1期，第50—56页。曾育荣：《后周太祖郭威内政改革琐论》，《湖北大学学报（哲学社会科学版）》2003年第3期，第83—86页。笔者此前也有过相关研究，但与前贤所论不同，更强调其妥协的一面，参罗亮：《再论郭威改革》，载陈峰主编《周秦汉唐文化研究》第十辑，西安：三秦出版社，2018年，第206—216页。

一、英雄祖先？郭威家世考

有关后周太祖的家世问题，学界措意不多，大多只是称其为“邢州尧山人”，或据《新五代史》记其父“事晋为顺州刺史”[1]，描述都较为简略。但新旧《五代史》中关于郭威家世的记载其实存在着相当的差异。对此进行考订，不仅可以弄清一个具体的历史细节，更为关键的是，郭威的家世还对其日后入仕产生了较大影响，故而有必要将此问题考察清楚。

《旧五代史》卷一一〇《周太祖本纪一》云：

> 太祖圣神恭肃文武孝皇帝，姓郭氏，讳威，字文仲，邢州尧山人也。或云本常氏之子，幼随母适郭氏，故冒其姓焉。……皇考讳简，汉赠太师，追尊为章肃皇帝，庙号庆祖，陵曰钦陵。……后以唐天祐元年甲子岁七月二十八日，生帝于尧山之旧宅。……帝生三岁，家徙太原。居无何，皇考为燕军所陷，殁于王事。帝未及龆龀，章德太后蚤世，姨母楚国夫人韩氏提携鞠养。[2]

《新五代史》卷一一《周太祖本纪》云：

> 太祖圣神恭肃文武皇帝，姓郭氏，邢州尧山人也。父简，事晋为顺州刺史。刘仁恭攻破顺州，简见杀，子威少孤，依潞州人常氏。[3]

将此两条材料相互比较，可发现两个明显差异之处：一是《旧纪》中只称郭威之父郭简“为燕军所陷，殁于王事”，而《新纪》则补充郭简“事晋为顺州刺史”。二是有关郭威身世问题。《旧纪》提供一种说法，称其本常氏之子，后来随母改嫁入郭家，才改姓郭。父母死后，由姨母韩氏抚养成人。《新纪》则认为他是在郭简死后才依附常氏的。有关郭威与常氏之关系，我们将在下节详论。此处先针对其父祖事迹进行分析。

其实除上述新旧《五代史》两条材料外，《册府元龟》卷一《帝王部·帝系》对郭威家世还有着更为详尽的记述，其词云：

> 周太祖姓郭氏，邢州尧山人。或云本常氏子，幼随母适郭氏，故冒其

[1] 安淑珍：《后周皇帝郭威的一生》称“（郭威）父名简，为后晋顺州刺史”（《史学月刊》，1989年第5期，第102页），其中“后晋”当为误读，《新五代史》中“晋”指河东李克用之“晋”，而非后晋石敬瑭之“晋”。

[2]（宋）薛居正：《旧五代史》卷一一〇《周太祖本纪一》，北京：中华书局，1976年，第1447、1448页。

[3]（宋）欧阳修：《新五代史》卷一一《周太祖本纪》，北京：中华书局，1974年，第109页。

> 姓。高祖璟，广顺初追尊为睿和皇帝，庙号信祖。曾祖谌，赠太保，追尊为明宪皇帝，庙号僖祖。祖蕴，赠太傅，追尊为翼顺皇帝，庙号义祖。考简，赠太师，追尊为章肃皇帝，庙号庆祖。初，唐咸通中，代北、徐方用兵伐叛，信祖、僖祖从戎师接战，以勇敢知名。义祖事后唐武皇为帐中亲信。乾宁中，从征泽潞、邢雒，累授河内马步军都虞候。武皇平安敬思，再定邢雒，移授邢之军职，因卜居尧山县。武皇经启霸图，观兵大卤，刘仁恭陆梁燕蓟，窥伺中原，梁氏蚕食两河，寻戈不息。庆祖为武皇内牙爱将，专掌亲军指麾，所行无不景从，攻城野战，勇爵崇高。天复中，武皇兵出居庸山北克捷，以庆祖为顺州刺史。太祖即庆祖之子，母曰王氏，追谥章德皇后。[1]

这段材料前半部分与《旧纪》基本相同，说明与之在史源上大有关联，而之后关于郭威高祖至父亲的事迹则为此处所仅见。综合其体例、书法以及与《旧五代史》之关联，此条记载最有可能来自周世宗显德五年（958）由张昭等修成的《周太祖实录》。《旧五代史》在此基础上，删去了郭威父祖大部分事迹，但也增添了新的要素（如郭简为燕军所陷）；《新五代史》则选择相信郭简顺州刺史的记载。《册府》此条似乎能较为完美地统合新旧《五代史》之间的差异，但其本身却存在着不少问题。

关于郭威祖父郭蕴事迹，《册府》中称“事后唐武皇为帐中亲信。乾宁中，从征泽潞、邢雒，累授河内马步军都虞候。武皇平安敬思，再定邢雒，移授邢之军职，因卜居尧山县”。其中“邢雒”，当为“邢洺”之讹。除此之外，此条记载中出现“河内马步军都虞候”一职并不见于其他史籍。马步军都虞候为禁军、侍卫亲军或节度使牙兵的军职，未见“县名”+“马步军都虞候”的模式。此处记载与晚唐五代官制不合。而且当时河内县属怀州，为朱全忠所控制，李克用也不可能授予其“河内马步军都虞候”一职。

其次，有关史实的记载也颇为混乱。据《旧五代史·唐武皇本纪下》载：“（景福元年）十月，邢州李存孝叛，纳款于梁，李存信构之也。……（景福二年）七月，武皇讨李存孝于邢州，遂攻平山，渡滹水，攻镇州。王镕惧，以帛五十万犒军，请修旧好，仍以镇、冀之师助击存孝，许之。武皇进围邢州。……乾宁元年三月，邢州李存孝出城首罪，絷归太原，轘于市。邢、洺、磁三州平。”[2]在此之后，乾宁年间李克用军再无围绕邢洺一带的作战。其

[1]（宋）王钦若：《册府元龟》卷一《帝王部·帝系》，北京：中华书局，1960年，第17页。

[2]《旧五代史》卷二六《唐武皇本纪下》，第348页。

实，《册府》中提及的“安敬思”就是据邢州叛变的李存孝[1]，“从征泽潞、邢雒（洺）”与“再定邢雒（洺）”也本是一回事。郭蕴却因一事有了“累迁河内马步军都虞候”和“移授邢之军职”两种任官经历，着实令人费解。

虽然郭蕴官职、事迹有些混乱，但他“卜居尧山县”一事应是事实。新旧《五代史·周太祖纪》中均称郭威为邢州尧山人，且《旧纪》中明确指出天祐元年（904）七月“生帝于尧山之旧宅”，这一点在《五代会要》中也得到了印证[2]。这说明邢州尧山并非郭氏攀附之郡望，而是实际居住之地，直到天祐三年，才“家徙太原”。但这背后存在一个问题：郭氏为何要从邢州尧山迁至太原，迁徙又是那么简单的事情吗?

邢州地处梁晋相交边境，虽在乾宁元年（894）被李克用从李存孝手中夺回，但在光化元年（898）便又被朱全忠麾下大将葛从周攻陷，之后一直为梁军所控制，直到贞明二年（天祐十三年，916）后梁邢州节度使阎宝向李存勖大军投降，才归晋军所有。也即是说，光化元年之后，郭氏一家一直生活在梁军领土之上，这很可能暗示着他们在战败后投降了梁军。如此才能解释郭威为何能出生在“尧山之旧宅”。

那么，郭氏一族又何以在天祐三年重新“家徙太原”呢？想要举家穿越梁晋边境防线，恐怕也并不容易。此次迁徙，很可能与当年正月邢州发生的大战有关。当时，李克用为接应魏博史仁遇，声东击西，令李嗣昭率三千骑兵攻击邢州。而邢州刺史牛存节只有州兵二百，只能固守城池，等待朱全忠派来的张筠援军，最终击退李嗣昭等人。虽然晋军作战失利，但在行军战斗同时掠夺当地人口，则是其常见的模式[3]。牛存节“坚壁固守”的策略，也为这种行为提供了可能。我们有理由推测，郭威一家正是在此次战斗中或主动或被动地被李嗣昭的大军带回了太原。也即是说，郭氏可能分别在光化元年、天祐三年的梁晋之争中两次改变自身立场，归附胜利的一方。这样摇摆不定的抉择，使得郭氏在五代初期身份极为尴尬，也使得郭威的出仕颇为艰难。

当然，以上推论与《册府》中“天复中，武皇兵出居庸山北克捷，以庆祖为顺州刺史”的记载有所冲突。但《册府》所记恐怕并非事实。天复年间，正

[1]《旧五代史》卷五三《李存孝传》云：“李存孝，本姓安，名敬思。”第714页。

[2]（宋）王溥：《五代会要》卷一《帝号》云：“周太祖圣神恭肃文武孝皇帝姓郭氏讳威，唐天祐元年七月二十八日生于邢州尧山之旧宅。”上海古籍出版社，2005年，第7页。

[3]《旧五代史》卷四六《唐末帝本纪上》云：“景福中，明宗为武皇骑将，略地至平山，遇魏氏，掳之，帝时年十余岁，明宗养为己子。”第625页。

是李克用最为艰难的一段时光，在与朱全忠、刘仁恭的战斗中，一直处于防守姿态，并无能力如《册府》所言“兵出居庸山北克捷”，主动去攻击刘仁恭。即使双方有交战，也是以晋军的失败而告终，李克用甚至还因此“笞嗣昭及李存审而削其官”[1]。在此背景下，又怎么会授郭威父亲郭简“顺州刺史”呢？

同样，《新五代史》所谓“父简，事晋为顺州刺史。刘仁恭攻破顺州，简见杀”的记载，其实也不能成立。因为顺州即今北京顺义区，位于幽州的核心地带。唯一能谈上“刘仁恭攻破顺州”的史实是：乾宁二年刘仁恭在李克用的支持下入主幽州。但在此情况下怎么会有友军“顺州刺史”郭简见杀的情况呢？而在此之后，顺州一直为刘仁恭所掌控，不存在“攻破顺州”，李克用也不可能封郭简为“顺州刺史”。

《旧五代史·周太祖纪》中则称郭简“居无何，为燕军所陷，殁于王事”，并未提及郭简出任“顺州刺史”一职，也将郭简死期放至徙家太原也即天祐三年之后。所谓的“顺州刺史”，或许就是郭简的赠官而已。

最后，《册府》中还称郭简“为武皇内牙爱将，专掌亲军指麾，所行无不景从，攻城野战，勇爵崇高”，似乎在晋军中颇具地位，甚至担任了亲军高层将领，这与其在史籍中默默无闻的状况大相径庭。而所谓“所行无不景从”，也与光化元年至天祐三年间流落梁境的境遇相矛盾。

综合以上对郭威家世的考证，我们得出如下结论：《册府元龟》中关于郭威父祖仕宦的记载有颇多虚构成分，与当时的官制、形势、史实都存在着诸多不合之处。郭威之父郭简很有可能先隶属晋军，后在光化元年的战斗中为梁军所俘，故而郭威才能在天祐元年诞生于邢州尧山老宅。郭简又于天祐三年再次归附晋军，举家迁至太原，之后在天祐八年与幽州刘守光的战斗中战死。

虽然《册府》（或即《周太祖实录》）中存在种种夸饰不实之处，但这并不代表着其全无价值。恰好相反，这种对父祖事迹的构建，正好反映了后周政局的一个基本特征，这是一个延续了沙陀三王朝脉络的政权，所谓的“代北集团”在朝堂上还拥有着不可小觑的力量。虽然郭威出身较为低贱，父祖在李克用时期也有所反复，但也正因如此，才需要把他们描绘成李国昌、李克用父子的元从勋旧。唯有如此，才能证明郭氏一族与“代北集团”休戚与共，融为一体，君臣之间存在着共同的历史记忆与荣耀。

---

[1]《旧五代史》卷二六《唐武皇本纪下》，第359页。

二、骨肉之亲：郭威与常氏关系考

上节提及有关郭威家世的另一问题即是其与常氏的关系。主要说法有四：

A.《旧五代史·周太祖本纪一》与《册府元龟·帝王部·帝系》谓：

或云本常氏之子，幼随母适郭氏，故冒其姓焉。[1]

B.《新五代史·周太祖本纪》云：

子威少孤，依潞州人常氏。[2]

C.《旧五代史·周太祖本纪一》又云：

（李嗣昭）子继韬自称留后，南结梁朝，据城阻命，乃散金以募豪杰。帝时年十八，避吏壶关，依故人常氏，遂往应募[3]

D.《新编五代史评话·周史评话》卷上：

且说周太祖姓郭名威，乃山东路邢州唐山县地名尧山人氏。其父郭和以农耕为业，其母常氏乃河东路潞州黎城县常武安的妹妹。[4]

A条中称郭威随母适郭氏，然上节已经论述郭威于天祐元年七月“生帝于尧山之旧宅”，且与多处记载相吻合，当非虚构。既然出生于郭氏老宅，冒姓之说自然不能成立。

B条中称郭威因年少丧父，投奔常氏，则与《旧纪》所云：“帝未及龆龀，章德太后弃世，姨母楚国夫人韩氏提携鞠养”相矛盾[5]。而韩氏抚养郭威一事，又有《册府元龟》卷三八《帝王部·尊亲》为佐证，其词云：

周太祖广顺二年九月癸未制：“……故南阳郡韩氏，婉淑居贞，贤明垂范，奉嫔率礼，兴家道于仁孝之基；诸母推恩，抚朕躬于幼冲之岁。……可追封楚国太夫人。”太祖孩幼而孤，楚国抚视教道有恩，故有是命。[6]

---

[1]《旧五代史》卷一一〇《周太祖本纪一》，第1447页。《册府元龟》卷一《帝王部·帝系》，第17页。

[2]《新五代史》卷一一《周太祖本纪》，第109页。

[3]《旧五代史》卷一一〇《周太祖本纪一》，第1448页。

[4]《新编五代史平话·周史平话》卷上，北京：古典文献出版社，1954年，第181页。

[5]《旧五代史》卷一一〇《周太祖本纪一》，第1448页。另郭威母姓王氏，此处称姨母为韩氏，当是从夫姓。

[6]《册府元龟》卷三八《帝王部·尊亲》，第430页。

此为周太祖诏书，其中明确指出“抚朕躬于幼冲之岁”，则《旧纪》所言当为实录。如此，抚养郭威的则是韩氏而非常氏。

C条与B条有些类似，只是所言为郭威成人之后的情况，但其中仍有颟顸之处。“依故人常氏”与“遂往应募”二者之间，其实存在一定程度上的抵牾。

D条出自评话，多认为作于宋代。虽是小说家言，仍有可资参考之处。如此条中虽然记郭威父母姓名皆与史不合，然所谓其母为常氏之妹一说，其实未必无因。

通过以上简要分析，我们发现有关郭威与常氏之间的四种说法几乎都是似是而非，都有一定真实的成分，又有各自难以贯通的地方。其实，所谓的“常氏”基本可以确定是常思。《旧五代史·常思传》云：

> 初，太祖微时，以季父待思，及即位，遣其妻入觐，太祖拜之如家人之礼，仍呼为叔母，其恩顾如是。[1]

《册府元龟》卷一七二《帝王部·求旧门二》对此有进一步的补充：

> （广顺元年）七月昭义节度使常思上言曰：“臣妻王氏入贡，蒙陛下致敬。臣惶恐无容自处。”诏曰：“朕以君臣之道，则外有朝廷之仪；骨肉之亲，则内有少长之敬。且朕与卿当夙昔之共事，实敦叙于周亲，安可此时使渝曩分。卿执恭为行，沥恳上章，虽谦谦之道可嘉，而亲亲之义难替。家人之礼，朕当必行。”帝微时，常思在上党，思夫妇奉帝甚谨，帝德之。及贵，遇恩益厚，虽居至尊之位，犹行家人之礼。[2]

所谓“思夫妇奉帝甚谨”云云，自然是史家虚语，实际情况是郭威“以季父待思”，B、C中所谓的“依故人常氏”云云，非属无因。而且郭威在登基之后，依然肯对常氏“行家人之礼”，又屡屡强调“骨肉之亲”“实敦叙于周亲”“亲亲之意”，则可见两家关系并非一般的“故人”，而确实有着某种亲属关系。

又《隆平集》卷一八《张永德传》云：

> 后二年，汉命（张）永德押赐昭义军节度使常遇生辰礼物。遇，周祖之外兄弟也。[3]

---

[1]《旧五代史》卷一二九《常思传》，第1697、1698页。

[2]《册府元龟》卷一七二《帝王部·求旧二》，第2086页。

[3]（宋）曾巩撰，王瑞来校证：《隆平集校证》卷一八《张永德传》，北京：中华书局，2012年，第526页。

此条又被《东都事略·张永德传》《宋史·张永德传》所采信。传中所言的“后二年”，指的是乾祐三年（950）郭威起兵篡位的前夕。而据《旧五代史·常思传》“汉有天下，迁检校太尉、昭义军节度使。……思在上党凡五年，无令誉可称……广顺二年秋，思来朝，加兼侍中，移镇宋州”所载[1]，可知当时的昭义军节度使是常思而非常遇。又因《隆平集》中明确指出常遇为郭威外兄弟，比“以季父待思”的常思要低一辈，可知“思”“遇”之别并非传抄中形近致误。常遇极有可能是常思之子侄，身份也并非昭义节度使，而是节度副使、留后一类的职位。这也符合唐末五代以来的藩镇传统。

常思夫人为王氏，与郭威母亲同姓，两者若为姐妹，常思常遇又为父子，则常遇正为郭威之表兄弟，与《隆平集》所载相合。正因两家有此亲缘关系，郭威才会投靠常思，并“以季父待思”，而常思夫妇也“奉帝甚谨”，乃至郭威称帝后“犹行家人之礼”。甚至正如郭威与柴荣的关系一样，常思有过收养郭威的想法或行动，因而才有郭威本“常氏之子”的传言。

当然，以上分析只是一种推测，一些地方并没有切实的证据。但这是目前能够将所有材料串联起来而基本贯通成立的解释，甚至就连《五代史平话》中郭威之母是常氏妹妹的说法也得到了一定程度上的印证。而更为重要的是，常氏不仅在早年间为少年郭威提供了生活上的帮助，在郭威发迹之后，同样为之提供了政治上的支持，是郭威能攫取最高权力的重要力量。

乾祐元年（948）汉隐帝即位之初，河中节度李守贞联合凤翔王景崇、永兴赵思绾起兵反抗中央，郭威受命统领诸将平定叛乱。当时汉军兵力占据上风，但军合力不齐，内部矛盾丛生，不能全力讨贼。郭威在这种情况下以“重臣”的身份来主持作战大局。可以说，平定叛乱的要点不是击溃外敌的军事问题，而是消弭内部分歧的政治问题。这就对领导者的威望有着较高的要求，但郭威在军中恰恰并无多少资历可言。《通鉴》卷二八八，乾祐元年八月条云：

> 诸将欲急攻城，威曰：“（李）守贞前朝宿将，健斗好施，屡立战功。况城临大河，楼堞完固，未易轻也。……”乃发诸州民夫二万余人，使白文珂等帅之，刳长壕，筑连城，列队伍而围之。威又谓诸将曰：“守贞向畏高祖，不敢鸱张；以我辈崛起太原，事功未著，有轻我心，故敢反耳。正宜静以制之。”[2]

[1]《旧五代史》卷一二九《常思传》，第1697、1698页。

[2]（宋）司马光：《资治通鉴》卷二八八，乾祐元年八月条，北京：中华书局，1956年，第9397、9398页。

郭威自承“事功未著”威望不足，“有轻我心”的并非仅指李守贞一人，汉军内部“老于军中”的宿将也大多抱有此心态。因此在备战之余，郭威还亟须提升自己的威望，而常思就恰好给了他这个机会。《通鉴》之后又云：

> 白文珂克西关城，栅于河西，常思栅于城南，（郭）威栅于城西。未几，威以常思无将领才，先遣归镇。[1]

郭威竟然如此轻易地就将一镇节度遣返归镇了，显得异常蹊跷。须知郭威之所以能成为平定三叛的主帅，正是由于白文珂、常思等人相互推诿逡巡不进，朝廷才让郭威督临诸军，起到协调统帅的作用。在后汉权威本就未能得到充分确立的背景下，各路节帅虚张声势，不肯为中央全力平叛，实属寻常。郭威出任主帅，目的是要促使诸将出征，他却以“无将领才”这一牵强借口，将本不愿出征的常思遣回昭义，反而正中其下怀。若说此次事件是郭、常二人配合演的双簧，或许有着臆测的成分，但从实际效果看，郭威成功树立了威望，常思则保全了实力，亦可称之为双赢。故郭威登基后还要在诏书里回忆与常思“夙昔之共事”的场景，不见丝毫尴尬。

如果说常思以自己不甚体面的归镇为郭威树立了威望还只是双方台面下的默契，那么常遇则是旗帜鲜明地支持郭威篡汉。乾祐三年时，后汉中央发生了极其激烈的政治动荡，汉隐帝为了夺取皇权，突然诛杀了枢密使杨邠、侍卫都指挥使史弘肇、三司使王章等重臣及其亲信家属。同时还派遣多位使臣持密诏到藩镇，下令诛杀杨、史等人的党羽，郭威即是其中的核心人物。潞州节度使常遇也接到隐帝密诏，使其诛杀郭威女婿张永德。不料常遇却反被张永德说动，倒向了郭威一方。这固然与当时汉隐帝不得人心的大势有关，但郭、常之间的亲密关系，想必也是常遇做出决策的重要依据。而潞州这样一个连接河南与河东的关键节点为郭威所掌握，也使得之后对北汉的战斗取得了主动权。

本节综合各种有关郭威与常氏关系的记载，做出一个推测性结论：郭威的一位姨母王氏即为常思之夫人，郭威在父母去世之后，因此亲缘关系投靠过常思，从而引发了郭威“本常氏之子”的流言。在郭威平定三叛的过程中，以“无将领才”为由遣返昭义军节度使常思归镇，既保存了常思的实力，又提升了自身的威望。常思之子常遇在面临汉隐帝与郭威对决的局面下，偏向了郭威一方，从而有助于后周的建立以及对北汉割据政权保持军事主动权。以上事迹充分说明了常氏一族对郭威乃至后周的重要性。

---

[1]《资治通鉴》卷二八八，乾祐元年八月条，第9397页。

三、事功未著：郭威早年事迹考

上节对郭威家世进行了考订，可知其父祖并未如《周太祖实录》中所记那么功绩显赫，甚至还有游离于梁、晋两方势力的嫌疑。这种尴尬的出身，加之父母的早夭，使得郭威早年的仕途并不顺利。虽然依据《旧五代史·周太祖纪》中的记载，郭威在天祐年间已然从军，累经大战，资历似乎并不算浅薄，但其实这些记载与《周太祖实录》一样，中间颇多讹误夸饰之语，有必要进行进一步的考订。弄清郭威早年行迹，有助于我们更好地理解其建立后周的背景与意义。

《旧五代史·周太祖本纪一》载郭威参军背景云：

> 天祐末，潞州节度使李嗣昭常山战殁，子继韬自称留后，南结梁朝，据城阻命，乃散金以募豪杰。帝时年十八，避吏壶关，依故人常氏，遂往应募。帝负气用刚，好斗多力，继韬奇之，或逾法犯禁，亦多假借焉。……其年，庄宗平梁，继韬伏诛，麾下牙兵配从马直，帝在籍中，时年二十一。[1]

由此可见，是李继韬起兵叛乱在先，郭威应募行伍在后，可谓是主动站到了唐庄宗的对立面。郭威这个选择说明他并未将唐庄宗视作天然的效忠对象，而是更为看好李继韬及其背后的后梁政权。同光元年（天祐二十年，923）四月庄宗称帝，十月灭梁，李继韬十一月入朝服罪，十二月被杀，潞州兵籍也当随之为庄宗所掌控，郭威也自此配属庄宗从马直。且不提郭威本身从逆的身份，新加入的从马直一军虽为庄宗亲军，却和藩镇牙兵一样，同样也是不稳定因素。同光四年三月，李嗣源起兵叛乱，就有受到从马直军士哗变胁迫的原因。四月，庄宗亦为从马直指挥使郭从谦所弑。郭威是否参与此次政变尚不可知，但能从《旧五代史·周太祖本纪一》之后记载中找到一些线索：

> 天成初，明宗幸浚郊。时朱守殷婴城拒命，帝从晋高祖一军率先登城。晋祖领副侍卫，以帝长于书计，召置麾下，令掌军籍，前后将臣，无不倚爱。[2]

朱守殷之叛在天成二年（927），当时晋高祖石敬瑭为六军诸卫副使，随明宗幸汴州时临时充任御营使[3]，一直负责统帅禁军。郭威既然“从晋高祖”，则可确认其仍为禁军。

[1][2]《旧五代史》卷一一〇《周太祖纪一》，第1448页。

[3]《旧五代史》卷七五《晋高祖本纪一》，第980页。

此外，有关唐明宗平定朱守殷一事，诸书记载多有不同。《新五代史·朱守殷传》称："明宗行至京水，闻守殷反，遣范延光驰兵傅其城，汴人开门纳延光，守殷自杀其族，乃引颈命左右斩之。"[1]破城将领为范延光，且为汴人主动开城投降，并无石敬瑭郭威先登事。宋人田况所撰《儒林公议》称朱守殷本已打算投降，但"（安）重诲已麾军登陴，势不可遏，城陷"[2]，破城者是安重诲。《通鉴》卷二七六、《册府元龟》卷八均归功于石敬瑭[3]，《册府》卷三六〇、卷三九六则分别称刘在明、郭延鲁因讨朱守殷先登而升为汴州马步军都指挥使[4]。值得一提的是，《册府元龟》卷八《帝王部·创业四》中详载郭威事迹，所据可能为《周太祖实录》，但其中并无郭威讨伐朱守殷先登破城之事[5]。

究竟是谁率先破城，已不可考。但有一点可以肯定，郭威的仕途并未因此役有多少改变。郭威自然不可能如石敬瑭、安重诲、范延光等人一样事后获封节度使、宰相、枢密使，也未能如刘在明、郭延鲁一样晋升为一州马步军都指挥使。《旧纪》中所谓石敬瑭因郭威"长于书记"而"令掌军籍"的事迹，其实也是郭威倾尽妻财，贿赂而来的。《隆平集》卷一八《张永德传》云：

> 明宗起邺，柴翁以女备掖庭。至洛，失宠出宫。过鸿沟遇雨，夫人叹曰："业缘在此矣！"乃出奁中物计，直千万，以半奉其父母，令归邺。因请曰："沟傍传舍长郭君，贵人也，愿归之。"父母大媿，终不能夺。既归周祖而谓之曰："妾奁中物五百余万，以资君，时不可失也。"周祖持赂军司，得主书计，遂至通显。[6]

这段柴氏慧眼识英雄的故事流传甚广，《东都事略》《宋史·张孝德传》都有所采信[7]，但称柴氏本庄宗嫔妃，这与明宗天成元年放宫人的事迹更为相

[1]《新五代史》卷五一《朱守殷传》，第574页。

[2]（宋）田况撰，张其凡点校：《儒林公议》，北京：中华书局，2017年，第122页。

[3]《资治通鉴》卷二七六，天成二年十月条，第9099页。《册府元龟》卷八《帝王部·创业四》，第89页。

[4]《册府元龟》卷三六〇《将帅部·立功一三》，第4277页；卷三九六《将帅部·勇敢三》，第4708页。

[5]《册府元龟》卷八《帝王部·创业四》，第92页。

[6]《隆平集校证》卷一八《张永德传》，第526页。

[7]（元）脱脱：《宋史》卷二五五《张永德传》，北京：中华书局，1977年，第8914页。

合[1]。郭威正是依靠了柴氏的资助，才获得了“主书记”的职位。然从《旧纪》的记载来看，郭威并未长期隶属石敬瑭。《旧五代史·周太祖本纪一》云：

> 清泰末，晋祖起于河东，时河阳节度使张彦琪为侍卫步军都指挥使，奉命北伐，帝从之。[2]

这里所谓的“北伐”即指石敬瑭起兵叛乱，唐末帝李从珂派兵平叛。统帅张彦琪既为侍卫步军都指挥使，那么郭威仍隶属后唐禁军，与后晋高祖站在了对立面，而非其部将。因此，在后晋立国后，郭威仕途依旧无甚起色。这一点从他的第二段婚姻也能看出。

《宋史·杨廷璋传》载：“杨廷璋字温玉，真定人。家世素微贱，有姊寡居京师，周祖微时，欲聘之，姊不从，令媒氏传言恐逼，姊以告廷璋。廷璋往见周祖，归谓姊曰：‘此人姿貌异常，不可拒。’姊乃从之。”[3]又据《新五代史·周太祖家人传》知道当时“太祖方事汉高祖于太原”[4]，而刘知远镇太原，则在后晋天福六年（941）[5]。也即是说，两段婚姻的十余年间郭威的身份并未发生大的改变，仍处于“微时”的状态，所以也只能选择与同样“家世素微贱”的杨氏联姻。

然而郭威的仕途也正在此时迎来了转机。《旧纪》称：

> 汉高祖为侍卫马步都虞候，召置左右。……范延光叛于魏，命杨光远讨之，帝当行，意不愿从。或谓帝曰：“杨公当朝重勋，子不欲从，何也？”帝曰：“杨公素无英雄气，得我何用？能用我其刘公乎！”汉祖累镇藩阃，皆从之。及镇并门，尤深待遇，出入帷幄，受腹心之寄，帝亦悉心竭力，知无不为。[6]

刘知远为侍卫马步军都虞候，事在天福元年（936）六月，郭威当作为降卒接受了刘知远的整编。范延光之叛则在次年十一月，郭威身为禁军，居然可以抗命不从杨光远出征，这一方面说明他的确看好刘知远，愿意舍身效忠；另一

[1]《旧五代史》卷三六《唐明宗本纪二》：“（天成元年四月）制改同光四年为天成元年，大赦天下。后宫内职量留一百人，内官三十人，教坊一百人，鹰坊二十人，御厨五十人，其余任从所适。”第495页。

[2][6]《旧五代史》卷一一〇《周太祖本纪一》，第1449页。

[3]《宋史》卷二五五《杨廷璋传》，第8903页。

[4]《新五代史》卷一九《周太祖家人传·淑妃杨氏》，第198页。

[5]《旧五代史》卷九九《汉高祖本纪上》：“（天福）六年七月，授（刘知远）北京留守、河东节度使。”第1323页。

方面也说明他得到了刘知远的庇护，才能免于军法。自此，郭威由专属朝廷的禁军，成为依附于刘知远个人的僚佐，一直跟随刘知远出守各地节镇。这也成为他真正发迹的起点。

而刘知远之所以如此信重郭威，则可能与之渐受晋高祖疏远有关。天福三年时[1]，刘知远就因和杜重威一起加同平章事衔而“愤然不乐，恳让不受，杜门不出者数日”，晋高祖也十分生气，甚至“召宰相赵莹等议落帝（刘知远）兵权，任归私第”，最终在赵莹的劝说下才打消此念，刘知远也最终接受了此项任命[2]。刘知远之所以愤愤不平，除不满与杜重威并列之外，更多的应该是出任地方节度、远离了决策层之故。晋高祖虽未就此剥落刘知远兵权，但终后晋一朝，再未将其调入中枢，决掌朝廷大政。在晋少帝时代，刘知远与中央进一步离心离德，见死不救，坐视后晋灭亡。

在此背景下，刘知远招揽了不少心腹，以充实自身实力。史弘肇、苏逢吉、杨邠、王章、郭威等都是在此时投入其麾下。这一批人大都身份低微，甚至不少人还有从叛从伪的经历。郭威事迹已详见上考。其他人也与之类似，如史弘肇曾是后梁将领。苏逢吉之父苏悦，“初仕蜀，官升朝列”[3]，亦是伪官。杨邠是后唐孔谦的侄女婿，并在孔谦的帮助下，历孟、华、郓三州粮料使[4]，但孔谦为明宗所诛，杨邠在后唐一朝就此默默无闻。王章更是曾在后唐清泰年间追随捧圣军都虞候张令昭叛乱，依靠岳父白文珂的关系才得免于罪[5]。总之，这一群人或本非出自沙陀河东代北集团一系，或因政治动荡遭受打击，在后晋初年皆不受重用，才能得不到施展。刘知远身为藩镇，又隐隐与晋高祖不协，很难获得其他河东元老宿将的支持，只得与郭威、史弘肇等人纠合在一起，共同形成了后汉建国后的核心决策层。

综合以上郭威早年仕宦以及婚姻经历，我们可以得知，郭威从军伊始，就带有叛军的烙印。之后虽长期充为禁军，但总因政治动荡而屡次站在了新君的对立面，并未受到重视。直至后晋时跟随刘知远，仕途才渐有起色。与郭威经历类似的还有史弘肇、苏逢吉、杨邠、王章等人，这样一批未能融入当时主流统治层的文士军将团结在刘知远周围，为后汉的建立奠定了基础。那么郭威又

[1]《资治通鉴》将此事系于天福四年。

[2]《旧五代史》卷九九《汉高祖本纪上》，第1323页。

[3]《旧五代史》卷一〇八《苏逢吉传》，第1422页。

[4]《旧五代史》卷一〇七《杨邠传》，第1408页。

[5]《旧五代史》卷一〇七《王章传》，第1409页。

是如何从这一群人中脱颖而出，最终创立后周的呢？这是我们下一节要讨论的问题。

四、人情未一：郭威建周考

上节中已经充分论述了郭威在追随刘知远之前，身份很是卑微的现状。之后，郭威参与谋划建汉，地位飞速上升，后汉正式建立之时，他已是枢密副使了。然而官位的提升不代表权威的确立，《旧五代史·周太祖本纪四》最后赞语即称："昔在初潜，未闻多誉。洎西平蒲阪，北镇邺台，有统御之劳，显英伟之量。"[1]所谓的"西平蒲阪"，指的便是平定李守贞、王景崇、赵思绾的叛乱，这在第二节中已有所涉及。此处主要谈谈"北镇邺台"，也即郭威真正得以起兵篡汉建周的背景及过程。

乾祐三年四月，契丹入侵，后汉朝廷决定派遣郭威以枢密使的身份出镇邺城，同时任天雄军节度使，统筹河北各藩镇抵御契丹。郭威由此攫取了整个河北的军政大权，史称"兵甲钱谷，但见郭威文书，立皆禀应"[2]。张其凡先生对此现象分析称"郭威在后汉时，虽为枢密副使、枢密使，但专掌领军出征之事，实际是禁军统帅"[3]，旨在强调获取禁军支持是郭威得以代汉建周的关键，但是似乎对郭威枢密使的身份论述不足。其实关于郭威出镇统军是否要带枢密使衔，在当时引起了很大的争论。

苏逢吉为首的文官派以"以内制外，顺也；今反以外制内，其可乎"为由，表示郭威不宜继续保有枢密使的身份，史弘肇为首的武将派则坚决反对，称"领枢密使则可以便宜从事，诸军畏服，号令行矣"[4]。最终汉隐帝还是听取了史弘肇的意见，保留郭威枢密使之职。

这场争论虽以史弘肇、郭威等人的胜利而告终，却使得朝堂内部的矛盾激烈地爆发了出来，自此以后，"将相不协如水火矣"[5]。而重臣间的不和，给了渐渐年长的汉隐帝夺回皇权的机会。终于，在乾祐三年十二月，汉隐帝采用突袭的手段，诛杀了在朝中的史弘肇、杨邠、王章，并派遣密使令郭崇、李洪义、常遇处决郭威、王殷、张永德等人。但隐帝这种无故诛杀重臣的行为引起了广泛的

---

[1]《旧五代史》卷一一三《周太祖本纪四》，第1505页。

[2][4]《资治通鉴》卷二八九，乾祐三年四月条，第9422页。

[3]张其凡：《五代政权递嬗之考察——兼评周世宗的整军》，《华南师范大学学报（社会科学版）》1985年第1期，第28页。又参氏著《五代禁军初探》，广州：暨南大学出版社，1993年，第90页。

[5]《旧五代史》卷一〇七《史弘肇传》，第1406页。

疑虑，郭崇、李洪义、常遇纷纷临阵倒戈，反而拥护郭威起兵“清君侧”。

《旧纪》中在此处不断渲染郭威深得军心，起兵之时一呼百应，似乎消灭后汉是一气呵成之事。但其实正如那些描绘他父祖家世、早年功绩的记载一样，其间也包含夸大成分。需要注意，郭威外镇邺都在乾祐三年四月，十一月即起兵，真正控制河北的时间不过半年多，尚未能彻底掌握军心。《后周索万进墓志》为此提供了不少细节：

> 降及周室，起自澶泉。公部领兵师，方敌猃狁。此际人情未一，国步多艰。帝乃密赐勾抽，公即急来应副。公自贝州领手下五指挥人马，一程至滑州诣行在。寻时草见，亲奉圣谟，委以传宣，果然定叠共致。一人警跸，万姓悦遂。”[1]

郭威“密赐勾抽”，征调索万进率五指挥赴滑州。由于索万进进军神速，较早与郭威汇合，被赋予了一项重要使命，即所谓“亲奉圣谟，委以传宣”。其具体内容是什么呢？《东都事略》卷一八《魏仁浦传》云：

> 汉隐帝遣使害太祖，仁浦曰：“公有大功于朝廷，握强兵，临重镇，以谗见疑，岂可坐而待死？”教以易其语，云“诛将士”，以激怒心。太祖纳其言，遂长驱渡河。[2]

又《通鉴》卷二八九，乾祐三年十一月条云：

> 郭威取滑州库物以劳将士，且谕之曰：“闻侯令公已督诸军自南来，今遇之，交战则非入朝之义，不战则为其所屠。吾欲全汝曹功名，不若奉行前诏，吾死不恨！”（胡注：郭威以此观众心向背耳。）皆曰：“国家负公，公不负国，所以万人争奋，如报私雠，侯益辈何能为乎！”王峻徇于众曰：“我得公处分，俟克京城，听旬日剽掠。”众皆踊跃。[3]

则索万进传宣之“圣谟”若非“诛将士”之虚语，即是“听剽掠”之实惠。但我们从中可以看出以当时郭威权柄之重，仍需靠“诛将士”的谣言煽动军心，以“听剽掠”的政策团结将士，否则便是“坐而待死”。甚至到了滑州之后，首要事宜即是“取滑州库物以劳将士”，其次则劝将士杀己以全功名。胡三省

---

[1] 墓志录文见贺玉萍：《后周索万进墓志考释》，《洛阳师范学院学报》2007年第6期，第18、19页。标点略有修改。

[2]（宋）王偁撰，刘晓东点校：《东都事略》卷一八《魏仁浦传》，济南：齐鲁书社，2000年，第143、144页。

[3]《资治通鉴》卷二八九，乾祐三年十一月条，第9435页。

所谓“郭威以此观众心之向背耳”是也。然其如此惺惺作态，则正说明他对军心无绝对的把握，还需试探观察，这与《索万进墓志》中所言“人情未一，国步多艰”可互相印证。

郭威之所以在“人情未一”的情况下依旧能取得对汉隐帝作战的胜利，其原因在于对方人心上更加动荡。汉隐帝所诛杀的不仅是史弘肇、杨邠、王章等首脑，更波及了许多禁军将领[1]。而任命慕容彦超为主帅更是军事失败的直接诱因。慕容彦超是汉高祖的同母弟，但军事能力相当一般。在面对郭威大军之时，宿将侯益曾献计：“王者无敌于天下，兵不宜轻出，况大名戍卒家属尽在京城，不如闭关以挫其锐，遣其母妻发降以招之，可不战而定。”[2]应当说，侯益的建议很有道理，郭威麾下禁军人情不一，利于速战，难于攻坚。若时日迁延，加之禁军家属动摇军心，则极易生乱，所谓“不战而定”是也。但慕容彦超又犯了冒进的错误，认为侯益是“懦夫计”，决定主动出击。率领这样一支人心惶惶的军队战斗，其结果显而易见。慕容彦超麾下仅“死者百余人”便已崩溃，侯益、吴虔裕等人交战之时作壁上观，战斗结束后便潜通北军。汉隐帝所率诸军就此烟消云散，自己也兵败被杀。郭威取得了胜利，顺利进入大梁。

然而汉隐帝的失败不代表郭威能轻易篡夺帝位，郭威还是面临着许多挑战，朝廷内部还处于一种“汉大臣不即推尊之”的状态[3]。所谓“汉大臣”，指的便是冯道。《五代史阙文》“周太祖冯道”条云：

> 周祖入京师，百官谒，周祖见道犹设拜，意道便行推戴。道受拜如平时，徐曰：“侍中此行不易。”周祖气沮，故禅代之谋稍缓。及请道诣徐州册湘阴公为汉嗣，道曰：“侍中由衷乎？”周祖设誓，道曰：“莫教老夫为谬语人。”及行，谓人曰：“平生不谬语，今为谬语人矣。”[4]

---

[1]《旧五代史》卷一〇三《汉隐帝本纪下》云：“又诛弘肇弟小底军都虞候弘朗、如京使甄彦奇、内常侍辛从审、杨邠子比部员外郎廷侃、右卫将军廷伟、左赞善大夫廷倚、王章侄右领卫将军旻、子婿户部员外郎张贻肃、枢密院副承宣郭颙、控鹤都虞候高进、侍卫都承局荆南金、三司都勾官柴训等。分兵收捕邠等家属及部曲傔从，尽戮之。”第1369页。

[2]《宋史》卷二五四《侯益传》，第8882页。

[3]《新五代史》卷七〇《刘旻世家》，第864页。

[4]（宋）王禹偁撰，顾薇薇点校：《五代史阙文·周太祖冯道》，载傅璇琮编《五代史书汇编》，杭州出版社，2005年，第2458页。“高祖设誓”以下原作“道曰：‘莫教老夫为谬语，令为谬语人’”。按郭威当时为枢密使兼侍中，未可称“令”，且此句语义重复。《资治通鉴》卷二八九，乾祐三年十一月胡注引《考异》引《五代史阙文》如上（第9441页），语义更为通畅，今据改补。可参见张明华：《论冯道“不知廉耻”历史形象的塑造与传播》，《史学月刊》2012年第5期，第101—109页。

冯道在后汉时已经是“奉朝请外，平居自适”[1]，游离于核心决策圈外，在政治上已经没有太大的追求，到了“安于当代”“老而自乐”的时候[2]。但此时冯道却能站出来接受郭威设拜，不异常时，致使“周祖气沮”，“禅代之谋稍缓”，这似乎不符其平时作为。然而我们认识中冯道“廉智自将，阳愚远祸”的形象来自欧阳修的《新五代史》，其中更称：“道前事九君，未尝谏诤。”[3]但据《册府元龟》卷三一四《宰辅部·谋猷四》、卷三二八《宰辅部·谏诤四》，仅在后唐明宗朝，冯道就有十余次谏言[4]，可见欧阳修所言不实，带有强烈的丑化意识，其实不足为凭。

《通鉴考异》对此则另有一番解释：

> 按周祖举兵既克京城，所以不即为帝者，盖以汉之宗室崇在河东，信在许州，赟在徐州，若遽代汉，虑三镇举兵以兴复为辞，则中外必有响应者，故阳称辅立宗子。信素庸愚，不足畏忌；赟乃崇子，故迎赟而立之，使两镇息谋，俟其离徐已远，去京稍近，然后并信除之，则三镇去其二矣，然后自立，则所与为敌者唯崇而已。此其谋也，岂冯道受拜之所能沮乎！道之所以受拜如平时者，正欲示器宇凝重耳。[5]

这段材料向我们交代了郭威入汴之后的天下形势，“汉之宗室崇在河东，信在许州，赟在徐州”，其中刘赟更是刘崇之子。三位节度对汴梁形成包夹之势，郭威需要分而治之。故先推戴刘赟为帝，则刘崇会暂时被稳住，所谓“两镇息谋”。等到刘赟离开徐州之后，则“并信除之”，最后就只剩下刘崇一人，较为容易对付。冯道看破郭威虚实，知道其对军队掌握程度有限，故同样有桀骜表现，能“示器宇凝重”。而郭威要请刘赟入朝，则又必须依靠这位“三十年旧相”的威望，对其愈是尊敬，则愈能赢得刘赟的信任。郭威甚至在十一月二十七日决定由刘赟继位之后，立刻启程返回河北，以示无私之意，其目的还是在于拖延时间，为自己夺权做准备。

然而事件的发展并未按照郭威的预想进行。行军至澶州之时，发生了兵变。《旧五代史·周太祖本纪一》详载兵变经过：

---

[1]《旧五代史》卷一二六《冯道传》，第1661页。

[2]《旧五代史》卷一二六《冯道传》，第1664页。

[3]《新五代史》卷五四《冯道传》，第615页。

[4] 房锐：《狼虎丛中也立身——从〈北梦琐言〉所载史事论冯道》，《晋阳学刊》2004年第2期，第76—79页。

[5]《资治通鉴》卷二八九，乾祐三年十一月条《考异》，第9440页。

> 十二月一日，帝发离京师。四日，至滑州，驻马数日。会湘阴公遣使慰劳诸将，受宣之际，相顾不拜，皆窃言曰：“我辈陷京师，各各负罪，若刘氏复立，则无种矣。”或有以其言告帝者，帝愕然，即时进途。十六日，至澶州。……十九日，下令诸军进发。二十日，诸军将士大噪趋驿，如墙而进，帝闭门拒之。军士登墙越屋而入，请帝为天子。乱军山积，登阶匝陛，扶抱拥迫，或有裂黄旗以被帝体，以代赭袍，山呼震地。帝在万众之中，声气沮丧，闷绝数四，左右亲卫，星散窜匿。帝即登城楼，稍得安息，诸军遂拥帝南行。时河冰初解，浮梁未构。是夜北风凛烈，比旦冰坚可渡，诸军遂济，众谓之“凌桥”，济竟冰泮，时人异之。[1]

此次军变并非出于郭威阴谋策划。首先刘赟派遣使者到滑州“慰劳诸将”，但诸将却称“若刘氏复立，则无种矣”，明显抱有敌对态度。若郭威有心主动策划诸将黄袍加身，则此时正是军心可用，即可称帝。然郭威采取的行动却是“即时进途”，继续向北行军，十六日至澶州，十九日又“下令诸军进发”，《册府元龟》记为：“十九日，六军履冰渡河，次澶州驿舍。”[2]二十日即发生所谓“澶州军乱”，诸军拥立郭威为天子。矛盾何以未在刘赟使者到来时爆发，反而在隔了数日之后才有此举？这可能与渡河有关。郭威所率诸军其实是中央屯驻河北的禁军，正如侯益所言“大名戍卒家属尽在京城”[3]，根本不愿远驻河北。渡过黄河天险，容易触动背井离乡之情，是心理底线所在，故诸军大躁，乃至“登阶匝陛，扶抱拥迫”，“拥帝南行”。郭威原本树立刘赟傀儡的计划就此破产，只得被诸军裹挟南下。

回京之后，十二月二十七日李太后便下诏令郭威监国，二十八日郭威接受任命，并下监国教，备叙自己为诸军胁迫之情。于是“文武百官、内外将帅、藩臣郡守等，相继上表劝进”。然而三十日“御营西北隅步军将校因醉扬言‘昨澶州马军扶策，步军今欲扶策’”[4]。此时郭威登基已成定局，却仍有部分步军将校横生枝节，欲立扶策之功。这虽亦是郭威受到军士推戴之一证，但更多暴露了其对部下掌控不足，军士也对其能否顺利登基抱有疑虑，否则又何必在此时采取军变手段扶策？

上文已经反复分析，郭威于后汉一朝迅速崛起，从后汉高祖起兵到隐帝

[1]《旧五代史》卷一一〇《周太祖本纪一》，第1455、1456页。

[2]《册府元龟》卷八《帝王部·创业四》，第95页。

[3]《宋史》卷二五四《侯益传》，第8882页。

[4]《旧五代史》卷一一〇《周太祖本纪一》，第1457页。

覆灭也不过四年有余，虽然其间郭威南征北讨，出将入相，但资历根基终较浅薄。仓促登上帝位，其实为之后埋下了不少隐患。

首先就是后汉宗室残党并未直接放弃抵抗。本来用作傀儡天子的湘阴公刘赟因澶州军变提前被杀，其部将巩廷美、杨温则据徐州反叛。兖州节度使慕容彦超在保卫汉隐帝的作战失败之后，便回到兖州继续反抗。这两场叛乱都被迅速平定，但郭威一心想要稳住的河东刘崇却正式称帝，依靠地利与契丹的支持割据一方，是为北汉。这个割据政权直到宋太宗太平兴国四年（979）才被消灭，不得不说这是郭威急于称帝造成的后果。

在朝堂内部，其实郭威也还未彻底掌握人事权。史称："太祖登极之初，务存谦抑，潜龙将佐，未甚进用。"[1]又当刘崇得知郭威登基之后，引契丹兵马大举南下，郭威欲御驾亲征，王峻则对他说："陛下新即位，不宜轻举。今朝中受圣知者，惟李谷、范质而已。陛下若车驾出汜水，则慕容彦超以贼军入汴，大事去矣。"[2]可见当时郭威地位尚不稳固，心腹中可堪大用者也仅李谷、范质而已，而这两人又都是文臣，未能掌握军队，只要慕容彦超趁机攻汴，禁军未必肯奋力作战，故而"不宜轻举"，失去了一举平定河东的机会。

不仅如此，郭威甚至还要牺牲一部分中央集权来换取地方藩镇的支持。他在即位大赦制中曾为杨邠、史弘肇、王章等人平反追赠，这当然是在强调汉隐帝为宵小所误，擅杀朝臣，自己是迫不得已起兵，为弑君之举寻找理由。但杨邠所制定的政策却未能保留下来，制文称：

> 天下诸侯，皆有亲戚，自可慎择委任，必当克效参裨。朝廷选差，理或未当，宜矫前失，庶叶通规。其先于在京诸司差军将充诸州郡元从都押衙、孔目官、内知客等，并可停废，仍勒却还旧处职役。[3]

这里所谓"理或未当""前失"，指的正是杨邠。《宋史·李洪信传》云："杨邠以元从功臣为方镇者不谙政务，令三司择军将分补诸镇都押牙、孔目官，或恃以朝选，藩帅难制。"[4]军中中低层官员将校由三司指派，正是中央收拢地方权力的重要之举。此举若能持续推行，则藩镇之患势必逐渐消弭，应当说此政策大大有利于中央集权、提升皇帝的权威。但郭威废除这项政策，又

[1]《旧五代史》卷一三〇《王峻传》，第1713页。

[2]《五代史阙文》"王峻条"，第2459页。

[3]《旧五代史》卷一一〇《周太祖本纪一》，第1460页。按"皆有亲校"原作"皆有亲戚"，据修订本改，第1698页。

[4]《宋史》卷二五二《李洪信传》，第8853页。

将地方幕僚的任免权还归地方，这显然是安抚各地藩镇的无奈之举[1]。

当然，在郭威登基之后，也努力实施多项改革举措来应对这一局面，前贤多有论及。只是这些改革大多浅尝辄止，未能深入展开，笔者在《再论郭威改革》一文中也已予以讨论[2]，此处不再赘述。

综上所述，郭威在平定三叛之后，权势威望大幅上升，之后又以枢密使的身份出镇邺都抵御契丹，掌控了河北各藩的军力财力。然而这种安排引起了朝中的激烈争论，最终导致了中枢的分裂。隐帝趁机诛杀了郭威一方的史弘肇、杨邠等人，并试图安排郭崇处决郭威。不料郭崇临阵倒戈，拥戴郭威起兵清君侧，致使后汉覆灭。虽然郭威在军事上取得了胜利，但在政治上仍然面临不少阻力。军将们的黄袍加身，又打乱了他扶立傀儡天子的计划，从而未能安抚住河东节度使刘崇，使之得以建立北汉，割据一方。在朝中内部，郭威也不得不采取一些妥协政策以换取重臣、藩镇的支持。

五、余　论

通过以上对郭威家世及其建立后周前事迹的考察，我们可以勾勒出郭威早年的人生轨迹：出生于后梁境内，三岁时因战争迁徙至太原，父亲之前身为晋军将领，但摇摆于梁、晋之间，未能受到重用，默默无闻地死于晋军对燕战争之中。年幼的郭威先后被姨母韩氏、亲戚常思所抚养。成年之后，加入后梁李继韬军，旋即为唐庄宗所破，又被编入后唐亲军从马直。其后政局屡经动荡，郭威身份低微，只能随波逐流，仕途一直没有什么起色。直到跟随刘知远，才渐渐得以重用。后汉初建，郭威率军平定李守贞等人叛乱，在军中正式树立起了威望。之后又以枢密使的身份出镇河北抵御契丹。最终汉隐帝意图重申皇权，下诏诛杀郭威，郭威则在将士的拥戴下起兵叛汉，建立后周。然由于郭威依旧没有足够的威望资历，朝廷内外都面临较大的压力，郭威不得不采取了一些妥协政策，甚至面对河东节度使刘崇的叛乱，也只能采取守势，最终导致了北汉割据的局面。

纵观郭威的前半生，其实一直为出身寒微、资历浅薄所困扰。而这一事实却与史籍中所希望传达的形象大有不同。《周太祖实录》企图为郭威构造一

[1] 曾育荣先生竟将此举视为“周太祖刻意削夺地方权力，逐步加强中央集权”。恐对史料有所误读。参见曾育荣：《后周太祖郭威内政改革琐论》，《湖北大学学报（哲学社会科学版）》2003年第3期，第84、85页。

[2] 罗亮：《再论郭威改革》，第206、216页。

批“英雄祖先”，他们与后唐李克用集团世代相连，与之休戚与共，但郭威出生的地点则透露出郭氏家族有着投降后梁的可能。《旧五代史·周太祖纪》中强调郭威历事唐庄宗、唐明宗、晋高祖、汉高祖，好像在军中屡立战功，但也总在无意之间让我们忽略，郭威所在的从马直是挑动庄明之际政变的导火索，而郭威本人亦曾在清泰年间讨伐过石敬瑭。由于郭威在后汉时代的飞速崛起，又使得我们自动忽略了他“事功未著”的事实。王夫之《读通鉴论》中称“得国而速亡，未有如沙陀刘氏者也；反者一起，兵未血刃，众即溃，君即死，国即亡，易如吹槁，亦未有如沙陀刘氏者也”[1]，则又低估了周汉之际政局的复杂性，正是因为汉隐帝、湘阴公刘赟的“速亡”，才导致郭威无法从容部署，使得刘崇有了割据河东的可能。

无论史籍记载得多么详尽，它们传递给我们的信息较之于历史本身，都是简单的、片面的、单一的。这种简单、片面、单一的整体印象形成之后，又使得我们会在无意间忽略掉那些少量的、细碎的差异。然而正是这些细节，才有可能让我们的认识变得更为多维和立体。追寻揭示这些细节的过程，也正是探寻历史的乐趣所在。

（作者单位：中山大学历史学系）

[1]（清）王夫之：《读通鉴论》卷三〇《五代下》，北京：中华书局，1975年，第1078页。

The History before the Founding of The Late Zhou: Research on Guo Wei's Family Background and Official Experience

Luo Liang

[Abstract] Guo Wei（郭威）, the emperor of The Late Zhou（后周）, was one of the outstanding emperors of the Five Dynasties. However, his deeds had not been paid much attention until The Late Zhou was founded. There are some records of his ancestors as government officials in the handed-down documents（新旧《五代史》、《册府元龟》）, but many of them are not true, which were fabricated by Guo Wei in order to make a close relationship with the Shatuo（沙陀）Regime represented by Li Keyong（李克用）, Li Cunxu（李存勖）, etc. During the younger age, Guo Wei was at an inferior rank and then sought refuge with Chang Si（常思）who might be his uncle. He joined the army at the adulthood but was always at loggerheads with the person in power because of political unrests. He didn't get power until early years of Tianfu（天福）period when he became a subordinate of Liu Zhiyuan（刘知远）.Due to the lack of prestige, Guo Wei had to compromise with some important officials during the course of replacing the Late Han by the Late Zhou so that the best opportunity of eliminating Liu Chong（刘崇）of the Northern Han was delayed, which in turn profoundly affected the political development of the Late Zhou and early Song Dynasty.

宗教与文化

官私书目著录隋代佛教撰述考释*

秦　琼

中国佛教，虽根源译典，但义理发挥，在于本土撰述。隋代佛教，承袭汉魏以来数百年发展之成果，撰述渐丰。僧俗人士撰写的佛教撰述，以注疏、传记、目录等多种形式，表现了我国僧侣与士大夫等知识阶层对于佛理之契会。隋代佛教撰述作为时人撰写的文献资料，对隋代佛教乃至当时政治、经济、文化的研究起到了推动作用。“汉、隋、唐、宋之史，俱有《艺文志》，然《汉志》所载之书，以《隋志》考之，十已亡其六七，以《宋志》考之，隋唐亦复如是”[1]。隋代佛教撰述自完成至今已有千年之久，历经战乱、火灾、人为损坏、自然淘汰等，不少书籍早已亡佚，所幸在官私书目中曾有著录，可窥其端倪[2]。

一、官修史志著录隋代佛教撰述考

自西汉以来，几乎每个朝代都有政府组织的大规模图书整理工作，并编撰图书目录。由于其为官修，大多著录较为完备，真实可信。隋代佛教撰述最早著录于《隋书》，其中不乏一些已亡佚之佛典，且仅见于此。

（一）《隋书》著录

《隋书·经籍志》（以下简称《隋志》，其余史志目录亦同此例）在现存

---

* 本文系国家留学基金委员会资助（项目编号：201806100031）、“从明州到京都：宁波古建筑历史情状及其对日韩的影响研究”（项目编号：NBMC-20172139G）阶段性成果。

[1]（元）马端临：《文献通考·自序》，北京：中华书局，1986年，第8页上。

[2] 关于隋代佛教撰述界定及历代藏经著录讹误，可参考拙作《汉文大藏经收录隋代佛教撰述考辨》，载杜文玉主编《唐史论丛》第二十八辑，西安：三秦出版社，2019年，第243—258页。

官修史志中最早使用四部分类，佛、道之书附于四部之后，佛典部分再被分为大乘经、小乘经、杂经、杂疑经、大乘律、小乘律、杂律、大乘论、小乘论、杂论十类。惜此处仅列出数量，而无具体书目[1]。此外，隋代佛教撰述还见于《隋志》之史部、子部，以及《隋书》列传部分。

1.《隋书·经籍志》著录

《舍利感应记》三卷[2]，今存。著者王劭，字君懋，山西太原人，生卒年不详，历北齐、北周、隋三代，隋文帝时任著作佐郎，炀帝时迁内史舍人，专典国史，撰有《隋书》[3]。《舍利感应记》一书在《广弘明集》有收录[4]，不分卷；《法苑珠林》引录[5]，注为二十卷，但其所载全文字数仅1800余，应该不足二十卷。此外，文中言及仁寿元年十月十五日正午三十州同起舍利塔一事[6]，故知今本完成于仁寿元年之后。

《大隋翻经婆罗门法师外国传》五卷[7]，今佚[8]，著者不详。“婆罗门”原指印度教四种姓之首的僧侣贵族集团，其垄断了解释宗教经典和祭神的特权[9]，而法师一般是对僧侣中有学识者的尊称[10]。依照字面意思似与佛教关系

[1] 其仅简略指出佛典总数及各类数量，未如其他诸类一般详细列出具体书目名称、卷数、撰者等，故不知《隋书》（北京：中华书局，2019年，第1241页）所指1950部佛典中是否包括隋代佛教撰述。

[2]（唐）魏徵：《隋书》卷三三《经籍志二》，北京：中华书局，2019年，第1109页。

[3]《隋书》卷六九《王劭传》载其撰《隋书》八十卷（第1806页），卷三三《经籍志二》载秘书监王劭撰《隋书》六十卷未成（1090页）。2019年中华书局点校本《隋书》认为此“六十卷未成本”为别本，暂存疑。王劭撰有《隋书》可以确定。

[4]（唐）道宣：《广弘明集》卷一七《佛德篇第三之三》，上海古籍出版社，1991年，第220—223页。

[5]（唐）释道世著，周叔迦、苏晋仁校注：《法苑珠林校注》卷四〇《舍利篇第三十七·感福部》，北京：中华书局，2003年，第1275—1279页。

[6]《广弘明集》卷一七《佛德篇第三之三》，第220页下。

[7]《隋书》卷三三《经籍志二》，第1115页。除此书外，《隋志》记载以婆罗门命名的书籍还有九部：《婆罗门书》一卷；《婆罗门天文经》二十一卷，婆罗门舍仙人所说；《婆罗门竭伽仙人天文说》三十卷；《婆罗门天文》一卷；《婆罗门算法》三卷；《婆罗门阴阳算历》一卷；《婆罗门算经》三卷；《婆罗门诸仙药方》二十卷；《婆罗门药方》五卷。此九部书籍均以医药等技艺为主要内容，按照本文择选标准，不予研究。

[8] 梁启超先生亦认为此书已亡佚，见梁启超：《佛学研究十八篇》，上海古籍出版社，2001年，第142页。

[9] 朱寰主编，王永本、王治邦编著：《世界上古中古史》，北京：高等教育出版社，2011年，第120页。

[10] 陈兵编：《新编佛教词典》，北京：中国世界语出版社，1994年，第294页。

不大，但这种认识可能较为片面，原因有以下三点：第一，隋代对婆罗门教与佛教的划分并不清晰。婆罗门教与佛教同源于印度，本身就有着千丝万缕的联系。严耀中教授曾指出“在中国古代，婆罗门教的文化内容与佛教内容相混杂，婆罗门教徒与出身婆罗门种姓的佛僧相混杂，是常有的事”[1]。《隋书》亦将婆罗门与佛教相联系，甚至等同视之。如《隋书》云“其俗敬佛，尤重婆罗门”[2]，即将婆罗门看作佛教的分支。第二，所谓“婆罗门书”与佛典传入汉地之途径有重合。《隋书》载：“自后汉佛法行于中国，又得西域胡书，能以十四字贯一切音，文省而义广，谓之婆罗门书。”[3]这里的“婆罗门书”几乎等同于西域胡书[4]。任继愈先生曾指出“（佛教）向北传入大夏、安息以及大月氏，并越过葱岭传入中国西北地区，最后传入中国内地”[5]。虽然此“婆罗门书”既不能直接确定为婆罗门经典，也无法确认为佛教典籍，但可以看出“婆罗门书”与佛教典籍传入之路径有重合。“婆罗门”与“佛教”概念亦发生交互。第三，唐代存在二者混淆的情况。《大唐故三藏玄奘法师行状》直接指出“然译经之事……先代翻译，多是婆罗门法师”[6]。三藏法师为佛教法相唯识宗始祖，译经大德，其所言“译经”盖为佛经。此书却说翻译佛经之人是婆罗门法师，盖是将佛教与婆罗门相混淆之故。基于以上三点，笔者认为《大隋翻经婆罗门法师外国传》很可能是与佛教相关之著作。又史念海先生曾指出：“《大隋翻经婆罗门法师外国传》……虽无撰述者姓氏，当系出于隋时人士手笔。”[7]因此，《大隋翻经婆罗门法师外国传》可视为隋人所著佛教典籍。

[1] 严耀中：《魏晋南北朝史考论》，上海人民出版社，2010年，第311页。

[2]《隋书》卷八二《赤土传》，第2062页。

[3]《隋书》卷三二《经籍志一》，第1069页。

[4] 这里的“婆罗门书”可能是指教人拼写婆罗门字母的书。而此婆罗门字母应该是梵文系统的一种字母，由于其包括七个元音，又分长短，所以是十四字。也有观点认为是《悉昙章》的别名，可参考：束景南：《“婆罗门书”考辨》，《文献》1995年第04期，第263—271页；施向东：《悉昙学与等韵学关系再探》，收入《汉文佛典语言学·第三届汉文佛典语言学国际研讨会论文集》，台北：法鼓文化出版社，2011年。

[5] 任继愈：《中国佛教史》卷一，北京：中国社会科学出版社，1981年，第67页。

[6]（唐）冥详：《大唐故三藏玄奘法师行状》，载《大正新修大藏经》第50册，台北：新文丰出版公司，1983—1987年，第220页中。以下《大正新修大藏经》简称为《大正藏》，均用此本。

[7] 史念海：《唐代历史地理研究》，北京：中国社会科学出版社，1998年，第506页。

《历代三宝纪》三卷[1]，今存，通行本有《大正藏》本[2]。著者费长房（又名费节[3]），与东汉时汝南术士费长房同名[4]，生卒年不详，开皇年间为翻经学士，曾参与大兴善寺译经[5]。《开元释教录》载“隋《开皇三宝录》一十五卷，内题《历代三宝纪》”[6]。因知“开皇三宝录”为书之异名。《四分律搜玄录》载“录者，记经目录也，费长房者……其人于开皇年中，撰三宝录，都十五卷”[7]。《历代三宝纪》本身为佛经目录与“录”之用法相符，又因其撰于“开皇年中”，此盖为《开皇三宝录》书名之由来。又载“历代三宝纪，凡三百八纸”[8]，应该是抄写或刻印时所用纸张数量。《金石文考略》卷五载“历代三宝纪，费长房撰，满德和尚立”[9]。即此书曾被刻石保存。据《开皇三宝录总目序》，该书于开皇十七年十二月二十三日进呈[10]，而《贞元新定释教目录》载“《开皇三宝录》十五卷……隋开皇七年翻经学士成都费长房撰”[11]，其“开皇七年”盖为“开皇十七年”之脱误。故该书成书于开皇十七年十二月前。今本《历代三宝纪》共十五卷，其中卷十五为《上开皇三宝录表》《开皇三宝录总目序》及总目，而《隋志》著录为三卷，二者不符。陈垣先生指出：此书作三卷，非字有脱讹，即是仅得其前三卷，且两《唐志》均著录为三卷，可知《隋志》之误，由来已久[12]。然《历代三宝纪》历代多有著录，宋代藏经

[1]《隋书》卷三四《经籍志三》，第1146页。

[2] 见《大正藏》第49册，第22—127页。

[3] 陈志远：《〈历代三宝纪〉三题》，《文献》2016年第5期，第127—133页。

[4]（南朝宋）范晔：《后汉书》卷八二《方术传下》，北京：中华书局，1965年，第2743页。

[5]（隋）费长房：《历代三宝纪》卷一五《开皇三宝录总目序》，载《大正藏》第49册，第120页。

[6]（唐）智昇：《开元释教录》卷十《总括群经录上之十·叙列古今诸家目录》，载《大正藏》第55册，第575页下。

[7]（唐）志鸿：《四分律搜玄录》卷二《第二通举所取论经文二》，载《卍续藏经》第95册，台北：新文丰出版公司，1993年，第333、334页。《卍续藏经》共计150册，另《总目录》一册，1993—1994年陆续出版。

[8]《四分律搜玄录》卷二《第二通举所取论经文二》，第334页。

[9]（清）李光暎：《金石文考略》，载《石刻史料新编》第三辑第三十四册，台北：新文丰出版公司，1986年，第307页。

[10]《历代三宝纪》卷一五《开皇三宝录总目序》，第120页中。

[11]（唐）圆照：《贞元新定释教目录》卷二三《有译有本录声闻三藏录第四》，载《大正藏》第55册，第958页中。

[12] 陈垣：《中国佛教史籍概论》，上海书店出版社，2005年，第4页。

亦有收录[1]，并未亡佚。那么《隋志》录为三卷，盖不是因撰写《隋志》仅得其前三卷。明代智旭大师曾指出“初三卷，上列甲子，系以帝年，下注佛生、出家、成道、入灭，乃至孔子初生问礼获麟等事，讫至开皇时，佛法东流，翻译次第；次九卷，详记历代译师所译经典”[2]。细观此三卷，与其后几卷确有不同，其以帝王纪年为序，多记史事，史料价值较高。故笔者认为《隋志》录为三卷并不是仅得其前三卷，而是见有十五卷，因后十二卷不合史部收录之标准，舍而不录[3]。

《宝台四法藏目录》一百卷[4]，今佚，著者不详。《隋志》云：“于殿后起二台……西曰宝台，藏古画。又于内道场集道佛经，别撰目录。”[5]《宝台经藏愿文》云:“《宝台》四藏，将十万轴，因发弘誓，永事流通。”[6]两处记载中的“宝台”应同指一处，为隋代存放书画之地，内藏佛经，同时用于撰著佛经目录。“四藏”应指佛教藏书，与“四法藏”相同。笔者认为《宝台四法藏目录》很可能是隋炀帝时“《宝台》四藏”之目录。据《隋志》，此书撰于大业中[7]。

2.《隋书》列传部分留存

《续名僧记》一卷[8]，今佚。著者明克让（525—594），开皇年间为太子内舍人，率更令[9]。《北史·明克让传》[10]、《通志·文苑传》[11]、《册府元龟·国史部》[12]皆同。又据《隋书》知其于“开皇十四年，以疾去官，卒”[13]。

---

[1] 崇宁、毗卢、圆觉、资福、碛砂、普宁等藏经均有收录。见童玮编：《二十二种大藏经通检》，1997年，北京：中华书局，第397页。

[2]（明）智旭编：《阅藏知津》卷四二《三台宗》，载王云五主编《万有文库》第六册，北京：商务印书馆，1935年，第129页。

[3] 因不见《隋志》所著录三卷《历代三宝纪》之原貌，此处仅聊备一说。

[4][7]《隋书》卷三四《经籍志三》，第1147页。

[5]《隋书》卷三二《经籍志一》，第1028页。

[6]（清）严可均辑：《全隋文》卷七《炀帝（四）》，北京：商务印书馆，1999年，第76页。

[8][13]《隋书》卷五八《明克让传》，第1594页。

[9]《隋书》卷五八《明克让传》，第1593、1594页。

[10]（唐）李延寿：《北史》卷八三《文苑·明克让传》，北京：中华书局，1974年，第2808页。

[11]（宋）郑樵撰，王树民点校：《通志》卷一七六《文苑传二》，北京：中华书局，1987年，第2829页中。

[12]（宋）王钦若等编纂，周勋初等校订：《册府元龟》卷五五六《国史部三·采撰第二》，南京：凤凰出版社，2006年，第6374页。

因故此书应成于开皇十四年之前。

《法华玄宗》二十卷[1]，今佚。著者柳䛒，生年不详，卒于大业年间，年六十九，仁寿初任东宫学士，大业初任秘书监[2]。《北史》[3]、《册府元龟》[4]同载。杨广于开皇二十年十一月至仁寿四年七月为太子。故知该书应成于仁寿初年。

《皇隋灵感志》三十卷，今佚，王劭撰。《资治通鉴》："撰《皇隋灵感志》三十卷奏之，上令宣示天下。"[5]故知其成书于开皇十四年。

综上，《隋书》共著录隋代佛教撰述七部，其中《明克让传》《柳䛒传》《王劭传》各留存一部；《隋志》著录四部，分别在杂传类（一部），地理类（一部），杂家类（两部）。七部中五部亡佚，仅《舍利感应记》和《历代三宝纪》传承至今。《隋书》著录七部佛典时，有如下特点：其一，著录部类较为混乱，并未统一。其二，从成书时间看，开皇、仁寿、大业均有，但大业中期之后不再出现。其三，七部佛典之著者除《大隋翻经婆罗门法师外国传》与《宝台四法藏目录》不可考外，其余均非僧侣，而是士大夫。

（二）《旧唐书·经籍志》著录

继《隋书》之后，著录隋代佛教撰述之正史当属《旧唐书》。其《经籍志》之撰写利用了唐开元时《群书四部录》，大致可反映唐代开元盛世时藏书概况，但著录隋代佛教撰述不多。

《统略净住子》二卷[6]，今存，收录于《广弘明集》[7]。著者释道宣（596—667），《宋高僧传》有传[8]，为南山律宗之开宗始祖。弘一大师曾整理《南山律在家备览略编》，内载："道宣，隋文帝开皇十六年（596）四月

[1]《隋书》卷五八《柳䛒传》，第1602页。

[2]《隋书》卷五八《柳䛒传》，第1601、1602页。

[3]《北史》卷八三《文苑·柳䛒传》，第2800页。

[4]《册府元龟》卷八二一《总录部·崇释教》，第9557页。

[5]（宋）司马光：《资治通鉴》卷一七八，开皇十四年冬闰十月条，北京：中华书局，1956年，第5547页。

[6]（后晋）刘昫：《旧唐书》卷四七《经籍志下·道家类》，北京：中华书局，1975年，第2030页。以下《旧唐志》著录三部隋代佛教撰述均出于此处，不再赘述。

[7]《广弘明集》卷二七《诫功篇》，第316下—333中。

[8]（宋）赞宁撰，范祥雍点校：《宋高僧传》卷一四《明律篇第四之一》，北京：中华书局，1987年，第327页。

八日生于京兆。”[1]南齐竟陵文宣王萧子良[2]（460—494）撰有《净住子净行法门》一书，简称《净住子》，凡二十卷，是书今佚[3]。释道宣曾抄略《净住子》而成《统略净住子净行法门》，即《统略净住子》。观其序文，仅提及“陈平随统”，未言及“唐”，内容亦非佛理精深之作。故笔者推断此书为道宣初期作品，盖成书于隋代。

《历代三宝纪》三卷，同《隋志》著录[4]。

《崇正论》六卷，今佚。著者释彦琮（557—610），历北齐、北周、隋三朝，佛教义学高僧[5]。该僧人曾参与隋初的佛道之争，著《辩教论》指出道教的虚妄不实[6]。《崇正论》盖与此次佛道之争有关。又因彦琮卒于大业六年七月二十四日，故该书应成于大业六年之前。

综上，《旧唐志》著录隋代佛教撰述三部，其中《崇正论》亡佚。总体上《旧唐志》著录隋代佛教撰述数量较《隋书》有所减少，但其著录方式却有所进步：其一，三部佛典归于同一部类。可知《旧唐志》之撰者已经意识到这三部书籍之佛教撰述性质，仅因数量较少，不单独分类，而是附于道家之后。其二，从撰者身份看，开始出现佛教僧侣。其三，内容上开始出现阐述佛教义理之作。

（三）《新唐书·艺文志》著录

《新唐志》编修时北宋太平已久、文事正兴，除参考《旧唐志》外，还可利用宋仁宗宝元元年（1038）王尧臣所上《崇文总目》，故较《旧唐志》更为完备。《新唐志》延续《旧唐志》之法，亦著录隋代佛教撰述于子部。大体来说，可分为以下四类。第一，完全同于《旧唐志》著录者，分别是《崇正论》六卷，《统略净住子》二卷。第二，仅见于《新唐志》著录，且书已亡佚，不可考者，分别是释灌顶撰《义记》一卷，释道绰撰《行图》一卷。第三，《大唐内典录》《法苑珠林》《新唐志》著录相同，可互相印证者，分别是释玄琬

[1] 弘一大师：《弘一大师全集》第七册，福州：福建人民出版社，1991年，第401页。

[2]（梁）萧子显：《南齐书》卷四〇《萧子良传》，北京：中华书局，1972年，第692页。

[3] 慈怡主编：《佛光大辞典》第五册，高雄：佛光事业文化有限公司，1988年，第4698、4699页。

[4] 第二次出现的佛教撰述，仅注出第一次出现位置，不再赘述内容，以下同此例。

[5] 刘学智：《中国学术思想编年·隋唐五代卷》，西安：陕西师范大学出版社，2006年，第65页。

[6] 张淼：《论彦琮对隋代佛教发展的贡献》，《中国哲学史》2012年第4期，第20—27页。

撰《镜谕论》一卷[1]，释慧净撰《诸经讲序》一卷[2]，以及释玄琬所撰《十种读经仪》一卷、《无尽藏仪》一卷、《发戒缘起》二卷、《礼佛仪式》二卷[3]。第四，诸目录书著录不同者，需要辨明。前三类无须赘述，最后一类略述如下。

《历代三宝纪》三卷[4]，同《隋志》著录。唯《新唐志》加撰者祖籍成都[5]。

《福田论》一卷，今存，收录于《广弘明集》[6]，释彦琮撰。《福田论》载：大业三年隋炀帝下令，诸僧道士等有所启请者，必先致敬然后陈理。至大业五年，两宗朝见，僧等依旧不拜。因而引发争论，彦琮撰书言论[7]。“福田”为可生福德之田，原意是指凡是敬侍佛、僧、父母、悲苦者，可得福田，就像农民耕田一样，会有收获[8]。此书意在讽刺隋炀帝要求诸僧道士向帝王致敬，表明彦琮坚决反对沙门道士向世俗帝王致敬的立场，其实质是东晋以来“关于沙门不敬王者”论争的继续[9]。因书中载大业五年（609）之事，故《福田论》应成书于大业五年之后。

《入道方便门》二卷、《无碍缘起》一卷、《法界僧图》一卷、《十不论》一卷、《忏悔罪法》一卷、均佚，撰者同为释玄琬（562—636）[10]。该僧题衔多署“贞观初普光寺沙门玄琬”或“唐京师普光寺释玄琬”[11]。《华严经明法品内立三宝章》卷下《玄义章》载《入道方便门第十》，名称与二卷本《入道方便法门》相同，可能两书有渊源关系[12]。《大唐内典录》载：《无擬缘起》一卷，《法苑珠林》亦著录[13]。“碍”之繁体为“礙”，而“礙”与

[1][3]（唐）道宣：《大唐内典录》卷五《皇朝传译佛经录第十八》，载《大正藏》第55册，第281页；《法苑珠林校注》卷一〇〇《杂集部》，北京：中华书局，2003年，第2882页。

[2]《大唐内典录》卷五《皇朝传译佛经录第十八》，第282页；《法苑珠林校注》卷一〇〇《杂集部》，第2882页。

[4]（宋）欧阳修：《新唐书》卷五九《艺文志三·释氏类》，北京：中华书局，1975年，第1525页。自此以下《新唐志》所著录30部隋代佛教撰述均同此出处，不再赘述，第1525—1529页。

[5]《新唐书》卷五九《艺文志三·释氏类》，第1525页。

[6]《广弘明集》卷二五《僧行篇第五之三》，第292页中—294页上。

[7]《广弘明集》卷二五《僧行篇第五之三》，第292页。

[8]慈怡主编：《佛光大辞典》第六册，第5852页。

[9]弘学选编：《中国佛教高僧名著精选》上册，成都：巴蜀书社，2006年，第61页。

[10]《大唐内典录》卷五《隋朝传译佛经录第十七》，第281页。

[11]（唐）道宣撰，郭绍林点校：《续高僧传》卷二三《明律下》，北京：中华书局，2014年，第861页。

[12]（唐）法藏：《华严经明法品内立三宝章》，载《大正藏》第45册，第625下—626页。

[13]《法苑珠林校注》卷一〇〇《杂集部》，第2882页。

"擬"因形近而容易讹误，盖《无擬缘起》即《无碍缘起》。《法界僧图》一卷在《大唐内典录》《法苑珠林》之中同载为《法界图》一卷[1]，盖为一书两名。《十不论》于《大唐内典录》著录时无卷数[2]。《法苑珠林》不同版本著录有差异。周叔迦、苏晋仁先生校注时，据《高丽藏》改为"《十不退论》一卷"[3]。《忏悔罪法》一卷著录于《大唐内典录》卷十《右续法论第十六帙》[4]，但同书卷五《皇朝传译佛经录第十八》载玄琬著述十部十二卷，当中却无此书。《法苑珠林》亦不载此书。汤用彤先生认为此书确系玄琬所作[5]。

《圣迹见在图赞》二卷，今佚，释道宣撰。《大唐内典录》著录时无卷数[6]，《法苑珠林》载为一卷[7]。

《杂心玄章并抄》八卷和《大乘章抄》八卷均佚，著者同为释道基（578—637）[8]。该僧题衔多署"唐益州福成寺释道基"，盖因其由隋入唐而卒于唐。《续高僧传》云："于时大业初岁，隋运会昌，义学高于风云……乃缵《杂心玄章并抄》八卷。"[9]由此可知《杂心玄章并抄》八卷成于大业初年。《续高僧传》又云："有隋坠历，寇荡中原……乃又缀《大乘章抄》八卷。"[10]故知《大乘章抄》八卷成于隋末。

《杂心玄文》三十卷、《俱舍论文疏》三十卷、《俱舍论文疏》三十卷、《注金刚般若经》一卷，均佚，撰者同为释慧净（587—645）[11]。据《新唐志》载：慧净，俗姓房，为隋国子博士徽远从子[12]。据《续高僧传》知大业初年慧净与道士于永通辩论，获胜以后，兼研大小乘经论，撰《杂心玄文》三十卷[13]。故《杂心玄文》成于大业之后。《续高僧传》又载：著写《杂心玄文》

[1]《大唐内典录》卷五《皇朝传译佛经录第十八》，第281页；《法苑珠林校注》卷一〇〇《杂集部》，第2882页。

[2]《大唐内典录》卷五《皇朝传译佛经录第十八》，第281页。

[3]《法苑珠林校注》卷一〇〇《杂集部》，第2882页。

[4]《大唐内典录》卷一〇《右续法论第十六帙》，第332页。

[5]汤用彤：《隋唐佛教史稿》，北京：中华书局，1982年，第181页。

[6]《大唐内典录》卷五《皇朝传译佛经录第十八》，第282页。

[7]《法苑珠林校注》卷一〇〇《杂集部》，第2883页。

[8]张志哲主编：《中国佛教人物大辞典》，合肥：黄山书社，2006年，第359页。

[9]《续高僧传》卷一四《唐益州福成寺释道基传》，第475页。

[10]《续高僧传》卷一四《唐益州福成寺释道基传》，第476页。

[11]袁明仁等主编：《三秦历史文化辞典》，西安：陕西人民教育出版社，1992年，第385页。

[12]《新唐书》卷五九《艺文志三·释氏类》，第1528页。

[13]《续高僧传》卷三《唐京师纪国寺沙门释慧净传》，第73、74页。

后，因《俱舍》所译词旨宏富，虽有陈迹未尽研求，乃无师独悟，思择名理，为之《文疏》三十余卷[1]。推知其成书于《杂心玄文》之后。《释疑论》一卷于《大唐内典录》著录[2]。东晋戴逵著有《释疑论》一篇，二书同名，戴逵著本今存[3]。依据《续高僧传》所述，学士颍川庾初孙曾请注《金刚般若》，之后"太常博士褚亮英藻清拔，名誉早闻，钦此芳猷，为之序引"[4]。褚亮在隋初时，曾为东宫学士，大业中，授太常博士，后隋炀帝认为他与杨玄感有牵连，贬为西海郡司户[5]。自此之后再未出任太常博士一职，即褚亮仅于大业中曾任太常博士。故知《注金刚般若经》成于大业中期。

《义源文本》四卷、《时文释抄》四卷、《涅槃义章句》四卷，均佚，撰者同为释玄会（582—640）。释玄会字怀默，俗姓席氏，隋唐间佛教僧。其先豳土安定人也，远祖因官故，又居京兆樊川之秘坂。年十二，精苦绝伦，欣志捐俗，而仪相秀挺，有异神童，隋文帝第五子汉王杨谅见而奇之，奏请出家，题衔多署"唐京师弘福寺释玄会"。《续高僧传》载：造《义源文本》《时文释抄》，各四卷[6]。《续高僧传》载为《涅槃义章》[7]，盖《涅槃义章句》之脱误。

《私记天台智者词旨》一卷，今佚。著者释灌顶（561—632），字法云，《续高僧传》题为"唐天台山国清寺释灌顶"，早年常听智者大师讲法。此书应是灌顶听智者讲法时所记。

《净土论》二卷，今佚。著者释道绰（562—654），《续高僧传》称之为"唐并州玄中寺释道绰"，盖因其由隋入唐而卒于唐。其所居玄中寺在唐朝属西河郡，故时人又称其为西河禅师[8]。

《五部区分钞》二十一卷，今佚[9]。著者释智首（567—635），历北周、隋、唐三代，主要生活于隋。《释氏通鉴》云：智首著《五部区分钞》二十一

[1][4]《续高僧传》卷三《唐京师纪国寺沙门释慧净传》，第74页。

[2]《大唐内典录》卷五《皇朝传译佛经录第十八》，第281页。

[3]《广弘明集》卷一八，第229页。

[5]《旧唐书》卷七二《褚亮传》，第2578页。

[6][7]《续高僧传》卷一五《唐京师弘福寺释玄会传》，第526页。

[8]《续高僧传》卷二〇《唐并州玄中寺释道绰传》，第761、762页。

[9]（唐）许敬宗：《大唐弘福寺故上柱座首律师（智首）高德颂》，内载："撰《四分律疏》为廿卷，《五部区分钞》廿一卷，《诸师异执甄集钞》四卷，《经部甄定缵定》五卷。"见《全唐文补遗》第七辑，西安：三秦出版社，2000年，第9页。

卷。自隋文以来，独步京辇，其知名唐世者，皆首之汲引[1]。由此可知，此书于隋文帝之后成知名著作，故推知其成书于开皇至仁寿之间。

综上，《新唐志》共著录隋代佛教撰述三十部，其中二十七部今已亡佚，现存三部，为《历代三宝纪》《福田论》《统略净住子》。著录特点有三：其一，《新唐志》虽将隋代佛教撰述附于道家之后，但单分一小类，与老庄、神仙之书明确区分。其二，著者多为僧人。其三，数量增加迅猛。

（四）《宋史·艺文志》著录

《宋志》著录隋代佛教撰述于子部道家释氏类，依据与前代著录异同，可略分为两类。一种基本依前代著录，《福田论》一卷同《新唐志》著录[2]，《开皇历代三宝纪》十四卷同《隋书》著录[3]，《开皇三宝录总目》一卷即《历代三宝纪》总目录[4]。另一种有别于前代著录，有《国清百录》一卷本与五卷本。《宋志》依据宋太祖至宋宁宗之间撰写的四部《国史艺文志》删并而成，成书仓促，书中有不少错讹。作为隋代佛教撰述的《国清百录》一卷本与五卷本亦是如此，考辨如下。

《国清百录》又称《国清道场百录》《天台山国清寺百录》，是天台宗早期文献汇编。今本四卷，历代多载为四卷或五卷[5]。仅《通志》与《宋志》载为一卷[6]，且《通志》在该书下注曰："隋僧灌顶纂智者事迹。"[7]智者即灌顶之师智𫖮，因开皇十一年被授予智者称号，故称智者大师[8]。灌顶纂有《智者大师别传》一卷，详述智者事迹，《宋志》未载此书。然《宋志》著录"《国清百录》一卷"的同时又著录有"《国清百录》五卷"。同一书在《宋志·释氏类》分载两次者极少。故《国清道场百录》一卷本可能是《智者大师别传》之误载。《智者大师别传》今存，通行本为《大正藏》本，《中华大藏经》本[9]。该书又称《天台智者大师别传》或《隋天台智者大师别传》，"乃开皇

[1]（宋）本觉编集：《释氏通鉴》卷七《乙未贞观九年》，载《卍续藏经》第131册，第899页。

[2][6]（元）脱脱：《宋史》卷二〇五《艺文志四·释氏类》，北京：中华书局，1977年，第5181页。

[3][4]《宋史》卷二〇五《艺文志四·释氏类》，第5185页。

[5]详见"《国清道场百录》五卷"条。

[7]《通志·二十略》之《艺文略第五·释家》，第1641页。

[8]《续高僧传》卷一七《隋国师智者天台山国清寺释智𫖮传》，第630页。

[9]《中华大藏经》第61册，No.1180，北京：中华书局，1984年，第220—230页。以下《中华大藏经》均用此本，为1984—1996年陆续出版。

二十一年，因开府柳顾言赐访智者”[1]，编集见闻而成。周叔迦先生在《释家艺文提要》中亦云开皇二十一年[2]。因杨坚于仁寿元年春正月乙酉朔改元[3]，推知“开皇二十一年”应为“仁寿元年”，即《智者大师别传》成于仁寿元年。

《国清道场百录》五卷，释灌顶纂，释智凯修[4]，今存。通行本有《大正藏》本、《中华大藏经》本[5]。以释智凯为名之僧人在《续高僧传》中有二，其一是唐越州嘉祥寺释智凯，姓冯氏，丹阳人[6]；其二是唐京师定水寺释智凯，姓安，江表杨都人[7]。二僧均为隋唐间佛教僧人，修《国清道场百录》者不详。释道宣所著《大唐内典录》[8]，日本最澄（767—822）所著《台州录》[9]，同载：“《天台山国清寺百录》五卷”。《义天录》[10]载：“《国清百录》五卷”，即高丽僧人义天（1055—1101）带到朝鲜的亦为“五卷本”。《佛祖统纪》[11]、《东域传灯目录》[12]、《天台宗章疏录》[13]均载为五卷。《阅藏知津》[14]著录为《国清百录》四卷，今存本亦为四卷。原因不详。《国清百录》所录事项止于隋大业三年[15]，推知该书成书于大业三年。

综上，《宋志》实载隋代佛教撰述五部。较《新唐志》著录，又有所变化：第一，著录数量急转直下，但《国清百录》《天台智者大师别传》二书为前代官修史志所不见。第二，著录阐述义理之作减少，仅《福田论》一部。第

[1]（隋）灌顶：《隋天台智者大师别传》，载《大正藏》第50册，第197页下。

[2]周叔迦：《释家艺文提要》，北京古籍出版社，2004年，第165页。

[3]《隋书》卷二《高祖纪下》，第46页。

[4]《宋史》卷二〇五《艺文志四·释氏类》，第5185页。

[5]见《大正藏》第46册，No.1934，第793—824页；《中华大藏经》第83册，No.1757，第183—235页。

[6]《续高僧传》卷一四《唐越州嘉祥寺释智觊传》，第503页。

[7]《续高僧传》卷三一《唐京师定水寺释智觊传》，第1260页。

[8]《大唐内典录》卷五《隋朝传译佛经录第十七之余》，第284页中。

[9]［日］最澄：《传教大师将来台州录》，载《大正藏》第55册，第1056页上。

[10]［高丽］义天：《新编诸宗教藏总录》卷三《海东有本见行录》，载《大正藏》第55册，第1178页上。

[11]（宋）本觉编集：《佛祖统纪》卷七《五祖章安尊者灌顶》，载《大正藏》第49册，第187页。

[12]［日］永超集：《东域传灯目录》，载《大正藏》第55册，第1162页中。

[13]［日］安远录：《天台宗章疏录》，载《大正藏》第55册，第1137页上。

[14]（明）智旭：《阅藏知津》卷四二《三台宗》，载《万有文库》第6册，北京：商务印书馆，1935年，第109页。

[15]（隋）灌顶:《国清百录》卷四《口敕施幡第九十二》，载《大正藏》第46册，第817页。

三，著录书籍均传承至今。第四，虽承袭《新唐志》旧法，著录于道家，但明确分出释氏类，较前代史志分类更为明确。

二、私家书目著录隋代佛教撰述考

私家书目著录佛典者最早见于王俭之《七志》、后有阮孝绪之《七录》，隋唐时有吴兢《吴氏西斋书目》等，但多已亡佚。至宋代，刻书藏书蔚然成风，私家书目亦有所增，明清之际藏书之风更甚前代。然著录隋代佛教撰述的私家书目却鲜少有之，仅有《通志》及明代《天一阁书目》，考述如下。

（一）《通志》著录

今见著录隋代佛教撰述最早的私家书目为南宋郑樵所撰《通志·二十略》（以下简称《二十略》）。《通志》全书二百卷，有纪、谱、略、世家、列传、载记六部分，然“全帙之菁华，惟在二十略而已”[1]。郑樵认为“书籍之散亡由编次之无纪”[2]，故将“二十略”中的“艺文略”分为十二类，百家，四百二十二种。“释家”位于艺文略第五之末，其下又分：传记、塔寺、论议、诠述、章钞、仪律、目录、音义、颂赞、语录十种，隋代佛教撰述即著录于此。

传记之下，有《开皇三宝录》十四卷[3]，《历代三宝纪》三卷，均同《隋书》著录。《国清道场百录》一卷，同《宋志》著录，唯《二十略》云：“隋僧灌顶纂智者事迹。”[4]

论议之下，依据与前文诸志著录异同可分为两类。第一类完全相同者，有五部：《崇正论》六卷，《无碍缘起》一卷，同《旧唐志》著录；《入道方便门》二卷，《释疑论》一卷，《净土论》二卷，同《新唐志》著录。第二类稍有差异者，有四部。《福田论》一卷，《新唐志》曾著录，唯《二十略》云：“续沙门不拜王者之事”。《铿谕论》一卷，“铿”可能是“镜”之讹误，亦可能是“鉴”之误，而繁体“鑑”“鉴”“镜”三字通用，故此书当为《镜谕论》，稍异于《新唐志》著录。《统略净住子净行法门》一卷，《旧唐

[1]（清）纪昀：《钦定四库全书总目》卷五〇《史部·别史类》，载《四库全书总目》整理本，北京：中华书局，1997年，第691页。

[2]《通志·总序》，第8页。

[3]《通志·二十略·艺文略第五·释家》，第1641页。以下《通志·二十略》收录二十七部隋代佛教撰述均出此本，第1841—1850页。

[4]《通志·二十略·艺文略第五·释家》，第1641页。

志》曾著录，唯《二十略》载“齐萧子良曾梦佛授以净、行二法，因著为二十卷，唐僧道宣取其可用为统略”[1]，略述了萧子良所撰《净住子净行法门》与道宣所撰《统略净住子净行法门》之关系。另《新唐志》著录为二卷，《二十略》著录为一卷。《天台止观》一卷，唯《二十略》载：“隋僧智顗禅师。”[2]以“天台止观”为名的佛教撰述有四部：一曰《圆顿止观》，章安记为十卷；二曰《渐次止观》，原为三十卷，章安定为十卷，即今《禅波罗蜜》；三曰《不定止观》一卷，即今《六妙门》[3]；四曰《小止观》，即今《修习止观坐禅法要》一卷。故《天台止观》一卷本应是《修习止观坐禅法要》，又名《童蒙止观》，中华书局点校本最为便利[4]。

章钞之下，同于《新唐志》著录者有七部，分别是《杂心玄文》三十卷、《俱舍论文疏》三十卷、《义源文本》四卷、《时文释钞》四卷、《涅槃义章句》四卷、《义记》一卷、《五部区分钞》二十卷。著录不同者仅一部。《新唐书》著录为《私记天台智者词旨》，《二十略》著录为“《天台智者词旨》一卷，隋僧灌顶私记”[5]，实为一书。

仪律之下，著录七部，均同于《新唐书》，分别是《十种读经仪》一卷、《无尽藏仪》一卷、《发戒缘起》二卷、《法界僧图》一卷、《十不论》一卷、《忏悔罪法》一卷、《礼佛仪式》一卷。

综上，《二十略》共著录隋代佛教撰述二十七部，分别载于传记、论仪、章钞、仪律四部分，其中《天台止观》一书未见于官修史志著录。惜《艺文略》旨在“记百代之有无”[6]，即其既著录宋代留存之书，又载历代亡佚之书，以至于不详此二十七部隋代佛教撰述至宋代时的存亡情况。此外，从中可看出《二十略》著录的隋代佛教撰述并非直接抄自正史书志。原因有二：其一，郑樵撰写《二十略》时，《隋志》《旧唐志》《新唐志》早已广为流传，但此三部官修目录中的隋代佛教撰述并未全部著录于《二十略》。其二，《二十略》著录的隋代佛教撰述中有一部为前代官修史志未载之书。

---

[1][2]《通志·二十略·艺文略第五·释家》，第1643页。

[3]（宋）元照：《修习止观坐禅法要序》，载《大正藏》第46册，第462页上。

[4]（隋）智顗著，李安校释：《童蒙止观校释》，北京：中华书局，1988年。

[5]《通志·二十略·艺文略第五·释家》，第1645页。

[6]《通志·二十略·校雠略·编次比谨类例六篇》，第1806页。

（二）《天一阁书目》著录

宁波“天一阁”为明代兵部右侍郎范钦的藏书楼，家藏传承，不断增益，最兴盛时藏书达七万余卷。其藏书目录中包含隋代佛教撰述，具体著录于《天一阁书目》《天一阁遗存书目》。

《天一阁书目》大体可反映天一阁历史上藏书概况，著录隋代佛教撰述一部，即《修集止观坐禅法要》一卷。卷首有“天一阁”图章，天台山修禅寺沙门智颢述，宋余杭释元照序[1]。其中“习”之繁体为“習”，“修集”盖为“修習”之讹误，故《修集止观坐禅法要》即为《修习止观坐禅法要》。

《天一阁遗存书目》则反映了现存天一阁藏书概况，著录隋代佛教撰述一部，即《四教义》一卷，释智颢撰。藏本为明南释藏本，一册，仅有卷六（原书共六卷）[2]。此书原是《维摩经玄义》之初章，宋元藏经本皆不完整，金陵刻经处本为六卷，据《高丽藏》补，《大正藏》本为十二卷[3]。书目言明此书共六卷，今存一卷，且注为明本。因知此书是作为古籍入藏，即藏书者更注重其版本价值。

综上，私家书目中仅有《二十略》及两部《天一阁书目》著录隋代佛教撰述，共著录二十八部，其中《修习止观坐禅法要》与《四教义》不见于官修史志。二者相较，《二十略》著录数量较多。其以“广古今而无遗”[4]为宗旨，参考古今公私目录，凡所知书籍不论存亡，亦不论是否得见，一概著录，故《艺文略》著录了大批宋以前就已亡佚之书[5]。《天一阁书目》是为藏书目录，重版本，著录之书为实际收藏之书。

三、官私书目著录隋代佛教撰述差异

通过前文梳理，可以看出官修史志与私家目录著录隋代佛教撰述，在数量、分类、撰者、著录标准等方面各具特点。即便同样是官修史志，不同时代对隋代佛教撰述之著录亦是不同。这些区别反映了各个时代对于隋代佛教撰述

[1]（清）范邦甸等：《天一阁书目》卷三《子部·释家类》，载《天一阁书目　天一阁碑目》点校本，上海古籍出版社，2010年，第304页。

[2] 骆兆平：《新编天一阁书目》之《遗存书目·子部·释家类》，北京：中华书局，1996年，第120页。

[3] 周叔迦：《释家艺文提要》，第95页；《大正藏》第46册，第721—769页。

[4]《通志·二十略·校雠略·编次必记亡书论三篇》，第1806页。

[5] 周少川：《古籍目录学》，郑州：中州古籍出版社，1996年，第151页。

认识之差异。认识本身又有其源流变化，需进一步厘清。

（一）《隋志》的选择性著录

《隋书》著录隋代佛教撰述七部，其中四部著录于《经籍志》，三部记载于《列传》，但《列传》所载三部佛典却未见于《隋志》。《隋志》作为官修史志，对于列传部分出现的三部佛典未加著录，似为《隋志》撰者之疏忽。在其他正史中也确有类似状况，即某人著有一书，仅见于该人本传而不见经籍志或艺文志著录。这类现象多是由于官修正史成于众手之故，修列传者详其生平、著作，将该书著录于本传，但因修志者不知或疏忽，以致漏收。可是《隋书》未著录这三部佛教撰述的原因似不在此，原因有二：其一，两部佛典撰成后曾上奏皇帝或太子，并得到表彰，修志者不会不知。《法华玄宗》撰成之后，“太子览而大悦，赏赐优洽，侪辈莫与为比”[1]。《皇隋灵感志》成书后，“上令宣示天下。劭集诸州朝集使，洗手焚香，闭目而读之，曲折其声，有如歌咏。经涉旬朔，遍而后罢。上益喜，赏赐优洽”[2]。《资治通鉴》亦载《皇隋灵感志》宣示天下一事[3]。其二，《隋书》列传成于前，而《隋志》成于后。《隋书》的帝纪、列传完成于贞观十年（636）[4]，而《隋志》成于显庆元年（656）[5]。因此撰写《隋志》时，能够以《隋书》列传部分为参考。故知《隋书》列传所载《皇隋灵感志》《法华玄宗》《续名僧记》不见于《隋志》之原因，并非修志者不知，而是知而不著。

知而不著之原因令人深思。《隋书》所见七部隋代佛教撰述中五部已经亡佚，无法详其内容，特别是列传部分所载三部无一留存。因而无法具体比较《经籍志》与列传部分所载佛教撰述的不同，但从《隋书》记述的信息仍可察其端倪。先看《隋志》所收四部典籍之著录部类，分别在史部杂传类、地理类和子部杂家类。杂传类“推其本源，盖亦史官之末事也”[6]。地理类修撰目的在于“疆理天下，物其土宜，知其利害，达其志而通其欲，齐其政而修其教”[7]。二

[1]《隋书》卷五八《柳䛒传》，第1602页。

[2]《隋书》卷六九《王劭传》，第1804页。

[3]《资治通鉴》卷一七八，开皇十四年上好禨祥小数条，第5547页。

[4]《隋书》修订前言，第4页。

[5]（唐）显庆元年（656）五月己卯，太尉长孙无忌奏上史官所撰梁、陈、周、齐、隋《五代史志》三十卷，《旧唐书》卷四《高宗纪上》，第75页。

[6]《隋书》卷三三《经籍志二》，第1111页。

[7]《隋书》卷三三《经籍志二》，第1116页。

者均居史部，其史书性质自不待言。子部杂家类之小序云“杂者，盖出史官之职也”[1]，因知杂家类所收著作亦多重其史事价值。可见《隋志》著录这四部佛典是看重其史学价值。与此相对，《隋志》所著录的三部典籍，分别是《续名僧记》《法华玄宗》和《皇隋灵感志》。《法华玄宗》撰写缘由是因为太子杨广“好内典，令撰《法华玄宗》”[2]，而“内典”即佛教书籍。可见此书在撰写之初就定位为佛教著作。《皇隋灵感志》是王劭“采民间歌谣，引图书谶纬，依约符命，捃摭佛经”[3]撰述而成，即该书部分内容直接来源于佛经。《续名僧记》虽不详其内容，但从书名便可看出，该书主要记载高僧大德之事迹。故知，同样是著录隋代佛教撰述，《隋志》看重的是史学价值，只有列传部分才被视为佛教典籍。在当时人看来，图书性质不同，需要区别对待。

（二）历代书目著录部类之传承变化

《隋志》《旧唐志》《新唐志》《宋志》对于隋代佛教撰述均有著录。这四部史志又都采用四部分类法，但是隋代佛教撰述之著录部类却不完全相同。

表1　隋代佛教撰述著录部类变化表

正史	列传	经籍志或艺文志			
		史部		子部	
		杂传	地理	杂家	道家
隋书	3部	1部	1部	2部	
旧唐书					3部
新唐书					30部
宋史					5部

如前所述，《隋书》留存七书是因其史料价值或作者有传所致，足见当时人并不认为隋代佛教撰述具备共同性。《旧唐志》“以古无释家，遂并佛书于道家”[4]，隋代佛教撰述亦随之著录于道家类，说明已经意识到其佛典属性。《新唐志》《宋志》沿用此例，但又有细微变化：《旧唐志》虽详列书籍卷数、著者，但著录数量大幅减少，又与道书混在一起，列为所谓道释诸说[5]。

[1]《隋书》卷三四《经籍志三》，第1147页。

[2]《隋书》卷五八《柳䛒传》，第1602页。

[3]《隋书》卷六九《王劭传》，第1804页。

[4]《钦定四库全书总目》卷一四五《子部五五·释家类》，第1923页。

[5]《旧唐书》卷四七《经籍志下》，第2030页。

《新唐志》将佛典与道书区别开来，单设释氏类，著录数量达到顶峰，诸多信息赖此留存[1]。《宋志》延用《新唐书》例，同在道家之下单设释氏类，但移至神仙类之前。从此变化可以看出，时代越靠后，隋代佛教撰述越受重视。换言之，历代史志对于隋代佛教撰述之著录经历了由认识不一、分类混乱到统一对待、分类一致的发展过程。

（三）私家著录较少原因

雕版印刷术的发明，促进了书籍流通，私人藏书迅速增加。至宋代“诸家藏书多者三万卷，少者一二万卷”[2]，明清得书之易又超过宋代，且藏书家大多撰有目录。然私家目录中著录隋代佛教撰述者不多，著录数量亦是极少，并且越往后著录越少，可从以下两个角度探析原因所在。

首先是刻本大藏经的流行。北宋开宝年间开刻《开宝藏》为始，中国不断刻印“大藏经”。仅国内现存的大藏经就有《崇宁藏》、《毗卢藏》、《思溪藏》（又称《圆觉藏》）、《赵城藏》、《碛砂藏》、《普宁藏》、《永乐南藏》、《永乐北藏》、《径山藏》（又称《嘉兴藏》）、《清藏》、《毗陵藏》等多部[3]。刻印时间从宋代一直延续至20世纪初。如此多的刻本大藏经，经历代传承，已逐渐形成一个完整的藏经系统，使得佛教类书籍流通专门化。隋代佛教撰述亦逐步纳入其中，做专门流通。与此同时，北宋后“除了一些虔诚的信徒为了作功德而抄写经典外，写本佛经已近绝响”[4]。如此一来，单册抄本减少，而藏书家一般又不会入藏全套大藏经，一定程度上影响了隋代佛教撰述的流通。

其次是私家书目侧重藏书。唐代编撰的私家目录，几乎绝迹，宋代编撰之私家目录留存至今者，除郑樵《二十略》外，主要有《郡斋读书志》《直斋书录解题》《遂初堂书目》三部。《郡斋读书志》与《直斋书录解题》以书目解题著称于世，《遂初堂书目》因版本多获赞誉。三部书目都是只载编者所见之书，不见者不载。元代所编私家书目较为缺乏，今不多见[5]。明代私家书目大体

---

[1]《新唐书》卷五九《艺文志三》，第1524页。

[2]李洣：《书林清话校补》，见《书林清话》附录一，上海古籍出版社，2008年，第253页。

[3]《开宝藏》为最早之刻本大藏经，但至今已亡佚殆尽。保存较完整的藏经最早者为《崇宁藏》，为1080—1104年刻造；最晚者为《毗陵藏》，为20世纪初刻造。以上所列其他经书刻造时间可参考任继愈为《中华大藏经》所作序文。

[4]方广锠：《佛教大藏经史（八—十世纪）》，北京：中国社会科学出版社，1991年，第10页。

[5]张舜徽：《中国文献学》，上海古籍出版社，2009年，第123页。

以藏书目录与专科目录为主[1]。明代后期，特别是进入清代，版本逐渐成为书目的重要组成部分，大体分四种：记版本之简目、讲版本之题跋、书目题跋合一的藏书志、综合性版本目录[2]。若藏书家未藏佛教之书，当然书目中不载此类书籍。隋代佛教撰述因其宗教性质，不为一般藏书家所重，仅有少数因版本价值而被收藏。

（四）《历代三宝纪》传承有序

官私书目著录隋代佛教撰述合计达四十部之多，但历代史志均有著录者仅《历代三宝纪》（以下简称《三宝纪》）一部。从历代书目著录隋代佛教撰述看，与《三宝纪》相似之作亦存：第一，图书性质同为佛典目录者有开皇十四年《众经目录》及仁寿《众经目录》。第二，著者同为士大夫者有《皇隋灵感志》。《皇隋灵感志》成书后不仅上表皇帝，还曾宣示天下。然而以上各书却未如《三宝纪》一样著录于历代书目，故《三宝纪》为历代官私书目重视并非以上原因所致。

陈垣先生在《中国佛教史籍概论》中曾指出该书之特色在纪年[3]。具体有三点：其一，《三宝纪》始自周庄王十五年，直至开皇十七年，以年代先后为序，依次编目，与编年史有异曲同工之妙。编年史是我国最早的史书体裁，历来为史家所重。其二，《三宝纪》之纪年论及南北朝时，重齐、梁而轻北魏。两晋后之编年依次为：宋、齐、梁、周、隋[4]。陈垣先生认为“其意以为隋承周，周承梁”而“隋之灭陈，中国之自相兼并耳，隋之灭周，乃为中国人复兴中国”，故“实得中国正统”[5]。历代史志之编撰者尤重正统，且中国封建统治者多宣扬正统史观，偏重此书不难理解。其三，“中国佛教史籍，恒与列朝史事有关，不参稽而旁考之，则每有窒碍难通之史迹”[6]，释书中以佛教史籍最为史家看重。《三宝纪》史籍特性明显，故被历代史志重视。

---

[1] 来新夏：《古典目录学浅说》，北京：中华书局，1981年，第136页。

[2] 黄永年：《古文献学四讲》，福州：鹭江出版社，2003年，第203—205页。

[3]《中国佛教史籍概论》，第6页。

[4]《历代三宝纪》卷一五《目录》，第121、122页。

[5]《中国佛教史籍概论》，第6、7页。

[6]《中国佛教史籍概论》，第1页。

四、结 语

隋代佛教撰述于官修史志目录著录时命运多舛。其最早见于《隋书》，或因史学价值散在《隋志》史部、子部，或因撰者知名而附于人物传记，并未被归于一类。其表达隋人佛学创见的佛教撰述性质未被当时人重视，以致知而不录，且数量很少，仅七部。《旧唐志》著录更少，仅三部。幸运的是其佛教撰述性质得到重视，被集为一类，附于道家之后。至《新唐志》达到顶峰，著录数量达三十部之多，有二十七部为亡佚之书，赖此著录留存信息，又明确将其与老庄、神仙之书区别开来，较《旧唐志》再进一步。《宋志》作为最后著录隋代佛教撰述的官修史志，著录数量急转直下，仅五部，还将《智者大师别传》错写为《国清百录》一卷本。尽管如此，《宋志》明确分出释氏类，并将这些撰述置于神仙类之前，著录地位提高，亦表明撰者对其更加重视。明清史志一改旧法，仅著录一代著作而不及前代，故不再著录隋代佛教撰述。从分类演进来看，历代史家对隋代佛教撰述的看法经历了认识不一、分类混乱到逐步重视、分类一致的发展过程。与此同时，伴随刻本大藏经的发展，这些撰述也从史学家眼中淡出，纳入藏经系统，专门流通。

私家目录中，隋唐及其之前者多已亡佚。宋代之后数量虽有增加，然限于藏书类别，关注重点，著述目的之不同，刻本大藏经流行等多种原因，著录隋代佛教撰述者并未随着藏书之风盛行而增加，反而急剧减少。这也说明佛教撰述在淡出史学家视野的同时，亦不为宋以后藏书家所重，仅当其具备古籍版本价值时，才偶被关注。

官私书目共著录隋代佛教撰述四十部，传承至今者仅八部。其中著录有序者只有《历代三宝纪》一部，还是因为该书纪年方式暗合中国正统王朝更迭观念所致。与此相对，隋代作为佛教中国化的重要时期，汉地佛教撰述成书时必然打上隋之时代烙印。厘清隋代佛教撰述对于拓展隋史研究视野，探讨佛教中国化之文献基础，均有裨益。

（作者单位：福建师范大学文学院，东京大学东洋文化研究所）

The Study on the Buddhism Writings of Bibliographies in the Sui Dynasty

Qin Qiong

[Abstract] There were 40 books about Buddhism in the Sui Dynasty, which were recorded in the official and private bibliographies, but 32 of which were lost and the information were recorded only in these catalogs. The changes in the catalog demonstrated the developing views of Chinese historians in various dynasties on the Buddhism in the Sui Dynasty, which changed from different interpretation, then gradually got attention, to finally equally treated. The writings were often ignored because they entered the official revision of the bibliographic record and faded out due to specialization in circulation. Therefore, its foundational role on the Buddhism literature in China has not got attention they deserved.

道宣对法门寺佛舍利崇拜制度形成的促进作用*

杨效俊

前　言

前人研究认为唐代法门寺佛舍利崇拜等级是中国佛舍利崇拜的最高等级[1]，显庆年间基本形成法门寺佛舍利崇拜制度[2]。杨维中指出法门寺佛骨崇拜的出现与唐初佛教僧侣的传教宣传和唐高祖李渊、太宗世民对其格外关注有很大关系，法门寺佛骨崇拜的意义最终超出了宗教范围，而产生了政治、文化影响[3]；张高举、李发良研究了武则天对法门寺佛舍利崇拜制度形成的贡献[4]。李新玲[5]和姜捷[6]认为释门领袖道宣（597—667）是显庆年间奉迎法门寺佛舍利的亲历者

*本文系2015年度国家社会科学基金一般项目“隋唐时期佛舍利崇拜制度研究”（项目编号：15BZJ007）阶段性成果。

[1] 李发良：《中国佛教史与法门寺研究》，《文博》1993年第4期，第37页；侯慧明：《论舍利崇拜在中国的兴起与风行——兼论法门寺佛指舍利》，《安徽史学》2016年第3期，第51页。

[2] 姜捷、李发良：《唐法门寺塔及地宫沿革探讨》，载法门寺博物馆编《法门寺博物馆论丛》第一辑，西安：三秦出版社，2008年，第5页；姜捷：《法门寺唐塔地宫中的感应舍利及相关问题》，载姜捷主编《法门寺博物馆论丛》第六辑，西安：三秦出版社，2014年，第289页。

[3] 杨维中：《法门寺佛骨崇拜析》，《西北大学学报（哲学社会科学版）》1994年第1期，第75页。

[4] 张高举：《武则天与法门寺佛指舍利崇拜》，载《法门寺博物馆论丛》第一辑，第76—83页；李发良：《论武则天与法门寺》，载樊英峰主编《乾陵文化研究》第六辑，西安：三秦出版社，2011年，第107页。

[5] 李新玲：《唐道宣律师有关法门寺著述之研究》，《文博》2003年第5期，第54页。

[6] 姜捷：《法门寺唐塔地宫中的感应舍利及相关问题》，第280页。

和参与者，在《集神州三宝感通录》中留下了关于法门寺早期历史、佛骨舍利的最早描述和唐皇室首次迎佛骨过程的详尽文字。姜捷指出“道宣应该是这一重大事件的主要策划者和实施者之一”[1]，但是对道宣的具体作用还未展开研究。

在前人研究的基础上，本文从显庆年间的社会和宗教背景入手，探讨道宣对法门寺佛舍利神圣性的塑造和对法门寺佛舍利崇拜制度形成的促进作用。

一、法门寺佛舍利崇拜制度形成的社会和宗教背景

唐朝经过“贞观之治”，国力强盛，于7世纪后期逐渐步入盛世，成为世界第一强国。唐朝的兴盛将建立新的世界秩序，成为世界文明的中心。在新的世界秩序建立中，虽然唐朝高度发达的制度文明领先世界，但还需要更具普世价值、对东亚地区具有普遍吸引力的意识形态。佛教就是这种具有普世价值的信仰体系。陈金华认为“中国期待着被塑造成新的世界中心，而印度佛教徒也乐于将佛教中心从印度转移到中国，这是一个愉快的合作。……其结果就是一个雄心勃勃的思想体系计划，即将中国塑造为佛教的中心，进而整个宇宙的中心：毕竟，整个宇宙是受佛法支配的”[2]。将中国塑造为佛教的中心，除了构建圣迹、祖谱，还有舍利—佛塔崇拜、宗教自残、朝圣、伪经的制作与传播、佛典的翻译与传扬等宗教行为或现象[3]。

初唐时期，佛教处于中国化进程中的关键时期。随着佛教经典的大量翻译，中国佛教的体系已经建立，需要的是中国佛教神圣性、圣地和佛教制度的建立。玄奘和道宣两位僧界领袖自觉担负起建设中国佛教中心的使命。玄奘法师亲历印度求法，对印度佛教已经衰落有深切的认识。他以在唐都长安弘法、延续佛教法脉为使命，主要通过翻译佛经和取得帝王的支持来弘法。而律宗法师道宣通过修行和书写来全面建立中国佛教的制度、历史和神圣性。道宣所驻锡的西明寺是高宗朝最重要的皇家大寺[4]，道宣显庆二年（658）任西明寺上座，参与奉送法门寺舍利等重要佛教活动。“及西明寺初就，诏宣充上座。三藏奘师至止，诏

[1] 姜捷：《法门寺唐塔地宫中的感应舍利及相关问题》，第283页。

[2] 陈金华：《东亚佛教中的“边地情结”：论圣地及祖谱的建构》，《佛学研究》2012年总第21期，第29—30页。

[3] 陈金华：《东亚佛教中的“边地情结”：论圣地及祖谱的建构》，第40页。

[4]（唐）道世撰，周叔迦、苏晋仁校注：《法苑珠林校注》：“若是国家大寺，如似西明、慈恩等寺，除口分地外，别有敕赐田庄，所有供给，并是国家供养。”北京：中华书局，2003年，第1826页。

与翻译。又送真身往扶风无忧王寺。遇敕令僧拜等，上启朝宰，护法又如此者。撰法门文记、广弘明集、续高僧传、三宝录、羯磨戒疏、行事钞、义钞等二百二十余卷”[1]。西明寺作为当时的佛教中心，收藏有最完整的佛经，“显庆年际（656—661）西明寺成，御造藏经。更令隐炼区格尽尔无所间然。律师道宣又为录序”[2]。西明寺的优越环境为道宣的著述提供了便利条件。据《法苑珠林》记载，道宣的著述有22部117卷[3]，这些著述内容之一为律学、寺院管理、建筑、僧人的制度、宗教仪式生活等佛教思想和制度等；之二为佛教史，包括僧侣传记、圣迹；之三为佛教感应。道宣通过这些著述建立起中国佛教的历史和知识体系，塑造了中国佛教的神圣性，全面建立起中国佛教的制度体系。

显庆年间，高宗与武则天皇后剪除旧辅政大臣殆尽。显庆五年（660），因高宗中风，武则天主持朝政[4]。随着武则天势力的抬头，急需建设新的政治秩序和气象。历史上隋文帝崇佛为王权与佛教结合提供了可参考的成功模式，而舍利崇拜为最有效的操作方式。在太宗朝已经开启的法门寺佛舍利崇拜在显庆年间再次以更隆重、庄严、高等级的方式继续。主导此次奉迎舍利的即是当时佛教界的领袖——道宣[5]。道宣亲自参加奉送法门寺真身舍利，在他主导下形成的法门寺佛舍利崇拜制度是他建设中国佛教神圣性、圣地、佛教制度的重要内容，佛教与王权结合的理想模式得以创立，并成为佛教中国化进程中的关键点。下文具体论述道宣对法门寺佛舍利崇拜制度形成的促进作用。

二、道宣塑造法门寺佛舍利的神圣性

据文献记载，道宣的修行中伴随着各种佛教感应，他能够自如地和龙王、天人等神明交流。道宣曾就佛教的各种问题与天人对话交流，并记录为《道宣

[1]（宋）赞宁撰，范祥雍点校：《宋高僧传》卷一四，北京：中华书局，1987年，第328、329页。

[2]（唐）静泰：《大唐东京大敬爱寺一切经论目序》，载《大正藏》第55册，No.2148，第181页。

[3]（唐）道世：《法苑珠林》卷一〇〇，载《大正藏》第53册，No.2122，第1023页。

[4] 显庆五年十月，高宗“冬，十月，上初苦风眩头重，目不能视，百司奏事，上或使皇后决之。后性明敏，涉猎文史，处事皆称旨。由是始委以政事，权与人主侔矣”。（宋）司马光:《资治通鉴》卷二〇〇，显庆五年条，北京：中华书局，1956年，第6322页。

[5]“自显庆初年以来，玄奘先是随驾东都，后来几近被软禁在西明寺，外在形势上已经丧失了佛教界的主导权，道宣代之而成为佛教界的领袖；相对地，西明寺也取代了慈恩寺的地位”。刘淑芬：《玄奘的最后十年（655—664）——兼论总章二年（669）改葬事》，《中华文史论丛》2009年第3期（总第95期），第67页。

律师感通录》[1]。赞宁在《宋高僧传》中记录了道宣修行中的各种感应故事，其中包括道宣两次感得舍利。道宣少年出家于日严道场，修行之后感得舍利，“弱冠，极力护持，专精克念，感舍利现于宝函”[2]。道宣任西明寺上座后，于西明寺夜行道，获得毗沙门天王之子那吒所付佛牙，“太子曰：‘某有佛牙宝掌虽久，头目犹舍，敢不奉献。’俄授于宣，宣保录供养焉”[3]。道宣所得舍利供养于西明寺，“至代宗大历二年，敕此寺三纲：‘如闻彼寺有大德道宣律师传授得释迦佛牙及肉舍利，宣即诣右银台门进来，朕要观礼。’”[4]道宣的各种佛教感应和感得舍利证明他具有佛教感通的神奇法力。

道宣通过《广弘明集》《集神州三宝感通录》《道宣律师感通录》等著作系统记述了法门寺佛舍利的历史、发现经过和神圣性，将法门寺佛舍利的历史写入中国佛教的神圣历史中，完善了法门寺佛舍利崇拜的信仰体系，将法门寺佛舍利塑造为独尊的佛教圣物，这也是佛教中国化和建立中国佛教中心的重要内容。

1.参加法门寺佛舍利奉送并记录舍利的形状

道宣亲自参加显庆年间的法门寺佛舍利奉送，并在《集神州三宝感通录》卷上详细记录了显庆年间法门寺佛舍利崇拜的全过程，成为后人了解此次舍利崇拜的第一手资料。《集神州三宝感通录》卷上所记载的法门寺塔地宫舍利的形状，应当是道宣亲自奉迎舍利时亲眼所见的情形。“其舍利形状如小指，初骨长寸二分，内孔正方，外楞亦尔，下平上圆，内外光净。余内小指于孔中恰受，便得胜戴，以示大众”[5]。《广弘明集》记载“其舍利如大人指节骨，长二寸许，其内孔方，色白光明，如别图状”[6]。这些记载成为后代舍利崇拜的重要文献资料。在之后的二百多年间，法门寺佛舍利经过多次开启，并于灭佛期间被损毁。《大唐咸通启送岐阳真身志文碑》记载咸通十二年（871）八月十九日开启者在旧隧道之西北角发现舍利后，“征诸古典，验以灵姿”，应是对照这些文献判定其为真身。

[1]（唐）道宣：《道宣律师感通录》，载《大正藏》第52册，No.2107，第435—442页。

[2]《宋高僧传》卷一四《唐京兆西明寺道宣传》，第327页。

[3]《宋高僧传》卷一四《唐京兆西明寺道宣传》，第329页。

[4]《宋高僧传》卷一四《唐京兆西明寺道宣传》，第330页。

[5]（唐）道宣：《集神州三宝感通录》卷上，载《大正藏》第52册，No.2106，第407页。

[6]（唐）道宣：《广弘明集》卷一五《佛德篇》，载《大正藏》第52册，No.2103，第201页。

2.确认法门寺为阿育王寺

据《集神州三宝感通录》卷上记载，道宣在显庆年间奉迎舍利之前，曾亲往法门寺拜谒佛寺遗迹，确认法门寺的地理位置。贞观年中法门寺地宫发现的周魏石碑[1]证明了该寺的历史渊源。道宣完整记录了这座“俗谚为阿育王寺”的寺院，从周魏之前的育王寺，经北周武帝灭法被大规模破坏，至隋朝复原为成实寺，大业五年（609）被并入京师宝昌寺，唐义宁二年（618）恢复名为法门寺，贞观五年（631）太宗下诏开启地宫舍利[2]的历程。道宣在《道宣律师感通录》记录了显庆年间开启地宫时发现瘗埋舍利的容器为石臼，“至如秦川武功一塔。古者相传，名曰育王。三十年中一度出现。贞观已来两度出现，光瑞殊壮。而舍利如指骨，在石臼中如何陕陋若此”[3]。

法门寺“周魏之前寺名为育王寺”，说明早在周魏之前该寺就与阿育王有关联。阿育王相关经典的翻译始于西晋安息三藏安法钦所译《阿育王传》[4]，该经共7卷11品，系统完整地讲述了阿育王的历史。卷一“本施土缘”讲述世尊与阿难在王舍城行乞遇到二小儿，预言涅槃百年后阿恕伽当作转轮圣王，分舍利作八万四千宝塔遍布阎浮提，饶益众生。卷一“阿育王本缘传”讲到阿育王按照佛的嘱咐弘扬佛法，流布舍利满阎浮，供养佛法比丘僧。阿育王作为崇佛的君主起塔瘗埋舍利的传说非常有助于早期佛教传播中争取帝王的支持，而且阿育王起八万四千塔遍及世界是佛教传播的视觉和物质证据。中国的早期佛教弘法者坚信阿育王舍利塔也传入中土并为众生带来利益，这些遍布中土的阿育王舍利塔作为佛教传入中土的纪念性建筑被反复发现、膜拜和传播。《魏书》记载：“于后百年，有王阿育，以神力分佛舍利，役诸鬼神，造八万四千塔，布于世界，皆同日而就。今洛阳、彭城、姑藏、临淄皆有阿育王寺，盖承其遗迹焉。”[5]东晋僧人刘萨诃为了灭罪而寻访礼拜阿育王塔像，在建康长干寺发现了

---

[1][2]《集神州三宝感通录》，第406页。

[3]《道宣律师感通录》，第439页。

[4]（晋）安息三藏安法钦译：《阿育王传》，载《大正藏》第50册，No.2042，第99—131页。

[5]（北齐）魏收：《魏书》卷一一四《释老志》，北京：中华书局，1974年，第3028页。杨富学、王书庆结合唐代敦煌文献P.2977与《法苑珠林》卷三八《教塔部》第6所记载19处阿育王舍利塔，考证这19座隋之前舍利塔的地点和现存状况，认为这些舍利塔对后期舍利塔的营建、形制和选址等有重要意义。杨富学、王书庆：《隋代以前的舍利塔》，载法门寺博物馆编《法门寺博物馆论丛》第四辑，西安：三秦出版社，2012年，第439—448页（原载《兖州佛教历史文化研讨会论文集》，北京：科学出版社，2011年）。

阿育王塔下舍利函，并重新起塔瘗埋[1]。

梁武帝崇佛，阿育王信仰再次受到重视。梁武帝敕令扶南国人僧伽婆罗重译的《阿育王经》[2]和《阿育王传》为同本异译。梁代僧祐根据当时的各种大小乘经典而撰成史书《释迦谱》[3]，其中第25项《阿育王弟出家造释迦石像记》和第31项《阿育王造八万四千塔记》是和阿育王相关的记述。长干寺的阿育王塔成为建康佛教的重要纪念性建筑，梁武帝的舍利崇拜以此为中心，通过礼拜、开启、奉迎舍利、重新瘗埋、起塔等仪式表现舍利信仰，这种崇拜行为本身及其书写构成了佛舍利崇拜的组成部分。

隋仁寿舍利崇拜中强化了阿育王信仰的要素。仁寿元年隋文帝下诏规定："安置宝塔为三十道，建轨制度，一准育王。"隋文帝效仿阿育王建造八万四千释迦舍利塔，在全国110余州内建造佛舍利塔，寓意隋文帝为转轮王[4]，以此来显示其获得统治的正当性、合法性[5]；仁寿舍利塔的形制应继承阿育王塔。显庆年间法门寺佛舍利崇拜继承了仁寿舍利崇拜中的阿育王要素，增强了神圣性。

法琳于唐武德五年（622）所著《破邪论》在《魏书》"释老志"所列的阿育王塔中列入扶风塔。"佛既去世，弟子等以香木焚身。灵骨分碎大小如粒，其色红白，击之不坏，焚之不燋，每有光明神验。灭后百一十六年，有阿育王以神力分佛舍利，使于诸鬼神造八万四千宝塔。今洛阳彭城扶风蜀郡姑臧临淄等皆有塔焉，并有神异也"[6]。由此认定了法门寺塔为阿育王分舍利所建之塔。据李新玲统计，道宣《集神州三宝感通录》在"其卷一集录19处舍利塔寺之五'周岐州岐山南塔院'，用2100字详细记述了法门寺，所著笔量之多为19处

---

[1]（南朝梁）释慧皎撰，朱恒夫、王学钧、赵益注译：《高僧传》卷一三《晋并州竺慧达》，西安：陕西人民出版社，2013年，第746页。

[2]（南朝梁）扶南三藏僧伽婆罗译：《阿育王经》，载《大正藏》第50册，No.2043，第131—170页。

[3]（南朝梁）僧祐：《释迦谱》，载《大正藏》第50册，No.2040，第1—84页。

[4]"仁寿二年，令送舍利于本乡弘博寺。既至掘基，入地六尺，感发紫光，散卫塔上，其相如焰，似金像所佩者。又土上成字，黑文分明，云'转轮王佛塔'也。见此灵相，咸庆希逢"。通过这种佛教祥瑞宣传将隋文帝喻为转轮王。（唐）道宣撰，郭绍林点校：《续高僧传》卷一二《隋京师大总持寺释慧迁传》，北京：中华书局，2014年，第422页。

[5]李建欣：《佛教传说中的转轮圣王阿育王对隋文帝的影响》，《宝鸡文理学院学报（社会科学版）》2017年第5期，第59页。

[6]（唐）法琳：《破邪论》，载《大正藏》第52册，No.2109，第479页。

塔寺之最”[1]。

在确定了法门寺为阿育王寺后，显庆四年，智琮、弘静向高宗奏报阿育王塔事，请求弘护。高宗立即将其与阿育王传说联系起来，可见阿育王传说、信仰在初唐时期已经被普遍接受，高宗进而下敕开启法门寺，祈请舍利。《集神州三宝感通录》卷上：“显庆四年九月，内山僧智琮、弘静见追入内，语及育王塔事，年岁久远须假弘护。上曰：‘岂非童子施土之育王耶？若近有之，则八万四千之一塔矣。’琮曰：‘未详虚实。古老传云，名育王寺言不应虚。又传云，三十年一度出。前贞观初已曾出现，大有感应。今期已满，请更出之。’”[2]智琮、弘静行道祈请，将感应舍利祥瑞上奏给高宗后，高宗下令造他的等身阿育王像，在塔供养。“琮等以所感瑞具状上闻。敕使常侍王君德等送绢三千匹，令造朕等身阿育王像，余者修补故塔。仍以像在塔，可即开发出佛舍利以开福慧”[3]。高宗以造自己的等身阿育王像的方式，直接将法门寺塔转变为中国化的、唐朝的阿育王塔。这种转换意义重大：首先，将阿育王为转轮王弘法的故事转化为当朝皇帝奉迎舍利，同时也开启了唐朝皇帝奉佛的政治惯例，对之后的唐朝皇帝供奉法门寺佛舍利具有示范作用。其次，塑造了佛舍利和高宗的佛教和王权的二重神圣性。作为一种政治、宗教操作的视觉文化，高宗阿育王等身像供养于法门寺地宫，显示出帝王的权威和宗教的神圣性，对广大参加舍利崇拜的僧俗人员具有很强的震撼力。

法门寺地宫前室出土的阿育王石塔[4]和鎏金铜浮屠[5]是阿育王要素的物质表现。隋之前的阿育王塔是一种小型的舍利塔，或塔形舍利容器。其形制为单层方塔，高一尺四寸，面宽七寸，每面开窗，四面有佛本生故事浮雕，顶部有五层露盘；其造型富有西域于阗风格[6]。阿育王塔与舍利崇拜、阿育王信仰结合在一起，从梁代至唐代造型基本保持不变，是从南朝传播至北方乃至东亚地区的佛教圣物。法门寺地宫的阿育王石塔和鎏金铜浮屠均由台座、单层塔身和四面

[1] 李新玲：《唐道宣律师有关法门寺著述之研究》，《文博》2003年第5期，第55页。

[2]《集神州三宝感通录》，第406页。

[3]《集神州三宝感通录》，第407页。

[4] 陕西省考古研究院等编著：《法门寺考古发掘报告（上）》，北京：文物出版社，2007年，第231页。

[5] 陕西省考古研究院等编著：《法门寺考古发掘报告（上）》，第205页。

[6] 杨效俊：《隋仁寿舍利塔形制试探》，载杜文玉主编《唐史论丛》第二十五辑，西安：三秦出版社，2017年，第34页。

塔顶组成，继承了南北朝时期阿育王塔的基本形制。参考仁寿舍利塔[1]，以及武周圣历元年（698）莫高窟第332窟南壁涅槃经变相“起塔”中台基上的单层方形舍利塔[2]和山西省猗氏县（临猗县）峨眉山大云寺出土的天授二年（691）涅槃变碑像碑阴额间圭形龛中所刻单层屋形方塔形舍利塔[3]，推测阿育王石塔和鎏金铜浮屠处于仁寿舍利塔向武周时期舍利塔的发展和演变阶段，是显庆年间的舍利供养容器。

经道宣显庆年间确认的法门寺为阿育王寺的书写方式一直延续至晚唐咸通年间。德宗朝张彧《圣朝无忧王寺大圣真身宝塔碑铭（并序）》[4]在篇首写道：“有若此寺大圣真身宝塔者□，摩伽王之系孙阿育王之首建也。……或曰华夏之中有五印，扶风得其一也。”法门寺地宫隧道出土的《大唐咸通启送岐阳真身志文碑》[5]开篇就提到无忧王分舍利建八万四千塔，“睹彼岐阳重真寺乃其一也”，并简述法门寺佛舍利崇拜的历史：“高宗延之于洛邑。天后荐之于明堂。中宗改法门为圣朝无忧王寺，塔曰大圣真身宝塔。”随着皇室舍利供养不断升级，中宗通过改法门寺的名字将其直接认定为阿育王寺，舍利为大圣真身，最终确立了法门寺佛舍利的独尊地位。

3.完善法门寺佛舍利崇拜的信仰体系

初唐时期，通过二三百年的涅槃类经典传译，舍利崇拜的宗教内涵已经十分丰富。隋仁寿年间佛教界以涅槃学经典为基础，融合中国传统思想，逐步完善了佛舍利崇拜的信仰体系：佛舍利作为圣物，既是释迦牟尼的遗骨，又象征佛法。舍利信仰与崇拜因此既是对佛祖，也是对佛法的信仰和崇拜[6]。

道宣在著作中进一步建立了佛祖舍利和王权的对应关系。道宣指出，在理想的佛寺中，宝塔中保存了过去佛祖的舍利，与居住在正殿中的佛陀呼应[7]。这种理想的佛寺参考了唐长安城的规划，寺院宫殿借鉴了皇室宫殿，显示了世俗王

[1] 杨效俊：《隋仁寿舍利塔形制试探》，第23—40页。

[2] 樊锦诗主编：《法华经故事》，上海：华东师范大学出版社，2010年，第118页。

[3] 李静杰：《造像碑的涅槃经变》，《敦煌研究》1997年第1期，第72页。

[4]（清）董诰：《全唐文》卷五一六张彧《圣朝无忧王寺大圣真身宝塔碑铭（并序）》，上海古籍出版社，1990年，第2322、2323页。

[5] 陕西省考古研究院等编著：《法门寺考古发掘报告》，第229—231页。

[6] 杨效俊：《隋仁寿舍利崇拜与文化统合》，载孙英刚主编《佛教史研究》第二卷，台北：新文丰出版公司，2018年，第99页。

[7]（唐）道宣：《中天竺舍卫国祇洹寺图经》，载《大正藏》第45册，No.1899，第882—895页。

权与佛祖之间的对应关系[1]。以阿育王信仰为基础，法门寺佛舍利崇拜中强化了佛祖舍利与王权的对应关系，成为法门寺佛舍利持续得到唐朝皇室崇拜的重要原因。李发良认为，唐统治者几乎从开国之初就把法门寺舍利塔封为护国之大圣，先后八次开启塔基迎奉佛骨，而且每次都是以皇帝的旨意举行相当隆重的典礼仪式，如高宗、宪宗、懿宗朝在规格上甚至高于传统的祭天、祭祖礼仪[2]。

此外，道宣在法门寺佛舍利崇拜中强化了舍利令人生善的内容。在民间传说中，佛舍利令人生善是最通俗的说法。舍利作为佛和佛法的象征，具有感化众生、令其向善的法力，能够促进舍利崇拜对民众的精神统合。仁寿舍利崇拜已经成功地起到对民众精神统合的作用。在舍利到达各地瘗埋地点后，举行了大斋礼忏、受戒仪式。"日日共设大斋礼忏受戒。请从今以往修善断恶。生生世世常得作大隋臣子。无问长幼华夷咸发此誓。虽屠猎残贼之人亦躬念善"[3]。这些高僧大德主持、僧俗共同参加的仪式，通过设斋、礼忏行道、受戒激起参与人员普遍的情感震动和心灵共鸣，激发他们的善心和同情心，促进文化认同，最终达到隋文帝所期待的"令佛法重兴必有感应"的境界。道宣在《集神州三宝感通录》记载古老传云："此塔一闭经三十年，一示人令生善。"唐高宗在显庆四年祈请舍利之前，认为如果能感得舍利，深是善因。可见舍利是善因对唐代帝王思想的深刻影响。显庆五年开启舍利时和龙朔二年送还舍利时，都有僧俗民众参加、观礼、赞叹佛德。这种公开的、集体的舍利崇拜活动将所有的参与人员统一在共同的宗教体验和情感之中，从而激发善心、获得文化认同。

4.着力描写法门寺佛舍利开启中的祥瑞

道宣在《广弘明集》中记载隋仁寿二年（602）大宝昌寺（法门寺）供养陕州瑞相时出现当户大像三吐赤光、千佛像及观世音菩萨放光的瑞相[4]。陕州瑞像是仁寿二年瘗埋舍利时陕州大兴国寺出现的瑞像，显示了舍利的灵验与感应，引起京城内外和全国各地的摹写与传播[5]。陕州瑞像在法门寺供养期间因为灵验而出现祥瑞，证明法门寺是能够感应舍利的灵地。

[1] 何培斌：《理想寺院：唐道宣描述的中天竺祇洹寺》，载张复合主编《建筑史论文集》第十六辑，北京：清华大学出版社，2002年，第286、287页。

[2] 李发良：《中国佛教史与法门寺研究》，第37页。

[3][4]《广弘明集》卷一七《佛德篇第三·舍利感应记》，载《大正藏》第52册，No.2103，第214页。

[5] 杨效俊：《隋代京畿地区仁寿舍利石函的图像与风格——以神德寺舍利石函为中心》，《考古与文物》2015年第5期，第84页。

道宣《集神州三宝感通录》卷上记载了贞观五年开启舍利时出现的盲人见光、舍利发光等祥瑞。经过显庆四年十月智琮行道祈请，法门寺地宫舍利终于感应，显示出发声、瑞光上涌、放光明等祥瑞。“忽闻塔内像下振裂之声，往观乃见瑞光流溢，霏霏上涌。塔内三像足各各放光，赤白绿色缠绕而上，至于衡桷合成帐盖。琮大喜踊将欲召僧，乃睹塔内叆塞僧徒合掌而立，谓是同寺须臾既久。光盖渐歇，冉冉而下，去地三尺，不见群僧，方知圣隐。即召来使同睹瑞相。既至像所，余光薄地，流辉布满，赫奕润滂，百千种光若有旋转，久方没尽。及旦看之，获舍利一枚，殊大于粒光明鲜洁。更细寻视，又获七枚。总置盘水，一枚独转绕余舍利。各放光明炫耀人目”[1]。

道宣对法门寺佛舍利祥瑞的书写继承了《续高僧传》“感通篇”中仁寿舍利祥瑞的书写方式，通过这种佛教感通来塑造神圣性[2]，来证明帝王及政权的正统性，在该篇结尾道宣总结：“隋高建塔之岁，踊瑞纷纶。……百有余塔，皆有潜通，君臣相庆，缁素钦幸。其德荣明，不可加也！”[3]法门寺佛舍利多次显现祥瑞，一方面显示其神圣性，这种集体性的、道俗同观的舍利祥瑞象征了参与者在舍利崇拜的虔诚氛围和迷狂情绪中获得的超越性体验；另一方面，舍利在显庆年间呈现祥瑞也寓意时值正统的帝王统治下的清明盛世，烘托出高宗和武则天皇后所期望的新的政治气象。

三、道宣促进法门寺佛舍利崇拜制度的建立

1.系统记录历代佛舍利崇拜的礼仪和制度

道宣在《广弘明集》中完整记录了梁武帝的诏书《出古育王塔下佛舍利诏》[4]和皇太子萧纲奉上的《奉阿育王寺钱启》[5]，据此可以复原梁武帝开创的奉迎阿育王寺舍利仪式：开启地宫—迎请入宫—无遮大会礼拜—奉还舍利—起塔瘗埋。

道宣在《续高僧传》、《集神州三宝感通录》[6]、《广弘明集》等著作中

---

[1]《集神州三宝感通录》，第407页。

[2] 王大伟：《唐代道宣与他的佛教感通世界》，《华东师范大学学报（哲学社会科学版）》2018年第2期，第59页。

[3]《续高僧传》卷二八，第1133页。

[4]《广弘明集》卷一五《出古育王塔下佛舍利诏》，第203、204页。

[5]《广弘明集》卷一六《奉阿育王寺钱启》，第209页。

[6]《集神州三宝感通录》卷上《振旦神州佛舍利感通》，第411、412页。

完整记录了隋仁寿舍利崇拜的人员、仪式、诏书[1]和事件[2]，据此可以复原隋仁寿舍利崇拜制度由崇供制度和瘗埋制度组成。崇供制度分为宗教仪式和组织设备，包括分赐舍利、迎请供养、礼忏行道制度；瘗埋制度是建筑及物质制度[3]，包括仁寿舍利塔和塔铭、舍利容器、瘗埋和礼拜仪式。

这些记录为显庆年间法门寺佛舍利崇拜制度奠定了宗教信仰和实践的基础，道宣作为此次舍利崇拜的主导高僧，可以从以往舍利崇拜制度中提取符合法门寺佛舍利崇拜的要素，来指导和规范崇拜活动。

2.显庆年间法门寺佛舍利崇拜制度的建立

道宣在《集神州三宝感通录》卷上记录了贞观五年太宗下诏开启法门寺地宫佛舍利的过程，可见此次舍利崇拜的过程较为简单。由皇帝下诏、开启舍利、瘗埋舍利组成，这些仪式都在法门寺举行，道俗数千人同时观礼舍利。“贞观五年，岐州刺史张亮[4]素有信向，来寺礼拜，但见古基曾无上覆。奏敕望云宫殿以盖塔基。下诏许之。因构塔上尊严相显。古老传云：‘此塔一闭经三十年，一示人令生善。’亮闻之，以贞观年中请开剖出舍利以示人。恐因聚众不敢开，有敕并许。……光相照烛同诸舍利。既出舍利，通现道俗，无数千人一时同观”[5]。

道宣《集神州三宝感通录》卷上记载了显庆年间法门寺佛舍利崇拜的参加人员和经过，将“三十年一开”制度载入著作，成为之后舍利崇拜的经典依据。显庆年间舍利供养的人员由高僧、帝王、信众组成，道宣律师和武则天皇后在显庆四年奉迎舍利中起到关键作用。显庆年间高宗下敕祈请、奉迎舍利，并和武后在东都内廷供养舍利。道宣律师作为僧界领袖，主导了显庆年间的法门寺佛舍利崇拜，塑造了舍利的神圣性，主导崇拜仪式、制度，并带领智琮、弘静参加祈请和奉送舍利，舍利在东都供养时，京师僧七人往东都入内行道。瘗埋舍利时“僧智琮、弘静、京师诸僧，与塔寺僧及官人等无数千人”参加。

显庆年间的法门寺佛舍利崇拜制度也分为崇供制度和瘗埋制度。崇供制度由帝王下诏、高僧祈请、开启舍利、内宫供养、奉送舍利组成，瘗埋制度包括瘗

[1]《广弘明集》卷一七《佛德篇第三·隋国立舍利塔诏》，第213页。

[2]《广弘明集》卷一七《佛德篇第三·舍利感应记》，第213—216页；卷一七《佛德篇第三·庆舍利感应表》，第216—221页。

[3]杨效俊：《隋仁寿舍利崇拜制度与文化统合》，第85—95页。

[4]《大唐圣朝无忧王寺大圣真身宝塔碑铭》《大唐咸通启送岐阳真身志文》作“张德亮”。

[5]《集神州三宝感通录》，第406页。

埋舍利的仪式、建筑及物质制度。因为仁寿舍利的来源是隋文帝所感得，而法门寺佛舍利是认定的真身，所以增加了高僧祈请、内宫供养和奉送舍利环节。皇帝下敕，高僧通过祈请而获得感应后方能开启，可见法门寺佛舍利的独尊地位。此外，与仁寿舍利崇拜将感得舍利从内宫分发往全国110余州供养不同，法门寺佛舍利崇拜是将舍利迎请入内宫供养。因此，也增加了奉送舍利环节。

道宣在塑造法门寺佛舍利的神圣性时以阿育王信仰为基础，建立了佛舍利、佛祖与王权的联系。显庆五年奉迎舍利入东都大内供养，强化了这种联系。显庆五年春三月至龙朔二年，为了适应佛舍利在东都长达二年的内宫供养，以武则天皇后所供养的九重金棺银椁为舍利容器。道宣在《集神州三宝感通录》卷上记载“皇后舍所寝衣帐直绢一千匹，为舍利造金棺银椁，数有九重雕镂穷奇”[1]。同样记载也见于《法苑珠林》卷三八[2]和法门寺出土的《大唐圣朝无忧王大圣真身宝塔碑铭》。这种首次使用的棺椁形舍利容器是中国化舍利容器发展的关键点[3]。《长阿含经》卷四记载：“阿难报曰，我亲从佛闻，亲受佛教。欲葬舍利者，当如转轮圣王葬法。”[4]诸多涅槃经典中关于“转轮圣王葬法”的记载都是内身金棺、二重铁椁、外重栴檀香椁的三重棺椁。这种“转轮圣王葬法”盛殓之法中国化就是帝王的九重棺椁之制，即武后所制“九重金棺银椁”。在长达两年的东都内宫舍利供养之后，龙朔二年，道宣等道俗人等护送舍利归还法门寺，《佛祖统纪》卷三九记载：“（显庆）五年，诏迎岐州法门寺护国真身释迦佛指骨至洛阳大内供养，皇后施金函九重，命宣律师送还法门寺”[5]。

道宣在《集神州三宝感通录》卷上记载僧智琮、弘静、京师诸僧与塔寺僧及官人等数千人参加瘗埋舍利入地宫石室的仪式：“以龙朔二年送还本塔。至二月十五日奉。敕令僧智琮弘静京师诸僧。与塔寺僧及官人等无数千人。共藏

[1]《集神州三宝通感录》，第407页。

[2]《法苑珠林》卷三八，第587页。

[3]徐苹芳：《中国舍利塔基考述》，《传统文化与现代化》1994年第4期，第59—74页。杨泓：《中国隋唐时期佛教舍利容器》，《中国历史文物》2004年第4期，第22—35页；《中国古代和韩国古代的佛教舍利容器》，《考古》2009年第1期，第75—76页。韩金科、王焯：《法门寺唐塔地宫及中国舍利瘗埋制度》，《文博》1993年第4期，第54页。冉万里：《略论武则天时期的舍利瘗埋》，载《法门寺博物馆论丛》第一辑，第72、73页。

[4]（后秦）佛陀耶舍共竺佛念译：《长阿含经》，载《大正藏》第1册，No.0001，第28页。

[5]（宋）志磐：《佛祖统纪》卷三九，载《大正藏》第49册，No.2035，第367页。

舍利于石室掩之”[1]。《法苑珠林》卷三八记载龙朔二年（662）“……至二月十五日，京师诸僧与塔寺僧及官人等无数千人共下舍利于石室掩之”[2]。此次瘗埋舍利的地宫石室应该是显庆年间重新修建过的地宫。显庆四年在获得法门寺佛舍利祥瑞之后，高宗供养修复塔庙，惠恭担任检校大德。“僧以旧财（材）多杂朽故，遂总换以柏，编石为基，庄严轮奂，制置殊丽”[3]。永昌元年（689）的《□惠恭□德之碑》中记为“显庆首年，施绢三千，返修营塔庙”[4]。据地宫顶部出土的《大唐岐州岐阳县法门寺检校佛塔大德禅师慧恭支提之塔》[5]首部可知，惠恭作为“法门寺检校佛塔大德”，是“返修营塔庙”的主事者。关于现存法门寺佛舍利地宫与显庆年间的舍利地宫的关系，目前仍存在争议[6]。本文同意姜捷、李发良的观点，唐高宗朝开塔供奉舍利时对法门寺塔进行了大规模重修，新修了塔下地宫[7]，“唐中宗景龙二年（708）安置白石灵帐时法门寺地宫的规模、状况可视同为高宗朝新建地宫的规模、状况”[8]。

3.法门寺佛舍利崇拜制度的传承

道宣首次提出法门寺佛舍利“三十年一开”的制度。龙朔二年（662）瘗埋舍利后，道宣总结了贞观、显庆年间两次开启法门寺佛舍利遵循“三十年一开”制度，特别强调“三十年”这一时间限定，为长安年间再次奉迎佛骨提供了历史依据。“三十年一迎奉”之说最早见于《集神州三宝感通录》卷上记载“古老传云‘此塔一闭经三十年，一示人令生善’”[9]。同样记载也见于《道宣律师感通录》[10]和《广弘明集》[11]。道世总章元年（668）所撰《法苑珠林》关于法门寺佛舍利崇拜的记录与道宣相同，并预见和期待了三十年后再次开启

[1]《集神州三宝感通录》卷上，第407页。

[2]《法苑珠林》卷三八，第587页。

[3]《集神州三宝感通录》卷上，第406、407页。

[4]陕西省考古研究院等编著：《法门寺考古发掘报告》（上），第48页。

[5]陕西省考古研究院等编著：《法门寺考古发掘报告》（上），第46、47页。

[6]吴立民：《法门寺地宫唐密曼荼罗之研究提要》，《佛学研究》1994年第3期，第5—7页；罗炤：《法门寺塔地宫及其藏品的几个问题》，载中国古迹遗址保护协会石窟专业委员会、龙门石窟研究院编《石窟寺研究》第五辑，2014年，北京：文物出版社，第121—153页。

[7]姜捷、李发良：《唐法门寺塔及地宫沿革探讨》，第7页。

[8]姜捷、李发良：《唐法门寺塔及地宫沿革探讨》，第10页。

[9]《集神州三宝感通录》，第406页。

[10]《道宣律师感通录》，第439页。

[11]《广弘明集》卷一五《佛德篇第三》，第201页。

地宫、出现祥瑞的殊胜机缘："……俟三十年后非余所知。至后开瑞冀补兹处。"[1]可见，经道宣宣传，法门寺佛舍利"三十年一开"的制度已经成为佛教界的共识。《圣朝无忧王寺大圣真身宝塔碑铭（并序）》记载"古所谓三十年一开则岁谷稔而兵戈息灭"[2]，进一步宣扬三十年一开舍利能带来现世利益。

道宣不仅通过书写传承制度，还通过教授弟子文纲而全面传承了舍利崇拜思想、圣物及制度。道宣给弟子文纲亲授佛法，将天人所授舍利传于文纲，令文纲掌护，"其亲度曰大慈律师、授法者文纲等。其天人付授佛牙，密令文纲掌护，持去崇圣寺东塔"[3]。文纲参加了长安四年奉迎法门寺佛舍利、景龙二年奉送舍利还法门寺的完整过程，传承显庆四年已经建立的舍利崇拜制度。"长安四年，奉敕往岐州无忧王寺迎舍利。景龙二载，中宗孝和皇帝延入内道场行道，送真身舍利往无忧王寺入塔"[4]。长安四年迎佛骨[5]的时候，因为武则天作为皇帝的主导作用，此次舍利崇拜较显庆年间提高了等级和规格：参加人员由帝后为主扩大为大臣、王公及民众的全面参与；僧界由法藏、文纲主导舍利崇拜。此次舍利崇拜遵循显庆年间建立的仪式，只是仪式由宫廷内部行道、供养扩大为东都公开的、大规模的迎请和奉送；供养地点由内廷升级为国家最高礼仪场所——明堂。之后，中、晚唐五次皇室供养舍利遵循此制度。法门寺佛舍利崇拜制度成为隋唐佛舍利崇拜制度的最终结果。

法门寺佛舍利崇拜制度"三十年一开"的反复实践，树立了中国佛教的圣物、圣地，是道宣建设中国佛教神圣性和制度的重要内容，成为佛教中国化进程中的关键点。法门寺佛舍利崇拜制度创立了佛教与王权结合的理想模式，也是唐朝制度文明与佛教普世价值的结合典范，是亚洲文明的重要成果，因此吸引着亚洲各地信众前来礼拜，促使长安日益成为亚洲佛教中心。

（作者单位：陕西历史博物馆）

[1]《法苑珠林》第三八，第587页。

[2]《全唐文》卷五一六张彧《圣朝无忧王寺大圣真身宝塔碑铭（并序）》，第2322页。

[3]《宋高僧传》卷一四《唐京兆西明寺道宣传》，第329、330页。

[4]《宋高僧传》卷一四《唐京师崇圣寺文纲传》，第332页。

[5]［新罗］崔致远：《唐大荐福寺故寺主翻经大德法藏和尚传》，载《大正藏》第50册，No.2054，第283、284页。

The Significance of Monk Daoxuan to the Formation of Buddhist Relic Worship System in Famen Temple

Yang Xiaojun

[Abstract] The worship system of Buddhist relics in Famen Temple was the representative and typical worship system of Buddhist relics in the Tang Dynasty. Although Emperor Gaozong and Empress Wu Zetian were considered as the key persons in the formation of worship system of Buddhist relics in Famen Temple from 660A.D.to 662A.D., normally, Daoxuan, the leader of Buddhism at that time, played an important role. He not only participated in worship ritual, but also recorded the history and worship of Buddhist relics of Famen Temple in his books. It was Dao xuan who shaped the sacredness of Buddhist relics of Famen Temple and established the worship system. He set up a rule that the Buddhist relic worship system of Famen Temple should be repeated for every 30 years. It was meaningful for the sanctity of Chinese Buddhism and was a key point in the process of Buddhism Sinicization.

日本留学僧圆载入唐行迹及其形象演变探析

呼　啸

日本承和元年（834）正月十九日，仁明天皇以藤原常嗣为持节大使，以小野篁为副使，并“判官四人，录事三人”[1]，是为对第19次遣唐使的主要人事任命。从承和元年的开始筹备，直至承和五年六月十七日的最终成行，此次遣唐使一行既经历了承和三年、四年的两次暴风，又有出行前夕副使小野篁的退出风波，可谓历经波折。

值得注意的是，本次遣使随行的留学僧[2]中，最澄法师之弟子圆载本应非籍籍无名之辈。其入唐求学时间长达39年，其中更是经历了始于会昌二年（842）的“法难”事件。然而，作为本国精挑细选入唐求教学问的拔萃僧人，其于此后入唐的天台宗圆珍笔下却成为犯尼蓄田、贪财害命的作恶之徒，多次被直斥为“贼”，日本现存文献资料对其记载亦几无可查。对于圆载前后形象的巨大变化，国内外一些学者已有所注意，但所言大多寥寥，且以推测居多。韩昇先生认为，圆载声名狼藉的原因与其在唐期间赢得的“巨大声誉”[3]有直接关系；白化文、李鼎霞二位先生认为，圆载在唐期间还俗且娶妻务农与“会昌法难”这

[1]［日］藤原良房：《续日本后纪》卷三，承和元年春正月条，载［日］黑板胜美校订《国史大系·六国史》卷三，东京：经济杂志社，1913年，第212页。

[2] 所谓“留学僧”，又称“学问僧”，是指入唐后长期留学求教学问的僧人；与之相对应的“请益僧”，则是指在入唐以前，已进行过一定程度的研究和修行，是某一领域的专家，并且具有相当地位之人。本文在对二者进行统称时，使用“求法僧”一词进行概括。关于留学僧与请益僧之详细定义，参见［日］森克己：《遣唐使》，东京：至文堂，1966年，第114页。

[3] 韩昇：《遣唐使和学问僧》，北京：中华书局，2010年，第106—108页。

一背景有关，是一种被迫无奈之举，圆珍所记“可能有些偏激”[1]。日本学者佐藤长门的看法与白化文先生相似，认为圆载的破戒之举“是会昌废佛时的不得已行为”[2]。关于圆载的形象问题，论述较深者当为胡锡年先生。其主要观点有三：其一，圆载之恶行多来自圆珍《行历抄》的记载，而圆珍亦是道听途说于道诠，且需考虑到圆珍、圆载二人情感上的不和；其二，圆载犯尼之事，即使确而有之，也与“会昌法难”这一背景有关，是可以谅解和同情的；其三，圆载的不修学业从其能请决天台疑问于国清寺、生前得授“传灯大法师”称号、于西明寺刻苦求学、在唐期间交游广泛、归国时携带大量儒书释典等方面综合来看，也是站不住脚的[3]。总之，就目前而言，学界对于圆载的入唐行迹研究稍显不足，对于其形象的定位也多报以同情。本文综合利用散见于各类文献中的相关记载，尽力勾勒圆载入唐行迹，并在此基础上考证、分析其不同时期呈现出的形象面貌。所得仅成一家之言，如有不妥，敬请方家指正。

一、入唐前夕的圆载：一时之选的拔萃僧人

圆载初抵唐土的行迹及其背后隐含的动机，与圆仁此次入唐的主要任务有一定关系。作为请益僧，圆仁此次入唐，除进一步完善天台宗的密教体系之外，还受时任天台宗座主圆澄所托，请决天台疑问三十条于台州国清寺，并送淳和太皇太后所制衲袈裟“以充天台大师忌斋之备”[4]。天台大师智顗的忌日《续高僧传》记载为“十一月二十四日”[5]。而这些也构成了圆仁入唐之后执着且急切于台州之行的最大原因。

尚需解决的一个疑惑是，圆澄为何未将这些任务托付于身为同门的圆载？这是否也是圆澄对圆载个人能力、品行的一种变相否定？笔者窃以为两者之间并

[1]［日］圆珍撰，白化文、李鼎霞校注：《行历抄校注》，石家庄：花山文艺出版社，2004年，第13页。

[2]［日］佐藤长门：《入唐僧圆珍：日本天台宗寺门派之祖》，王海燕译，《浙江大学学报（人文社会科学版）》2015年第3期，第119页。

[3] 胡锡年：《隋唐时代中日关系中的二三事》，《陕西师范大学学报（哲学社会科学版）》1978年第3期，第53—56页。

[4]［日］菅原道真：《类聚国史》卷一八二《佛道九·施入物》，载［日］黑板胜美校订《国史大系·六国史》卷五，第1180页。

[5]（唐）道宣撰，郭绍林点校：《续高僧传》卷一七《隋国师智者天台山国清寺释智顗传三》，北京：中华书局，2014年，第633页。

无干系。作为国家在外的形象代表，日本政府历来在遣唐使的人选问题上都比较慎重，要求他们入唐之后“言语必和，礼仪必笃，毋生嫌隙，毋为诡激”[1]，可谓事无巨细，均有叮咛。以本次遣唐使一行为例，大使藤原常嗣“少游大学，涉猎史汉，谙诵《文选》，又好属文，兼能录书”[2]，副使小野篁的汉文、汉诗亦为时人称道，二者可以说都是当时日本国内公认的汉文博学之士，担任遣唐正、副二使确实为一时之选。随行的求法僧除圆仁和圆载之外，尚有圆行、常晓、义澄、真济、真然、圆觉等人，“入唐八家”此次即占其三。因此，圆载留学僧身份的获得，本身就是对其学识和品行的肯定。再者，在求法僧正式人选确定之前，圆澄已为天台座主，藤原常嗣在选择天台一脉的求法僧时，有很大可能是要咨询或者听取圆澄意见。因此，圆载留学僧身份的取得或许本就是圆澄推举的结果。而圆澄之所以在决定托付人选时选择圆仁而非圆载，更多应是出于二人身份的考虑：不同于圆仁的请益僧身份，作为留学僧的圆载本就归期无定，这对于迫切想要知道决疑结果的圆澄来说肯定难以接受。因此，笔者认为，圆澄对于圆载并无学识及品行上的质疑，选择圆仁而非圆载作为托付对象，或有主观欣赏的因素，但主要还是基于客观上的考量。

二、初抵唐土的圆载：圆澄托付的实际执行者

开成三年（838）七月二日，遣唐使一行终于抵达扬州。稍事休整之后，八月一日，圆仁、圆载便一起向扬州使衙递交了前往台州的申请，但此事却迟迟未见批复。在此期间，圆载与圆仁从开成三年八月二十四日至次年二月十八日一直居于扬州开元寺内，活动范围也仅限于扬州一处。其间，十月三日，二人往平桥馆送遣唐大使一行进京；十三日，共同主持了弟子惟皎、仁好的受戒仪式。十一月八日，与扬州长官李德裕相见于开元寺；十九日于市上买绢、绫等以备开元寺智觊忌日设斋之需；二十四日，于开元寺共同参与了智觊忌日仪式的整个流程。开成四年闰正月十九日，与天台山禅林寺僧敬文相见于开元寺[3]。

台州之行迟迟未见批复，遣唐使一行的回国事宜却已经开始着手准备。开成三年十二月十八日，“新罗译语金正南为定诸使归国之船向楚州发去”[4]；四

[1]（清）黄遵宪：《日本国志》卷四《邻交志上一》，上海古籍出版社，2001年，第56页下。

[2]《续日本后纪》卷九，承和七年四月条，第309页。

[3]〔日〕圆仁著，〔日〕小野胜年校注，白化文、李鼎霞、许德楠修订校注：《入唐求法巡礼行记校注》卷一，石家庄：花山文艺出版社，1992年，第50、53、64、70—72、107、108页。

[4]《入唐求法巡礼行记校注》卷一，第87页。

年正月三日，“又闻敕符到州，其符状称‘准朝贡使奏，为日本国使帖于楚州雇船，便以三月令渡海者’”[1]。在此情况之下，开成四年二月十八日，圆仁、圆载等留守扬州者辞别开元寺，十九日在拜别扬州长官李德裕后驾船出发，经过近五日的奔波，于二十四日抵达楚州。

聊以慰藉的是，圆仁的台州之行虽然未能如愿，圆载却拿到了最终的批准文书。二月二十六日，扬州方面的官方文书送达楚州：“留学圆载、沙弥仁好、傔从始满，朝贡使奏请往台州学问，奉敕宜依所请，件：圆载等牒请往楚州，别朝贡使却回到扬州，便往台州。”[2]在此情况下，二十七日，圆仁将“大座主寄上天台山书一函并纳袈裟及寺家未决、修禅院未决等”[3]一并交付圆载。二十八日，圆载与遣唐使一行辞别，踏上前往台州的行程。

在整个申请以及等待的过程之中，圆仁与圆载几乎形影不离，共同筹备着台州之行的诸多事宜。而在申请失败之后，从圆仁能将圆澄托付直接转交给圆载，并于日记中记下了“惜别，惆怅”[4]；分别前夕本国相公与圆载“流泪慰别”[5]等所表现出来的态度来看，遣唐使众人对于圆载所持的是一种认可的态度：不光是对其个人能力的认可，也包含了情感的认可在内。

三、台州之行的圆载：国清寺的抵达时间及求法相关问题

按照牒文要求，开成四年二月二十八日，圆载一行便开始向扬州进发，准备接下来的台州之行。三月三日，与圆仁、圆载二人在扬州有过交集的禅林寺僧敬文从扬州来到楚州，在听说了圆载的行程之后，又于翌日匆匆返回扬州，“共圆载阇梨向天台山去”[6]。在此之后，由于圆仁、圆载二人再未相见，因此通过圆仁日记已无法继续勾勒圆载的动向。但这一时期，圆载请决天台疑问及求法过程中所产生的一些文献资料却被保存下来。《卍续藏经》所收开成五年两封书信即对这一时期圆载的动向有所交代：

> 六月一日天台山僧维蠲谨献书于郎中使君阁下。……去年，僧圆载奉

[1]《入唐求法巡礼行记校注》卷一，第92页。

[2]《入唐求法巡礼行记校注》卷一，第122页。

[3]《入唐求法巡礼行记校注》卷一，第124页。

[4]《入唐求法巡礼行记校注》卷一，第125页。

[5]《入唐求法巡礼行记校注》卷一，第123页。

[6]《入唐求法巡礼行记校注》卷一，第127页。

本国命，送太后衲袈裟供养大师影，圣德太子《法华经疏》镇天台藏，赍众疑义五十科来问，抄写所欠经论。禅林寺僧广修答一本已蒙前史李端公判印竟。维蠲答一本并付经论疏义三十本，伏乞郎中赐以判印。……僧维蠲谨言。[1]

对于国清寺座主维蠲的请求，台州刺史代表官方所给判印如下：

圆载阇梨是东国至人，洞西竺妙理，梯山航海，以月系时。涉百余万道途之勤，历三大千世界之远。经文翻于贝叶，乡路出于扶桑。破后学之昏迷，为空门之标表。遍礼白足，淹留赤城。游巡既周，巾锡将返。恳求印信，以为公凭。行业众知，须允其请。[2]

这两封往来书信透露的重要信息如下：

首先，圆载的抵达时间。从书信内容来看，国清寺座主维蠲此信的写作时间为开成五年六月一日。由信中的“去年”可以判断，开成四年某一时间节点，圆载已经抵达台州国清寺。根据此信请求判印时“广修答一本已蒙前史李端公判印竟”来看，在将天台疑问请决于维蠲之前，圆载还曾将之请决于禅林寺之广修，《宋高僧传》中“开成三年，日本国僧圆载来躬请法”[3]的记载可作为此条的印证。根据“行记”以及维蠲书信的内容判断，《宋高僧传》所记之开成三年当为开成四年之误。

之前圆仁、圆载从扬州前往楚州与遣唐使一行会合，乘船出发的时间为开成四年二月十九日申时，到达楚州的时间为二十四日卯时，路途共计用时四日半左右。圆载一行二十八日从楚州前往扬州亦为乘船，且为顺流，推论所用时间应当小于四日，即以整四日计算，则圆载到达扬州的时间为三月二日。之后的三月四日，从扬州赶到楚州的敬文又向扬州追赶圆载，从禅林寺广修能够决疑天台疑问以及圆载不先请决于国清寺而是禅林寺的举动来看，其中必然有敬文的“居中斡旋”[4]。由此可以推断，敬文在扬州找到了圆载一行并结伴前往天台山。则按敬文三月八日到达扬州计算，双方会面时圆载一行已于扬州滞留六日左右的时间。

[1]（唐）维蠲：《维蠲决答》，载《新编卍续藏经》第100册，台北：新文丰出版公司，2006年，第829页上。

[2]《维蠲决答》，第829页下。

[3]（宋）赞宁撰，范祥雍点校：《宋高僧传》卷三〇《唐天台山禅林寺广修传二》，北京：中华书局，1987年，第742页。

[4] 王勇：《最后一次遣唐使的特殊使命——以佚存日本的唐代文献为例》，《甘肃社会科学》2010年第5期，第96页。

在扬州期间，圆载的主要事宜即是前往官府领取过所以及文书规定供给之食粮，而从敬文的举动来看，其与遣唐使一行在楚州的见面并非偶遇，而应当是此前约定的结果。盖因三月三日楚州会面之时，圆仁又将本国无行法师书札一封、圆澄座主书状一封请托敬文。从“行记”三月四日条“兼先分付无行和尚信物转与天台座主”[1]的记载来看，这两封书信乃是送往国清寺座主维蠲，而此前圆载刚从楚州出发前往台州，圆仁并未将之交付圆载而专候敬文的到来，明显不合常理。唯一可能的解释就是在之前的扬州会面中，圆仁曾与敬文有所约定：若台州申请得以批准，则一同前往；若不得批准，则托其将两封书信送到，并进一步约定了之后可能的楚州见面。因与敬文有约在先，故而圆仁并未将这两封书信交予圆载，而是专候敬文的到来。敬文从扬州出发时，应当已经知道了官方对于圆仁、圆载二人天台之行的批准情况，且从敬文从楚州出发时“到扬州便发，共圆载阇梨向天台山去”的言语来看，其貌似并不担心圆载在不知情的前提下办理完手续之后直接前往台州的情况出现。推断敬文从扬州出发时可能对这种情况已经有所预料，并在扬州托有专人留意，而这也就为圆载之所以在扬州停留六日提供了合理的解释。因为仅仅是领取文书及食粮的话，六日的时间明显有些过长。

从扬州前往台州的路程，圆载、敬文一行最有可能的选择还是水路同陆路的结合。参考最澄贞元二十一年（805）九月十五日从明州出发，九月二十六日到达台州府临海，共计用时十一日，从临海到国清寺尚有百余里路，即以二日计算；参考从楚州至扬州300余里水路用时四日，圆载一行从扬州走水路至明州近千里水路则需用时十二日左右，则总计需用时二十五日左右。即使圆载一行并未选择扬州—明州—台州临海—国清寺的路线而有所不同，但所用时间应当大致不差。再考虑到沿线通过各个州县之时的官府查验以及补给、休息、交游、禅林寺请广修决疑等所需耽搁的时日，从扬州至国清寺，理想状况下一个半月左右的时间应当足够。则圆载一行到达台州国清寺较为确切的时间应为开成四年四月底至五月初之间。

其次，圆澄托付的完成情况。从书信可以看出，在抵达台州国清寺之后，圆载即将圆澄托付的天台疑问请决于维蠲，并送淳和太皇太后所制衲袈裟于智𫖮灵前供养，送圣德太子手抄之《法华经疏》于国清寺收藏。圣德太子之《法华经疏》并不见于此前的梳理之中，推断其或亦为圆澄托付的一部分，与衲袈裟一同

[1] 《入唐求法巡礼行记校注》卷一，第127页。

从宫内送出，当然，这也有可能是天台一系自身的行为。

第三，圆载的求法成果。从书信可以看到，开成四年五月左右至开成五年六月一日前，圆载于国清寺的求法成果主要包括：广修答一本、维蠲答一本、经论疏义三十本。另《卍续藏经》还保存有圆载于开成四年六月于国清寺日本新院手抄之《五百问论》三卷[1]，亦是这一时期的求法成果之一。而此经抄讫时间之开成四年六月，也进一步印证了上文将圆载抵达国清寺的时间定为开成四年四月底至五月初的合理性。

最后，维蠲向台州刺史所求的证明圆载求法成果的判印。此封书信虽以维蠲的口吻写就，但实际所求者当为圆载本人。作为日本政府派出的留学僧，圆载的入唐求学本就是财政支持行为，因此，也必须有相应的成果予以回报，而唐地方官府所发之判印，其实就是留学成果得到官方认定的一种体现。并且圆载之前，日本僧人这种求法成果请求官方承认的行为本就有例在先。据《佛祖统纪》载："贞元二十一年，日本国最澄远来求法，听讲受诲，昼夜不息，抄尽一宗论疏以归。将行，诣郡庭白太守，求一言为据。太守陆淳嘉其诚，即署之曰：'最澄闻梨，身虽异域，性实同源……'"[2]因此，圆载此时请求判印的做法只是依例行事，而非其功利心强的体现。

四、"法难"期间的圆载：个人形象转变的初现端倪

此后，圆载再现于记载已是会昌二年。当年五月二十五日，圆载从僧仁济与圆仁相见于长安：

> 圆载留学傔从僧仁济来。便得载上人会昌元年十二月十八日书，……又楚州新罗译语刘慎言今年二月一日寄仁济送书云："朝贡使梢公水手前年秋回彼国，玄济阇梨附书状并砂金廿四小两，见在敝所。惠萼和尚附船到楚州，已巡五台山，今春拟返故乡。慎言已排比人船讫。其萼和尚去秋暂往天台……"[3]

圆载此信写于会昌元年十二月十八日，而刘慎言寄仁济送书的时间为会昌二年二月一日，则虽然刘慎言信中亦有说明此次遣唐使的归国以及玄济托付砂金

[1]（唐）湛然撰，［日］圆载抄：《五百问论》，载《新编卍续藏经》第100册，第802页上。

[2]（宋）志磐撰，释道法校注：《佛祖统纪》卷八《兴道法师》，上海古籍出版社，2012年，第201、202页。

[3]《入唐求法巡礼行记校注》卷三，第404页。

等情况，但圆载的消息更大可能来自“去秋暂往天台”的惠萼和尚。那么可以推断，至少会昌元年秋冬这一段时间，圆载的活动范围应当还是在台州国清寺。

玄济从国内捎来的砂金对于圆仁而言不啻雪中送炭。七月二十一日，圆仁即遣惟正与仁济前往楚州；十月十三日，惟正从楚州归来，但是带回的消息却让圆仁愕然：“其付陶中金廿四小两，楚州译语刘慎言先已用尽，总不得而空手来。得译语报云：‘据圆载阇梨命，先已用矣。’书函封先已拆开。”[1]在未与圆仁商量的情况下，圆载不光将玄济所赠之砂金全部用光，还私自浏览了圆仁的书信。若圆仁所记属实，那么圆载的这一行为无论怎么来看，都显得自私而粗鲁。

此外，这一时期反映圆载对于金钱的需求并非仅限于此。会昌三年，唐政府五年的食粮供给期限将到，同年九月，圆载即遣弟子仁好等两人回国讨要经费。据《续日本后纪》承和十一年七月二日条记载：“在唐天台请益僧圆仁、留学僧圆载等，久游绝域，应乏旅资。宜附圆载傔从僧仁好还次，赐各黄金二百小两。”[2]可知日本政府此次所赐的黄金除圆载的200小两之外，还有圆仁的200小两。考虑到从日返回所需的时间，在仁好不多做滞留的前提下，这笔经费至迟至会昌四年年底应已带到。但从圆仁直至会昌五年八月二十七日得登州诸军事押衙张咏接济之前一直困顿潦倒的状况来看，应当没有收到这笔钱。但是，亦不能就此认为这是圆载故意为之，盖因会昌五年三月圆仁为回国故还俗之后，就已离开京城，其行踪飘忽不定，圆载在这一时期与圆仁或已失去联系。

会昌四年二月，圆仁于长安收到圆载托越州潘押衙送达的书信一封，并得其告知圆载动向：“载上人欲得入城来。请得越州牒，付余令进中书门下。余近日专候方便入中书送牒，宰相批破，不许入奏例。上人事不成也。”[3]考虑到潘押衙从越州入京所需要花费的时间，应当在会昌三年年底至会昌四年年初，圆载抵达越州，并提出了入京申请。

圆载的入京请求未被批准，盖因此前已有敕下，明确规定游方僧尼不得入京。而在这种背景之下，考虑到此时“法难”的严酷状况，圆载仍然执意申请，原因可能有二：或为寻求圆仁接济而来；或为与圆仁共同商讨回国事宜。此时，在仁好回国申请接济情况不明的前提下，笔者揣度，前者的可能性更大。且三年之后的大中元年（847）七月，仁好又一次回到国内，若“法难”期间圆载确

[1]《入唐求法巡礼行记校注》卷三，第407页。

[2]《续日本后纪》卷一四，承和十一年七月条，第398页。

[3]《入唐求法巡礼行记校注》卷四，第439页。

有归国打算，此次即可与仁好一同返回。而仁好于次年入唐之前所得牒文也进一步印证了此时的圆载确无归意。据《续日本后纪》嘉祥元年（848）六月条记载："是日，太政官牒，送在唐天台宗留学问僧圆载，其辞曰：'奉敕，省圆载表款，容服变更，心事艰阻，然自强不息，乞留数年。凡人心也，皆恋乡土，非敦求法，谁乐远偏。事须遂其实归，不厌年深。又风潮万里，赍献远臻。物岂在奇，唯嘉乃情。宜因于远成等远次，令知此意。裁赐金物以充旅资者，准敕。听更住数年，兼赐黄金一百小两，宜领之。'"[1]可见，仁好此次奉圆载之命回国，一则是为请求接济，二则是代圆载向国内申请继续留唐求学。仁好回到日本国内的时间是为大中元年七月，则其出发时间至迟应为当年的五六月左右。虽然在此之前的三月，继武宗即位的宣宗已下敕令重新恢复佛教[2]，但考虑到"法难"刚过，后续情况并未完全明朗，且就是在这一时期，圆仁、惠萼等人不惜暂时还俗而纷纷返回国内的情况下，圆载却能在极短的时间内对佛教接下来的发展形势做出明确判断，并申请继续留学，这一行为似乎并不合理。而对于圆载的这一反常行为，借由此后入唐之圆珍行迹或可稍做解释。

五、圆珍笔下的圆载："恶僧"还是"法难"的受害者

圆珍入唐时间是为大中七年，求法期间，其与圆载多有交往。有赖于后人节录其入唐求法日记所得之《行历抄》的保存，加之圆珍于日记中情感外露、个性鲜明的记叙风格，圆载的形象变得更为鲜明、清晰起来。

（一）《行历抄》所见圆载行迹及恶行

圆珍与圆载的初次见面为大中七年十二月十四日。从记载来看，虽是初次会面，但圆珍、圆载表现出来的态度却截然不同：圆珍乃是"食后下堂，欲归房，忽然起心：'圆载不久合来，不用入房，且彷徨待他来'"[3]，待到与圆载相逢之后，则是"礼拜，流泪，相喜"[4]；反观圆载，则是"不多悦，颜色黑

[1]《续日本后纪》卷一八，嘉祥元年六月条，第451、452页。

[2] 大中元年三月，宣宗下敕曰："会昌季年，并省寺宇。虽云异方之教，无损致理之源。中国之人，久行其道，厘革过当，事体未弘。其灵山胜境、天下州府，应会昌五年四月所废寺宇，有宿旧名僧，复能修创，一任住持，所司不得禁止。"参见（后晋）刘昫：《旧唐书》卷一八下《宣宗本纪》，北京：中华书局，1975年，第617页。

[3][4]《行历抄校注》，第16页。

漆，内情不畅”[1]。圆载的这种冷淡态度自然招致圆珍的极大反感：“多奇！多奇！若本乡人元不相识，异国相见亲于骨肉，况乎旧时同寺比座！今遇此间，似无本情。多奇！多奇！”[2]

性格方面，圆珍虽然一向对敌对者持“尖锐的批判”[3]态度，但是其与圆载乃为入唐之后的初次见面，反应却如此强烈，确实有稍嫌过火之感。这一疑惑于《行历抄》其后之记载中或许可以得到解答：

> 会昌三年，本国僧圆修、慧运来到此山，具知圆载犯尼之事。僧道诠和尚曰：“圆修道心，多有材学。在禅林寺见圆载数出寺，举声大哭：‘国家与汝粮食，徒众待汝学满却归本寺流传佛法。何不勤业，作此恶行！苍天！苍天！’圆载因此结怨含毒。圆修从天台发去明州已后，载雇新罗僧，将毒药去，拟煞圆修。修便上船发去，多日，事不着便。新罗却来，曰：‘趁他不著。’载曰：‘叵耐，叵耐。’”[4]

圆修、惠运归国的时间分别为会昌四年、大中元年，均早于圆珍入唐的时间。因此或可推断，在入唐之前，圆珍已从圆修、惠运处得知了圆载犯尼之事。那么，圆珍的过激反应也就有了答案：见面之前，圆珍对圆载已有成见在心。而圆载犯尼一事的坐实亦不仅限于此一处。十四日当晚，圆载对圆珍所表现出的对国内来访者的防备态度亦可做以印证：“送牒与本国太政官，不因王敕，不令人来。”[5]

圆珍对圆载的不满不仅限于初次见面时圆载的态度和其已具知的犯尼之事。次日斋后，圆珍向圆载转送天皇所赐“传灯大法师”位牒。从《行历抄》记载来看，圆载能在生前得到这一莫大殊荣，实与圆珍的努力密不可分：“其时谘白藤相公：‘珍可中蒙恩，到大唐国。见留学无时可相送。乞相公与闻奏，赐大法师位牒者。’相公答曰：‘此可怜好弟子，与闻奏。’……四月十五日……差人送此牒来。”[6]圆载得此牒后，“喜跃无限……从此以后，口中吐出本国言语”[7]，而圆珍则是“因此事次，具知此人本性未改”[8]。以上材料可以看出，一方面，圆载犯尼一事于圆珍入唐之前在日本国内应当只是小范围流传，否则其“传灯大法师”位牒的获得则显得不合逻辑；另一方面，圆珍评价圆载为“本

---

[1][2][5]《行历抄校注》，第16页。

[3]［日］佐藤长门：《入唐僧圆珍：日本天台宗寺门派之祖》，第121页。

[6]《行历抄校注》，第19、20页。

[4][7][8]《行历抄校注》，第20页。

性未改”，这也进一步印证其对于圆载犯尼一事的知晓。然而，仍需解决的一个疑问是，对于爱憎如此鲜明的圆珍而言，为何会主动替劣迹斑斑的圆载申请“传灯大法师”位牒？笔者揣度，或有两种情况：其一是出于“家丑”不宜外扬的心理；其二则是其对于道听而来的消息半信半疑，在入唐之前对圆载仍抱有一定的期待。

此外，圆珍对圆载的厌恶还集中于后者对金钱的过分在意。二者初见之日，圆载即向圆珍打听其此次前来携带的金数，此后又多次向圆珍的随从“偷问金数”[1]。此间，圆珍还曾试问圆载天台山义目，但圆载的表现让圆珍大失所望，认为其学识“既不及叡山沙弥童子见解，况于僧人”[2]！

据《行历抄》载：“大中八年二月初间，留学圆载出，剡县去。”[3]则此前的两个来月时间，圆载大有可能与圆珍一直待在国清寺。此次分别之后，二者再次碰面已是大中九年的四月上旬。此次见面的目的是为前往长安求法。本来议定的时间在二月，但圆珍久等圆载不来，只好先行，其后因病暂住苏州徐公直处。四月上旬，圆载赶来，四月十五日，其一行从苏宅出发，继续前往长安，至五月十日进入陕西境内。五月十九日在抵昭应县后，圆载与圆珍分开，先行入城安顿住宿事宜。从《行历抄》的记载来看，圆载十九日即入住于崇仁坊王家店，但圆珍此时对圆载成见已深，并不欲与圆载同住，而是在抵达长安后自行宿于春明门外高家店。七月十五日，圆珍与圆载同于青龙寺中由法全主持入胎藏灌顶。十一月二十七日，“圆珍共圆载拜辞本师，出长安城”[4]。此后圆珍一路直抵国清寺，在此期间，圆载与圆珍一直同行还是其间就已分开，受记载所限，已不得而知。

长安期间，圆珍与圆载并非相安无事。七月一日，圆珍自觉法全和尚待自己不似往日，认为是圆载背后诽谤的结果。此后十月间得法全印证，其对待圆珍态度的转变确实是缘于圆载所进之谗言。法全进一步告知圆珍：“者贼久在剡县，养妇苏田，养蚕养儿，无心入城。才见珍来，为作鬼贼，趁逐入来。”[5]从前文可知，法全曾于七月十五日为圆珍、圆载二人主持入胎藏灌顶，若当时其已得知圆载所犯诸事，则灌顶一事显然不合情理。且法全于七月一日之前能够听信圆载谗言，更进一步说明在此之前其对圆载所犯诸事一无所知。因此，法全态度

[1][2]《行历抄校注》，第20页。

[3]《行历抄校注》，第26页。

[4]《行历抄校注》，第149页。

[5]《行历抄校注》，第48、49页。

的转变，并非圆珍所自认为的因其礼度周全，“和尚感之”[1]，更大的可能是在此之间，有人将圆载的行径据实告知了法全，法全在判断之下，才重新倒向了圆珍一边。

结合上文梳理来看，圆载犯尼一事，道诠、法全等均有告知圆珍。而法全之闻知，据前文分析，很有可能也是因他人告知。加之圆珍在入唐之前即于圆修、惠运处得知此事，也就是说，圆载犯尼，于《行历抄》中即各有两处显性及隐形印证。因此，圆载的这一劣行基本可以坐实。对于这一结论，胡锡年、白化文、李鼎霞等亦未明确否认。那么，在确定圆载犯尼一事成立的前提下，其于大中元年申请延长留学时间的反常行为也就有了答案：这一时期，圆载已有“俗务”的羁绊。

在此基础之上，对于圆载“雇凶杀人”这桩公案却需另外判断。仅从逻辑和动机出发，圆载谋杀圆修一事似乎具有一定的合理性。然而，此事本就出自道诠的一面之词，《行历抄》中亦只有上引一处记载，胡锡年先生认为这是“薄弱的孤证”[2]。笔者亦对此事抱持谨慎态度。

（二）圆载犯尼时间及身份考辨

关于圆载犯尼的时间及身份问题，白化文、李鼎霞二位先生亦有推测：“圆载犯尼，大约指的是会昌法难中圆载还俗，并和还俗的尼僧婚配。圆载在法难后佛教重兴时又当了和尚，估计那位尼僧还在俗，所以下文有‘数出寺’去探家之事。”[3]然结合圆载这一时期的行迹，这一推测存在一定问题。按两位先生所言，圆载“数出寺”之时已经重入佛门，结合材料来看，则至晚应为会昌三年的某一时间；而之所以认为圆载在此之前有还俗之举，有很大可能是和武宗会昌二年十月九日所下敕令有关：“曾犯淫养妻不修戒行者，并勒还俗。”[4]然从“法难”的整个进程来看，会昌三年正月十七日，“功德使帖诸寺：‘僧尼入条流内并令还俗’”[5]；六月二十九日，“向前有敕焚烧内里佛经，又埋佛菩萨天王像等”[6]；九月十三日，“敕令两街功德使疏理城中等僧：公案无名者尽勒还俗，

[1]《行历抄校注》，第48页。

[2]胡锡年：《隋唐时代中日关系中的二三事》，第54页。

[3]《行历抄校注》，第25页。

[4]《入唐求法巡礼行记校注》卷三，第408页。

[5]《入唐求法巡礼行记校注》卷三，第412页。

[6]《入唐求法巡礼行记校注》卷四，第426页。

递归本贯”[1]，则“法难后佛教重兴”当无从谈起。且从前文所梳理的圆载行迹可知，其于会昌元年秋至会昌二年春与惠萼相伴于天台，十二月还有信寄于圆仁；会昌二年五月前遣弟子仁济进京，十月前于刘慎言处取走了玄济捎来的砂金；会昌三年九月令弟子仁好回国讨要经费。在这几个时间节点上，圆载的僧侣身份确认无疑。

“法难”期间，若圆载确实有还俗之举，更大可能也是在会昌二年年底至会昌三年中，但时间上则会稍显仓促。且圆载入唐求法受日本政府的支持与节制，私自还俗当不被允许，圆修、惠运也不可能在明知圆载还俗的情况下而所有隐瞒。从《行历抄》来看，圆珍只言“具知圆载犯尼之事”并未提及还俗，且在此之后也未有任何提及圆载还俗之事的文字。基于圆珍对圆载的巨大反感，在罗列圆载多项罪名且多次斥其为“贼”的情况下，对于其“还俗”一事却只字不提，未免不合常理。另武宗会昌二年的这一敕令主要针对的是本国僧人，直至会昌五年三月，方才敕令外国僧人无祠部牒者还俗。因此，在无确定史料支撑的基础上，圆载曾有还俗之举的推断很难成立。

圆载犯尼之事为圆修、惠运获知于会昌三年某时，则其实际发生的时间当在此之前。结合武宗会昌二年十月的敕令，高压之下，圆载与当事之尼仍然“顶风作案”的可能性微乎其微。更有可能的情况是，会昌二年十月之前，圆载与该尼已有私通犯戒之实。敕令下发之后，此尼因此还俗，而圆载则因无祠部牒，不受敕令所限，其僧人身份故而得以保留。结合圆载同年十月之前对钱财所表现出来的过分需求，甚至不惜将玄济所赠圆仁砂金尽数霸占的行径来看，这一推测可以得到一定印证。另从大中九年法全的叙述来看，圆载与该尼当居住在台州剡县。结合此前圆载多次探听圆珍所携金数并于大中八年二月前往剡县的记载，这一时期，圆载很有可能仍然维持着亦僧亦俗的生活。

诸位涉及探究此事的学者，在对待圆载犯尼一事上，均抱有可以理解的同情态度，认为这实为“法难”大背景下的不得已行为。但是，从上文分析可知，圆载犯尼的时间至迟应在会昌二年十月之前。这一时期，“法难”只是初有苗头，且圆载远在天台，“法难”当对其影响甚小。且直至大中八年二月，圆载依然维持着亦僧亦俗的生活。因此，结合《行历抄》中记载的其他恶行可知，至少在会昌二年十月至大中九年二月，圆载的行为与其僧人身份并不相符。这其中固

[1]《入唐求法巡礼行记校注》卷四，第434页。

然有“法难”的影响在内，但更大一部分原因还是要归咎于其道心不坚、不修己身的缘故。

六、归国前夕的圆载：“入宫讲经”与“刻苦求学”质疑

据宗睿“请来目录”，其于咸通六年（865）六月至十月间曾“于长安城右街西明寺日本留学僧圆载法师院求写杂法门等”[1]；而据《大宋僧史略》记载，咸通十一年“日本国僧圆载，住西明寺，辞回本国，赐紫遣还”[2]。结合这两条记载可知，至少在咸通六年至咸通十一年间，圆载的活动范围主要在长安的西明寺，且在圆珍离开后的某一时间节点重新开始了自己的求学生涯；其临行前能够被赐予紫衣，说明这一时期圆载在长安赢得了一定的声望。

圆载归国前夕，皮日休、陆龟蒙、颜萱等人还有诗作相送。考皮氏行迹，其于咸通十年应崔璞之募为苏州军事院判官，咸通十三年入京为校书郎。在此期间，皮日休与陆龟蒙、颜萱等人结识并多有诗作酬唱。据尹楚彬先生考证，皮、陆二人吴中酬唱的时间是为咸通“十年五六月至十二年三月”[3]。又据皮日休《送圆载上人归日本国》之“白象新秋十二围”句、陆龟蒙《和重送圆载上人归日本国》之“却待秋风泛舶归”[4]句可知，圆载抵达苏州的时间当在咸通十一年七至九月间。另皮日休《送圆载上人归日本国》中“讲殿谈余着紫衣”一句，学界普遍将之作为圆载在唐期间曾入宫为宣宗讲经、赢得“巨大声誉”的依据。然综合前文来看，其于大中九年十一月随圆珍离开长安，至迟至咸通六年又入长安继续求法，若确有入宫讲经之事，则在宣宗、懿宗时期均有可能。且从《大宋僧史略》的记载来看，圆载的紫衣实乃归国之前方得赐予，结合其当时“传灯大法师”的身份以及这一时期长安求学的经历，笔者窃以为礼节性的可能更大。此外，僧人讲经说法的殿堂均可称为“讲殿”，将其直接认定为为皇帝讲经的场所似有刻意拔高之嫌。因此，将皮氏此句作为圆载曾入宫讲经的依据似有不妥。

另，圆载归国时携有大量儒书释典的说法，其依据主要来自陆龟蒙之《闻圆

[1]［日］宗睿：《禅林寺宗睿僧正目录》，载［日］高楠顺次郎等《大正藏》第55册，No.2174B，东京：日本大正一切经刊行会，大正二十三年，第1111页下。

[2]（宋）赞宁撰，富世平校注：《大宋僧史略校注》卷下《赐僧紫衣》，北京：中华书局，2015年，第160页。

[3]尹楚彬：《皮日休、陆龟蒙生平事迹新考》，《古籍研究》1998年第3期，第91页。

[4]（唐）皮日休、陆龟蒙：《松陵集》卷九，载《景印文渊阁四库全书》第1332册，台北：商务印书馆，1986年，第265页上。

载上人挟儒家书洎释典以行更作一绝以送》[1]。笔者窃以为，即使陆氏诗中所言无夸大之辞，也不能佐证圆载在唐期间一直勤于学业。盖综合宗睿咸通六年六月至十月于长安西明寺圆载处"求写杂法门"的记载来看，其归国时所携大量书籍，完全可能是后期于长安求法搜罗的结果，因此，以此反驳多年前圆珍对圆载不修学业的描述并不完全可靠。

七、结　语

结合《天台宗延历寺座主圆珍传》及《智证大师年谱》来看，圆载实际归国时间为乾符四年（877）[2]。是年，其与智聪等人搭乘唐人李延孝之商船归国，然途中遭遇暴风，"舳舻破散，圆载和尚及延孝等一时溺死"[3]。据日本《三代实录》元庆元年十二月廿一日条记载："入唐求法僧智聪，在彼廿余载，今年还此。"[4]则圆载溺亡的时间当在乾符四年秋冬之际。从咸通十一年至乾符四年，其间七年左右的时间，圆载的动向并不明确。笔者推测，入唐求法期间，圆载大部分的时间都在台州渡过；考虑到咸通年间其在长安求法多年，这段时间很可能是回到台州处理归国前的一些事宜。

总之，入唐前夕及初抵唐土，或许是身边一直都有诸多约束因素存在的原因，圆载这一时期的形象基本符合其留学僧身份。而在独自前往台州国清寺求法之后，圆载行事逐渐肆无忌惮，最终造成其生前及身后声名狼藉。圆载的诸多恶行主要是因《行历抄》的记载而为人所知。从圆珍的行文风格来看，其文笔情感外露，个性鲜明，与圆仁迥然不同，而圆珍本人的性格也确实偏于极端，但不能据此即认为圆珍在个人好恶影响下记载的失实。从《行历抄》记载来看，圆载的诸多恶行并非是圆珍臆测的结果，而是来自圆修、惠运、道诠、法全等人的告知，多人佐证之下，即使抛开谋害圆修性命一事不谈，其犯尼、养儿、蓄田等犯戒行为基本可以坐实。且圆载犯尼一事至迟至会昌二年十月之前即已发生，用"法难"影响来解释其行为的不得已很难说通。此外，归国前夕，圆载又转而积极求法。其求法的动因很有可能是来自于得授"传灯大法师"位的刺激以及

[1]《松陵集》卷九，第265页下。

[2]《行历抄校注》，第204、205、240页。

[3]《行历抄校注》，第204页。

[4]［日］藤原时平等：《日本三代实录》卷三二，载［日］黑板胜美校订《国史大系·六国史》卷四，第542页。

圆珍的影响。但是，这一时期圆载勤于学业的形象并不能反之证明多年前圆珍记载的偏颇。

（作者单位：陕西师范大学历史文化学院）

The Research on the Tracks and Image Change of Japanese Monk Ensai in the Tang Dynasty

Hu Xiao

［Abstract］On the basis of outlining the activities of Japanese monk Ensai in the Tang Dynasty, it can be found that his image began to change after he went to Guoqing Temple in Taizhou alone.The time that Ensai married with a Buddhist nun should before the October, 842 A. D. , when the buddhism disaster in Huichang has not risen yet. At last in February, 854 A. D. , he may still maintained a life of being both a monk and a secular. In a word, it can be found that the evil acts he did in the Tang Dynasty was mainly for his unstable mind and his inability to restrain his behavior but not just for the extremely of Enchin as well as the records of *Gyorekisho*（《行历抄》）.

唐人对女着男装为“服妖”说的接受史

李志生

唐代的女着男装是学界多方探讨的话题，举凡服装款式、穿着人群、出现原因等，都有不胜枚举的成果[1]。但就是这个看似过度讨论的话题，却仍有进一步探讨的空间，那就是唐人对女着男装的认识。

对于唐代的女着男装[2]，许多现代人视其为妇女解放的标志，但很多唐人的认识却与此迥然不同，他们视其为“服妖”[3]。所谓“服妖”，是将阴阳五行与人事变迁相结合，班固的《汉书·五行志》将其定义为：“风俗狂慢，变节

---

[1] 唐代女着男装的研究成果不胜枚举，兹举相关重要论著如下：沈从文：《中国古代服饰研究》，上海书店出版社，2007年，第301、311页；孙机：《唐代妇女的服装与化妆》，载氏著《中国古舆服论丛》（增订本），北京：文物出版社，2001年，第233、234页，《唐代之女子着男装与胡服》，《艺术设计研究》2013年第4期，第26、27页；荣新江：《女扮男装——唐代前期妇女的性别意识》，载邓小南主编《唐宋女性与社会》，上海辞书出版社，2003年，第723—750页；冻国栋：《读李华〈与外孙崔氏二孩书〉论唐前期风俗》，载氏著《中国中古经济与社会史论稿》，武汉：湖北教育出版社，2005年，第200、201页；朱笛：《女儿爱作男装样——唐代的男装女子》，《中国国家博物馆馆刊》2018年第1期，第39—48页。

[2] “女着男装”，学人也称“女扮男装”，但从动机上讲，此二概念存在差别。“女着男装”的初衷是喜爱男装，非为掩盖性别；而“女扮男装”，则是为扮演、模仿男性，以掩盖自己的性别。对此的辩证，见杜娴婷《性别角色认同视角下的女着男装现象——以唐朝女性服饰为例》一文（北京服装学院硕士学位论文，2010年）。唐代的妇女着男装，一般以追逐时尚、行动方便为主，故本文选择使用“女着男装”一词。

[3] 关于服妖的主要研究有：李剑国、孟琳：《简论唐前“服妖”现象》，《武汉大学学报》2006年第4期，第427—433页；胡祥琴：《略论魏晋南北朝正史〈五行志〉中的服妖》，《山东社会科学》2014年第9期，第89—96页；蓝珮文：《魏晋南北朝服妖现象书写的文化内涵》，台北：花木兰文化出版社，2014年；姜爱萍：《唐代“服妖”研究》，青岛大学硕士学位论文，2016年；喻仲文、罗雨《唐代的服妖与政治预象》，《理论月刊》2019年第10期，第80—86页。

易度，则为剽轻奇怪之服，故有服妖。”[1]女着男装出自新奇而非礼教，其被贴以“服妖”标签，自是逻辑所在。儒家礼教强调，“男女不通衣裳”[2]，在这一理论下，女着男装无疑构成了性别越界，是对社会秩序的践踏，故在阴阳五行、灾异祥瑞思想下，被视为妨害礼俗风化、腐化人心的“妖”，是为政治败坏出现的征兆。

女着男装为“服妖”说，正式确立于南朝初期，至唐初得以完善并传播。此说发展至唐代时的主要内涵有：女着男装为政治败坏的征兆；女着男装不仅囊括了上衣下裳巾帽鞋履，还包含了头饰。

一、唐初对女着男装为“服妖”说的全盘接受

女着男装为“服妖”说，最早出现在《宋书·五行志一》，此志设“服妖”专类，并载有相关事例三件[3]：

> 1.魏尚书何晏，好服妇人之服。傅玄曰：“此服妖也。”夫衣裳之制，所以定上下，殊内外也。《大雅》云：“玄衮赤舄，钩膺镂钖。”歌其文也。《小雅》云：“有严有翼，共武之服。”咏其武也。若内外不殊，王制失叙，服妖既作，身随之亡。末嬉冠男子之冠，桀亡天下；何晏服妇人之服，亦亡其家。其咎均也。
>
> 2.昔初作履者，妇人圆头，男子方头。圆者，顺从之义，所以别男女也。晋太康初，妇人皆履方头，此去其圆从，与男无别也。
>
> 3.晋惠帝元康中，妇人之饰有五兵佩，又以金、银、瑇瑁之属为斧、钺、戈、戟，以当笄□。干宝曰：“男女之别，国之大节，故服物异等，贽币不同。今妇人而以兵器为饰，又妖之大也。遂有贾后之事，终以兵亡天下。

依例3的记载，女佩男饰为“服妖”的看法，早在东晋干宝时既已出现。南齐时成书的《宋书》，将如上“服妖”事例进行整合，最终确立了“服妖”说。

在儒家思想中，衣裳及其配用之物都具有区分性别、显示女德的重要功

[1]（东汉）班固：《汉书》卷二七中之上《五行志中之上》，北京：中华书局，1964年，第1353页。

[2]《礼记正义·内则》，载（清）阮元校刻《十三经注疏》，北京：中华书局影印本，1980年，第1462页。

[3]（梁）沈约：《宋书》卷三〇《五行志一》，北京：中华书局，1974年，第886—888页。

用，其以衣裳、服章见妇人无外事，以随身配用之物见男女分工，故“末嬉冠男子之冠”“妇人皆履方头”“妇人之饰有五兵佩”，都违背了女内、男外的性别界限，而致使女德不再，并且像“末嬉冠男子之冠”“妇人之饰有五兵佩”，还最终导致国破家亡。通过如上三条材料，《宋书》将女着男装为“服妖”定义为：女子身着男饰或男子冠履，是为亡国败家的先兆。

《宋书》成书后流传不广，其至北宋时始有刻本，且此时书已有脱误、缺佚，因此，在唐前，《宋书》的“服妖”说影响有限。唐初时，《晋书》及其他正史对“服妖”说的接受，则使这一学说得到传播，并对社会产生影响。

在唐朝的意识形态领域中，史学占有重要位置，唐太宗重视前代史的编修，其意在“以史为鉴”；武则天敕修国史，也为“长悬楷则，以贻劝诫”[1]。在重史的氛围下，二十四史中的八部成于唐初，其中《隋书》《晋书》的《五行志》，都设有“服妖”专类，《南史》亦有女着男装为“妖”事的个案记载。

在唐初女着男装为“服妖”说的接受与传播过程中，《晋书》的作用尤著。《晋书·五行志上·服妖》中的女着男装事例，基本照抄《宋书》，但在例2后，则加上了“此贾后专妒之征”[2]的评论。另外，例1的末嬉戴男冠，并不见于《宋书》之前的记载，其当是曹魏至南朝初人对末嬉史事的再增益[3]。而唐初史臣对此未必不知，如其时的重要史臣颜师古，就在为《汉书》作注时，仅言末喜“美于色，薄于德，女子行，丈夫心。桀常置末喜于膝上，听用其言，昏乱失道”[4]，而不言其有戴男冠之举。由此而言，史实或本非《晋书》史臣措意的重点，他们对女着男装带来祸患的着意，才是照录《宋书》事例的初衷。依小池直子的研究，《晋书》为将贾南风塑造为“恶女”，特意搜集组织了大量负面材料，其意在将晋朝短祚，归于以贾后为首的奸佞集团[5]。女子服饰的越界与女之职掌的触外，都是西晋短祚留给唐初史臣的殷鉴，《晋书》着意承接女着男装为“服妖”说，其意在建构大唐的理想男女秩序。

[1]（宋）王钦若等编：《册府元龟》卷五五四《国史部》，北京：中华书局，1960年，第6651页。

[2]（唐）房玄龄：《晋书》卷二七《五行志上》，北京：中华书局，1974年，第824页。

[3]顾颉刚梳理了汉代之前纣王史事的发展，其中并未见末嬉戴男冠事（顾颉刚：《纣恶七十事的发生次第》，载氏编著《古史辨》第二册，上海古籍出版社，1982年，第82—93页）。

[4]《汉书》卷九七上《外戚传上》颜师古注，第3934页。

[5]［日］小池直子：《賈南風婚姻》，《名古屋大学東洋史研究報告》2003年第27号，第28—61页。

而以女着男饰为“服妖”，也同样见于《隋书·五行志》“服妖”专类中，其记：

> 开皇中，房陵王勇之在东宫，及宜阳公王世积家，妇人所服领巾制同槊幡军帜。妇人为阴，臣象也，而服兵帜，臣有兵祸之应矣。勇竟而遇害，世积坐伏诛。[1]

太子杨勇、国公王世积家妇女戴“槊幡军帜”状领巾，与晋时的“妇人之饰有五兵佩”相似，其皆是女服男饰、男女服饰越界的表现，此举带来的恶果，依然是败坏政治、亡身亡家。

“八史”中最后成书的《南史》，因其体例仅有纪、传而无表、志，故无“服妖”专类的设置，但在《崔慧景传》中，也记有一则女着男装的“妖”事：

> 先是，东阳女子娄逞变服诈为丈夫，粗知围棋，解文义，遍游公卿，仕至扬州议曹从事。事发，明帝驱令还东。逞始作妇人服而去，叹曰：“如此之伎，还为老妪，岂不惜哉。”此人妖也。阴而欲为阳，事不果故泄，敬则、遥光、显达、慧景之应也。[2]

一般认为，李延寿的《南》《北》二史，是对南、北诸史的删改，“删去芜词，专叙实事，大概较原书事多而文省”[3]，但娄逞事并不见于南朝诸史，特别是《南齐书》，其出处目前也不得而知。依《南史》的记载，娄逞不但“变服诈为丈夫”，更以此入仕为官，而她的“阴而欲为阳事”，败坏的是传统性别分工秩序——男／外、女／内，故它也被衍为君臣颠倒——崔慧景等起兵反叛东昏侯的先兆。初唐诸史中最后成书的《南史》，也以娄逞的典型个案，进一步深化了《宋书》《晋书》的相关内容，延展了女着男装为“服妖”说的内涵：“服妖”不仅表现在鞋帽、服饰、头饰上，更包括了上衣下裳的“变服”。

至此，经过《隋书》《南史》，特别是《晋书》等的事例补充与解读，女着男装为“服妖”说在唐初被全盘接受，并在此后得到传播。《晋书》因有太宗所撰两纪、两传史论，而受题为“御撰”，被唐人视为经典，书成后，就陆续有训释之作出现[4]。伴随着“八史”，特别是《晋书》的流传，“服妖”说也渐为

---

[1]（唐）魏徵：《隋书》卷二二《五行志上》，北京：中华书局，1973年，第630页。

[2]（唐）李延寿：《南史》卷四五《崔慧景传》，北京：中华书局，1975年，第1143页。

[3]（清）赵翼：《陔余丛考》卷八《南北史原委》，上海：商务印书馆，1957年，第147页。

[4]参见谢保成主编：《中国史学史》，北京：商务印书馆，2006年，第515页。

唐人所知。

但是，虽然唐初正史接受了女着男装为“服妖”说的思想，但此说并未发展成为主流认识，这是因为其时最高统治者的施政理念，特别是胡汉政策，与此说并不相谐。唐太宗时，奉行的是“夷夏一家”的族群认同理念，太宗声言：“自古皆贵中华，贱夷、狄，朕独爱之如一，故其种落皆依朕如父母。”[1]在“世界主义”[2]的治国理念与施政方针下，身为天可汗的太宗，其“帝国理想既包含中国人也包含游牧民族”[3]，在这种庞大帝国的理念下，胡服也就成了天可汗治下的域内之物，胡女着男装，进而影响汉妇[4]，也随之变成了“夷夏一家”思想的具现。所以我们看到，在唐初史臣努力建构“服妖”说的时候，也正是女着男装渐起之时，而这一时期的考古材料，就明确反映了这一点：“从唐太宗贞观十七年（643）开始，墓葬中就有了女扮男装的骑马女俑了。高宗永徽二年（651），又出现在段蕑壁墓的壁画上。从后者成熟的图像看，这种女扮男装形象的出现，应当从唐朝初年，至少从唐太宗统治初期就开始有了。”[5]关于唐代墓葬结构所展露的现实意义，有学者谈道：“从绘有壁画的墓来看，这种墓葬结构可以被认为是对皇家宫苑和贵族府邸宅院的一种模拟。”[6]而这种模拟中的人物穿着，也当是以现实为依托。

当然，唐初史臣得以接受女着男装为“服妖”说，也是太宗开明政策的产物。在纂修诸正史时，太宗多容异己之说的存在，其典型事例，就是对南朝文学的认识[7]。太宗对南朝文学情有所钟，故在重修《晋书》时，亲为陆机撰写论赞，推其为“百代文宗”[8]。但魏徵总裁梁、陈二史时，却批评南朝文学艳丽，

---

[1]（宋）司马光：《资治通鉴》卷一九八，贞观二十一年五月庚辰条，北京：中华书局，1956年，第6247页。

[2] D. Twitchett and A. F. Wright, “Introduction”, *Perspectives on the T' ang,* ed. by A. F. Wright and D. Twitchett, New Haven and London: Yale University Press, 1973,p.1.其说中的世界主义，指对各种各样的外来影响兼容并蓄。

[3]［美］陆威仪：《世界性的帝国：唐朝》（哈佛中国史），张晓东、冯世明译，北京：中信出版集团公司，2016年，第135页。

[4]参见荣新江：《女扮男装——唐代前期妇女的性别意识》，第740、741页。

[5]荣新江：《女扮男装——唐代前期妇女的性别意识》，第736页。

[6]李星明：《唐代墓室壁画研究》，西安：陕西人民美术出版社，2005年，第14页。

[7]对这一问题的分析，见牟润孙：《唐初南北学人论学之异趣及其影响》，载氏著《注史斋丛稿》，北京：中华书局，1987年，第363—414页；雷家骥：《中国古代史学观念史》，北京师范大学出版社，2018年，第557、558页。

[8]《晋书》卷五四唐太宗《陆机传论》，第1487页。

指其与亡国有关。正是在太宗的开明思想及“夷夏一家”的族群理念下，唐初史臣承接的女着男装为“服妖”说，才可与渐起的女着男装之风并行不悖。

二、开天时期女着男装为“服妖”说与时尚论的并存

从太宗到玄宗百有余年，其间，经历了武则天、太平公主、韦后、安乐公主、上官婉儿等的“初发型女性主义”阶段[1]，这些参政的女子，还构成了一个政治上的“女儿国”[2]形象。而武则天和太平公主都曾以男装的形象示人：

> 则天初在襁褓，天纲来至第中，谓其母曰：“唯夫人骨法，必生贵子。”乃召诸子，令天纲相之。见元庆、元爽曰：“此二子皆保家之主，官可至三品。”见韩国夫人曰：“此女亦大贵，然不利其夫。”乳母时抱则天，衣男子之服，天纲曰：“此郎君子神色爽彻，不可易知，试令行看。”于是步于床前，仍令举目，天纲大惊曰：“此郎君子龙睛凤颈，贵人之极也。”更转侧视之，又惊曰：“必若是女，实不可窥测，后当为天下之主矣。”[3]

武则天着男装时尚为婴儿，其所着乃仰于他人。而太平公主穿着武官之服，则全出己意：

> 高宗尝内宴，太平公主紫衫、玉带、皂罗折上巾，具纷砺七事，歌舞于帝前。帝与武后笑曰：“女子不可为武官，何为此装束？”[4]

按，所谓“折上巾”即幞头[5]；而“纷砺七事”，亦称“蹀躞七事”，“带衣所垂蹀躞，盖欲佩带弓剑、帉帨、算囊、刀砺之类”[6]，其均为行旅或野外生存的必备用具，它们所带有的勇武之气不言自明。

关于这些活跃于政治上的女子穿着男装的原因，荣新江指出：“在传统的

[1] 参见陈弱水：《隐蔽的光景：唐代的妇女文化与家族生活》卷下《初唐政治中的女性意识》，桂林：广西师范大学出版社，2009年，第197页。

[2] Jennifer W. Jay, “Imagining Matriarchy: ‘Kingdoms of Women’ in Tang China”, *Journal of the American Oriental Society*, 116.2, 1996, pp220-229.

[3]（后晋）刘昫：《旧唐书》卷一九二《方伎传·袁天纲》，北京：中华书局，1975年，第5093、5094页。

[4]（宋）欧阳修：《新唐书》卷三四《五行志一·服妖》，北京：中华书局，1975年，第878页。

[5][6]（宋）沈括撰，胡道静校注：《新校正梦溪笔谈》卷一《故事》，北京：中华书局，1957年，第24页。

男性权威的思想意识支配下，出头露面的女性，往往要以男装的形象站在人们面前，这恐怕是唐朝前期女性盛穿男服的另一个原因。”[1]随着李隆基对上官婉儿的诛杀，初唐女性的预政告一段落[2]，但此段女性参政高潮对女着男装的影响，并不会在短时间内消退。与此同时，影响女着男装的另一政治要素——夷夏之防的统治理念，在玄宗时期仍未改变。玄宗时期的朝廷，依然没有特别的“夷夏之防”观念，将领的作用仍首重个人特质与能力，而不问种族，也即天可汗思想下的女着男装认识背景并未出现改变。

随着“夷夏一家”思想长期占据主导地位，以及其间出现的上层妇女参政、着男装，唐初史家着力接受的“服妖”说，也渐被开天史家所忽视，这时的女着男装，已被正统史家视为了一种时尚。

对于玄宗时的女着男装，《大唐新语》记道：“天宝中，士流之妻，或衣丈夫服，靴衫鞭帽，内外一贯矣。”[3]关于《大唐新语》的史料来源，陈寅恪先生指出：“刘氏之书虽为杂史，然其中除谐谑一篇，稍嫌芜琐外，大都出自国史。”[4]而唐朝国史的编修止于肃宗朝，史载，柳芳“肃宗朝史官，与同职韦述受诏添修吴兢所撰《国史》，杀青未竟而述亡，芳绪述凡例，勒成《国史》一百三十卷。上自高祖，下止乾元”[5]。依此，《大唐新语》的这条记载当出自柳、韦所纂的《国史》。又，韦述亡于至德二载（757），柳、韦国史“下止乾元”，因此，韦、柳的看法，代表的应是玄宗末到肃宗间正统史臣对女着男装的认识，而他们仅视女着男装为一种时尚潮流。

当然，视女着男装为“服妖”的看法，在这一时期也并非全无踪迹，且其影响同样不可小觑。文人李华在《与外孙崔氏二孩书》中谈道：“中年至西京……男子衫袖蒙鼻，妇人领巾覆头……此乃妇人为丈夫之象、丈夫为妇人之

[1] 荣新江：《女扮男装——唐代前期妇女的性别意识》，第742、743页。

[2] 郑雅如指出，李隆基诛杀上官婉儿，“更可能是本质性的反对女性预政”（郑雅如：《重探上官婉儿的死亡、平反与当代评价》，载游鉴明主编《中国妇女史论集》十一集，台北：稻乡出版社，2014年，第22—28页）。对上官婉儿宫中政治作用的分析，也参见仇鹿鸣：《碑传与史传：上官婉儿的生平与形象》，《学术月刊》2014年第5期，第162—166页。

[3]（唐）刘肃撰，许德楠、李鼎霞点校：《大唐新语》卷一〇《厘革》，北京：中华书局，1984年，第151页。

[4] 陈寅恪：《元白诗笺证稿》，上海古籍出版社，1978年，第140页。

[5]《旧唐书》卷一四九《柳登传》，第4030页。

饰，颠之倒之，莫甚于此……所见所闻，颓风败俗。”[1]李华，“开元二十三年举进士，天宝二年举博学宏词”[2]，约大历九年（774）卒[3]。其自言，“吾出身入仕，行四十年”[4]，而从他举进士（735）到大历九年，正合“行四十年”。因此，他所称的“中年”，当是天宝年间。而李华所说的“领巾覆头”，就是头扎幞头，其为唐代女着男装的标配之一。按，唐代女子所着的男装式样，大体有三种：一是北齐、北周改革后流行于中原的男装[5]——头扎幞头，身着长袍，下身着裤，脚穿长靴；二为胡服——头戴胡帽，上身为翻领、对襟、绣有花纹的窄袖袍衫，下穿竖条纹裤，脚穿尖靴或鞋履；三为中原男装与胡服的混搭[6]。对天宝时期流行的“妇人领巾覆头”，李华虽未直称为“服妖”，但其“颓风败俗”的评论，也是“风俗狂慢”的“服妖”的另一种表述。

而李华的论议，或暗示着更为深刻的社会现实。李华望出赵郡李氏东祖，其为唐时的定著禁婚家之一[7]。他在对男女易装进行抨击后，还不忘告诫两外孙，“勿谓幼小，不遵训诫”[8]，希望两外孙不受“颓风败俗”的影响，避免男女易装的情况出现于家门之内。由李华的评论推测，或许山东旧族高门一直信奉着女着男装为“服妖”说，他们也从未允许女着男装于家中出现。有唐一代，山东旧族高门都以门风优美著称于世，他们也成了其他谨礼之家效仿的对象。由此推论，在女着男装盛行的开天时期，像李华一样坚持“服妖”说者，或也并不在少数。

---

[1]（唐）李华：《李遐叔文集》卷一《与外孙崔氏二孩书》，上海古籍出版社，1993年，第20页。

[2]（清）董诰：《全唐文》卷三八八独孤及《检校尚书吏部员外郎赵郡李公中集序》，上海古籍出版社，1990年，第1746页。

[3]各史对李华卒年的记载不同，对大历九年（774）说的考证，见尹仲文：《李华卒年考辨》，《河北大学学报》1979年第2期，第85—89页。

[4]《李遐叔文集》卷一《与外孙崔氏二孩书》，第19页。

[5]参见孙机：《南北朝时期我国服制的变化》，载氏著《中国古舆服论丛》（增订本），第202页。

[6]相关图像见李凤墓甬道东壁左侧侍女、韦浩墓后室东壁侍女（中国墓室壁画全集编辑委员会编：《中国墓室壁画全集·隋唐五代》，石家庄：河北教育出版社，2011年，图版五六、八八，第51、81页）、房陵公主墓前甬道西壁侍女（陕西历史博物馆编：《新城、房陵、永泰公主墓壁画》，北京：文物出版社，2002年，第46页）。

[7]《新唐书》卷七二上《宰相世系表二上》，第2559页；毛汉光：《中国中古社会史论》，上海书店出版社，2002年，第186—233页。

[8]《李遐叔文集》卷一《与外孙崔氏二孩书》，第20页。

三、安史之乱后对女着男装为“服妖”说的扬弃

安史之乱的爆发，改变了唐人的族群认识理念[1]，肃宗在即位赦令中，就直称安史之乱为“羯胡乱常”[2]，将之定性为一个族群间的斗争；肃、代两朝，更是出台了“去安禄山化”政策[3]；历经德、宪、武诸朝，帝国内对胡人的猜忌日深，这也使族群认同从主张“夷夏一家”，转而成为“夷夏之防”。

但在这一转向下，女着男装为“服妖”说却并未卷土重来。前面谈到，肃宗朝后，唐朝国史再无编修，故唐后期官方史家对女着男装的看法阙如。与此同时，也未见到类似李华之类的士人对女着男装有所评论，这当然首先是因为女着男装不再流行了，“天宝以后，女扮男装的现象立刻消失”[4]，女着男装的这一自觉转向，也使士人暂时失去了批判的动力。另外，安史之乱后，政治问题突出、社会矛盾激化，开天时的兴盛与现实的衰败，造成了士人巨大的心理落差，也激发了他们对大唐盛世的无限追忆与向往，诗、文中对玄宗及开天盛世的怀念，就是这种心态的集中反映。杜甫的《忆昔（其二）》一诗写道：“忆昔开元全盛日，小邑犹藏万家室。稻米流脂粟米白，公私仓廪俱丰实。九州道路无豺虎，远行不劳吉日出。齐纨鲁缟车班班，男耕女桑不相失。”[5]沈既济的《词科论》也说：“开元天宝之中……贤人在朝，良将在边，家给户足，人无苦窳，四夷来同，海内晏然。”[6]郑綮（？—899）的《开天传信记》同样认为：“窃以国朝故事，莫盛于开元、天宝之际。……承平之盛，不可殒坠。”[7]同时，在这一时期，也出现了多部以玄宗或开天为创作背景的笔记小说[8]。在文人的盛世记

[1] 对此的分析，参见范世昌：《唐后期政治博弈对族群认同的影响》，《厦门大学学报》2017年第6期，第76—85页。

[2]（宋）宋敏求撰，洪丕模、张伯元、沈敖大点校：《唐大诏令集》卷二《肃宗即位赦》，北京：学林出版社，1992年，第7页。

[3] 如唐中央军在收复长安后，“宫省门带‘安’字者改之”（《旧唐书》卷一〇《肃宗本纪》，第248页）；“改丹凤门为明凤门，安化门为达礼门，安上门为先天门，及坊名有‘安’者，悉改之”［（宋）王溥：《唐会要》卷八六《城郭》，北京：中华书局，1955年，第1584页］。

[4] 荣新江：《女扮男装——唐代前期妇女的性别意识》，第736页。

[5] 萧涤非主编：《杜甫全集校注》卷十一，北京：人民文学出版社，2014年，第3240页。

[6]（宋）李昉等：《文苑英华》卷七五九，北京：中华书局，1966年，第3974页。

[7]（唐）郑綮：《开天传信记》，载丁如明辑校《开元天宝遗事十种》，上海古籍出版社，1985年，第49页。

[8] 如笔记小说集《明皇杂录》《次柳氏旧闻》《开元天宝遗事》《开天传信记》《高力士外传》《安禄山事迹》等，单篇小说《长恨歌传》《东城老父传》等。

忆下，开天是一个令人神往的时期，而女着男装，或也是他们的盛世记忆内容之一，在这样一种连带投射下，唐后期文人并未将批判的矛头指向女着男装。

不仅如此，唐后期士人对女着男装的热情，似乎也并未降低，此时还多有以女着男装为题材的诗、文出现——其中又以《木兰歌》《谢小娥传》《红线》等更具影响[1]。但细绎其中，我们看到，这些诗、文不仅未承袭“服妖”说，还将“服妖”说的内涵完全消解。

木兰女着男装替父从军，是尽人皆知的佳话，而在木兰文本发展史上，安史之乱后的一段时间是一个重要阶段，《木兰歌》[2]就是在这时再次进入了人们的视线。史载，《木兰歌》由“唐朔方节度使韦元甫得于民间，刘原父往时于秘书省中录得”[3]。韦元甫（710—771），出自婚宦两全的高门之家，望为韦氏定著东眷房[4]，祖父官至太府卿，“外祖赵郡李峤，特进、中书令”[5]，永泰元年（765）至大历三年（768），任为浙江西道观察使，任中采风时，收录了《木兰歌》[6]。经韦元甫的再发掘，原本仅在民间流传的《木兰歌》，得以在士人间广泛流传；木兰的孝勇——“阿爷无大儿，木兰无长兄。愿为市鞍马，从此替爷征”“万里越戎机，关山度若飞。……将军百战死，壮士十年归”[7]，也为更多的人所传颂。

[1] 另有女着男装的红拂、孟姬，因两者的创作年代或创作主旨不明，故存而不论。红拂出《虬髯客》，此文的作者、创作年代多有争议（参见卞孝萱：《论〈虬髯客传〉的作者、作年及政治背景》，《东南大学学报》2005年第5期，第93—98页；罗争鸣：《肇始与传衍之间：关于〈虬髯客传〉作者问题的再思考》，《东南大学学报》2011年第3期，第88—91页；罗立群、陈灵心：《〈虬髯客传〉的版本流传与作者问题》，《文学与文化》2016年第1期，第39—44页）。《孟姬》出温庭筠《乾馔子》，关于编作此书的目的，作者“序谓语怪以悦宾”［（宋）晁公武著，张猛校证：《郡斋读书志校证》卷十三《小说类》，上海古籍出版社，1990年，第568页］，对孟姬，作者只言其怪，未涉创作主旨。

[2] 对《木兰歌》创作时间、作者的认识分歧极大，一般以其为北朝民歌（见章培恒、骆玉明主编《中国文学史》、游国恩主编《中国文学史》、范文澜《中国通史》等）。对这一问题的讨论，见萧涤非：《汉魏六朝乐府文学史》，北京：人民文学出版社，1984年，第288—293页。

[3]（宋）黄庭坚撰，刘琳、李勇先、王蓉贵校点：《黄庭坚全集》正集卷第二五《题乐府木兰诗后》，成都：四川大学出版社，2001年，第643页。

[4]《新唐书》卷七四上《宰相世系表四上》，第3053、3113页。

[5] 金鑫：《新见唐史惟则书〈韦元甫墓志〉〈辛旻墓志〉考释》，《中国书法·书学史论》2017年第6期，第86页。

[6]《文苑英华》卷三三三《木兰歌》署名下注：“郭茂倩《乐府》不知名，韦元甫续附入。”第1733页。

[7]《文苑英华》卷三三三《木兰歌》，第1733页。

韦元甫不但是《木兰歌》的再发掘者，还是木兰接受史上的第一人，他对《木兰歌》的重新阐释，也对后代产生了重要影响。韦元甫仿《木兰歌》自创了另一首《木兰歌》[1]：“木兰代父去，秣马备戎行。易却纨绮裳，洗却铅粉妆”，“世有臣子心，能如木兰节。忠孝两不渝，千古之名焉可灭”[2]。在《木兰歌》的接受史上，这是首次直称木兰为“忠孝两全”的化身，韦元甫铺陈的孝父忠君的木兰形象，也成了此后木兰故事的重要母题。

《谢小娥传》《红线》两部传奇，则以女着男装的侠女为主题，以正面视角，颂扬了女主人公的贞烈忠孝。《谢小娥传》为李公佐所作，李公佐望出陇西[3]，举进士，宪宗元和年间，任为江南西道观察使判官。传中，小娥的身份为商人女、妻，父、夫在经商途中为人所害，她辗转探访仇人名姓，“书（仇人）申兰、申春四字于衣中，誓将访杀二贼，以复其冤……尔后小娥便为男子服，佣保于江湖间……已二岁余，竟不知娥之女人也”，最终小娥手刃仇人，替父夫报冤。在作者李公佐的眼中，小娥保持贞操、孝父贞夫的形象，反衬出了“逆道乱常”的男性的操守缺失，因此，也成了砥砺男子忠君爱国的楷模：“君子曰：誓志不舍，复父夫之仇，节也；佣保杂处，不知女人，贞也。女子之行，唯贞与节，能终始全之而已，如小娥，足以儆天下逆道乱常之心，足以观天下贞夫孝妇之节。”[4]

袁郊（元和中期—？）的《红线》，则塑造了一位侠肝义胆的女子红线。袁郊，出身于“王、谢、袁、萧为大”的侨姓高门[5]，父滋官至宪宗朝宰相，他曾任翰林学士，官至虢州刺史。此文中，红线是“潞州节度使薛嵩家青衣”，其时的魏博节度使田承嗣叛逆朝廷、图鲸潞州，面对薛嵩“我承祖父遗业，受国家厚恩，一旦失其土疆，即数百年勋伐尽矣”的愁忧，红线请赴魏郡，“看其形势，观其有无”。行时，她“梳乌蛮髻，攒金凤钗，衣紫绣短袍，系青丝轻履，胸前佩龙文匕首，额上书太乙神名”，这无疑是女扮男装。最后，红线以盗田承嗣金盒归，迫使田承嗣收敛了狂妄气焰，回书表示悔过。关于撰作《红线》

---

[1] 龚延明认为此《木兰歌》非韦元甫所作。见氏文：《北朝本色乐府诗〈木兰歌〉发覆——兼质疑〈全唐诗〉误收署名韦元甫〈木兰歌〉》，《浙江大学学报》2010年第1期，第62—70页。

[2]（清）《全唐诗》卷二七二韦元甫《木兰歌》，北京：中华书局，1960年，第3055页。

[3]《新唐书》卷二〇五《列女传·谢小娥》，第5828页。

[4]（宋）李昉等：《太平广记》卷四九一《谢小娥传》，北京：中华书局，1961年，第4031、4032页。

[5]《新唐书》卷一九九《儒学传中·柳冲》，第5677、5678页。

的意旨，袁郊也借红线之口道出："国家建极，庆且无疆，此辈（田承嗣）背违天理，当尽弭患。……两地保其城池，万人全其性命；使乱臣知惧，烈士安谋。"[1]这也说明，袁郊意在以红线之举，倡扬维护一统与君臣秩序的节行。

关于唐后期时传奇作品中同一题材多次出现的意义，有学者提出，唐传奇作家隐约构成一个小说创作团体的情形、竞用同一题材写作的现象，说明了它展现某一时代集体理想与价值的观念型特质[2]。唐代后期女着男装文学作品的多见，无疑也体现了安史之乱后的士族文人理想与价值观。

韦元甫、李公佐、袁郊都出身于士族高门，而士族高门是"以家学及礼法等标异于其他诸姓"[3]，他们所代表的礼教之人，虽在表面上摒弃了女着男装为"服妖"说，但对女着男装并不排斥。不过，他们的诗、文已将女着男装的内涵进行了根本置换。首先是将女着男装者的身份，由"士流之妻"置换成了下层女子[4]。如从军的木兰，是"老父隶兵籍"[5]而被"可汗大点兵"[6]，被"点兵"的木兰父，其身份最大的可能是小自耕农[7]；谢小娥出身商家，而唐代抑末、贱商，商贾虽未被纳入贱籍，但也被视为杂类，政治上多受排挤，与士人通婚也多存隔阂，谢小娥嫁为商人妇，也正反映了这一点；而青衣身份的红线，更属贱民身份的侍婢[8]。下层女子远离权力中心，其女着男装的行为，与家国败亡相距甚远，所以，下层女子的穿着男装，无疑从根本上消解了"服妖"说的成立前提——"为剽轻奇怪之服"而致政治败坏。其次，将"风俗狂慢，变节易度"下

[1]（唐）袁郊撰，李宗为校点：《甘泽谣》，载《唐五代笔记小说大观》上册，上海古籍出版社，2000年，第544—546页。

[2] 参见尉天骢：《唐代小说题材之演变与作家之派别》，（台湾）《中华文化复兴月刊》第4卷第5期，1971年5月，第17—23页。

[3] 陈寅恪：《唐代政治史述论稿》中篇《政治革命及党派分野》，上海古籍出版社，1982年，第71页。

[4] 在唐后期的传奇小说中，男侠的社会身份也大多是下层，因此，女着男装者身份的变化，也是唐后期侠客文学变化的一部分。对此的分析，参见王昕：《论唐人小说中的侠女形象及其影响》，《文学评论》2009年第3期，第159页。

[5]《全唐诗》卷二七二韦元甫《木兰歌》，第3055页。

[6]《文苑英华》卷三三三《木兰歌》，第1733页。

[7] 依唐制，被"点兵"的卫士，是为"六品已下子孙及白丁无职役者……凡三年一简点，成丁而入，六十而免"［（唐）李林甫等：《大唐六典》卷五"尚书兵部郎中员外郎"条，广池千九郎训点，内田智雄补订，东京：广池学园事业部，1973年，第119页］。对"可汗大点兵"一句的分析，参见唐长孺：《〈木兰诗〉补证》，《江汉论坛》1986年第9期，第41、42页。

[8] 对唐代青衣身份的分析，参见李季平：《唐代奴婢制度》，上海人民出版社，1986年，第71—73页。

产生的女着男装，转变为了以忠孝贞烈为出发点的易装。在韦元甫、李公佐、袁郊的笔下，下层出身的木兰、小娥和红线，以自己的行动，诠释了贞烈忠孝的践行方式，并因此而成了男性师范的楷模。这样，女着男装就被重新赋予了正面的儒家伦理内涵——忠君、孝父、贞夫，女着男装诗、文所承载的理想，也不再是以“服妖”来提防社会性别秩序的混乱，而是以其弘扬儒家伦理纲常。女着男装意涵的这一正面转向，也成了两宋以降女着男装故事、思想发展的两个重要分支之一[1]，这两个重要分支就是负面的“服妖”与正面的忠孝贞烈。

结语：历史、性别视角下的“服妖”说

关于服装在中国传统社会中的意义，康正果谈道：“衣冠既显示了夷夏之分，也表明了文野之分，所谓人的身体，当然是根据性别、地位的不同而穿戴起来的身体了。而袒裎则使身体失去了文化的界定，从华夏文明的角度来看，那几乎是无异于野兽的躯体了。”[2]因此，儒家理论强调，人的身体必须为衣裳所遮蔽，但衣裳的长度当是“短毋见肤，长毋被土”[3]。当然，在儒家看来，服装的意义不仅在于区分文野，更在辨明上下尊卑与男女。关于上下尊卑，其言“黄帝尧舜垂衣裳而天下治”“衣裳辨贵贱乾坤，则上下殊体”[4]；而男女，儒家除了强调“男女不通衣裳”外，还在“短毋见肤，长毋被土”的前提下，要求“女子出门，必拥蔽其面”[5]。

随着儒家于汉代的定于一尊，性别分工——男／外、女／内的思想也得到进一步阐释，汉儒强调，“妇人……阴卑无外事，是以有三从之义”[6]。在这一性别分工思想下，女涉外事成了社会禁忌之一，故对其外化的表现——女着男装，也势必做出规范。因此，以女着男装为“服妖”的言论渐起，“末嬉冠男子

[1] 宋元以后，木兰忠孝、谢小娥孝父贞夫的故事，都有进一步演绎。木兰文本的发展，参见马俊华、苏丽湘编：《木兰文献大观》，郑州：河南人民出版社，1993年。谢小娥故事发展，参见姚仙：《〈谢小娥〉故事流变研究》，《宁波教育学院学报》2014年第1期，第45—48页；王委艳：《“史真”与虚构的界限：17世纪小说观念之变——以谢小娥故事的“文学—历史”流转为中心》，《信阳师范学院学报》2018年第5期，第114—119页。

[2] 康正果：《身体和情欲》，上海文艺出版社，2001年，第14页。

[3] 《礼记正义·深衣》，第1664页。

[4] 《周易·系辞下》及孔颖达疏，载《十三经注疏》，第87页。

[5] 《礼记正义·内则》，第1462页。

[6] （东汉）班固等：《白虎通》卷一上《爵》，北京：中华书局影印本，1985年，第9页。

之冠，桀亡天下”之类的故事，也随之被建构出来。而至南朝早期，女着男装为“服妖”的理论最终确立，并在唐初被唐人所接受并加以传播。

从目前的研究看，唐代女着男装的流行轨迹是：唐初女着男装渐起，天宝时达到高潮，安史之乱后不再流行。但这一现实的流行轨迹，却与唐人对“服妖”说的接受多有不同步之处。唐代是中国古代女着男装最流行的时代，但也是女着男装为“服妖”说的全面接受时期；“服妖”说于唐初被全面接受，但此时也正是女着男装渐起之时。天宝时期是女着男装最流行的阶段，但此时的“服妖”说也并未绝迹，且其影响同样不可小觑。安史之乱后，“夷夏之防”思想日深，但“服妖”说并未随之再起，且以女着男装为题的诗、文还屡屡出现，但此时的女着男装已经在内涵上发生了根本转变。

宋代以后，对女着男装的认识开始向两个方向发展，一是“服妖”说的继续，如北宋年间成书的《新唐书》，不但将太平公主着武官服置于《五行志》的“服妖”类中，还在记述事实后，直接批其为“近服妖也”[1]；宋初成书的《太平广记》，也将黄崇嘏的“自服蓝衫居扳椽，永抛鸾镜画蛾眉”、被“荐摄府司户参军”，归入了“人怪”类。二是传奇中的下层女子如木兰、谢小娥的女着男装，她们在其后的各种小说、杂剧的演义中，继续被视为忠孝，特别是贞烈的化身，而受到男性文人的歌颂。

如以性别的视角观察女着男装的历史与“服妖”说接受史，我们看到，女着男装无疑是一种以妇女为主体的文化实践，但从儒家理论对服装的要求，到“服妖”认识的出现、“服妖”说的建立，以至于传奇女子着男装故事的演变，则都是男权思想的产物，男性操控着“服妖”说、时尚论抑或忠孝观的建立、传承与交错，大多数妇女则是在这些理论与观念的影响下，践行男性对此的理想与要求。即便是像木兰、谢小娥之类的著名女子，其女着男装的初衷，也并非其本愿。木兰是在“阿爷无大儿，木兰无长兄”的情况下，被迫女着男装、代父从军；小娥则是“（夫）段之弟兄，（父）谢之生侄，与童仆数十悉沉于江”[2]后，被迫女着男装而寻求为父、夫报冤。当然，在中国古代诸多女着男装的事例中，我们也可以依稀看到萌芽中的女性意识，如太平公主的女着男装，表达的就是她欲参与政治的雄心；红线衣男装赴魏郡、盗田承嗣金盒，则是她的

[1]《新唐书》卷三四《五行志一》，第878页。

[2]《太平广记》卷四九一《谢小娥传》，第4030页。

主动请缨与易装出行[1]；黄崇嘏不但选择了以男装的形象示人，更期待“愿天速变作男儿”，即便如此，她还是在被识为女儿身后，迅速归隐，最终“竟莫知存亡”[2]。

中国妇女真正对女着男装产生话语权并拥有主体性，其已晚至近代，女杰秋瑾的个案，就很能说明这一问题。对于女着男装于妇女的意义，秋瑾言：“我对男装有兴趣。在中国通行着男子强女子弱的观念来压迫妇女，我实在想具有男子那样坚强意志，为此，我想首先把外形扮作男子，然而直到心灵变成男子。”在秋瑾的思想中，其着意的女着男装，并不仅在外形的装扮，更是希望以此摆脱压迫并达到男女平权。对于女着男装，秋瑾不仅公开表达观点，也对自己的观点进行实践。如1903年旅居北京时，秋瑾就着男装拜访了日本女教育家下田歌子的弟妻繁子，她“穿着西式男装，横戴着的黑色鸭舌帽掩盖了半个耳朵。蓝色的中世纪西装，背心显得很不合体。……手中带着一根细手杖。从又肥又大的西服裤下面，可以瞧见茶色的靴子。胸部的领带松松地往下垂”，俨然一位“男装的美人”[3]。秋瑾以一位女子的能动性——女性认识与行动实践，完整地诠释了女着男装中的女性主体内涵，使我们看到了古代女性意识萌芽与近代女性意识之间的差距。在近代男女平权思想的影响下，社会容纳了秋瑾等先行者的女着男装言行，而不再视其为“服妖”。

（作者单位：北京大学历史学系）

[1] 红线的身份为青衣，其属贱民，古所谓“礼不下庶人”，唐时，礼教是否适用于贱民，史书无载，至北宋司马光的《书仪》，则明确提出，“女仆无故不出中门”“盖小婢亦然”（《司马氏书仪》卷四《居家杂仪》，上海：商务印书馆，1936年，第43页）。以此推测，男/外、女/内的性别空间原则，在唐时或也于一定程度上适用于贱民女子。

[2]《太平广记》卷三六七《黄崇嘏》，第2925页。

[3]［日］小野和子：《中国女性史——从太平天国到现在》，高大伦译，西安：三秦出版社，1987年，第63页。

Reception History of Women with Men's Suit is "Fuyao" (服妖) in the Tang Dynasty

Li Zhisheng

[Abstract] The theory of women with men's suit is "Fuyao" was established in the early Southern Dynasty (420–589) and was accepted by Tang people in the early Tang Dynasty. The theory of Fuyao wasn't vanished and its influence couldn't be underestimated in Tianbao period when women with men's suit was most popular. The thought of Preventing Yi Xia (夷夏之防) rosed after An–shi Rebellion, but the thought of Fuyao didn't rise and some poems and articles about women with men's suit were written. We can see the connotation of the poems and articles changed fundamentally and the status of the women who wore men's suit changed from upper class to lower class as well as the key point changed from fashion to loyal , steadfast and filial. It is a cultural practice for women to wear men's suit, but the theory of Fuyao was produced by men.

政术与学术：关于《通典》的创作初衷及其相关问题的考察

白悦波

一、叙　言

唐代杜佑（735—812）的名著《通典》堪称中唐史学最为杰出的代表作。此书不但保存了唐代中期以前有关政治制度和社会经济方面的重要史料，更开创了后世以记载典章制度为核心的“典制体”这一新体裁。上述认识和评价，自是今日中国史学史研究者们的公论。

与此同时，学者对《通典》一书在历史编纂学方面得失的关注，至迟也可上推到18世纪中期。尽管当日乾隆皇帝与四库馆臣先后颂扬《通典》乃“经国之良模”[1]，“有用之实学，非徒资记问者可比”[2]，但颇以才学自矜的王鸣盛对此书却有些不怎么友好的看法。在他看来：

> 九门中礼居其一，然礼共一百卷，自四十一卷起至一百五卷止，既已历叙吉嘉宾军凶五礼矣，而于一百六卷以下至一百四十卷共三十五卷，俱撮取《大唐开元礼》之文，钞誊入之，仍以吉嘉宾军凶为次，何其繁复乎。既以刘秩书为蓝本，乃《自序》中只字不及，复袭取官书，攘为己有，以佑之事力，撰集非难，而又取之他人者若是之多，则此书之成，亦

[1]（唐）杜佑撰，王文锦等点校：《通典》附录一《御制重刻通典序》，北京：中华书局，1988年，第5513页。

[2]（清）永瑢等：《四库全书总目》卷八一《史部·政书类一》，北京：中华书局，1965年，第693、694页。

可云易也。[1]

王氏既云杜书“何其繁复”，又说“此书之成，亦可云易”，言下之意便是取舍失当。虽然同时代的章学诚不认可这种无端的指责，并指出《礼典》有百卷的原因乃是“其书本官礼之遗，宜其于礼事加详也”[2]，然而凭借章氏生前的影响力，这些看法自然难以引起主流学界的注意。其后，凡治《通典》者，亦无不在此处多所用心，且进一步将对《礼典》的关注扩展到《兵典》上来[3]。如金毓黻先生称《礼典》“别有其可贵之价值”[4]；钱穆先生云：“一部《通典》里，很大的贡献就在（《礼典》）这里”[5]；刘节先生以为“《通典》的《兵典》，作法最为奇特”，是其优点之一[6]；谢保成先生视《礼典》为人类社会中“婚假、家庭、宗族关系”情况的反映，“不能说不是其‘探政理’的重要内容”[7]。而瞿林东先生则认为《礼典》之设置，“不能不影响到《通典》在经世致用方面的社会价值”，而《兵典》“从全书体例来看，是一个破例”[8]；朱维铮先生更指斥杜佑作《礼典》为“沉溺”于“幻想”，又认为杜书《兵典》对兵制沿革只字不提的隐衷，乃因其“对于军阀的厉害深有体

[1]（清）王鸣盛：《十七史商榷》卷九〇《新旧唐书二二》，上海古籍出版社，2013年，第1329页。参见（清）王鸣盛：《蛾术编》，北京：商务印书馆，1958年，第210—213页。今按，王氏之前，马端临已谓“杜书纲领宏大，考订该洽，固无以议为也，然时有古今，述有详略，则夫节目之间未为明备，而去取之际颇欠精审，不无遗憾焉”，“乃若叙选举则秀、孝与铨选不分，叙典礼则经文与传注相汨，叙兵则尽遗赋调之规而姑及成败之迹，诸如此类，宁免小疵”云云［（宋）马端临：《文献通考》卷首《自序》，北京：中华书局，2011年，第2页］，前者自是承此而来。不过从二人观点的展现形式和实际影响来看，王鸣盛的说法显然更具有标志性的意义。故晚清学者周中孚对《通典》的评论就明显折中于四库馆臣与王氏之间。参见（清）周中孚：《郑堂读书记》卷二九《史部十五》，上海书店出版社，2009年，第459—460页。

[2]（清）章学诚撰，叶长青注：《文史通义注》卷一《书教中》，上海：华东师范大学出版社，2012年，第45页。

[3]《兵典》的形式，用杜佑自己的话说是“捃摭与《孙武书》之义相协，并颇相类者纂之”。杜佑《通典》卷一四八《兵一》即以《孙子》十三篇为纲，每篇再取历史上的著名战例分属其下以明其义。第3782页。

[4]金毓黻：《中国史学史》，北京：商务印书馆，1999年，第271页。

[5]钱穆：《中国史学名著》，台北：联经出版事业公司，1998年，第233页

[6]刘节：《中国史学史稿》，郑州：中州书画社，1982年，第147页。

[7]谢保成：《隋唐五代史学》，北京：商务印书馆，2007年，第264页。

[8]瞿林东：《论〈通典〉在历史编纂上的创新》，载氏著《唐代史学论稿》（增订本），北京：高等教育出版社，2015年，第329页。

会，又不能引起希望消灭藩镇的皇帝的不满，只能扯淡以避祸”[1]。足见学者对此两典尽管褒贬不一，可他们的关注点总不离于后者不拘常例的地方。而所谓的常例，就是被视为典制体史书源头的正史书志之例（详后）。

不过这里也引申出两个问题：首先，《通典》之成书既然“年涉三纪”[2]，为何还会留下诸多不合常例的地方？其次，我们用以衡量《通典》的常例，又是否误入了后见之明的陷阱呢？其实，每一部书的编纂体例，不仅关乎它的表现形式，同时也或明或暗地向读者展示出全书的取材范围与写作原则，更重要的是，读者从中也可体会到作者的创作初衷。若此说可通，则我们能否先找到一种可以将《通典》既有体例下每个部分有机整合起来的创作初衷呢？如果可以，那么也就不必再执着于那些看似扞格的地方了。

据笔者所知，在尝试跳出将《通典》视为典制体通史的新说中，以邓国光先生所论为最早。邓氏力主“杜佑以经学经世”，而《通典》“取义于《洪范》八政”，其本质乃是经学，若“用制度史的要求批评杜佑失当”，便隐没了他的经世意图[3]。稍后，韩昇先生对杜佑的创作初衷进行了更为细致的梳理。韩氏认为《通典》是在“杜佑入仕以来为现实行政需要而收集的各类资料”的基础上修订充实而非“像编书那样在一段时间内按照一定体例编纂完成”的。从这个角度看，《礼典》“虽然复杂，却是行政之必须”，而“‘兵典’研究用兵之道”，“着眼于如何平定当时的藩镇割据”，实堪称创举[4]。如此说来，既不违背史书对杜佑“尤精吏职”，“该涉古今，以富国安人之术为己任”的评价[5]，更契合《通典》“征诸人事，将施有政”的旨趣。

不过此处应当声明的是，对杜佑的写作意图及《通典》成书因由的讨论，并不会影响其人其书在中国史学史上的重要价值。借用诠释学的说法，就是作者想要表达的本意、文本展现的意义以及读者理解到的含义之间并不存在必然的一致性，而三者之间的同与异、相近或冲突本身都是合理的。如利科尔（Paul

[1] 朱维铮：《中国史学史讲义稿》，上海：复旦大学出版社，2015年，第218、219页。

[2]（唐）杜佑：《进〈通典〉表》，载《通典》卷首，第1页。

[3] 邓国光：《杜佑〈通典〉的经学本质》，载氏著《经学义理》，上海古籍出版社，2011年，第438页。该文初发表于2003年，后又有所订正。

[4] 韩昇：《杜佑及其名著〈通典〉新论》，载《传统中国研究集刊》第二辑，上海人民出版社，2006年，第122页。

[5]（后晋）刘昫：《旧唐书》卷一四七《杜佑传》，北京：中华书局，1975年，第3982页。

Ricoeur）就强调文本（text）与话语（discourse）之分别，相比于具有“特指的言谈主体和言谈对象与语境”的话语，文本则是由书写所固定下来并被赋予一系列新特征的话语。这种固定即意味着“意义超越事件以及所表达的意义与言谈主体的分离”，“文本的‘客观意义’不再是由作者的主观意向所规定的”。而施莱尔马赫（Friedrich Ernst Daniel Schleiermacher）与狄尔泰（Wilhelm Dilthey）更主张读者根据自身的知识与体验，“可以比原作者更好地理解文本，理解到作品背后的、作者也未意识到的意义，体验表达的东西比作者意识中存在的东西更多”[1]。这正好比章学诚在推崇袁枢所著《通鉴纪事本末》一书体例优点时说的，“在袁氏初无其意，且其学亦未足与此，书亦不尽合于所称……但即其成法，沉思冥索，加以神明变化，则古史之原，隐然可见。书有作者甚浅，而观者甚深，此类是也”[2]。如果说杜佑的《通典》本不为专成一部典制体通史而作，既不会抹杀此书日后给史学界带来的巨大影响，也不会改变它作为典制体史书鼻祖的历史地位，因为这些观点本身都是彼此独立的。故下文即在认同韩说的基础上，继续讨论几个相关问题，或可有助于我们进一步深化对《通典》创作初衷的认识。

二、分类与传闻

首先要从前人对《通典》一书的分类说起。事实上，四库馆臣对《通典》的表彰除提要外，也表现在他们为前者特别设置的史部政书类这一新标目中。关于政书类设置的缘由，据《提要》讲：

> 志艺文者有故事一类……今总核遗文，惟以国政朝章六官所职者，入于斯类，以符周官故府之遗。至仪注条格，旧皆别出；然均为成宪，义可同归。惟我皇上制作日新，垂谟册府，业已恭登新笈，未可仍袭旧名。考钱溥《秘阁书目》有《政书》一类，谨据以标目，见综括古今之意焉。[3]

既然政书一词不是旧名而是新名，那么此前的书录簿目都是怎么安排《通典》的呢？此处只需举出几部目录学名著便可明了（表1）。

[1] 潘德荣：《西方诠释学史》（第二版），北京大学出版社，2016年，第6、394、500页。

[2] 《文史通义注》卷一《书教下》，第61页。

[3] 《四库全书总目》卷八一《史部·政书类一》，第693页。

表1

目　录	位　置		目　录	位　置	
《新唐书·艺文志》	子录	类书类	《通志·艺文略》	类书类	
《宋史·艺文志》	子类	类事类	《遂初堂书目》	类书类	
《文渊阁书目》	类书		《郡斋读书志》	类书类	
《秘阁书目》	类书		《直斋书录解题》	典故类	
《国史经籍志》	史类	故事	《玉海·艺文》	典故会要	
			《文献通考·经籍考》	史部	故事类
			《澹生堂藏书目》	史类	典故

通观以上十二部史志与官私目录可以发现，虽然南宋以后陆续出现将《通典》一书划入史部的尝试[1]，但将杜书归为类书的做法显然更为长远，而后者即导源于距离《通典》时代最近的《新唐书》。不过在此之前，似乎仍有蛛丝马迹可寻。观李翰为《通典》所作《序》文有云：

> 每事以类相从，举其始终，历代沿革，废置及当时群士论议得失，靡不条载，附之于事。如人支脉，散缀于体。

又云：

> 近代学士，多有撰集，其最著者，《御览》《艺文》《玉烛》之类，网罗古今，博则博矣，然率多文章之事，记问之学，至于刊列百度，缉熙王猷，至精至纯，其道不杂，比于《通典》，非其伦也。[2]

李氏之意固在推崇杜书，但他在《序》文中既不在意那些引人联想的用语，也不回避将《通典》与当时流行的类书进行对比，虽辞有扬抑，然亦隐约暗示着诸书之间的某种可比性。这是否只是巧合呢？此又进而引出《通典》一书结构来源的问题。章学诚率先指出："统前史之书志，而撰述取法乎官《礼》，杜佑《通典》作焉。"[3]这一观点也为后来学者普遍接受[4]。所以这里先将《通

[1] 需要说明的是，《通志》及《文渊阁书目》《秘阁书目》诸书，皆不设四部，或分为十二，或分为三十九，而类书为其一；《遂初堂书目》《郡斋读书志》《直斋书录解题》《玉海》诸书，虽无四部之名，仍按四部分类排序，类书类和典故（会要）类可分别对应四部之子部与史部。这些尝试均应视为四库馆臣之先导。至于《总目》所谓"《秘阁书目》有《政书》一类，谨据以标目"云云，实际钱目之政书大体同于他书之职官，而仍将《通典》隶于类书之下。

[2]（唐）李翰：《通典序》，载《通典》卷首，第2页。

[3]《文史通义注》卷四《释通》，第414页。

[4] 最早论及这一问题的现代学者梁启超即云："有统括史志之必要，其卓然成以创作以应此要求者，则唐杜佑之《通典》也"（梁启超：《中国历史研究法》，上海人民出版社，2014年，第24页），可见其承用章说之痕迹。

典》与具有代表性的正史书志之构成作一简单对比（表2）。

表2

<table>
<tr><th>《史记》</th><th>《汉书》</th><th>《隋书》</th><th>《通典》</th></tr>
<tr><td>礼书</td><td rowspan="2">礼乐志</td><td>礼仪志</td><td>礼典</td></tr>
<tr><td>乐书</td><td>音乐志</td><td>乐典</td></tr>
<tr><td>平准书</td><td>食货志</td><td>食货志</td><td>食货典</td></tr>
<tr><td></td><td>刑法志</td><td>刑法志</td><td>刑法典</td></tr>
<tr><td></td><td>地理志</td><td>地理志</td><td>州郡典</td></tr>
<tr><td></td><td></td><td>百官志</td><td>职官志</td></tr>
<tr><td>律书</td><td rowspan="2">律历志</td><td rowspan="2">律历志</td><td></td></tr>
<tr><td>历书</td><td></td></tr>
<tr><td>天官书</td><td>天文志</td><td>天文志</td><td></td></tr>
<tr><td>封禅书</td><td>郊祀志</td><td></td><td></td></tr>
<tr><td>河渠书</td><td>沟洫志</td><td></td><td></td></tr>
<tr><td></td><td>五行志</td><td>五行志</td><td></td></tr>
<tr><td></td><td>艺文志</td><td>经籍志</td><td></td></tr>
<tr><td></td><td></td><td></td><td>选举典</td></tr>
<tr><td></td><td></td><td></td><td>兵典</td></tr>
<tr><td></td><td></td><td></td><td>边防典</td></tr>
</table>

《通典》与《汉志》相比，所同者五、所无者七、所增者四，与《隋志》相比，所同者六、所无者五、所增者三。如果将所无与所增者看成一类的话，则至少超出同者一倍以上。若退一步仅将所同与所增者相较，则后者至少也占到前者一半以上。可见《通典》能否径称为统括史志，自有讨论的余地。当然这并不意味着两者之间就没有继承关系，只是提醒我们《通典》一书的结构来源理应更加多元。

如“选举”一门，正史此前皆无其例。考《新唐书·艺文志》有徐勉《梁选簿》、郎楚之《隋官序录》、裴行俭《选谱》、沈既济《选举志》、贺兰正元《举选衡鉴》等书，问世并在《通典》前，则其于杜书之意义亦不难想象。特别是《选举典》中反复出现的“礼部员外郎沈既济”一名，更直白地展现出这种联系。又如“礼”与“职官”两门，虽然历代史志代不乏书，但《隋志》就曾批评诸史《礼（仪）志》说：“后世多故，事在通变，或一时之制，非长久之道，载笔之士，删其大纲，编于史志。而或伤于浅近，或失于未达，不能尽其旨要。遗文余事，亦多散亡。”[1]而论“职官”之书云：“汉末，王隆、

[1]（唐）魏徵：《隋书》卷三三《经籍志二》，北京：中华书局，2019年，第1100页。

应劭等，以《百官表》不具，乃作《汉官解诂》《汉官仪》等书。是后相因，正史表志，无复百僚在官之名矣。搢绅之徒，或取官曹名品之书，撰而录之，别行于世。宋、齐已后，其书益繁”[1]。实际自《汉书》以降，历代正史均设《百官志》（《魏书》合称《官氏志》），此处所谓“无复百僚在官之名”者，或即强调史志与别行之书的详略之别。既然如此，杜佑何必舍近求远呢？检《新唐书·艺文志》有梁载言《具员故事》一书，谢保成先生据《旧唐书》考其作于武周与唐中宗之际[2]，而陈振孙记其书“以唐官具员附之历代事迹，盖后人职林、职官分纪之类所从始也”[3]。今《通典》“职官”一门二十二卷，除开头论述三老五更、三师三公外，其主体即以唐制为骨干而详记历代沿革于各条之下，此正其近乎《具员故事》《唐六典》诸书而远乎正史《百官志》的明证。以上三典已足见《通典》一书结构来源之广泛，更不必说杜佑运用别识心裁，参诸史传兵书而成之“兵”与“边防”二典了。

此处还有一桩公案尚待分辨，即王鸣盛指责杜佑“以刘秩书为蓝本”而“攘为己有”一事。据《旧唐书·杜佑传》记载：

> 初开元末，刘秩采经史百家之言，取《周礼》六官所职，撰分门书三十五卷，号曰《政典》，大为时贤称赏，房琯以为才过刘更生。佑得其书，寻味厥旨，以为条目未尽，因而广之，加以《开元礼》《乐》，书成二百卷，号曰《通典》。[4]

其后《新唐书》《东坡志林》《郡斋读书志》等书均有此说[5]，其源头大抵无出薛史者。后世学者论及《通典》成书，亦多沿用此说[6]。刘书今既无存，我们只能借助史书留存的只言片语略做推测[7]。有学者认为所谓“取《周礼》六官所

[1]《隋书》卷三三《经籍志二》，第1097、1098页。

[2] 谢保成：《隋唐五代史学》，第236页。

[3]（宋）陈振孙：《直斋书录解题》卷六《职官类》，上海古籍出版社，1987，第173页。

[4]《旧唐书》卷一四七《杜佑传》，第3982页。

[5] 参见（宋）欧阳修：《新唐书》卷一六六《杜佑传》，北京：中华书局，1975年，第5089、5090页；（宋）晁公武撰，孙猛校证：《郡斋读书志校证》卷一四，上海古籍出版社，1990年，第653页；（宋）苏轼：《东坡志林》卷四《人物》，北京：中华书局，2002年，第92页。

[6] 唯陈光崇先生曾据《新唐书·刘秩传》及李华《祭刘左丞文》，力证《旧唐书》所记房琯称赞《政典》事为张冠李戴，“房琯所称赏的当是（刘秩）《论兵事疏》而非《政典》”（陈光崇：《刘秩事辑考》，载《中国史学史论丛》，沈阳：辽宁人民出版社，1984年，第60页），其说可从。

[7]《唐会要》卷四七有“《政典》曰”一段，为其佚文之仅见者［（宋）王溥撰，牛继清校证：《唐会要校证》卷四七《封建杂录下》，西安：三秦出版社，2012年，第710页］。此外，《通典》卷九、卷十五和卷十七录有刘秩上议一篇、论两篇，可能也与《政典》有关。又《政典》一书

职”，即按吏、户、礼、兵、刑、工六部分门纂集之意。然纵不论《周礼》六官与唐代尚书省六部之间名实的分离，若真如此，则其书当与《具员故事》《唐六典》等书同入《新唐书·艺文志》史录职官类，而与《通典》所属之子录类书类迥然有别。可事实上此书却不见于此而反见于彼，足证此说之欠妥。

不过，就算严格遵守《周礼》六官的说法进行推论，“六官所职”的含义及其表现也有两种可能。其一即以冢宰、司徒、宗伯、司马、司寇、司空六官及其下设职官为纲，而将经史百家之言分类编排于相近条目之下。但这又存在两个问题。首先，不管《周礼》一书的作者究竟身处何时何地，全书设官分职的奇特构思都是显而易见的。其书虽在某些文句上透露出它与先秦时代的社会形态、政治制度以及文物典籍之间的关系，但终归不可径视为史。如何才能将在本质上具有史学性质的经史百家之言比附于六官乃至三百余官之下呢？其难度可想而知。退一步讲，刘秩如果真的按此思路编纂，则《政典》只得与杜书“职官”一门相类，而与其他八门几无关联，那又何必说杜佑“寻味厥旨”“因而广之”呢？

其次，就是刘秩实乃遵照唐玄宗最初设想《唐六典》时“手写六条：曰理典、教典、礼典、政典、刑典、事典”这一指示编纂的。六典之说亦原出《周礼》，其范围正与六官之职掌对应[1]，故若以“六官所职”为其各自所职之典亦无不可。且《唐六典》三十卷，《政典》三十五卷，篇幅亦差相近。是以刘秩编写《政典》的初衷或即不满足于前书之编写而思以一己之力重现玄宗皇帝之设想。虽然刘秩的具体思路已不得而知，但是我们仍可从《四库总目》中获得一点启发。今《四库总目》于政书一类下复分六小类，分别是通制、典礼、邦计、军政、法令和考工之属。这里不难看出四库馆臣尝试统合六官、六典与历代政书的精思[2]。又其于《通典》所属的通制之属下明言：“纂述掌故，门目多端，其间以一代之书而兼六职之全者，不可分属。今总而汇之，谓之通制。”[3]兼六职，即六官所职，而非指具体的官职，是故此句不仅点明了《通典》的特

已不见于《崇文总目》，其后虽被《新唐书·艺文志》收录，亦未必真有其书，此后书著录之通例（参见张固也：《论〈新唐书·艺文志〉的史料来源》，载氏著《古典目录学研究》，武汉：华中师范大学出版社，2014年，第118—125页）。

[1] 参见《周礼注疏》卷二，载（清）阮元校刻《十三经注疏》，北京：中华书局，2009年，第1389页。

[2] 参见《四库全书总目》卷八二《史部·政书类二》，第709页。

[3]《四库全书总目》卷八一《史部·政书类一》，第701页。

点，亦颇有冥合《政典》之可能。至此，《旧唐书》的记载与后世对《通典》的普遍认识方能并行无碍，而我们也可以理解为何《新唐书·艺文志》要将“取《周礼》六官所职”“将采经史百家之言”的《政典》与杜佑《通典》归于一类了。当然，刘秩对杜佑的影响可能还是更多地体现在思路上，至于实际操作则无妨各起炉灶，这也间接解释了为何刘秩与《政典》之名不见于《通典》之《自序》《进表》乃至李翰之《序》文的原因[1]。

以上所论，无非是想表明一点，即《通典》的结构来源，并不仅限于史志这一端。虽然当时以及后世学者将《通典》长期归为类书的认识未必合理，但杜书在编纂形式上的这一特点无疑是促使他们做出上述决断的直接原因。

三、“通典”何谓

以上关于《政典》与《通典》关系的推测，提醒我们有必要讨论一下后书的命名问题。《通典》既然一向被称为典制体通史，那么视“通”为通史之通，“典”为典章制度之典，自然是恰当的解释。不过若能留心“通典”二字得以产生的具体语境，则仍有更多信息有待挖掘。“通典”二字的核心是“典”字。考唐人称篇章或著作为“典”的，大致有六种通行含义：一为经典传记之典；二为玄经释典之典；三为典章制度之典；四为前代书籍（史籍）之泛称；五为本朝国史之令名；六为编年体史书之别名。以下着重对上述第三个含义略做分析[2]。

唐代称典章制度有数名。若其大者：一曰邦典。此即《周礼》所谓“邦之六典”，最著名者莫如《唐六典》。章太炎先生云：“周世书籍既广，六典举其凡目，礼与刑书次之，而通号以周礼……讫唐，有《六典》《开元礼》，由是律始专为刑书，不统宪典之纲矣。”[3]可见《唐六典》成书之后，不论遵行与

[1] 今按，陈光崇和谢保成两先生都认为《通典》中的《兵典》最有可能承自《政典》，一是由于杜佑不善用兵，二是因为《兵典》叙事止于武后时，可备一说。不过考虑到杜佑的编纂过程及其体例，全书各门之断限也不宜看得太死。参见陈光崇：《刘秩事辑考》，第60、61页；谢保成：《隋唐五代史学》，第264页。此外，韩昇先生以为杜佑参考刘秩《政典》一事或在李翰《序》文写成之后，亦可备一说。参见韩昇：《杜佑及其名著〈通典〉新论》，第127页。

[2] 其余义项，限于篇幅，暂不详说。又本节所谓制度，乃取古人通行之含义，包举人事，统摄经权，非今日习称之脱离人/事、带有本体色彩的制度。参见侯旭东：《“制度”如何成为了“制度史”》，《中国社会科学评价》2019年第1期，第68—83页。

[3] 章太炎：《检论》卷三《原法（附汉律考）》，载氏著《章太炎全集》，上海人民出版社，2014年，第446页。标点与引书略异。

否，皆为宪典之纲。此正合于郑玄所谓“典，常也，经也，法也”[1]。二曰政典，刘秩书称《政典》，含义即与此同。不过刘秩并非当日以此名书的始作俑者。史称唐初李延寿“尝撰《太宗政典》三十卷”，且“高宗尝观其所撰《政典》，叹美久之，令藏于秘阁”[2]。考《古文尚书·胤征》有：“政典曰：先时者杀无赦”之语，伪《孔传》注曰：“政典，夏后为政之典籍，若《周官》六卿之治典。”[3]则刘、李二书大体之源头可见，且亦知此政典与《周礼》夏官所职的政典有别。三曰国典，《礼记·月令》云：“天子乃与公、卿、大夫共饬国典，论时令，以待来岁之宜。”郑玄注曰：“饬国典者，和六典之法也。”[4]是其所出。若白居易云：“崇设人防，申明国典。蒸尝不经者，示之以礼；禳祷非鬼者，纠之以刑。”[5]柳宗元云：“请编之于令，永为国典。”[6]又唐武宗云：“褒德赏功，《礼经》备举，畴庸答效，国典攸存。”[7]等等，均可证国典一名兼统礼、刑，与六典符同。

若其小者，则有典章、典制二名，多被用来指称某种具体的制度。如《贞观政要》云：“至于台阁规模，典章文物，皆二人所定，甚获当时之誉，时称房、杜焉。”[8]《唐六典》云：“法家以纪刑法典制。”又云：“御史大夫之职，掌邦国刑宪、典章之政令，以肃正朝列。”[9]陆贽云：“至如赋役旧法，乃是圣祖典章，行之百年，人以为便。”[10]李德裕云：“台阁常务，关于沿革，奏请系于典章及刑狱等，并令中书舍人，依故事商量。”[11]以上或指礼制，或

[1]《周礼注疏》卷二，第1389页。

[2]《旧唐书》卷七三《李延寿传》，第2600页。此书见于《旧唐书·经籍志》史部仪注与《新唐书·艺文志》史录杂史类。

[3]《尚书正义》卷七《胤征》，载《十三经注疏》，第333页。

[4]《礼记正义》卷一七《月令》，载《十三经注疏》，第2997页。

[5]（唐）白居易：《白居易集》卷六五《议祭祀》，北京：中华书局，1979年，第1366页。

[6]（唐）柳宗元：《柳宗元集》卷四《驳复仇议》，北京：中华书局，1979年，第102页。

[7]（清）董诰：《全唐文》卷七七李炎《答李德裕让太尉第三表批》，北京：中华书局，1983年，第807页。

[8]（唐）吴兢撰，谢保成集校：《贞观政要集校》卷二《任贤》，北京：中华书局，2003年，第60页。

[9]（唐）李林甫等：《唐六典》卷十《秘书省》，北京：中华书局，1992年，第300页；同书卷一三《御史台》，第378页。

[10]（唐）陆贽撰，王素点校：《陆贽集》卷二二《均节赋税恤百姓六条·其一论两税之弊须有厘革》，北京：中华书局，2006年，第720页。

[11]（唐）李德裕撰，傅璇琮、周建国校笺：《李德裕文集校笺·文集》卷一一《请复中书舍人故事》，石家庄：河北教育出版社，2000年，第200页。

指刑制，或指政制，都是明证。不过虽然名目不少，但它们之间有一点是相同的，即所谓典者皆是本朝之典。换言之，只要是在没有特别交代具体历史情境的前提下，此“典”字对于时人来说都是一个现实的而非历史的概念。

如此说来，不论是《政典》还是《通典》，也不论两书是否真的有关系，或者有何种关系，它们的作者在使用“典”来命名时，其用意也就不言而喻了。至于“通”字，则理当如章学诚所云：“杜佑以刘秩《政典》为未尽，而上达于三五，《典》之所以名通也。”[1]章氏显然是相信刘、杜二书存在继承关系的，而这句话的表述也很有意思。既云上达于三五，则是追溯，而非像一般的历史叙事那样，由三五顺势而下，此正合于杜佑以典名书之义。“通典”一名，或即已在暗示我们，杜佑作此书，其意正在通历代之制而为一朝国典之参考。故《通典》一书所指向的，首先是一整套包括礼、乐、刑、政的现实制度，而非一部典章制度之通史，当然这并不妨碍它去上探“礼乐刑政之源”[2]。明乎此，也就不奇怪李翰在称赞杜佑时为什么要说“雅有远度，志于邦典”[3]这样的话了。

这一层含义在杜佑的自述中也是有迹可循的。众所周知，他在“食货”一门卷首即宣明“所纂《通典》，实采群言，征诸人事，将施有政”[4]，又《进〈通典〉表》云“臣闻太上立德，不可庶几；其次立功，道行当代，其次立言，见志后学。由是往哲，递相祖述，将施有政，用乂邦家”[5]。可见“将施有政”一语最为其所重视，而时人也多能领会到他的这个精神。如李翰为《通典》所作《序》云：“今《通典》之作……以为君子致用，在乎经邦，经邦在乎立事，立事在乎师古，师古在乎随时。必参今古之宜，穷终始之要，始可以度其古，终可以行于今，问而辩之，端如贯珠，举而行之，审如中鹄。”[6]又如权德舆在表彰杜佑时，一则曰：“博极书术，详观古今。谋王体，断国论，其

[1]《文史通义注》卷四《释通》，第425页。今按，章学诚虽未明释典字，但《释通》篇既云：“统前史之书志，而撰述取法乎官《礼》，杜佑《通典》作焉。”（第414页）又《礼教》篇云：“史家书志之原，本于官礼……大礼与天地同节，惟建官立典，经纬天人，庶足称礼之实在……礼之所包广矣，官典其大纲也。”［（清）章学诚：《文史通义》卷一，载《续修四库全书》第448册，上海古籍出版社，1995年，第149、150页］则章学诚亦颇有以典为官典之可能。

[2]《旧唐书》卷一四七《杜佑传》，第3983页。

[3]《通典序》，第2页。

[4]《通典》卷一，第1页。

[5]《进〈通典〉表》，第1页。

[6]《通典序》，第1、2页。

言有章，听者皆竦。作为《通典》，以究理道，上下数千百年间，损益讨论而折衷之，佐王之业，尽在是矣。”[1]再则曰：“至若阅天下之义理，究先王之法志，著《通典》二百篇，诞章宏议，错综古今，经代立言之旨备焉”[2]。今日研治《通典》的学者更无不高度重视此精神，将其视为《通典》的核心旨趣，进而将杜佑此说定为以史经世思想的正式开端。不过，若反观之，杜佑是否拥有一种史学家的自觉呢？换言之，杜佑《通典》所包含的如此突出的实用取向，能纳诸传统史学发展的内在轨道吗？

四、“有治”与“理道”

若归纳起来，截至杜佑身处的时代，历代学者乃至政治家对于历史知识及其载体之功用的认识，大抵可约为两端：一曰以史为鉴，一曰惩恶劝善。二者发端皆甚早，而尤以前者为古。以史为鉴的认识盖起于殷周之际，《诗》《书》有之，不一而足。而惩恶劝善的认识，最晚亦可溯于春秋中叶，董狐、申叔时，皆为其证。两种认识的侧重点虽各有不同，然自孔子删《诗》《书》、作《春秋》之传说风行以来，二者于孔门内外皆为人所重且相互融合，其后尽管代有偏重，但均能相沿而不替。是以唐初《隋书·经籍志》的作者称颂理想之史官犹当“书美以彰善，记恶以垂戒，范围神化，昭明令德，穷圣人之至赜，详一代之亹亹”[3]。直到杜佑身后的两个多世纪，史学界以上述两种观念为主导的局面仍未因《通典》的出现而有所改变。故欧阳修云：“圣人之于《春秋》，用意深，故能劝诫切，为言信，然后善恶明。”[4]又司马光云：“臣常不自揆，欲删削冗长，举撮机要，专取关国家盛衰，系生民休戚，善可为法，恶可为戒者。”[5]

回过头再看杜佑“将施有政”的说法，便突显出一种跳跃感。不论是与以史为鉴还是与惩恶劝善的观念相比，杜佑以施政为指向的编纂目标显然更具实

---

[1]（唐）权德舆：《权德舆诗文集》卷一一《大唐银青光禄大夫检校司徒同中书门下平章事太清官及度支诸道盐铁转运等使崇文馆大学士上柱国岐国公杜公淮南遗爱碑铭》，上海古籍出版社，2008年，第181页。

[2]《权德舆诗文集》卷二二《唐故金紫光禄大夫守太保致仕赠太傅岐国公杜公墓志铭并序》，第335页。

[3]《隋书》卷三三《经籍志二》，第1121页。

[4]（宋）欧阳修：《新五代史》卷二《梁本纪》，北京：中华书局，2015年，第24页。

[5]（宋）司马光：《资治通鉴》附录《进书表》，北京：中华书局，2011年，第9739页。

践性。不仅如此，杜佑还希望能从所采所征的群言人事提炼出某些更加整体、系统而高级的价值，即“理道”。观其云：“夫理道之先在乎行教化。教化之本在乎足衣食……夫行教化在乎设职官，设职官在乎审官才，审官才在乎精选举，制礼以端其俗，立乐以和其心。此先哲王致治之大方也。”[1]可见所谓理（治）道就是先哲王致治之大方。当然，探寻理道本不必与以史为鉴的观念割离，故杜佑亦云：“尚赖周氏典礼，秦皇荡灭不尽，或有繁杂，且用准凭。至于往昔是非，可为来今龟鉴，布在方策，亦粗研寻。”[2]不过，用李翰的话来说，“师古”只是一个阶梯，最终的目的则在“立事经邦”。所以杜佑才对前人停留在取鉴层面上的言论有所批评，“每念懵学，冀探政经，略观历代众贤高论，多陈紊失之弊，或阙匡拯之方”[3]。《通典》进呈两年后，杜佑又在原书基础上著成《理道要诀》。考《玉海》所载此书进表云：“窃思理道，不录空言，由是累记修纂《通典》，包罗数千年事，探讨礼法刑政，遂成二百卷，先已奉进。从去年春末，更于二百卷中，纂成十卷，目曰《理道要诀》……详古今之要，酌时宜可行。”又其《自序》云：“隋季文博《理道集》（原注：《唐志》法家类《治道集》十卷），多主于规谏，而略于体要。臣颇探政理，窃究始终，遂假问答，方冀发明。第一至第三食货、四选举命官、五礼教、六封建、州郡七、兵刑八、边防九、十古今异制议。”[4]那么是否可以认为，不论是假于问答还是以类相从，实际都是杜佑用来展示他所理解的那个理道的形式呢？不过，这并不意味着两书在杜佑写作计划的序列上可以彼此调换，《通典》终究还是《理道要诀》成书的前提。

事实上，“理道”二字殊非杜佑一人所关心。唐宪宗时，柳宗元就曾感慨“近世之言理道者众矣”[5]，鲜明地道出了当日最受关注的政治议题。这不仅是深受儒家精神影响的士人群体自我反省的结果，更是作为最高统治者的皇帝直接提倡和推动的产物。唐代举士向来有制举的传统，“其为名目，随其人主临时所欲”[6]。然自安史之乱以来，此前反复设立之“文词秀逸”“词藻宏丽”等科皆一去不返，而制举的首要目的也清一色地变成为国家谋取出路，或曰

[1]《通典》卷一，第1页。

[2][3]《进〈通典〉表》，第1页。

[4]（宋）王应麟撰，武秀成、赵庶洋校证：《玉海艺文校证》，南京：凤凰出版社，2013年，第814—815页。参见岳珍：《〈理道要诀〉辑考》，《文献》2004年第2期，第98—116页。

[5]《柳宗元集》卷三一《与吕道州温论〈非国语〉书》，第822页。

[6]《新唐书》卷四四《选举志上》，第1169页。

“贤良方正、能直言极谏”，或曰“才识兼茂、明于体用”，至于文宗时犹然[1]。比如贞元元年（785），唐德宗就在“贤良方正、能直言极谏科”的策问中（实为陆贽作）问道：

> 朕祗膺累圣之，猥居兆人之上……励精孜孜，勤亦至矣。然而浮靡不革，理化不行，暴乱不惩，奸犯不息……思欲划革前弊，创立新规，施之于事而易从，考之于文而有据。备陈本末，将举而行，无或惮烦，略于条对。[2]

其实数年以前，唐德宗在西狩奉天时已就“审思当今所务，何者最切”的问题专门问过他的这位代笔人。当时陆贽即忠告他要“审察群情”，并说：“理乱之本，系于人心，况乎当变故动摇之时，在危疑向背之际，人之所归则植，人之所去则倾。”[3]而在杜佑先后进上《通道》与《理道要诀》后，皇帝对这个议题的关注也未曾消减。唐宪宗在元和元年（806）即位之初便设“才识兼茂、明于体用”科，并在策问中说：

> 朕观古之王者，受命君人，兢兢业业，承天顺地，靡不思贤能以济其理，求谠以闻其过……兹朕所以叹息郁悼，思索其真。是用发恳恻之诚，咨体用之要……举何方而可以复其盛？用何道而可以济其艰？既往之失，何者宜惩？将来之虞，何者当戒？[4]

这么看来，如果说杜佑著书的起点和归宿都是他本人对这个时代议题的直接回应，应该是没有问题的。他的具体办法就是在历史与现实的“人事”中寻求理道，故《通典》全书“以食货为之首，选举次之，职官又次之，礼又次之，乐又次之，刑又次之，州郡又次之，边防末之”[5]，无一不是人事。特别是被杜佑视为理道教化之本的食货问题，学者已从中揭示出杜佑与同一时期的其他杰出

[1] 参见吴宗国：《唐代科举制度研究》，沈阳：辽宁大学出版社，1992年，第69—78页。

[2]《陆贽集》卷六《策问贤良方正能直言极谏科》，第186、187页。

[3]《陆贽集》卷一二《奉天论奏当今所切务状》，第367页。

[4]《白居易集》卷四七《才识兼茂明于体用科策一道》，第986页。在常规的科举考试中，亦可发现此种风气之影响，如权德舆在贞元年间主持礼部贡举时就明确表态说：“两汉设科，本于射策，故公孙弘、董仲舒之论，痛言理道。近者祖习绮靡，过于雕虫，俗谓之甲赋律诗，俪偶对属……是以半年以来，参考对策，不访名物，不征隐奥，求通理而已，求辨惑而已。”（《权德舆诗文集》卷四一《答柳福州书》，第628页）

[5]《通典》卷一，第1页。

政治家在经济思想上的渊源关系[1]。而也只有从人事的角度，才能理解杜佑为何能够在不动声色间便将正史几乎历代相沿的《天文》《五行》，与南北朝以来兴起的《舆服》《祥（符）瑞》，以及《汉书》和《隋书》仅有的《经籍》诸志扫落干净。这一点再次加强了上文对于《通典》结构来源推测的可能性[2]。

五、“经代”与“立言”

此外，还有一组与理道密切相关的概念，那就是权德舆笔下的“经代”与“立言”。经代即经世。时至今日，探求中国史学传统中的经世思想，仍是史学史乃至思想史领域内的重要议题。不过不少学者在提到“经世”一词时，往往都是在有意无意地使用它最宽泛的含义，包括取鉴、惩劝、致用等一系列丰富的内涵[3]。这种归纳工作自然是我们总结中国史学理论遗产的必由之路，但如果直接将其与权德舆所说的经世等同起来，则不免会遮蔽某些名同而实异者。此处当然不必对“经世”一词的词义变迁进行全面的梳理，只需明确权德舆究竟在使用前者的哪些含义即可。

现存典籍中的“经世”二字，无疑以《庄子·齐物论》篇所云“春秋经世先王之志，圣人议而不辩”为最早。此句颇难索解，若“经世”二字，窃以王先谦“经纬世事”之说最为平易，故“春秋经世，谓有年时以经纬世事，非孔子所作《春秋》也”[4]。我们如果能将这种指向实践活动的原始语义作为考察和解释在《庄子》以后陆续出现的“经世”一词的出发点，那么就不难发现，在9世纪以前出现的传世典籍中，经世的用法几乎并无二致[5]。与此相关的另一个事实就是，上述用法都未曾将经世与某部历史或史学书籍联系起来。如此看来，权德舆要么是使用“经代”一词称许史籍的先行者，要么仍是在习惯语境中使

[1] 参见葛兆光：《杜佑与中唐史学》，《史学史研究》1981年第1期，第13—16页；瞿林东：《论〈通典〉的方法与旨趣》，第331—351页。

[2] 此处又不必将杜佑的做法牵合于刘知幾的提议。虽然刘氏对历代史志中的天文、五行、祥瑞、艺文等篇目的设置都深表不满并建议将其除去或者改写，但是刘、杜二人之思想未必就真有关联，否则他又怎会对刘氏大力提倡的都邑、氏族、方物三志不置一词呢？参见（唐）刘知幾撰，（清）浦起龙通释：《史通通释》卷三《书志第八》，上海古籍出版社，2009年，第51—74页。

[3] 如杨翼骧等先生云：“（中国）古代史学理论的最核心部分”就是由“鉴戒、惩劝、教化至资治、明道，再总括为经世的三级范畴体系”（杨翼骧、乔治忠：《论中国古代史学理论的思想体系》，《南开学报》1995年第5期，第37页）。

[4]（清）王先谦：《庄子集解》卷一《齐物论》，北京：中华书局，1987年，第32页。

[5] 今按，经世此前尚有历时之意，但这一用法仅出现在西汉后前期的个别语例中。

用旧义的沿袭者。结合前文对杜佑创作宗旨的分析来看，后一种情况似乎更有可能。

至于“立言”一词，则明显与杜佑《进表》中的自白有关，而一本于《左传》。《左传·襄公二十四年》载叔孙豹之言曰：“鲁有先大夫曰臧文仲，既没，其言立……豹闻之：‘大上有立德，其次有立功，其次有立言（杜预注：史佚、周任、臧文仲）。’”考《传》《注》之义，立言最初实指周代卿大夫群体中的政治精英以及其他知识分子所总结的有关治国修身等方面的经典格言或谚语。但这个含义至迟在唐初已因后世学术文化的发展而被大幅扩充了。孔颖达在疏解此句时就说：

> 立言，谓言得其要，理足可传……其言存立于世，皆其身既没，其言尚存……老、庄、荀、孟、管、晏、杨、墨、孙、吴之徒，制作子书；屈原、宋玉、贾逵、扬雄、马迁、班固以后，撰集史传及制作文章，使后世学习，皆是立言者也。[1]

刘知幾亦云：“夫《五经》立言，千载犹仰，而求其前后，理甚相乖”；“夫载笔立言，名流今古。如马迁《史记》，能成一家；扬雄《太玄》，可传千载”；“其立言也，或虚加练饰，轻事雕彩；或体兼赋颂，词类俳优”[2]，均可见其含义的变化与其覆盖面的广泛。

具体到杜佑在《通典》中所立之言，广义上当然可以等同于其书之全体。但如前所述，杜氏初衷本不在史学，且其自云“仕非游艺，才不及人”，可见他所谓的立言更可能是专指书中历史资料以外的某些内容。而这其中，又以早早受到学者关注并被称为史论的部分为主体。不过，杜书既不以典制体通史自限，则此处所谓史论在形式和内容上也自然与一般之通例有别。

先说形式。李翰《序》文曾说“杜公亦自为序引，各冠篇首。或前史有阙，申高见发明，以示劝诫，用存景行”[3]。这里仅提到序，当然很不全面。序除自序外，主要为各典的总序及其下视具体需要而设的序（篇序）。序之外有论，论又分为总论和论（后论），因其与序在写法上多有交集，故可以视为一类。另一类是说、评和议，杜佑自注云：“凡义有经典文字其理深奥者，则

[1]《春秋左传正义》卷三五《襄公二十四年》，载《十三经注疏》，第4297页。

[2]《史通通释》卷一三《外篇·疑古第三》，第361页；同书卷一八《外篇·杂说下第九》，第495页；同书卷六《内篇·叙事第二十二》，第167页。

[3]《通典序》，第2页。

于其后说之以发明，皆云‘说曰’。凡义有先儒各执其理，并有通据而未明者，则议之，皆云‘议曰’。凡先儒各执其义，所引据理有优劣者，则评之，皆云‘评曰’。”[1]可见，相比前一类，说、评、议主要是针对前人留下的问题而发的。在这两类文字中，杜佑又有自注，对正文多有补充和申明的作用，既可以自为一类，也可以分别划归到前两者之中[2]。相比于刘知幾对历代史论写作的总结：“《史记》云太史公，既而班固曰赞，荀悦曰论，《东观》曰序，谢承曰诠，陈寿曰评，王隐曰议，何法盛曰述，常璩曰撰，刘昺曰奏……其名万殊，其义一揆。”[3]可以发现，此前其义一揆的论、评、议诸称，尽在杜佑书中管仍有互通之处，但显然已被有意分开并赋予了不同的功用。这在一定程度上也反映出作者本人对其文字的重视。另一方面，就内容而言，杜佑在很多地方表现出的问题意识，实际亦超越了史论的基本范围。如他在《食货典》中例举历代户口盛衰及管理制度后论曰：

> 自建中初……使臣制置各殊，或有轻重未一，仍属多故，兵革荐兴，浮冗之辈，今则众矣。征输之数，亦以阙矣。旧额既在，见人渐艰，详今日之宜，酌晋隋故事，版图可增其倍，征缮自减其半。赋既均一，人知税轻，免流离之患，益农桑之业，安人济用，莫过于斯矣。……斯政之大者远者，将求理平之道，非无其本欤？[4]

同门之中又在追述古代经济调控政策的经验后论曰：

> 今甲兵未息，经费尚繁，重则人不堪，轻则用不足，酌古之要，适今之宜，既弊而思变，乃泽流无竭。夫欲人之安也，在于薄敛，敛之薄也，在于节用。若用之不节，宁敛之欲薄，其可得乎？先在省不急之费，定经用之数，使下之人，知上有忧恤之心，取非获已，自然乐其输矣。[5]

又如，他在《选举典》中就选人任官一事评道：

> 凡为国之本，资乎人甿；人之利害，系乎官政。……诚宜斟酌理乱，

[1] 据瞿林东先生统计，今《通典》中序、论以及说、议、评总共约为七十首，序近二十首，说约有十七八首，议约二十首。参见瞿林东：《重读〈通典〉史论》，第352—363页。

[2] 此外，杜佑在对《通典》中的历史资料部分所作的自注里也有个别条目与此类似，曾贻芬教授名之为“附加评论”，并指出其作用“实际上是正文中的前序、后论的补充”（曾贻芬：《论〈通典〉自注》，《史学史研究》1985年第3期，第9页）。

[3] 《史通通释》卷四《论赞第九》，第75页。

[4] 《通典》卷七《食货七》，第157、158页。

[5] 《通典》卷一二《食货一二》，第295页。

> 详览古今，推仗至公，矫正前失，或许辟召，或令荐延，举有否臧，论其诛赏，课绩以考之，升黜以励之，拯斯刓弊，其效甚速，实为大政，可不务乎！[1]

类似的看法还不止见于此，如《食货典》亦论之曰：

> 圣唐之盛，迈于西汉，约计天下编户合逾元始之间，而名籍所少三百余万。直以选贤授任，多在艺文，才与职乖，法因事弊……习程典，亲簿领，谓之浅俗；务根本，去枝叶，目以迂阔。风流相尚，奔竞相驱，职事委于群胥，货贿行于公府，而至此也。[2]

以上引文由于篇幅的缘故，未能尽现其全貌。若能披寻原文，便可发现这些论述的展开基本上都是从总结历代制度实践的利弊得失开始，然后指出相关制度在当前社会中产生问题，最后给出自己的建议，也就是杜佑自言前贤高论所缺的“拯救之方”。这种模式与当时不少旨在解决现实问题的奏疏及策文的写作方法多有神似，只是《通典》中的议论对历史经验的重视程度自是他者所不能比拟的。换言之，如果将《通典》中的某些议论称为杜佑本人所作的政论亦无不可。今《职官典》末所附之议，杜佑就明说是自己“建中中忝居户部，专掌邦赋”时，为解决“河朔用师，经费或阙，百姓颇困，加赋攸难”的情况而向朝廷所上之议[3]，则其他类似议论的性质也就可以类推了。此亦足见所谓经代立言，理应被视为一组相互绑定而非简单并列的概念，其意即表明经代离不开立言，而立言亦旨在经代。

六、正统与异端

值得注意的是，杜佑本人的言论，明显表现出他对当日选士“众科之目，进士尤为贵”又专“取以辞章”的现象甚为不满[4]。作为一位出身“本以门资”而“仕非游艺”的官员，杜佑的态度并不稀奇，但这对于那位《通典》的推许者，史称“以进士知名”且“为文精密”的李翰来说[5]，却似乎并不怎么友好。所以笔者推测上述言论见诸笔端的时间很可能要晚于李翰为《通典》作序的大

[1]《通典》卷一八《选举六》，第456页。

[2]《通典》卷七《食货七》，第157页。

[3]《通典》卷四〇《职官二二》，第1107页。

[4]《新唐书》卷四四《选举志》，第1166页。

[5]《旧唐书》卷一九〇下《李翰传》，第5049页。

历六年（771）[1]。这又不由得引起我们对李翰《序》文的兴趣，今观其文云：

> 夫《五经》群史之书，大不过本天地，设君臣，明十伦五教之义，陈政刑赏罚之柄，述礼乐制度之统，究治乱兴亡之由。立邦之道，尽于此矣。非此典者，谓之无益世教，则圣人不书，学者不览，惧人冗烦而无所从也……而学者以多阅为广见，以异端为博闻……今《通典》之作……以为君子致用，在乎经邦，经邦在乎立事，立事在乎师古，师古在乎随时。必参今古之宜，穷终始之要，始可以度其古，终可以行于今……故采《五经》群史……非圣人之书，乖圣人微旨，不取焉，恶烦杂也。事非经国礼法程制，亦所不录，弃无益也……今之人贱近而贵远，昧微而睹著，得之者甚鲜，知之者甚稀，可为长太息也。翰尝有斯志……故颇详旨趣，而为之序（此句《文苑英华》本一作：翰与杜公，数旬探讨，故颇详旨趣，而为之序）。[2]

虽然李翰对自己理解的《通典》旨趣颇为自信，但若取其文与杜书所立之言相较，还有一些不容忽略问题。比如《序》文中的“随时”，这是在《通典》那些充满现实色彩的议论中经常出现的一个概念。检《职官典》议云：“随时立制，遇弊变通，不必因循，重难改作。”[3]《边防典》序云：“诞生圣贤，继施法教，随时拯弊，因物利用。”[4]又《礼典》议云：“徒称古礼，是乖从宜之旨。《易》曰：‘随时之义大矣哉。’”[5]更点出了此语的经典依据。不过，尽管“随时”一词为李翰和杜佑所共用，但二人理解也存在着不小的分歧。就在前引《礼典》的这段议论中，杜佑说道：

> 人之常情，非今是古，不详古今之异制，礼数之从宜……详观三代制度，或沿或革不同，皆贵适时，并无虚事。岂今百王之末，毕循往古之仪？[6]

其后又有序云：

> 滞儒常情，非今是古。《礼经》章句，名数尤繁，诸家解释，注疏

[1] 参见岑仲勉：《〈杜佑年谱〉补正》，载氏著《岑仲勉史学论文集》，北京：中华书局，1990年，第317页。

[2]《通典序》，第1、2页。

[3]《通典》卷四〇《职官二二》，第1109页。

[4]《通典》卷一八五《边防一》，第4979页。

[5]《通典》卷五八《礼一八》，第1653页。

[6]《通典》卷五八《礼一八》，第1652、1653页。

> 庞杂。方今不行之典，于时无用之仪，空事钻研，竟为封执，与夫从宜之旨，不亦异乎。[1]

杜佑对非今是古之情的不满，看似与李翰“今之人贱近而贵远”的说法一致，实际却蕴含着他异于时俗的历史认识。杜佑在《礼典》的一篇议中说道：

> 古之人朴质，中华与夷狄同……自周以前，天地、宗庙、社稷一切祭享，凡皆立尸。秦汉以降，中华则无矣。或有是古者，犹言祭尸礼重，亦可习之，斯岂非甚滞执者乎！（原注：今郴、道州人，每祭祀，迎同姓丈夫、妇人伴神以享，亦为尸之遗法，有以知古之中华则夷狄同也。）[2]

可见杜佑对“随时”一语的使用是建立在一种历史演进观念的基础上的。如果说李翰批评时人贱近贵远的目的在于寻求师古与随时之间的平衡，那么杜佑的意图就是要用“非古是今”的标尺重新丈量二者的高低[3]。当然，杜佑的这种思想倾向与他从历史经验中总结治道的理念并不矛盾。因为在他眼中，古与今的界限常视是否有益于当下政治和社会的人事与制度而定，而不必拘泥于是古是今的争论。换言之，在杜佑看来，所行之礼与所施之政的古今之别既来自时间之远近，也来自它们本身的现实意义。如果在抉择去取之际不能正确认识到这一点，便难免有滞儒之讥。

不过，尽管杜佑的看法饱含新意，但其与儒家传统思想之间的差异也是显而易见的。首先，纵不论他对随时之义的使用是否与一般习惯有别，单凭其“古之人朴质，中华与夷狄同”的观点及其对古代礼制的历史主义解读，就已非当日一般儒生所能梦见，且与孔子之教诲相悖。无论是从“夷狄之有君，不如诸夏之亡也”，还是从“郁郁乎文哉，吾从周”（《论语·八佾》）的观念出发，都很难直接推演出杜佑的这些认识。即使是儒家学派中以主张“法后王”著称的荀子，在本质上也与杜佑有别[4]。其次，虽然《通典》一书《礼

---

[1]《通典》卷七四《礼三四》，第2015页。

[2]《通典》卷四八《礼八》，第1355页。几乎相同的表述还可见于同书卷一八五《边防一》，第4979、4980页。

[3]（宋）黎靖德编：《朱子语类》卷一三六《历代》，北京：中华书局，1986年，第3250页。此虽朱熹评价《理道要诀》之语，但也完全可以视为杜佑一贯的思维特点。

[4]简言之，在荀子眼中，古今前后是一贯的，并无高下之分，法后王不过是以后王之道更易周知罢了，故其云“百王之无变，足以为道贯”（《荀子·天论》），又云“欲观圣王之迹，则于其粲然者矣，后王是也”（《荀子·非相》）。相比之下，韩非子则云：“今有构木钻燧于夏后氏之世者，必为鲧、禹笑矣；有决渎于殷、周之世者，必为汤、武笑矣……是以圣人不期修古，不法常可，论世之事，因为之备。”（《韩非子·五蠹》）此亦杜佑思想来源驳杂之一证。

典》独占百卷，但杜佑同时也说："礼经章句，名数尤繁，诸家解释，注疏庞杂。方今不行之典，于时无用之仪，空事钻研，竞为封执。"可见《礼典》序所云"《通典》之所纂集，或泛存沿革，或博采异同，将以振端末、备顾问者也，乌礼意之能建乎"[1]，并非过谦之词，因为礼意的展开正有赖于被他批评的章句注疏。至于《进表》所云"尚赖周氏典礼，秦皇荡灭不尽，纵有繁杂，且用准凭"，就更不能拘泥于其字面之意了。

事实上，李《序》与杜书之分歧还有更明显于此者。观《进〈通典〉表》云：

> 夫《孝经》《尚书》《毛诗》《礼》《易》《传》，皆父子君臣之要道，十伦五教之宏纲，如日月之下临，天地之大德，百王是式，终古攸遵。然率多记言，罕存法制，愚管窥测，岂达精深，辄肆荒唐，试为臆度。[2]

王鸣盛早在批评《通典》的编纂问题时就已指出："佑意以经学但可明道，非法制所垂，惟典礼为关法制，欲撇去经学，以伸己之《通典》，且深讥世之说经者多疵病也。"[3]试与李翰《序》文所云"《五经》群史之书，大不过本天地，设君臣，明十伦五教之义，陈政刑赏罚之柄，述礼乐制度之统，究理乱兴亡之由，立邦之道，尽于此矣"数语合观，则二人对于儒家经典在多大程度上可以指导当前政治和社会这一问题的看法明显有很大差异。既然杜佑认为经典传记"率多记言，罕存法制"，那么他将追寻法制的目光投向《五经》群史之外似乎也就顺理成章了。今《通典》所引子部之书，除以《孙子》十三篇为《兵典》一门之纲外，唯以《管子》为大宗[4]。至于其用意，作者在书中一处引用《管子·轻重》篇后的自注中说："凡阅古人之书，盖欲发明新意，随时制事，其道无穷，而况机权之术，千变万化，若一二模楷，则同刻舟胶柱耳。"[5]可见此举本身即是随时之义的一种表现。既然随时的目的是立制，是拯弊，那么杜佑看重《管子》的原因，自然是因为他发现后者之中存在着大量可以用来

[1]《通典》卷四一《礼一》，第1122页。

[2]《进〈通典〉表》，第1页。

[3]《十七史商榷》卷九〇，第1329页。

[4]据学者统计，《通典》全书直接征引《管子》的地方多达32处。参见赵伟：《浅论〈通典〉对〈管子〉的继承》，《阜阳师范学院学报》2011年第1期，第23—25页。

[5]《通典》卷一二《食货一二》，第279页。

拯救今日政治与社会之弊的法制良方，这与他创作《通典》的初衷自然又统合到了一起。

进而言之，杜佑对诸子特别是管子学说的重视，与唐代中期逐渐兴起的研治诸子之学的风气密切相关。蒙文通先生在概述这股学术风气时曾说：“先秦诸子之书，废置已久，至是则有来鹄之于《鬼谷子》，皮日休之于《司马法》，韩愈、柳宗元于《墨子》《列子》《荀卿》《孟轲》，皆颇出入。而杜牧于《孙子》，杨倞于《荀子》，卢重玄于《列子》，其议论尚皆可观……是一反隋唐传统之学，而乞灵于晚周百家之言。”[1]这些显然都是安史之乱后，学者尝试打破思想僵化沉闷状态之努力的重要表现[2]。如此看来，杜佑对儒家思想系统以外的那些相对沉寂的先秦旧说的重温与偏爱，既出时人意料之外，又在历史情理之中。只不过，这种“以多阅为广见，以异端为博闻”的做法，岂不再次与李翰“非圣之书，乖圣人微旨不取”的赞语相悖么？更何况杜佑有论曰：

> 历观制作之者，固非易遇其人。周之兴也得太公，齐之霸也得管仲，魏之富也得李悝，秦之强也得商鞅，后周有苏绰，隋氏有高颎。此六贤者，上以成王业，兴霸图，次以富国强兵，立事可法。其汉代桑弘羊、耿寿昌之辈，皆起自贾竖，虽本于求利，犹事有成绩。自兹以降，虽无代无人，其余经邦正俗，兴利除害，怀济时之略，韫致理之机者，盖不可多见矣。[3]

此处对管子、商鞅乃至桑弘羊等人的赞许，直接将杜佑思想中的非儒家主义立场显露无遗。

同时，这也间接解释了《新唐书·艺文志》为何要把作为《通典》节要的《理道要诀》一书归于子部杂家类[4]。而我们是否也可以推测这些内容同样是在大历六年后才被写入《通典》？毕竟杜佑之孙杜牧有诗云：“家集二百编，上下驰皇王。多是抚州写，今来五纪强。”[5]若非如此，则很难想象与杜佑“数旬

[1] 蒙文通：《中国史学史》，上海人民出版社，2006年，第69—70页。参见葛兆光：《中国思想史》第二卷，上海：复旦大学出版社，2001年，第119—121页。

[2] 据《新唐书》卷五九《艺文》记载，杜佑本人就著有《管氏指略》二卷（第1532页）。今其书虽不存，但从《通典》引用《管子》时常有注解并加疏通这一点看，《管氏指略》一书的部分内容很有可能就保存在《通典》之中。

[3] 《通典》卷一二《食货一二》，第295页。

[4] 《新唐书》卷五九《艺文志三》，第1537页。

[5] （唐）杜牧著，何锡光校注：《樊川文集校注》第一《冬至日寄小侄阿宜诗》，成都：巴蜀书社，2007年，第68页。

探讨”的李翰是怀着怎样的心情写成此文的。虽然今天已无法还原《通典》在不同编纂阶段的具体面貌，但借助李翰这位自诩对《通典》“颇详旨趣”的支持者所作之《序》文，我们仍可求得些许历史的痕迹，而今本《通典》中的一些独特之处也再次得以凸显。

七、结　语

在以上几个问题讨论过后，《通典》的创作初衷也变得愈发清晰和立体。从杜佑的编纂过程来看，他先后赋予了《通典》两个层面的功用和意义。首先是一部方便查阅的历代行政资料汇编，然后是一部希望能有益于国家治理的政务指南，刚好对应李翰《序》文所谓“施于文学，可为通儒”，“施于政事，可建皇极”[1]。当然，不管在哪个层面，以现实为导向，以实用为目的，始终都是杜佑坚持的著述原则。这一点从作者的自述、时人的评价以及散落在《通典》各处的议论里，都可以看得出来。朱熹评价杜佑为“有意于世务者”[2]，诚可谓一语破的。

故而对于杜佑来说，他真正在意的，无疑是如何从他所依据的那些历史记载中提炼出可以直接用来指导当前政治实践和社会治理的有效经验，也就是他常说的理道。至于全书各门之间是否应该遵循一个整齐的编纂体例，并不是他关心的首要问题。换言之，他本无意写成一部专门模仿正史书志的史学作品，所以在将《通典》与前者相比时才会显现出那么多的不合常理。后世的图书分类者曾长期将《通典》划为类书，正是意识到了此书在编纂形式上的特点。不过杜佑对于他所依据的材料，绝非只是进行简单的排比，他自己就说：“凡为著述，诚要审详。若也但编旧文，不加考核，递相因袭，是误后学。”[3]可见其与类书作家们的根本区别。毕竟他的最终目的是希望规划出一份“经国之良模”，而非仅仅写成一部“徒资记问”之书。

最后，不妨借用章学诚的话来做个总结。章氏云：“撰述欲其圆而神，记注欲其方以智也”，“记注欲往事之不忘，撰述欲来者之兴起，故记注藏往似智，而撰述知来拟神也。藏往欲其赅备无遗，故体有一定”，“知来欲其抉择

---

[1]《通典序》，第3页。今按，所谓文学，乃类乎文献之学，至于皇极，则大抵可视为理想的圣王之道的代名词，而不必求之过深。

[2]《朱子语类》卷一三六《历代》，第3250页。

[3]《通典》卷一七二《州郡二》，第4491页。

去取，故例不拘常。”[1]如此看来，若谓杜佑创作《通典》的初衷乃是要成就一部意在欲人兴起的知来之书，想必是再贴切不过的了。

（作者单位：北京大学历史学系）

Politician or Scholar: Study on the Original Intention of Du You's *Tong Dian*（《通典》）and Some Related Issues

Bai Yuebo

[Abstract] In the last two centuries, many scholars have expressed their own viewpoints on the issues of the compilatory style of *Tong Dian* and its origins, which relate to how we understand the original intention of *Tong Dian*. If we can examine the definition of the book title and some closely related terms like "Li Dao"（理道）, "Jing Dai"（经代）, "li Yan"（立言）, "Sui Shi"（随时）, etc. from the perspective of philology and intellectual history, it's not difficult to find that Du You is more likely to compile an administrative reference book on the pluralism ground to solve some practical problems rather than a general institutional history. This would help us to understand the divergent opinions in the contents and forms of *Tong Dian*.

[1]《文史通义注》卷一《书教下》，第51页。

家谱与辑佚：《全唐文》补遗六则*

王建勇

清嘉庆间董诰领衔编纂《全唐文》一千卷，是继《全唐诗》后又一部清代官修大型唐人总集，二者同为一代文史研究提供基本文献，程功至钜，嘉惠学林。但限于各种原因，《全唐文》搜罗不尽详备，漏略也在所难免。自刊布不久，阮元于嘉庆间辑成《全唐文补遗》一册，收佚文百余篇（抄本今藏国家图书馆）；劳格于咸丰间作《唐文补遗附目》，录佚文存目亦百余篇（载《读书杂识》卷八），陆心源则于光绪间辑录成《唐文拾遗》七十二卷、《唐文续拾》十六卷（中华书局1983年影印《全唐文》并附于后）。迄于当代，明确以辑补《全唐文》为宗旨的撰作有吴钢主编《全唐文补遗》（已陆续出版九辑，另有《千唐志斋新藏专辑》一辑）[1]、陈尚君辑校《全唐文补编》（三册）[2]，补苴颇夥。尽管前修时贤已做出诸多努力和贡献，仍不能说已搜罗罄尽[3]。今即根据明清时纂修的家谱文献，摭拾唐五代佚文六篇，以飨同好（凡阙文或字迹漫漶不清者，以□代替）。

一、薛收《文中子谥议》

薛收（592—624），字伯褒，蒲州汾阴（今山西万荣）人。薛道衡（540—609）子，王通（584—618）门人。隋末归唐，授秦王府主簿，后授天策府记室

*本文系南京大学优秀博士研究生创新能力提升计划B资助成果。

[1] 吴钢主编：《全唐文补遗》，西安：三秦出版社，1994—2007年。

[2] 陈尚君辑校：《全唐文补编》，北京：中华书局，2005年。

[3] 有关两百余年来清编《全唐文》的研究、整理情况，详李浩、赵阳阳：《清编〈全唐文〉整理研究的回顾与展望》，《文献》2014年第4期，第157—172页。

参军。《全唐文》收文三篇[1]、《唐文拾遗》收文一篇[2]，《全唐文补编》补文一篇[3]。今据清光绪间王钟等修《王氏三沙统谱》补文《文中子谥议》一篇。

吾师龙门先生既葬之三日，诸弟子反哭，咸相与聚议，谋所以谥先生者，以勒不朽。或曰："古者自天子外，侯王君公例得谥，卿大夫有爵位勋伐者亦得谥，非是则否。"或曰："闻之班叔皮云：'儒而以教泽及人，赖及后世者，犹之卿大夫以勋伐被当世者也，其得谥亦宜。'顾侯王君公卿大夫之谥，赐之自天子。若儒而贤在下位，不得称于朝，蔑由彰兹。然则先生之终不得谥也。"常曰："谥者，其论乃定于天下，王者不得私，其不克副，则谥焉奚裨？若德之践诸则在下，与在上者无以异。"今先生之教行天下，其泽及万世，诸所论说，斯文在是。且其道之无偈无跛也，平平焉，荡荡焉，《中说》之所以为王道也。《中说》先生之文也，先生之文曰《中说》，先生之学备矣。先生而不得谥则已，先生而得谥，舍"文中"无以谥先生者，乃私谥曰文中子。遂书于主，为位而敬守之，且以告来学云。[4]

文中子王通，乃隋代大儒，在中国儒学史上的地位举足轻重。薛收是文的发现，为当前王通研究提供了新材料，亦可窥见其时历史现场的些许细节。《旧唐书·王勃传》："祖通……义宁元年卒，门人薛收等相与议谥曰文中子。"[5]此文即记王通葬后三日，门人相聚议论谥号，可惜当时并没有达成共识。薛收乃取王通之文《中说》，私谥曰"文中子"。杜淹（？—628）《文中子世家》却说取自《易经》："门人薛收、姚义等数百人共会议曰：'吾师其至人乎？自仲尼以来，未之有也。《礼》云：男生有字，以昭德也；死有谥，以易名也。夫子生当天下乱，昭王不兴，莫能宗之。故退而删《诗》《书》，正《礼》《乐》，修《元经》，赞《易道》，圣人之大旨明矣，天下之能事毕矣。仲尼既没，文不在兹乎？《易》曰：黄裳元吉，文在中也。请谥曰文中子。'"[6]门人意见各异，约经过数次讨论后，终于达成一致，"文中子"谥号也得以确定。薛收《隋故

[1]（清）董诰等编：《全唐文》卷一三三，北京：中华书局，1983年，第1337—1339页。

[2]（清）陆心源辑：《唐文拾遗》卷一二，载《全唐文》附录，第10496—10498页。

[3] 陈尚君辑校：《全唐文补编》，第13页。

[4]（清）王钟等修：《王氏三沙统谱》卷首，载《中华族谱集成·王氏谱卷》第九册，清光绪五年（1879）三槐堂铅印本，成都：巴蜀书社，1995年，第493页。

[5]（后晋）刘昫：《旧唐书》卷一九〇上《王勃传》，北京：中华书局，1975年，第5004页。

[6]《全唐文》卷一三五，第1369页。

征君文中子碣铭》："门人考行，谥曰文中子，礼也。"[1]王绩（约589—644）《游北山赋并序》自注亦曰："吾兄仲淹，以大业十三年卒于乡馆，时年三十三，门人谥为文中子。"[2]

二、刘昫《王璧墓志》

刘昫（887—946），字耀远，涿州归义（今河北涿州）人。后唐庄宗时为翰林学士。明宗长兴三年（932），拜中书侍郎兼刑部尚书、同中书门下平章事。末帝立，迁吏部尚书、门下侍郎。后晋开运间，拜司空兼门下侍郎、同中书门下平章事，监修国史《唐书》。《全唐文》收文七篇[3]。今据明嘉靖间王应斗修《新安琅琊王氏统宗世谱》补文《大唐检校兵部尚书王公（璧）墓志铭》一篇。

乾化二年三月十七日，检校兵部尚书祁门王公终于家，厥孤朝散大夫思聪以其自为状，请予铭其墓中之石。予纳交尚书公父子甚善，不敢以不敏辞，则受而铭之。按状，公讳璧，字大献，姓王氏，出晋丞相始兴文献公导之后。导十七传至唐丞相琅琊简怀公玙，生二子，长及、次乂。及为中书舍人，生右谏议大夫鐬，鐬生丞相鲁国公抟；乂生铖，公所自出也，母李氏。公生有奇节，好读书任侠，由杭迁居祁门北隅。值世乱，以婿郑传负才略，相与倡义，集众保境。每贼至，毕力捍御。乾符四年，巢贼领三十万人从宁国入泾县来寇，据险阻设鹿角栈道以御之，卒免害。胡曹犯婺源，寻寇本县，力却之。赵言领五千余人屯西乡，恣劫掠。夜令人以吾帜插贼营，飞火箭于中，大鸣锣鼓。贼见帜惊骇，不知所措，自相击杀殆尽。中和四年，刘廼从建德度榉根岭，欲据险以寇，公力破之。光启中，李仲霸入寇，见郑传营，曰："此王公之智将也，吾不敢扰矣。"即引去。景福初，孙端自鄱阳来寇，率劲卒千余人迎击水亭，败之。乾宁中，夏章聚五千人来寇，势甚炽。公所秘计，冲破贼营，纵兵击之，生擒五百人，俘获甚众。陈旭从浮梁来寇高塘。公于险阨峡山、雷湖村等处设寨，先设伏兵。贼至，发伏兵袭之，矢大发，贼军大溃，遁去池州界。时杨行密为宣歙观察使，命陶雅守歙，雅累奏公之功，历补军职。以见抟入相，请进奏京师。会董昌叛浙东，诏镇海节度钱镠讨之，加抟右仆射、宣抚浙东西。抟令公以书遗镠，僇力王事。抟未行而镠诛昌，请公参其军事，授镇东节度判官。光化三年，抟为崔胤谮害，公痛恨，说镠以兵问罪。

[1]《全唐文》卷一三三，第1338页。

[2]《全唐文》卷一三一，第1318页。

[3]《全唐文》卷八五三，第8951—8954页。

值宣歙将田頵攻杭甚急，镠遣顾全武求救于行密，命公傅其子传、瓘为质于頵。頵还宣州，阴叛行密。行密遣将击斩頵，以公宣歙旧人，留为牙将，而令公少子思谦奉传、瓘归杭。公从李神福西讨杜洪，又从王茂章南击安全义，皆预有功。时行密得承制，封拜累授银青光禄大夫、检校兵部尚书，加金紫光禄大夫。行密卒，子渥嗣，淫虐不道，出公行祁门县令。公遂请老，卜邑西百余里苦竹港家焉，以寿终于正寝，享年六十有八，葬文溪社湾坦。配章氏，封夫人；侧室程氏、周氏。公九子：曰思聪，朝散大夫；曰思联，谏议大夫；曰思仲，中散大夫；曰思茂，行军司马，战没，赠越州防御使；曰思会，宣州统帅；曰思悰，洪州教授，先公卒；曰思经，直秘省；曰思谅，通议大夫；曰思谦，仕吴越为客省舍人。女二：三小娘，适检校司徒兼御史大夫、上柱国郑传；次四小娘，幼亡。家僮陈迪，处州人也，夷险未尝离侧。公特亲爱之，以婢彭三姐娶之，遗命守墓。於乎，公其人豪也哉！有功于一乡，有功于列郡，有功朝廷，宜其生荣死哀，而后胤蕃盛，则天之所以报善人者，其在斯乎！铭曰："于维司马，琅琊之裔。才兼文武，心存博施。平定巨寇，保障乡闾。受命于朝，金紫其辉。湾坦之原，埋玉于兹。幽先不泯，永锡后嗣。"后梁乾化二年壬申岁秋八月吉日，朝散大夫、检校吏部尚书兼中书门下侍郎、赐紫金鱼袋、归义刘昫书。[1]

志文乃刘昫应王璧子王思聪之请而作，是了解王璧及其婿郑传（843—911）生平行事以及唐末地方动乱局面的珍贵原始材料。程敏政（1445—1499）编《新安文献志》卷九六上据宋人纂修《续图经》载录《唐尚书王公璧传》[2]、弘治《徽州府志》卷九《人物三·义勇·王璧》[3]并详述王璧生平事迹，《古今姓氏书辩证》卷一四《王》亦叙及王璧祖父世系[4]，而《王璧墓志》与之均相合，证实墓志内容可靠。《新安文献志》卷九六上另有郑传子郑延光于保大十三年（955）所撰《唐司徒郑公传家传》[5]、弘治《徽州府志》卷九《人物三·义

[1]（明）王应斗修：《新安琅琊王氏统宗世谱》卷一〇，载《中华族谱集成·王氏谱卷》第一册，景明嘉靖九年（1530）刻本，成都：巴蜀书社，1995年，第493页。

[2]（明）程敏政辑撰，何庆善等点校：《新安文献志》，合肥：黄山书社，2004年，第2460、2461页。

[3]（明）汪舜民纂：弘治《徽州府志》卷九，载《明代方志选（一）》，景明弘治十五年（1502）刻本，台北：学生书局，1965年，第293页。

[4]（宋）邓名世撰，王力平点校：《古今姓氏书辩证》，南昌：江西人民出版社，2006年，第202页。

[5]《新安文献志》，第2462—2468页。

勇》王璧传后即郑传[1]，皆可结合起来梳理王璧行事。《旧五代史》卷八九《刘昫传》："昫神彩秀拔，文学优赡，与兄晅、弟暭，俱有乡曲之誉。唐天祐中，契丹陷其郡，昫被俘至新州，逃而获免。后隐居上谷大宁山，与吕梦奇、张麟结庵共处，以吟诵自娱。"[2]乾化二年（912），刘昫正隐居在上谷大宁山，尚未入仕，故文末所署官衔当是王氏嗣孙或族谱纂修者补书。

王璧（845—912），唐肃宗时宰相王玙（？—768）曾孙。《王璧墓志》的发现，可以补正相关阙误：（1）《徽州府志》云钱镠诛杀叛臣董昌后，"授璧浙东节度判官"[3]，当从墓志、《新安文献志》作镇东节度判官。（2）《新安文献志》《徽州府志》均未提及王璧生卒年，据墓志可以确定其生于唐武宗会昌五年（845），卒于后梁乾化二年（912）。

三、李京《大唐玉牒草册》

李京，本名佯，字伯柔，因避黄巢之乱而改名京。唐宣宗（810—859）孙，昭王李汭（840—876）子。后闻宗室屡遭屠杀，无复北归意，乃定居饶州昌水（今属江西）。《全唐文》等未收文。《唐诗纪事》卷七一[4]、《全唐诗》卷七三四[5]有后梁贞明六年（920）进士李京，非其人。今据清光绪间李魁元等修《李氏族谱》补文《大唐玉牒草册》一篇。

我大唐开天启运高祖皇帝姓李讳渊，其先西凉武昭王讳暠之后。暠子讳歆，歆生重耳，重耳生熙，熙生天锡，天锡生子讳虎，是为太祖。仕西魏，封陇西公，生八子，三讳炳，是为世祖。仕后周，封唐公。第四子讳渊，袭爵，进封康王，后代隋为帝。生二十八子，皇后窦氏生次子讳世民，是为太宗。太宗皇帝十四子，文德皇后生高宗。高宗皇帝八子，武后生中宗、睿宗。睿宗生六子，昭成皇后生玄宗。玄宗三十子，元献皇后生肃宗。肃宗十四子，章敬皇后生代宗。代宗二十子，睿贞皇后生德宗。德宗十一子，昭德皇后生顺宗。顺宗皇帝讳诵，我太高祖也。生于上元二年辛丑九月，贞元二十一年乙酉正月十五日即位，崩于元和丙戌年正月癸酉，七月壬寅葬于丰陵。二十七子，庄献皇太后王氏生宪宗。宪宗皇帝讳纯，我曾祖也。生于大历十三年戊午正月，永贞元年乙酉八月乙巳即位，

[1] 弘治《徽州府志》卷九，第293、294页。

[2]（宋）薛居正：《旧五代史》卷八九《刘昫传》，北京：中华书局，2015年，第1362页。

[3] 弘治《徽州府志》卷九，第293页。

[4]（宋）计有功：《唐诗纪事》卷七一，上海古籍出版社，1987年，第1049页。

[5]（清）彭定求等编：《全唐诗》卷七三四，北京：中华书局，1960年，第8387页。

元和十五年庚子正月崩于逆宦陈弘志，六月庚申葬于景陵。子二十，第三子遂王恒即穆宗，第十三子即我皇祖宣宗。宣宗皇帝讳忱，母孝明皇太后郭氏。生于元和五年庚寅二月，会昌六年丙寅三月甲子即位，崩于大中十三年己卯八月癸巳，咸通二年甲申葬于贞陵。十二子，郓王傕即懿宗，居长。皇考昭王讳汭，第九，母元妃赵氏。生于开成五年庚申正月丙子，大中八年甲戌封王。妃陶氏生三子，嫡僊，次佑为饶州刺史，季即予也。乾符三年丙申五月戊寅，皇考薨。辛丑，皇妣薨。丙戌，皇兄僊卒。予治丧事未毕，而仲兄之讣又闻。时四方兵乱不能南顾，幸宋威七月奏捷，方取装南奔。不意王仙芝、黄巢尚在，大肆屠戮，道路不通。予乃变服御，改名京，涉历万苦，冬始抵饶，而仲兄之丧已赖歙州刺史李擢仰念宗室，移咨饶州刺史颜标同代葬于鄱之昌水矣。予乃抵歙谢擢，因乱不能北返，遂留寓焉。皇考、皇妣山陵未治，日惟北望，号恸而已。己亥冬，巢陷歙州，闻有逢黄不杀之号，乃徙居黄墩以避之。广明庚子，复徙昌水。娶方氏，生三子：仲皋、仲安、仲亨。后闻黄巢杀长安宗室无遗类，韩建、刘季述矫诏杀十一王于石堤谷，蒋元晖等杀诸王于九曲池，宗室凌夷如此之甚，无复北归之志矣。天祐四年丁卯三月，宰相张文蔚、杨涉奉册宝禅位于梁，而吾大唐之帝废矣。呜呼！国运如此，夫复何言！顿首泣血，谨书大略，以遗吾之后人，世世秘而藏之，以为家乘，不必使人知之。兹当革命之际，宗室之辱不及齐民之荣，何足言哉！但恐后之人迁徙无常，时移世变，愈久愈远，而愈不知其所自出，为是不得已而有言。呜呼痛哉！时龙德二年壬午正月甲子，大唐宗室裔孙佯字伯柔改名京寓饶之昌水顿首谨书。[1]

《旧唐书》卷一七五《宣宗十一子传》：“昭王汭，第八子也。大中八年封，乾符三年薨。”[2]《新唐书》卷八二《宣宗十一子传》亦作“昭王汭，乾符三年薨”[3]。《大唐玉牒草册》所载，与史传正合，昭王李汭（840—876）的生卒年得以确实。然而，西安碑林博物馆2006年入藏徐仁嗣撰《唐故昭王墓志铭并序》（郭弘范书、董环篆盖，出土时地不详）却说：“昭王讳汭，宪宗皇帝之孙，宣宗皇帝第九子，母柳氏。……以咸通六年四月廿七日薨于内邸，享年十

[1]（清）李魁元、李同镜修：《李氏族谱》卷首，载《中华族谱集成·李氏谱卷》第十三册，景清光绪二十九年（1903）衍庆堂刻本，成都：巴蜀书社，1995年，第53—55页。

[2]《旧唐书》卷一七五《宣宗十一子传》，第4544页。

[3]（宋）欧阳修：《新唐书》卷八二《宣宗十一子传》，北京：中华书局，1975年，第3636页。

六。……以乾符三年十月三十日迁窆于万年县浐川乡尚傅村。”[1]赵力光《西安新出〈唐昭王李汭墓志〉考》以此断定《旧唐书》有误，“乾符三年为迁葬时间，应以志载‘咸通六年四月二十七日薨’为准”[2]。该墓志撰写时间不详，出土时地亦不详，且记载或亦有误，不可据此论定史传之非。

李京明白告诫子孙，《大唐玉牒草册》仅遗其后人“世世秘而藏之，以为家乘，不必使人知之”，故非其族人不可得见。借由是文，可以窥见王朝更替之际，皇家宗室子孙悲惨之遭遇、生存之艰辛。

四、李建勋《刘巨容行状》

李建勋（？—952），字致尧，广陵（今江苏扬州）人。初为金陵巡官，后为金陵副使。南唐开国，拜中书侍郎、同平章事。升元五年（941）罢，未几复相。后以司徒致仕。《全唐诗》存诗一卷[3]，《全唐文》未收文，《全唐文补编》补文二篇[4]。今据清光绪间刘秉桢等修《起霞刘氏宗谱》补文《唐山南东道节度使刘公（巨容）行状》一篇。

惟刘公讳巨容，字德量，仕至银青光禄大夫。系出汉楚元王交之后。先世家滁州琅琊，遂为琅琊人。公少颖悟博学，比壮勇健有大志，识量过人。尝举进士不第，退居于滁，乃谒道士轩辕集学仙术，因授以仙方，能凝冰成白银，烧丹砂为黄金。历游名山大川，遍谒游方之士。已而经汴过卫，谒宗人龙武统军大将军刘从效，劝曰：“以子之才，曷为不仕？”乃返于滁，喟然叹曰：“李靖有言：‘大丈夫当以功名取富贵，何只作章句儒！’”于是兼学武事，志存韬略。唐宣宗大中八年，中武科进士第，授临河尉，寻迁宣州宁国令。到任先赈恤孤寡，劝课农桑，澄风厚俗，官闲民乐。因见诸镇日乱，乃于农隙请武，缮治甲兵。懿宗咸通元年春正月，浙东贼裘甫作乱，攻陷象山，浙东骚动。三月，朝廷以安南都护王式观察浙东，发诸道兵讨之。公以邻境募民兵佐式，式见公问以平贼之计。公曰：“莫若先行间谍，诱其别将来降，则贼孤虚，指日可擒。”王公嘉之。于是发间诱贼，别将洪师简、许会昌率所部来降。六月，公同王式进兵擒裘甫，送京师斩之，浙东平。八月，公以功迁明州镇遏使。僖宗

[1] 赵力光主编：《西安碑林博物馆新藏墓志汇编》，北京：线装书局，2007年，第888页。

[2] 赵力光：《〈唐庆王李沂墓志〉综考》附录《西安新出〈唐昭王李汭墓志〉考》，载荣新江主编《唐研究》第十二卷，北京大学出版社，2006年，第447页。

[3] 《全唐诗》卷七三九，第8420—8437页。

[4] 《全唐文补编》，第1389页。

> 乾符四年闰□月，王郢横行浙西，节度使裴璩降其党，以众掠明州，严兵以待。翌日，与贼战，贼大败走，杀伤甚众。公与数十人乘胜逐北，射杀王郢，余党悉平。五年，又以功拜银青光禄大夫、右散骑常侍、山南东道节度使。六年，冤句人黄巢作乱，屡为西川节度使高骈所破，趣岭南，士卒罹瘴疫死者十三四，其徒劝之北还，以图大事，巢从。于荆门，会公之长子汾亦引兵至，分兵先伏林中。贼至逆战，公等佯败走，贼追之，伏兵大发，公与全最夹击，大破之，斩俘一十七万。于是，伪将尚让收余众渡江东走，转掠饶、信、池、宣、歙、杭、袁、瑞、吉、赣等十五州。僖宗光启二年，诏削中官小马坊使田令孜官爵，长流瑞州，因依西川节度使陈敬瑄。令孜素闻公能烧丹砂成黄金。龙纪元年己酉，令孜与敬瑄遣人诣山南东道求方，公不与。是年冬十二月，令孜与敬瑄诬奏公与王建通谋抗拒朝命，及己亥年不穷追贼事。十五日疏上，朝廷遣人赐死，公于是饮鸩而亡，寿六十四，葬岘山之首。夫人程氏，生子三：汾、迥、迪。汾，第进士，累官兵部侍郎、银青光禄大夫，以父遭二奸诬陷，并削爵免为庶人。先任镇南节度使，因家信州。昭宗景福元年八月，西川节度使王建奏："公父子立功前朝，杀裘甫、剿平王郢、破走黄巢，屡报朝廷，中遭田、陈二奸诬害忠良，宜复父子官爵，以旌忠勋。"于是，下诏复公父子官爵如故。迥，为秘书丞兼知和州军民事；迪，为鄱阳宰兼管饶州，陞吏部尚书，晚以朝议大夫致仕。公生敬宗宝历二年丙午三月十一日，卒于龙纪元年己酉十二月二十一日。赐进士第、大司徒李建勋书。[1]

刘巨容是唐末重要将领，在镇压黄巢起义中曾发挥了突出作用。行状所述与《新唐书·刘巨容传》基本相符，当为可信，并可正史传之阙误：（1）新传云"龙纪元年，（田令孜）杀巨容，夷其宗"[2]，《资治通鉴》卷二五八，龙纪元年（889）亦云"是岁，（田）令孜杀巨容，灭其族"[3]。田令孜光启二年（886）即出为西川监军，而与昭宗有嫌隙，则所谓夷宗、灭族，当仅及随侍刘巨容在蜀者，至于其子刘汾、刘迥、刘迪则止削爵免官（详后文辑录《刘汾行状》《刘迪行状》）。（2）新传云"始，扬州人申屠生能化黄金，高骈客之。……生见巨容自言其术，巨容留不遣"[4]，龙纪元年刘巨容即因申屠生而丧

---

[1]（清）刘秉桢等修：《起霞刘氏宗谱》卷首，载《中华族谱集成·刘氏谱卷》第一册，景清光绪三十年（1904）叙伦堂铅印本，第44、45页。

[2][4]《新唐书》卷一八六《刘巨容传》，第5425页。

[3]（宋）司马光：《资治通鉴》卷二五八，龙纪元年条，北京：中华书局，2011年，第8512页。

命。《太平广记》卷一五〇《乔琳》引唐钟辂《前定录》："乔琳以天宝元年冬，自太原赴举，至大梁。……闻浚仪尉刘彦庄喜宾客，遂往告之。彦庄客申屠生者，善鉴人，自云八十已上。"[1]此申屠生与新传之申屠生当即一人。申屠生天宝元年（742）已年过八十，必不能为高骈（821—887）、刘巨容客。轩辕集乃武宗、宣宗时高道[2]，刘巨容从其学仙术自有可能。（3）新传仪书刘巨容卒于龙纪元年，此后著述便只列其卒年。行状明言其生于宝历二年（826）、享寿六十四，生年亦得以确实。

行状末署"赐进士第、大司徒李建勋书"，且叙及刘迪晚以朝议大夫致仕，结合梁震《刘迪行状》，知《刘巨容行状》作于南唐保大元年（943）后。文中虽未提及撰文之由，但刘迪与李建勋同仕南唐，可以推断是应刘迪之请而书。

五、司空图《刘汾行状》

司空图（837—908），字表圣，自号知非子、耐辱居士，河中虞乡（今山西永济）人。咸通十年（869），登进士第。累迁户部侍郎，乞还山。昭宗在华阴，征拜兵部侍郎，不赴。朱全忠篡国，召为礼部尚书，不起。后梁开平二年（908），闻哀帝遇弑，不食而卒。《全唐文》收文四卷[3]。今复据《起霞刘氏宗谱》补文《唐镇南军节度使彭城郡开国公（刘汾）行状》一篇，祖保泉等笺校《司空表圣诗文集笺校》[4]亦未收。

> 刘公讳汾，字伯临，母程氏，巨容公长子也。慷慨有大志，容体瑰迈，英雄俊伟。沉潜六经，贯穿百子，兼好韬略，讲习武事。宣宗大中十三年登进士第，初官兵部员外郎。咸通三年，遂迁本部侍郎，出为河南招讨使，得从山南东道征调。乾符六年十一月，公率轻骑五千人挺身会父山南。公迎巢于荆门，弃阵赴关，斩俘甚众，以功拜兵部尚书、右仆射。僖宗广明元年六月，黄巢屯信州，诸道行营都统高骈裨将守信，啖金致书请降于高骈，许求节钺昭义，于时感化。及义武等军皆至，骈恐分功，奏贼不日可平，无烦诸道兵。贼探知，乃告绝请战。骈令（张）璘击之，璘败死。贼势复振，以别将陷陆、婺等州。寻拜公镇南军节度使，出镇镇

[1]（宋）李昉等编：《太平广记》卷一五〇，北京：中华书局，1961年，第1077页。

[2] 白照杰：《罗浮先生轩辕集事迹考辨》，《中国道教》2019年第2期，第60—65页。

[3]《全唐文》卷八〇七至八一〇，第8482—8527页。

[4]（唐）司空图著，祖保泉等笺校：《司空表圣诗文集笺校》，合肥：安徽大学出版社，2002年。

南，代璘领兵讨贼。贼败溃，公追击贼北走宣州，渡江北去。七月，巢复渡江，陷东都。入关，陷京师，车驾幸蜀。巢入宫，以其伪将屯东渭桥，朱温总之，寻陷河中、邓州。中和元年辛丑，以公为京都四面游击招讨等使，同都统郑畋总督诸道兵。巢遣其伪将尚让、王播帅众五万寇凤翔，公与司马唐弘夫破其众于龙尾陂，斩首二万余级，伏尸数十里。寻朱温以华州降，赐名全忠。僖宗中和二年壬寅，陛公兵部尚书，秋八月中书平章。萧遘奏公之勋，诰转银青光禄大夫、检校尚书、团练讨击使、兼国子祭酒、御史大夫、上柱国、镇南军节度使。时镇南民经巢贼兵火三掠之余，困不聊生，加以孙儒猖獗，公一意抚恤，亲加劳问，简徭役，宽赋税，民赖以全活者甚众。中和四年甲辰夏，尚让杀巢幼子以汴降，及败于瑕，巢伏诛，贼党悉降。巢之乱十年而始平，公屡立战功，茂绩元勋，为国柱石。龙纪元年，因诬奏免官。景福二年癸丑，西川节度使王建奏复原秩。十一月，御史大夫兼国子祭酒郑遐昌奏，诰转公特进、银青光禄大夫、检校尚书右仆射、右散骑常侍、右千牛卫上将军、兼御史大夫、上柱国、镇南军节度使。天复元年辛酉九月，御史大夫郑遐昌复奏，诰转特进、银青光禄大夫、检校尚书左仆射、左朝左厢兵马使、左散骑常侍、左千牛卫上将军、团练讨击使、兼御史大夫、上柱国、赐紫金鱼袋、镇南军节度使。是冬，公薨，赠中书令、彭城郡开国公。诸子奉柩葬属县弋阳归仁乡旗鼓岭大山官路东，立祠墓傍大邱桥，以为岁时祭祀之所。信民怀德，亦立庙于城之水南草市之东，刻石勒碑，尊沛水南仁惠大王，永祀而不忘也。惟公九室：郑氏、鲍氏、王氏、马氏、宋氏、张氏、李氏、武氏，惟郭氏无出。男十四人，以“汉”字命名，冀绍先也，皆英豪竞爽，克佐勤王，勋业联著，荣膺宠爵。大夫者七：汉英，镇南军行营节度；汉宁，建武治军招讨使；汉兴、汉平，皆料粮判官；汉昇、汉胜、汉明，皆州长史。郎官者三：汉从，州通判；汉呑，官饶州路判；汉彬，安抚使。汉宗、汉瑞、汉广、汉匡，皆潜德弗耀。于是诏以汉英为留后，将佐欣然而推戴，英乃曰：“方今北司权扰天纪，藩镇跋扈，主上幽辱播迁，纲常紊乱，民无定志，治乱进退，庸将择焉？”由是昆仲即日解职居制，欲拟沛还而弗果，遂家先墓之前新陂里。朝廷以江西观察使钟传为节度使来代，将佐咸弃官罢闲。当此之时，贪顾权势奔竞威福之风者比比，而能急流勇退见几而作有如是哉？《易》曰：“独立不惧，遁世无闷，君子以为大有过人者矣。”图，故礼部吏也，闻公之行久矣。兹承嫡嗣汉兴之请，予时优归闲居，因大孝致意诚切，敬从其请，掇其大较，俾垂不朽焉。天祐元年甲子二月，前尚书礼部员外郎司空图谨状。[1]

《旧唐书·司空图传》载僖宗广明元年（880），“（卢）携复知政事，召图为礼部员外郎，赐绯鱼袋，迁本司郎中”[2]，故司空图于文中自称“故礼部吏”。光化元年（898）至天复三年（903）初，司空图寓居华阴，而此后直至逝世一直居于中条山王官谷别业[3]，即行状所谓“优归闲居”。天祐元年（904），犹应刘汾子刘汉兴之请，于王官谷撰此行状。刘汾（？—901）是刘巨容长子，不见载于史传。《刘汾行状》的发现，既是了解刘汾生平行事的一手材料，更可资考察唐末黄巢起义的硝烟战火、江西地方的动荡局势。

《全唐文》卷七九三收刘汾《大赦庵记》，小传亦本之曰：“汾，大中十三年进士，屡擢兵部侍郎。以讨黄巢功，转信州军押衙都团练讨击使、检校国子祭酒、兼御史大夫、尚书右仆射，镇守饶、信二州。文德二年，进（原注：阙一字）南节度使。”[4]劳格（1820—1864）《读书杂识》卷八《读〈全唐文〉札记》[5]、方积六《〈大赦庵记〉真伪考——关于黄巢起义一则史料的考辨》[6]都认为《大赦庵记》实属伪作，证据确凿。相较作于明清之际的《大赦庵记》，《刘汾行状》无违背历史事实的夸大炫耀，符合唐代的典章制度、行政区划等，且与王昭素（894—982）开宝八年（975）撰《唐节度使祠堂碑记》[7]和谢枋得（1226—1289）德祐元年（1275）撰《刘雄飞行状》[8]所叙刘汾行事相合[9]，可以相信。

借由此行状，可以补正相关著述：（1）行状与《大赦庵记》都称刘汾登科三年后，即由兵部员外郎迁兵部侍郎，“其升迁之速，不仅远远超过他的

[1]《起霞刘氏宗谱》卷首，第45、46页。

[2]《旧唐书》卷一九〇下《司空图传》，第5082、5083页。

[3]陶礼天：《司空图年谱汇考》，北京：华文出版社，2002年，第133—166页。

[4]《全唐文》卷七九三，第8314页。

[5]（清）劳格著，项念东点校：《读书杂识（外一种）》，芜湖：安徽师范大学出版社，2017年，第305页。劳氏仅云：“刘汾《大赦庵记》，伪。”

[6]方积六：《〈大赦庵记〉真伪考——关于黄巢起义一则史料的考辨》，《中华文史论丛》1981年第3期，第229—242页。

[7]《起霞刘氏宗谱》卷首，第84—85页。

[8]《起霞刘氏宗谱》卷首，第49—51页。

[9]曾枣庄、刘琳主编《全宋文》（上海辞书出版社、合肥：安徽教育出版社，2006年）失收二文，详拙文《〈全宋文〉补遗七则——以明清家谱为中心》（载周裕锴主编《新国学》第十九卷，成都：四川大学出版社，2020年）。

同年进士，而且在李唐一代也是罕见的”[1]。王昭素《唐节度使祠堂碑记》：“（刘汾）初授兵部员外郎。咸通三年，徐军作乱，逐节度使温璋，以公为河南招讨使，同王式讨平之。迁兵部侍郎。乾符二年，濮州人王仙芝作乱。”[2]疑刘汾迁兵部侍郎在咸通十三年（872），行状所谓“咸通三年，遂迁本部侍郎”或脱落“十”字。严耕望《唐仆尚丞郎表》认为刘汾咸通三年（862）迁兵部侍郎[3]，实在咸通十三年。（2）徐松（1781—1848）《登科记考》卷二二据《大赦庵记》考刘汾登大中十三年（859）进士第，孟二冬《登科记考补正》[4]、陶易《唐代进士录》[5]等以是记为伪作而存疑。行状云刘汾“宣宗大中十三年登进士第”，得以确定无疑。

六、梁震《刘迪行状》

梁震，初名霭，邛州依政（今四川邛崃）人。唐末登进士第。五代后梁时，归蜀过江陵，为高季兴（858—928）挽留，坚辞不受。终身止称前进士，不做高氏臣僚。与季兴子从诲（891—948）过往甚密。从诲袭位，隐居监利（今属湖北），自号荆台隐士。《全唐文》等未收文，《全唐诗》存诗一首[6]。今复据《起霞刘氏宗谱》补文《唐尚书迪公（刘迪）行状》一篇。

> 尚书左仆射、银青光禄大夫兼宣提左相刘公，讳迪，字元吉，行第十九，谥恭敏。唐扬州刺史德威公九世孙，山南东道巨容公季子也，母程氏。曾祖近仁，官丰城尉；祖隆道，官太原参军。孟兄汾，接武父功，官兵部尚书、左仆射，赠彭城郡开国公；仲兄迥，擢进士，为荆南从事，迁秘书丞。公自幼颖敏魁伟，尝从游河东柳侍御清直公之门，博学力行，邃于经史。及长，才识过人，尝以忠孝自存。光启二年，登进士第。值巢兵乱，父兄遭中官小马坊使田令孜、西川节度使陈敬瑄二奸之扼，公遂退隐徐州城北泗亭之南者二十余年。时兄官镇南军节度使，公往信省兄，道经池阳，适遇旧知洪州进士宋齐邱（丘），留宿与语，讽使远仕曰：“方今天下乱离相继，北司专权，藩镇逆命，天纪将倾，公累世相唐，奈何不恤国难。”公以田、陈二奸倶陷事告之，然憨时忧国意甚恳切，因谓：“方

[1] 方积六：《〈大赦庵记〉真伪考——关于黄巢起义一则史料的考辨》，第234页。

[2]《起霞刘氏宗谱》卷首，第84页。

[3] 严耕望：《唐仆尚丞郎表》，北京：中华书局，1986年，第964页。

[4]（清）徐松撰，孟二冬补正：《登科记考补正》，北京燕山出版社，2003年，第931页。

[5] 陶易：《唐代进士录》，合肥：安徽大学出版社，2010年，第361页。

[6]《全唐诗》卷七六二，第8659页。

今天下之弊，患在诸州长史多用武人，不语文治。为君者诚能修身以端天下之本，节用以舒天下之财，招贤纳谏，去谗远佞，然后士民归心，宿将悦服，而天下自安矣。”齐邱曰：“善。”公往信返沛。壬申岁唐天祐九年七月，齐邱以公之策往昇州说见徐知诰，知诰善其策，留幕府为推官，加督参军。庚辰十二月，公又往荆南省仲兄迥。荆南节度使高季昌因擢公秘书丞，辞不受。丁酉岁，知诰复姓李，改名昪，即位金陵，建国号唐，改元昇元，以宋齐邱为相。为书召公者三，弗得已而往。初授鄱阳宰，务农讲武，信赏必罚，公谨廉明，吏民不敢犯。有土民陈姓者，遭巢兵乱，田庐废失，为富民张姓所侵，经年构讼莫决。公命部属按其实，遂退其业，人谓神明。是后，刑清讼简，黎庶乐业。昇元庚子，公上疏言：“江淮之民自巢兵后十余年来，民罹疾厄死者万计，田庐荒废，税重役繁，民不聊生。请宽税以苏民困等情。”疏上，竟为侍郎陈觉沮之。秋七月，烈祖亲览中书故事，见公奏疏，叹曰：“奇才！奇才！”遂大赦境内，因命公兼管饶州军民使。自是，饶州长史始有定规。十二月，烈祖遣使按行郡县，遂命公总督江淮。清理民田，以肥瘠定赋税，裁制均平，江淮之民德之。时方征伐，急军饷，公谕民输纳而用不乏。昇元辛丑三月，闽主王延政遣将潘承祐等寇饶、信，公谕父老率城中子弟固守。数日，援兵继至，共击走之。诸将以乡民多从贼，欲屠之，公曰：“民多为所胁从耳，奈何杀之！”百姓赖以全活者甚众。事闻，朝廷遣使慰劳。壬寅八月，烈祖自即位之初，兴利除害，变更旧法，命法官为《昇元条例》三十卷行之。悉以公裁制，甚惬舆情。又请建南康白鹿书院，置田供给，招延四方文士，以李善道为教授。冬十月，迁公御史大夫，加吏部侍郎。又为太仆少卿陈觉、郎中冯延巳沮之，遂以公兼知宣城王府事掌书记。昇元癸卯正月，迁公尚书左仆射、银青光禄大夫兼宣提左相事。二月，烈祖殂，元宗嗣位。昵于权势，公屡称疾上疏求退。上赐币帛甚厚，加朝议大夫致政，御赐锦斓敕书，归于饶州属部鄱东曰清溪里和风乡而居焉。公虽退居山林，慕君怀国之心未尝忘也。晚年殷富好施，饶城荐福寺、宝应寺皆赖公造就，事具二寺碑记。先娶东湖容管经略使戴叔伦公之女，继娶潞州判徐懋公女。戴夫人生五子：汉亦、汉交、汉燮、汉方、汉言。公生懿宗咸通壬辰二月初十辰时，卒南唐保大丁未十一月甲子，寿七十六，葬里之南岸太阳山茅坞寺傍之首。兹其嗣子备录公行实，远来荆南，请予为状。予以归休，久谢笔砚，然其仲父秘书与予同僚好，义不容辞，遂次第其实，以垂不朽焉。南唐保大五年丁未十二月之吉，唐进士荆台梁震拜撰。[1]

刘迪（872—947），刘巨容季子，史传不载，登光启二年（886）进士第（可补《登科记考》），历仕唐、五代后唐，受知于宋齐丘、徐知诰（即李昪），主要活动于后唐升元（937—943）朝。行状所述李昪、宋齐丘事迹，与《旧五代史·李昪传》《新五代史·李昪世家》及马令、陆游《南唐书·宋齐丘传》相符。惟云"先娶东湖容官经略使戴叔伦公之女"有误，戴叔伦（732—789）为唐代宗、德宗朝人，所娶或戴之裔孙。

《刘迪行状》乃应刘迪之子所请而作，时梁震隐居荆南。文云"然其仲父秘书与予同僚"，其仲父即刘逈，曾任秘书丞，由此知梁震唐末登第后曾在秘书省任职。《资治通鉴》卷二六七，太祖开平二年十月："依政进士梁震，唐末登第，至是归蜀，过江陵，高季昌爱其才识，留之，欲奏为判官。震耻之，欲去，恐及祸，乃曰：'震素不慕荣宦，明公不以震为愚，必欲使之参谋议，但以白衣侍樽俎可也，何必在幕府。'季昌许之。震终身止称前进士，不受高氏辟署。季昌甚重之，以为谋主，呼曰先辈。"[2]据行状，梁震南唐保大五年（947）尤在世，仍署"唐进士"。

七、结　语

家谱文献作为古典文献的重要组成部分，具有极高的文献价值、史料价值，梁启超《中国近三百年学术史》就说："族姓之谱，六朝、唐极盛，宋后浸微，然此实重要史料之一。……我国乡乡家家皆有谱，实可谓史界瑰宝。"[3]然而，家谱所载录的众多由同时人乃至前人撰写的碑文、墓志、行状、序跋、诗歌等，至今尚未得到足够重视。尽管其中真伪参互、矛盾重重，但只要细加甄辨、去伪存真，就能成为辑佚补遗乃至文史研究的资料宝库。

今根据明清时纂修的四种家谱文献，即明代的《新安琅琊王氏统宗世谱》与清代的《王氏三沙统谱》《李氏族谱》《起霞刘氏宗谱》，补辑六篇为《全唐文》《全唐文补遗》《全唐文补编》等失收的佚文，除可补正史志及相关著述的缺漏、错谬，更为深入探究唐末五代地方的动乱局势增补了新材料。

（作者单位：南京大学文学院）

[1]《起霞刘氏宗谱》卷首，第46、47页。

[2]《资治通鉴》卷二六七，开平二年十月条，第8825、8826页。

[3]梁启超：《中国近三百年学术史》，北京：东方出版社，1996年，第361页。

Genealogy and Addendum: Supplement to *Quan Tang Wen*（《全唐文》）

Wang Jianyong

[Abstract] The compilation and publication of *Quan Tang Wen* provides basic literature for the researchers in the Tang Dynasty. However, lots of writers' information and literature have been left out. This paper finds six articles from some genealogies in the Ming and Qing Dynasties, which can correct some mistakes of the history book and supplement reliable materials on the study of the late Tang Dynasty and the Five Dynasties.

《唐刺史考全编》补正

——以新出唐代墓志为中心

董秋实

《唐刺史考全编》[1]（以下简称《全编》）是郁贤皓先生在原作《唐刺史考》[2]的基础上不断增补修订的著作，增补时主要利用的就是碑志材料。近年来，新出墓志大量涌现[3]，学界同仁也充分借助新出墓志材料补订《全编》的遗漏与错讹，据笔者统计，截至2019年，以补正考订《全编》为名的专题文章就达27篇之多[4]，其他在学术研究中使用《全编》之时提出的补充商榷与修订更

[1] 郁贤皓：《唐刺史考全编》，合肥：安徽大学出版社，2000年。

[2] 郁贤皓：《唐刺史考》，南京：江苏古籍出版社，1987年。

[3] 关于新出唐代墓志情况的综述文章可以参考的有仇鹿鸣：《十余年来中古墓志整理与刊布情况述评》，载《唐宋历史评论》第四辑，北京：社会科学文献出版社，2018年，第3—25页；［日］气贺泽保规：《近年中国唐代墓志的整理研究史概述——〈新编唐代墓志所在总和目录〉前言》，载《隋唐辽宋金元史论丛》第八辑，上海古籍出版社，2018年，第213—220页。

[4] 补正考订文章有：郁贤皓：《〈唐刺史考全编〉订补》，《南京师范大学学报》2001年第3期，第147—155页；郁贤皓:《〈唐刺史考全编〉补遗》，载氏著《李白与唐代文史考论》，南京师范大学出版社，2008年，第928—1021页；潘明福：《〈唐刺史考全编〉补遗》，《文献》2005年第2期，第149—156页；毛阳光：《〈唐刺史考全编〉新补订》，《文献》2006年第1期，第31—40页；毛阳光：《〈唐刺史考全编〉再补订》，《文献》2007年第2期，第53—65页；马建红：《〈唐刺史考全编〉拾补》，载杜文玉主编《唐史论丛》第十二辑，2009年，第215—219页；吴炯炯：《〈唐刺史考全编〉补正》，《中国历史文物》2010年第3期，第83—88页；赵望秦：《〈唐刺史考全编〉补遗》，载《碑林集刊》第十六辑，2010年，第250—289页；王化昆：《〈唐刺史考全编〉再补遗》，载《河洛文化论丛》第五辑，北京图书馆出版社，2010年，第268—312页；杨晓、吴炯炯：《〈唐刺史考全编〉补正（二）》，《甘肃社会科学》2011年第1期，第173—176页；客洪刚：《〈唐刺史考全编〉辑补》，《图书馆理论与实践》2012年第1期，第58—93页；张天虹：《〈唐

是不计其数。本文计划利用三种新出墓志专辑：《珍稀墓志百品》[1]（以下简称《墓志百品》）、《西安新获墓志集萃》[2]（以下简称《西安新获》）、《新中国出土墓志·陕西（三）》[3]（以下简称《陕西三》），并结合爬梳传世的文献典籍，仿照《全编》体例，将所考订补充的刺史姓名及任职时间置于其下。限于学识，文中疏漏之处还请方家指教。

第二编　关内道

卷七鄜州

李孝昌　约乾符末—中和二年（约879—882）

《全编》据《新唐书·党项传》及《资治通鉴》，录李孝昌中和元年时与拓跋思恭一道率兵勤王[4]。中和元年十一月，二人曾被朱温击败，各还归本道，

刺史考全编〉补正——以河朔藩镇时期（763—907）的石刻资料为中心》，《中国国家博物馆馆刊》2012年，第62—71页；陈翔：《〈唐刺史考全编〉拾遗、订正》，载杜文玉主编《唐史论丛》第十四辑，2012年，第272—283页；赵望秦：《〈唐刺史考全编〉补例订正》，载杜文玉主编《唐史论丛》第十五辑，2012年，第218—253页；杨晓、吴炯炯：《〈唐刺史考全编〉补正（三）》《敦煌研究》2012年第3期，第97—103页；吴炯炯：《〈唐刺史考全编〉补正（四）》，《敦煌学辑刊》2013年第2期，第162—173页；吴炯炯、田卫卫：《大唐西市博物馆藏墓志所见唐刺史资料辑考》，载吕建中、胡戟主编《大唐西市博物馆藏墓志研究续一》，西安：陕西师范大学出版社，2013年，第181—203页；黄楼：《〈唐刺史考全编〉考补——以《洛阳新获七朝墓志》为中心》，原刊于《魏晋南北朝唐史资料》第二十九辑，2013年，后收入氏著《碑志与唐代政治史论稿》，北京：科学出版社，2017年，第225—272页；黄楼：《〈唐刺史考全编〉订补——以〈大唐西市博物馆藏墓志〉为中心》，《吐鲁番学研究》2014年第1期，第21—53页；客洪刚：《〈唐刺史考全编〉拾补》，《中国国家博物馆馆刊》2014年第1期，第75—83页；于兆军：《〈唐刺史考全编〉订正》，《郑州航空工业管理学院学报》2014年第1期，第34—38页；吴炯炯：《〈唐刺史考全编〉补正（五）——以〈西安碑林博物馆新藏墓志续编〉为中心》，载《碑林集刊》第二十一辑，2015年，第98—106页；曾澗：《〈唐刺史考全编〉增订》，《卷宗》2015年第3期，第432、433页；曾澗：《〈唐刺史考全编〉增订（二）》，《淮北职业技术学院学报》2016年第1期，第131—135页；曾澗：《〈唐刺史考全编〉正补》，《广东技术师范学院学报》2016年第3期，第53—85页；曾澗：《〈唐刺史考全编〉订正》，《图书馆理论与实践》2017年第6期，第59—64页；曾澗：《〈唐刺史考全编〉拾误》，载《魏晋南北朝隋唐史资料》第三十八辑，2018年，第221—248页。

[1] 胡戟：《珍稀墓志百品》，西安：陕西师范大学出版社，2016年。

[2] 西安市文物稽查队编：《西安新获墓志集萃》，北京：文物出版社，2016年。

[3] 故宫博物院、陕西省古籍整理办公室编：《新中国出土墓志·陕西（三）（上下册）》，北京：文物出版社，2015年。

[4]（宋）欧阳修：《新唐书》卷二二一上《党项传》，北京：中华书局，1975年，第6218页。

事见《通鉴》[1]。中和二年时李孝昌又与拓跋思恭再举义旗，共同受封为京城四面都统，《新唐书·逆臣传》中亦有相关记载[2]，可将李孝昌任职鄜州刺史时间延长至中和二年。

东方逵　中和二年—三年（882—883）

《全编》据《旧唐书·僖宗纪》《通鉴》与《桂苑笔耕集》相关记载认为东方逵出牧鄜州时间为中和元年至光启二年[3]，实则《旧唐书·僖宗纪》仅言及中和二年保大军节度留后东方逵受封赏事[4]，《通鉴》及《桂苑笔耕集》仅记录其在中和三年论功行赏事[5]。《通鉴》胡注载“李孝昌以鄜师勤王，去年为黄巢所攻，奔归本道。东方逵盖代李孝昌者也”[6]，上条考证已然辨明李孝昌亡归本道为中和元年事，既为“去年”，则东方逵代李孝昌事自应系于中和二年时。

《西夏书事》记载：“中和中，改鄜延节度为保大军。以东方逵领节度使。逵病去。思恭遣弟行军司马思孝袭取之，自称留后。思恭为请于朝，授鄜、坊、丹、瞿等州观察使、并检校司徒同中书门下平章事。”[7]《新唐书·党项传》记同一事为：“嗣襄王煴之乱，诏思恭讨贼，兵不出，卒。以弟思谏代为定难节度使，思孝为保大节度、鄜坊丹翟等州观察使，并检校司徒、同中书门下平章事。王行瑜反，以思孝为北面招讨使，思谏东北面招讨使。思孝亦因乱取鄜州，遂为节度使。”[8]襄王李煴之乱在光启二年（886），合此两条记载来看，似乎东方逵正是在光启二年病死，此后由拓跋思孝继任保大军节度使，但是新出《白敬立墓志》提供了更多可供探讨的细节。

景福二年（893）十一月十九日卒，乾宁二年（895）葬。《陕西三》一〇四《唐故延州安塞军防御使检校左仆射南阳白公府君（敬立）墓志》：“公讳敬立……后王受命复平伪朝，而先定奸臣于鄜畤。公总衙队之师，为虎贲之

[1]（宋）司马光：《资治通鉴》卷二五四，中和元年八月条，北京：中华书局，1956年，第8378页。

[2]《新唐书》卷二二五《逆臣传》：“（中和二年五月）李孝昌、拓拔思恭徙壁东渭桥，收水北垒。”第6460页。

[3]郁贤皓：《唐刺史考全编》，第222页。

[4]（后晋）刘昫：《旧唐书》卷一九下《僖宗纪》，北京：中华书局，1975年，第716页。

[5]《资治通鉴》卷二五五，中和三年四月条，第8416页。

[6]《资治通鉴》卷二五五，中和二年七月条胡注，第8395页。

[7]（清）吴广成撰，龚世俊等校证：《西夏书事校证》，兰州：甘肃文化出版社，1995年，第10页。

[8]《新唐书》卷一四六《党项传》，第6218页。

卫。鄜延逆师树垒于延州东横川，聚三万众，马万匹，号滩寨。公轻骑夜驰，星恒未尽，及寨门，摧垒直入，斩级获马，其数万纪，延州不宿而下。公推尽瘁，输忠孝，灭勍敌，峻军令，奉王指踪，守王条制。更二岁，复下鄜畤，王乃首举公为鄜州招葺使。”案此志中提及的“王”指的乃是拓跋思恭，其因受唐廷赐姓李氏，故又称李思恭。《全编》雍州、夏州、宥州卷下均收录其人[1]。白敬立作为拓跋思恭手下，被任命为鄜州招葺使，且其后的墓志又以“不逾月，鄜人有乡井；不踰年，鄜人有农桑”“治疲俗为阜俗，化伶人为正人。辟荒田数千顷为公田，以奉使府；树坏舍数十处为邮舍，以待宾朋。创筑城垒，萦山架川，固金临洫，里人无剿掠之患，井邑无漂突之虞。行讴坐谣，至今如在”等夸赞地方上实际负责的行政长官的赞语来称赞白敬立，可见鄜州、延州的实际控制权早已握于拓跋思恭之手，实际负责的地方长官正是白敬立，拓跋思恭表请其弟拓跋思孝乃事后上奏朝廷获得承认之举措[2]。另外，白敬立一生攻伐均跟从拓跋思恭，前此《新唐书·党项传》中的记载，“思孝亦因乱取鄜州，遂为节度使”，乃是拓跋思恭身后之事，与墓志中记载白敬立两次跟随拓跋思恭攻克鄜州，显非同一事，亦可见此一时期地盘更迭易主之迅速。杜建录考释白敬立墓志时系其复下鄜畤事于文德元年（888）[3]，牛达生考证其应为中和三年事[4]，二者皆不确，文德元年之说即混拓跋思恭生前与身后两次征伐鄜州为同一事，中和三年应为第一次攻克鄜州[5]。志文中云“更二岁，复下鄜畤，王乃首举公为鄜州招葺使。不逾月，鄜人有乡井；不踰年，鄜人有农桑”，则白敬立跟从拓跋思恭实际镇守鄜州当为中和五年事，此后又“举不期月”“不经年”被表荐为延州防御使。故白敬立当在中和五年镇守鄜

[1] 郁贤皓：《唐刺史考全编》，第64、322、376页。

[2] 杜文玉在《论唐末五代的夏州政权》中对此事亦有考辨（杜文玉：《论唐末五代的夏州政权》，载氏著《中古中国政治与社会史论稿》，西安：三秦出版社，2010年，第120—122页）。

[3] 杜建录：《党项夏州政权建立前后的重要记录——唐故延州安塞军防御使白敬立墓志铭考释》，《宁夏师范学院学报》2007年第2期，第88页。

[4] 牛达生：《夏州政权建立者拓拔思恭的新资料——唐代〈白敬立墓志铭〉考释之二》，《兰州学刊》2009年第1期，第5页。

[5] 墓志中先记志主跟随拓跋思恭收复长安，此后又“受命复平伪朝，而先定奸臣于鄜畤”，则第一次攻克攻克鄜州当以中和三年为宜。

州，中和五年至光启三年期间出牧延州[1]。后拓跋思恭死[2]，白敬立解印还乡。《全编》“鄜州（洛交郡）”卷、“延州（延安郡）”卷阙记，今可据志调整东方逵任保大军节度使的时间为中和二年至中和三年。

白敬立 中和五年（885）

考证见上条。《全编》“鄜州（洛交郡）”卷阙记，今可补入。

卷八 坊州

张回 元和十五年（820）前

元和十五年三月二十一日卒，同年七月九日葬。《西安新获》七七《大唐故朝散大夫守卫尉少卿赐绯鱼袋范阳张公（回）墓志铭并序》：“公讳回，字士周，其先范阳方城人也……无何，因雪冤狱，正不胜邪，贬封州司户，寻移澧州司户。时山南节使于公頔与公有旧，知公之屈，奏公为襄阳县令。将欲之命，岭南节度赵公昌荐授祠部员外郎、兼侍御史、充观察判官……寻除河西、醴泉二县令……迁郴州、袁州刺史……除坊州刺史……迁卫尉少卿。”案志文中提及于頔元和三年由山南东道节度使拜相[3]，赵昌于元和元年至元和三年期间任岭南节度使[4]，故张回由赵昌荐授祠部员外郎必在此期间，其后又历任河西令、醴泉令、郴州刺史、袁州刺史，其任坊州刺史当在元和十五年之前，今可据志补《全编》“坊州（中部郡）”卷、“袁州（宜春郡）”卷、“郴州（桂阳郡）”卷之阙。

另志文由时任坊州刺史的班肃撰写，《全编》“坊州（中部郡）”卷下收录班肃，班肃于元和十五年时以坊州刺史入为司封员外郎[5]，此志亦可为其十五

[1] 郁贤皓先生在《全编》“凡例”中表明了所收刺史的标准，除直接表明其曾担任刺史的情况外，凡据惯例，总管府及都督府的总管或都督兼任所在州刺史以及州郡阙置刺史由长史负责时，都将实际长官列入《全编》（郁贤皓：《唐刺史考全编》，第29页）。故而本文将实际负责鄜州事务的鄜州招葺使与延州防御史均列入《全编》，书中亦常可见此类例子。

[2] 拓跋思恭卒于光启二年（见牛达生：《拓拔思恭卒年考——唐代〈白敬立墓志铭〉考释之一》，载氏著《西夏考古论稿》，上海古籍出版社，2013年，第219—223页）。

[3] 《旧唐书》卷一四《宪宗纪上》：“（元和三年九月）庚寅，以山南东道节度使于頔守司空。”，第426页。

[4] 《旧唐书》卷一四《宪宗纪上》：“（元和元年三月）壬寅，以前安南经略使赵昌为广州刺史、岭南节度使……（元和三年四月）乙亥，以岭南节度使赵昌为江陵尹、荆南节度使。”第416、425页。

[5] 郁贤皓：《唐刺史考全编》，第235页。

年时见任坊州添一佐证。

卷十　延州

弥姐通（弥姐长通）　约贞观时

显庆五年（660）十二月五日卒，龙朔元年（661）十月二十三日葬。《墓志百品》二二《唐故左千牛府中郎上柱国韩君（忠）墓志铭并序》："与夫人弥姐氏合葬于雍州万年县进贤乡凤栖之原，礼也。父通，皇朝左领军大将军，鄜州一十七州行军大总管，使持节鄜、延二州都督，散骑常侍，延州刺史，银青光禄大夫，上柱国，泥阳县开国公之长女。"据此志，韩忠夫人弥姐氏卒于贞观二十二年五月十日，时年四十一，其父曾为延州刺史，约在贞观时。弥姐氏，为西羌大姓[1]，《通志》列弥姐氏于"以邑谥为氏"条下，录其氏名人计有"后秦冠军大将军弥姐婆触，辽东侯弥姐要地，立节将军弥姐威。后魏末都督弥姐元进，夏州酋望也。唐右领军延州刺史弥姐长通"[2]，弥姐长通与志文中提及的弥姐通当为一人，其名不知何者为确，待考。《全编》"延州（延安郡）"卷下"未考录"中记有弥姐长通[3]。

白敬立　中和五年—光启二年（885—986）

考证见前文卷七"鄜州"条。《全编》阙记，今可补入。

卷一七　绥州

窦承孝　开元五年（717）

载初元年（690）二月十六日卒，开元五年秋八月五日葬。《西安新获》四六《大唐故凉州都督窦府君夫人颜氏墓志铭并序》："夫人讳字，琅琊临沂人也……越开元五年秋八月五日，迁厝于咸阳县秦川乡石安原，礼也……长子绥州刺史承孝。"兰陵公主李淑有子曰窦承孝[4]，显非一人。此窦承孝乃武威郡都

[1] 关于弥姐氏的相关研究可以参考马长寿：《碑铭所见前秦至隋初的关中部族》，北京：中华书局，1985年，第96、97页；曾晓梅、吴明冉：《从石刻文献看隋唐关中羌人分布》，《阿坝师范学院学报》2017年第2期，第38、39页。

[2]（宋）郑樵：《通志二十略·氏族略五》，上海古籍出版社，1990年，第87页。

[3] 郁贤皓：《唐刺史考全编》，第253页。

[4] 周绍良主编：《全唐文新编》卷一五三《大唐故兰陵长公主碑》，长春：吉林文史出版社，2000年，第1759页。

督窦怀哲子，《新唐书·宰相世系表》录为“承孝，夷陵太守”[1]，《全编》据《新唐书》列其入卷一九八“峡州（夷陵郡）”条下[2]。今可补入窦承孝开元五年时见任绥州刺史。

卷二一　银州

李器（李大志）　咸亨三年（672）

垂拱元年（685）九月十九日卒，开元二年（714年）五月十日[3]葬。《西安新获》四四《大唐故左羽林卫左武卫将军宜春县开国子李公（器）墓志铭并序》：“君讳器，字大志，陇西城纪人也……寻转双泉、河阳、丰浩三府果毅、文义府折冲……改授甘银二州刺史、安北都护、代州都督。”案志主李器为丹阳公李客师第四子，兄长李楷[4]、李嘉[5]、李大惠。子李令问墓志中提及其父职官：“父大志，左武卫将军，安北大都护，赠礼部尚书，宜春公。”[6]研究者据《兵部奏姚州破贼设蒙俭等露布》认为咸亨年间讨伐蒙俭的唐朝军队中有时任左武卫将军的李器参与其中[7]，故其约在高宗前期陆续担任甘州刺史、银州刺史，安北都护及丹州都督。《全编》“银州（银川郡）”卷下收录有李大志[8]，正是志主李器其人，《全编》“安北大都护府（燕然、瀚海、镇北）”卷、“甘州（张掖郡）”卷、“代州（雁门郡）”卷阙记，今可据志补入。

卷二六　安北大都护府

李器（李大志）　咸亨三年后

考证见上条，黄楼曾据李大志子李令问墓志中无仕宦途中丁父忧的记录，

[1]《新唐书》卷七一下《宰相世系表一下》，第2294页。

[2]郁贤皓：《唐刺史考全编》，第2712页。

[3]墓志所记录的卒葬年份及干支纪年均不同程度地存有问题，详细的考证可以参看李超、范允明：《唐李器墓志研究》，载杜文玉主编《唐史论丛》第二十三辑，西安：三秦出版社，2016年，第299—309页。

[4]李楷墓志见贺华：《唐〈李楷墓志〉略考》，《文博》2014年第5期，第55—59页。

[5]李嘉墓志见（清）董浩等编：《全唐文》卷一五三杨炯《隰州县令李公墓志铭》，北京：中华书局，1983年，第1563—1565页。

[6]图版见胡戟、荣新江编：《大唐西市博物馆藏墓志》之《故右散骑常侍宋国公陇西李公墓志铭并序》，北京大学出版社，2012年。相关研究可以参考黄正建：《唐六尚长官考补——兼论李令问、井真成墓志》，载《隋唐辽宋金元史论丛》第二辑，上海古籍出版社，2012年，第35—53页。

[7]李超、范允明：《唐李器墓志研究》，第306页。

[8]郁贤皓：《唐刺史考全编》，第360页。

推测李大志卒于高宗时安北大都护任上[1]，今可据李器墓志将其担任安北都护的时间定为咸亨三年后，补入《全编》“安北（燕然、瀚海、镇北）大都护府”卷下。

第三编　陇右道

卷三六　廓州

元师奖　贞观时

垂拱二年（686）正月九日卒。《陕西三》二二《唐故通议大夫使持节都督鄯河兰廓缘淳丽津超罕永定等一十二州诸军事守鄯州刺史上柱国新蔡县开国男河源道经略副使元府君（师奖）之墓志铭》：“君讳师奖，字玄成，河南人也……除本府折冲都尉，仍令长上检校烛州刺史……又纡朝命，授公中大夫、使持节甘州诸军事、甘州刺史。又授使持节庭州诸军事、守庭州刺史。后又授使持节肃州诸军事、守肃州刺史……又降恩旨，授公使持节都督茂、涂、向、维、姜、冉、莋、恕、卓、葛、蓬、鲁一十一州诸军事、守茂州刺史……又纡沦汗，授公使持节都督鄯、河、兰、廓、缘、淳、丽、津、超、罕、永、定等一十二州诸军事、守鄯州刺史，勋官如故。续授太中大夫，余官如故。”案元师奖，《全编》录其为鄯州刺史[2]，曾涧据此墓志增补元师奖历任甘州、庭州、肃州、茂州刺史[3]，郭声波、魏超考证元师奖所任烛州应为廓州之误讹，志文中提及的津州、丽州、超州、罕州、永州、定州则是在高宗时青海国王慕容诺曷钵内迁到灵州境之后，唐朝为其留置的数千帐吐谷浑部众所置的羁縻州[4]。今可据志将其补入《全编》“廓州（宁塞郡）”卷下，元师奖任廓州刺史应在贞观时。

卷四〇　甘州

李器（李大志）　咸亨三年（672）前

考证见前文卷二一“银州”条，《全编》“甘州（张掖郡）”卷阙记。

[1] 黄楼：《〈唐刺史考全编〉订补——以〈大唐西市博物馆藏墓志〉为中心》，第24页。

[2] 郁贤皓：《唐刺史考全编》，第435页。

[3] 曾涧：《〈唐刺史考全编〉正补》，第53、54页。

[4] 具体考证可见郭声波、魏超：《元师奖墓志所见唐代羁縻州探讨》，《中国史研究》2017年第2期，第121—135页。

第四编　都畿道

卷四九　洛州（上）

独孤瑛　贞观十八年（644）后，永徽元年（650）前

显庆三年七月二十四日卒，显庆四年二月十五日葬。《西安新获》十六《唐故使持节沧州诸军事沧州刺史上柱国冠军县开国男独孤使君（瑛）墓志铭并序》："公讳瑛，字珉，河南洛阳人也…………武德初，除司勋郎中。顷之，加开府，出为蒲州总管府长史。明年，拜鼎州诸军事、鼎州刺史……贞观初，除观州诸军事、观州刺史。十三年，转饶州诸军事、饶州刺史。又改汴州诸军事、汴州刺史。亟典名藩，累裁佳政……十八年，加护军，授正议大夫，守定州诸军事、定州刺史。寻迁洛州诸军事、洛州刺史……永徽初，加上护军。顷之，以公事左迁，授银青光禄大夫，行杲州诸军事，杲州刺史。显庆元年，加上柱国，进拜沧州诸军事、沧州刺史……奄以显庆三年七月廿四日遘疾，薨于州廨，春秋七十有一。"独孤瑛曾先后出刺鼎、观、饶、汴、定、洛、果、沧诸州，曾涧已据其子独孤法王及婿杨守澹二人墓志对独孤瑛所任刺史的情况加以考补，补入独孤瑛曾任鼎、观、饶、汴、定、洛州刺史[1]，且任职时间均在永徽三年以前，不过新出《独孤瑛墓志》不仅提供了部分官职确切的迁转时间，还可以补入独孤瑛曾任职果州[2]与沧州的情况。独孤瑛于武德时拜鼎州刺史。贞观初年出牧观州，十三年转饶州刺史，又改汴州刺史，十八年变动为定州刺史，后又迁洛州刺史，永徽初，转果州刺史。显庆元年，进拜沧州刺史。显庆三年卒于沧州官第。故而独孤瑛任洛州刺史时间当在贞观十八年后，永徽元年前。《全编》"河南府（洛州）"阙记，今可据志补入。

谷州（应增列）

于钦明　贞观时

圣历二年（699）八月九日葬。《墓志百品》三八《大唐故晋王府执杖赵君（本道）墓志铭并序》："公讳本道，字本道，陇西天水人也……时晋府初兴，文章竞集，公以门籍，起家晋王府执杖。沉迹下流，弗之愿也……春秋卌一，薨于洛阳毓财里第。夫人河南于氏，唐谷州刺史于钦明长女也。"赵本

---

[1] 曾涧：《〈唐刺史考全编〉增订（二）》，第132页。

[2] 志文中"杲"字或当为"果"字之误，拓片图版见西安市文物稽查队编：《西安新获墓志集萃》，第48页。

道，为天水赵氏一脉，《元和姓纂》卷七载录其名[1]，其父赵方海曾任晋王府长史、申州刺史[2]。赵本道妻于氏，其父于钦明乃隋延寿公于仲文之子，《姓纂》卷二“京兆于氏”下列有钦明，为于敏直父[3]，《全编》据《新唐书·宰相世系表》著列其武德中任彭州刺史[4]，今可补入其终官为谷州刺史这一信息。

谷州，《全编》有“谷州”条附于“开元二十九年前后废置之州郡”下，记为“武德三年析乐安置宋安县，置谷州。贞观元年废谷州，省宋安，并入光州乐安县。”[5]然此志所记于钦明不大可能在贞观前就任谷州刺史[6]。实另有《全编》阙载之都畿道谷州[7]。谷州，本隋新安郡，武德元年，改为谷州。贞观元年属河南道，贞观十三年时领福昌、长水、永宁、渑池四县[8]。显庆二年州废，四县改隶洛州。于钦明出刺之谷州应为显庆二年前《全编》阙记之谷州，今应补入“洛州”条下，另《全编》“谷州”卷下所收谷州刺史高表仁，则未知所刺谷州为陇右道谷州还是都畿道谷州，存疑待考。

第五编　河南道

卷五五　汴州

独孤瑛　贞观十三年（639）后，贞观十八年（644）前

考证见前文卷四九“洛州（上）”条，独孤瑛于贞观十三年转饶州刺史，又改汴州刺史，十八年变动为定州刺史，故其出刺汴州当在贞观十三年后，贞观十八年前，可补入《全编》“汴州（陈留郡）”条。

卷七七　莱州

王守真　垂拱二年（686）前

[1]（唐）林宝撰，岑仲勉校记：《元和姓纂（附四校记）》，北京：中华书局，1994年，第1001页。

[2] 见郁贤皓：《唐刺史考全编》，第1807页。

[3]《元和姓纂（附四校记）》，第233、234页。

[4] 郁贤皓：《唐刺史考全编》，第3394页。

[5] 郁贤皓：《唐刺史考全编》，第3451页。

[6] 赵本道起家为晋王府执杖，“时晋府初兴”，李治贞观五年获封晋王，贞观十七年被立为太子，则赵本道正任职于这一期间。有研究者推测贞观十七年时赵本道为二十岁（见潘萍、王菁：《西安新出武周圣历二年〈赵本道墓志〉释读——兼说北周聘陈使主赵士亮》），载《碑林集刊》第二十辑，第43页），其岳父于钦明任职谷州刺史约略亦应在贞观时。

[7] 见郭声波：《中国行政区划通史·唐代卷》，上海：复旦大学出版社，2017年，第320页。

[8] 见赖青寿：《唐贞观元年以后谷州领县考》，载《历史地理》第十四辑，第274—297页。

天授二年（691）七月七日卒，天授三年（692）三月一日葬。《墓志百品》三一《大周故使持节都督洪袁等七州诸军事洪州刺史轻车都尉临沂县开国男王府君（守真）墓志铭并序》："公讳守真，字元政，琅琊临沂人也……父约，唐太子洗马、尚书吏部郎中、博州刺史、赠润州刺史……贞观十八年，以弘文馆明经擢第，授太子右虞候率府兵曹参军……仪凤二年，制转尚书仓部郎中，寻迁膳部郎中，兼检校左司郎中……迁授渝州刺史，封临沂县开国男，食邑三百户。寻除莱州刺史……垂拱二年，授博州刺史……奏课居最，恩敕赐物一百段。徙授润州刺史。永昌元年，授沧州刺史……天授元年，改授都督洪、袁等七州诸军事，洪州刺史……以天授二年七月七日遘疾，薨于州馆。春秋七十。"《全编》据上图藏《唐故滑州匡城县令王公墓志铭》拓片，推测王守真于高宗时先后任莱、渝、博、润、沧、洪州刺史[1]，今可据《王守真墓志》确证部分具体时间。王守真于贞观十八年明经及第，仪凤二年先后转任尚书仓部郎中、渝州刺史等，垂拱二年为博州刺史，后徙至润州刺史，永昌元年任沧州刺史，天授元年改授洪州刺史，天授二年死于洪州州馆。

第六编　河东道

卷八五　沁州

李处鉴　武后时

开元二年五月十七日卒，开元三年十二月十三日葬。《墓志百品》四三《大唐广州都督襄武李公（处鉴）墓志铭并序》："大唐开元二年五月十七日，银青光禄大夫、广州都督、经略军大使、岭南道按察使、襄武县开国侯、陇西李公薨于南海之官舍……公讳处鉴，字处鉴，陇西狄道人……总章元年，国子监明经对策高第。解褐江王府记室，邛州录事参军，朝散大夫，绛州司法参军，大理司直，大理寺丞，加太中大夫，汾州司马。清□平狄等军支度使，上柱国，彭州长史，万、涪、沁、嘉、眉五州刺史，襄武县开国侯，银青光禄大夫，润、沧二州刺史，左清道率，相州刺史，广州都督，经略军大使，岭南道按察使。"案墓志记载李处鉴于总章元年明经对策高第，此后官运亨通，曾先后任万、涪、沁、嘉、眉、润、沧、相州刺史，广州都督，《全编》失载，今可据志补入，其任职时间不可确知，约略为武后时。

另《旧唐书·五行志》载："（开元）三年，有熊白昼入广陵城，月余，

[1] 郁贤皓：《唐刺史考全编》，第1094、2912、1391、1846、1511、2247页。

都督李处鉴卒。”[1]《朝野佥载》记同一事更详：“唐开元三年，有熊昼日入广府城内，经都督门前过。军人逐十余里，射杀之。后月余，都督李处鉴死。”[2]，《旧唐书》所记广陵城当为广府城之误。《全编》“广州（南海郡）”卷据此记李处鉴任广州都督时为开元三年[3]，然墓志记志主开元二年五月[4]薨于南海之官舍，当以墓志记死者年月为是，可更正李处鉴任职广州都督时间为开元二年前。

卷九一　代州

李器（李大志）　高宗后期

考证见卷二一“银州”条，《全编》“代州（雁门郡）”卷阙记。

第七编　河北道

卷九九　博州

韦渐　天宝四载（745）后

至德二载（757）三月十三日卒，贞元十二年（796）十月十六日葬。《陕西三》七七《唐故魏州临黄县尉范阳卢府君（之翰）玄堂记》：“夫人京兆韦氏，皇博州刺史渐长女也……以天宝四载三月廿四日，先府君终于郑州荥泽县之私第，享年一十九。”另有天宝四载三月二十四日卒，同年八月五日葬《陕西三》六五《唐魏郡临黄县尉卢之翰妻京兆韦氏墓志铭并序》：“夫人姓韦氏，京兆人也……父渐，见任京兆府金城县令。”卢之翰夫人韦氏卒时年十九，其父韦渐时任京兆府金城县令[5]，至卢之翰卒时已称其为“博州刺史渐长女”，可知韦渐任职博州在天宝四载后，《全编》“博州（博平郡）”卷阙记韦渐，今可据志补入。

王守真　垂拱二年（686）

考证见前文卷七七“莱州”条，王守真垂拱二年为博州刺史。《全

[1]《旧唐书》卷三七《五行志》，第1369页。

[2]（唐）张鷟：《朝野佥载》卷六，载陶敏主编《全唐五代笔记》第一册，西安：三秦出版社，2012年，第218页。

[3]郁贤皓：《唐刺史考全编》，第3157页。

[4]墓志图版见胡戟编：《珍稀墓志百品》，第116页。

[5]相关研究可参考戴应新：《唐卢之翰夫妻墓志铭考》，载《远望集——陕西省考古研究所华诞四十周年纪念文集》，西安：陕西人民美术出版社，1998年，第730、731页。

编》“博州（博平郡）”卷阙记，今可补入。

卷一〇〇　相州

李处鉴　约武后时

考证见前文卷八五“沁州”条，李处鉴约在武后时任相州刺史，《全编》“相州（邺郡）”卷阙记，今可补入。

卷一〇九　沧州

独孤瑛　显庆元年至三年（656—658）

考证见前文卷四九“洛州（上）”条，独孤瑛在显庆元年至显庆三年期间任职沧州刺史，可补入《全编》“沧州（景城郡）”卷。

王守真　永昌元年——天授元年（689—690）

考证见前文卷七七“莱州”条，其刺沧州刺史在永昌元年至天授元年间，今可补入《全编》“沧州（景城郡）”卷。

李处鉴　约武后时

考证见前文卷八五“沁州”条，李处鉴约在武后时任沧州刺史，今可补入《全编》“沧州（景城郡）”卷。

卷一一二　定州

独孤瑛　贞观十八年（644）

考证见前文卷四九“洛州（上）”条，独孤瑛于贞观十八年任定州刺史，今可补入《全编》“定州（博陵）郡”卷。

卷一一三　易州

高支于　贞观末

咸亨五年（674）六月四日卒，上元元年（674年）八月二十五日葬。《西安新获》二三《大唐故右骁卫永宁府果毅都尉泉府君故夫人高氏（提昔）墓志》：“夫人讳提昔，本国内城人也……曾祖扶仁，大相、水境城道使、辽东城大首领。祖支于，唐易州刺史、长岑县开国伯、上柱国。父文协，宣威将军、右卫高陵府长上、折冲都尉、上柱国。往以贞观年终，天临问罪，祖乃归诚款塞，率旅宾庭，爰赏忠规，载班清级。因兹胤裔，族茂京都。”志主曾祖高扶仁是高句丽人，为辽东城大首领。祖高支于因大军逼境，降唐作牧，唐太宗于贞观十九年至二十二年间曾三次远征高句丽，据志文中“天临问罪”可以断定当为贞观十九年时太宗亲伐高丽征讨[1]。因而高支于获封易州刺史的时间大致应在贞观末，可据此志补《全编》“易州（上谷郡）”卷之阙记。

第八编　淮南道

卷一二四　楚州

归仁晦　大中七年（853）后

乾符三年（876）六月二日卒，同年十一月二十三日葬。《墓志百品》九二《唐故光禄大夫吏部尚书长洲郡开国公食邑二千户赠左仆射归公（仁晦）墓志铭并序》：“公讳仁晦，字韬之……皇祖赠司空公，讳崇敬，以矩儒达礼，自天宝迄贞元，数十年间大礼疑议，得以专决。由内庭累官至兵部尚书致仕。王父赠太保公，讳登，以直言对策为左拾遗，累拜兵部侍郎，工部尚书……烈考赠太师公，讳融……（仁晦）拜司封郎中，旋改兵部。家贫，以孙惸无所恤，求为楚州刺史……诏加御史中丞，锡以金紫。征为给事中。制命不臧，皆章还之。先是禁军外藩大校宿胥，多兼正员官，遂使宦路壅阸，公与同列，抗疏极言，由是滥进少息。懿宗多公业官，擢拜御史中丞。”案《旧唐书》有《归崇敬传》[2]，并附有《归登传》《归融传》，传后有语云“融子仁晦、仁翰、仁宪、仁召、仁泽，皆登进士第。咸通中并至达官”，归融长子即为志主归仁晦。另有《归仁晦妻支氏墓志》，乃归仁晦为其妻自撰，志文称：“唐大中七年六月廿七日，前监察御史归仁晦故儿母支氏卒。”[3]故而归仁晦任楚州刺史时间应在大中七年后，其后归仁晦咸通十二年三月曾以吏部侍郎的身份主持应试[4]。《全编》“楚州（淮阴郡）”卷阙记，今可据志补入。

---

[1] 此次太宗亲征，于安市城东南大败高句丽军后拣择俘虏，“傉萨以下酋长三千五百人，悉官之，许内徙”（《新唐书》卷二二〇《高丽传》，第6192页），高支于可能就是随此次战败向大唐款塞投诚的移民。关于唐代的高句丽遗民，可以参看王其祎、周晓薇：《国内城高氏：最早入唐的高句丽移民——新发现唐上元元年〈泉府君夫人高提昔墓志〉释读》，《陕西师范大学学报》2013年第3期，第54—64页。

[2]《旧唐书》卷一四九《归崇敬传》，第4015—4021页。

[3] 吴钢主编：《全唐文补遗》第七辑，西安：三秦出版社，2000年，第129页。

[4]《旧唐书》卷一九上《懿宗纪》，第677页。

卷一三四　黄州

杜义符　大中五年（851）

大中四年（850）九月十七日卒，大中五年十月二十九日葬。《西安新获》九〇《唐故潮州刺史京兆韦公（楚望）墓志铭并序》："大中四年八月十三日，府君夫人卒于循州官舍，享年四十四。府君中海上毒瘴，得疾。九月十七日，继薨于循州，享年六十六……夫人京兆杜氏，封南阳县君，华阴县令孝辅之曾孙，赠吏部郎中清之孙，黄州刺史义符之女。"案杜义符，《新唐书·宰相世系表二上》录有杜清子"义符，初名师义"[1]，《元和姓纂》卷六"京兆杜氏"条下有"清，检校员外，生师仁、师义、师礼"[2]。《全编》"黄州（齐安郡）"卷阙记，今可据志补入。

第十编　江南西道

卷一五七　洪州

王守真　天授元年—二年（690—691）

考证见前文卷七七"莱州"条。王守真任洪州刺史的时间为天授元年至天授二年间，《唐尚书省郎官石柱题名考》中收录有崔鸩书洪州刺史王守真碑[3]。今可补入《全编》"沧州（景城郡）"卷。

卷一五九　饶州

韦大宝[4]　武德七年（624）

万岁通天二年（697）三月二十日卒，神功元年（697）十月二十二日葬。《墓志百品》三五《大周故使持节瀛州刺史杜君夫人□□之铭并序》："父大宝，唐任屯田郎中，饶州刺史……以大周万岁通天二年三月廿日，薨于神都私第，春秋六十有五。"《永乐大典》残本中收录有《鄱阳志》，其中记录鄱阳

[1]《新唐书》卷七二上《宰相世系表二上》，第2434页。

[2]《元和姓纂（附四校记）》，第927页。

[3]（清）劳格、赵钺撰，徐敏霞、王桂珍点校：《唐尚书省郎官石柱题名考》，北京：中华书局，1992年，第780页。

[4]案《全编》"饶州（鄱阳郡）"卷收录有韦弘楷，疑韦弘楷贞观中任饶州刺史，为显庆中檀州刺史弘机兄（郁贤皓：《唐刺史考全编》，第2294页）。此韦弘楷与韦大宝非为同一人，《姓纂》卷二东眷韦氏郿城公房记录有隋司农少卿韦元礼，元礼生侍御史孝恪，孝恪生弘楷、弘机、弘挺，"弘楷，出为饶州刺史"［《元和姓纂（附四校记）》卷二，第167页］。此志中的杜君夫人韦氏父韦大宝，祖韦胄，曾祖韦远，世系未一，二者并非一人。

城池史，“唐武德七年，刺史韦大宝又以南城为州城”[1]，今可补入《全编》“饶州（鄱阳郡）”卷下。

薛怀昱 贞观八年（634）

《全编》据《新唐书·宰相世系表》及《太平御览》定薛怀昱任饶州刺史时间为贞观中[2]，今可参考《永乐大典》残本《鄱阳志》的记载：“贞观八年，刺史薛怀昱总葺三城为州城，凡四里六十二步，高二丈。”[3]薛怀昱贞观八年为饶州刺史，今可据此补正《全编》所记任职时间。

独孤瑛 贞观十三年（639）

考证见前文卷四九“洛州（上）”条，独孤瑛于贞观十三年任饶州刺史，可补入《全编》“饶州（鄱阳郡）”卷。

卷一六三 袁州

张回 元和十五年（820）前

张回其人前文卷八“坊州”条已有考证，《全编》“袁州（宜春郡）”卷据《正德袁州府志》载录张回，收入“无考”目录下[4]，今可补为元和十五年前。

卷一六八 郴州

张回 元和时

考证见前文卷八“坊州”条。《全编》阙载，可据补入。

第十二编 山南东道

卷二〇一 万州

李处鉴 约武后时

考证见前文卷八五“沁州”条，李处鉴约在武后时任万州刺史，《全编》“万州（浦州、南浦郡）”卷阙记，今可补入。

[1][3]马蓉、陈抗、钟文、栾贵明、张忱石点校：《永乐大典方志辑佚·鄱阳志》，北京：中华书局，2004年，第1807页。

[2]郁贤皓：《唐刺史考全编》，第2294页。

[4]郁贤皓：《唐刺史考全编》，第2372页。

第十三编　山南西道

卷二一〇　通州

陶逊　会昌三年（843）

大中六年（852）二月二十七日卒，同年五月四日葬。《墓志百品》八四《唐故朝议郎使持节都督昌州诸军事守昌州刺史上柱国赐绯鱼袋丹阳陶府君（逊）墓志铭并序》：“寔生我高祖懿公，怀州刺史，讳大举，为硕德贤臣……公，第二子也，讳逊，字彦恭……三会昌年（会昌三年）[1]，出拜通州刺史。公幼罹家艰，以外伯祖汾阳王之贵，常依郭氏……朝廷固未能奖贤，复任昌州刺史……大中六年闰七月二十六日奄薨于长安延福里，甲子七十有一。”志主高祖陶大举历仕多州，《全编》具载[2]，志主陶逊于会昌三年任通州刺史，大中六年以年七十一薨于长安延福里，其任昌州刺史或即在大中时。今可补入《全编》“通州（通川郡）”卷下。

卷二一七　果州

独孤瑛　永徽时—显庆元年（—656）

考证见前文卷四九“洛州（上）”条，独孤瑛于永徽时任果州刺史，显庆元年转任沧州，今可补入《全编》“果州（南充郡）”卷。

卷二一九　渠州

王鄂　元和七年（812）

元和七年三月十日卒，同年四月二十七日葬。《陕西三》八五《唐故王夫人（媛）（韦庸妻）墓志铭》：“泾阳县丞韦庸之室曰王氏，讳媛，琅琊人也……父鄂，时任渠州刺史。”王鄂元和七年见任渠州刺史。《全编》“渠州（潾山郡）”卷阙记，今可据志补入。

卷二二〇　渝州

王守真　垂拱二年（686）前

考证见前文卷七七“莱州”条，王守真垂拱二年前为渝州刺史。《全

[1] 编者校记云：“三字衍，或作会昌三年，待考。”（胡戟：《珍稀墓志百品》，第203页）今从之。

[2] 郁贤皓：《唐刺史考全编》，第411、426、435、449、459、661、831、1402、1477、2216、2787、3012页。

编》“渝州（南平郡）”卷阙记，今可补入。

卷二二一　涪州

李处鉴　约武后时

考证见前文卷八五“沁州”条，李处鉴约在武后时任涪州刺史，《全编》“涪州（涪陵郡）”卷阙记，今可补入。

第十四编　剑南道

卷二二六　眉州

李处鉴　约武后时

考证见前文卷八五“沁州”条，李处鉴约在武后时任眉州刺史，《全编》“眉州（通义郡）”卷阙载，今可补入。

卷二三六　嘉州

李处鉴　武后时

考证见前文卷八五“沁州”条，《全编》“嘉州（犍为郡）”卷阙记，今可补入。

第十五编　岭南道

卷二五七　广州

李处鉴　开元二年（714）

考证见前文卷八五“沁州”条，李处鉴开元二年五月卒于广州都督任上，《全编》“广州（南海郡）”卷记李处鉴任广州都督时为开元三年[1]，当更改为开元二年为宜。

卷二七一　藤州

李行素　咸通五年（864）前

咸通十年二月二日卒，同年十二月一日葬。《墓志百品》九〇《唐故容管经略招讨处置等使检校右散骑常侍兼御史大夫上柱国陇西县开国男食邑三百户赠工部尚书李公（行素）墓志铭》：“公讳行素，字乘之，陇西人……安南

[1] 郁贤皓：《唐刺史考全编》，第3157页。

奏知唐林州军州事。后海贼裘甫寇□东而窥府城。公以偏师殄之，擒甫以献。恩授富州刺史[1]。□未再落，又除藤州刺史……未几，又授琼州而招讨儋耳、朱崖五郡事。哀牢益暴，又以公官御史丞，副邕州节度。寇果围朗宁，王师不振，公亲擐甲，开垒而出，首敢死之士，捐不赀之身，奋而走之，褰斩无数。又上其功，加御史大夫。既罢来朝，授太府少卿。未逾月，使西凉州，和断嗢末羌，与张议潮语，议潮执笏入觐。”大中十三年（859）十月，裘甫叛乱爆发于浙东一带。《通鉴》记为咸通元年时任浙东观察使王式率军剿灭，献俘虏于长安[2]。志文云李行素以偏师歼灭，表明志主是参与镇压裘甫起义的主要将领。《通鉴》记其事为：“节度副使李行素帅众治壕栅，甫毕，蛮军已合围。留四日，治攻具，将就，诸将请夜分道斫蛮营，承训不许，有天平小校再三力争，乃许之。小校将勇士三百，夜，缒而出，散烧蛮营，斩首五百余级。”[3]裘甫被擒于咸通元年。故且记李行素任富州刺史时为咸通元年。而咸通五年时李行素已为节度副使，故其任藤州、琼州刺史应在咸通五年前。《全编》“藤州（感义郡）”卷阙载，今可补入。

卷二七七　富州

李行素　咸通元年（860）

考证见上条，李行素任富州刺史时为咸通元年。《全编》“富州（静州、开江郡）”卷阙记，今可补入。

卷二八七　象州

韦挺　贞观二十年（646）

大唐贞观二十年五月二十八日卒，二十二[4]年五月五日葬。《陕西三》一四《大唐象州刺史第六息故韦君（几原）之墓志铭》补：“韦几原，字敬舆，小字惠字，京兆杜陵人也……父挺，唐太常卿、扶阳男，出为象州刺史。君以年幼未仕，随父之官，属南方卑湿，因兹遘疾，其父命令还北，而君誓不违离，砭药虽加，膏肓靡效。以大唐贞观廿年五月廿八日，卒于官舍。”《全

[1] 李宗俊录其文时记为“恩授当州刺史”（李宗俊：《〈唐故容管经略招讨处置等使李行素墓志〉跋》），《唐都学刊》2016年第6期，第5—9页），然据《墓志百品》提供的拓片图版所示字形，且当州辖境约在今四川黑水县，不甚符合志主的迁转履历，应以富州为是，今不从李文。

[2][3] 司马光：《资治通鉴》卷二五〇，咸通五年三月条，第8079页。

[4]编者注云，据下文干支，此处“廿一”疑为“廿二”之误［见故宫博物院、陕西省古籍整理办公室编：《新中国出土墓志·陕西（三）》下册，第7页］，今从之。

编》“象州（象山郡）”卷收录有韦珽其人，韦几原随父之象州任，因瘴气太重而薨于官舍，记其任象州刺史时间约为贞观二十年[1]。今可据此志确认韦珽贞观二十年时见任象州刺史。

卷三二六　琼州

李行素　咸通五年（864）前

考证见前文卷二七一“藤州”条，李行素任职琼州应在咸通五年前，可补入《全编》“琼州（琼山郡）”卷。

开元二十九年前后废置之州郡

剑南道昌州

陶逊　大中时

考证见前文卷二一〇“通州”条，陶逊应在大中时任昌州刺史，可补入《全编》。

河北道观州

独孤瑛　贞观初[2]

考证见前文卷四九“洛州（上）”条，独孤瑛于贞观初任观州刺史，今可补入《全编》。

河南道鼎州

独孤瑛　武德时

考证见前文卷四九“洛州（上）”条，独孤瑛武德时任鼎州刺史，今可补入《全编》。

（作者单位：南开大学历史学院暨中国社会史研究中心）

[1] 郁贤皓：《唐刺史考全编》，第3278页。

[2] 曾涧将独孤瑛任职时间定为武德时（曾涧：《〈唐刺史考全编〉增订（二）》，第135页），今据墓志可知当为贞观初。

Supplement and Correction to *Complete Works of Study on Prefectural Governors in the Tang Dynasty* （《唐刺史考全编》）: Focusing on the New Published Epitaphs of the Tang Dynasty

Dong Qiushi

[Abstract] *Complete Works of Study on Prefectural Governors in the Tang Dynasty* is one of the indispensable reference books for Tang research. During the nearly 20 years since its publication, a large number of epitaph materials had been published as well as essays supplementing and correcting formal research. Focusing on the new published epitaph materials of the Tang Dynasty, this article sorts out the materials related to Prefectural Governors in the Tang Dynasty and engages in textual research by referring to extant historical documents. By supplementing 29 new materials on Prefectural Governors' appointment, revising 19 records on appointment time and inserting one material on omitted provinces,this article aims at being helpful to the supplement and correction of this book.

考古与碑志

20世纪以来五代十国的考古学研究

朱　祎

传统史学认为唐亡于天祐四年（907）朱温篡唐，历后梁、后唐、后晋、后汉、后周，至建隆元年（960）陈桥兵变入宋，是为“五代”，凡五十三年。大略同一时期，建立在南方的杨吴、南唐、吴越、楚、闽、南汉、南平、前蜀、后蜀等九个政权及割据在今山西一带的北汉，合为“十国”。若以“十国”纪年，则“十国”结束于太平兴国四年（979）北汉刘继元降宋，凡七十二年。

五代十国时期分立于各地的政权，大多受宋以后汉人观念的影响，并未将入主中原北部的异族政权辽计算在内。研究者出于问题视野的考虑，也会适当取舍五代十国的起止时间，这其中涉及五代正统观的转变。刘浦江曾指出，北宋的儒学复兴运动颠覆了原有的“五代”认知，以致后朝将五代这段历史撇置一隅，并影响至今[1]。而内藤湖南首倡的“唐宋变革论”，又重新将这个混乱的时代置于讨论的圆桌上，成为史学界一个不可回避的问题。值得注意的是，从北宋初年官修《五代史》以及时人的著作来看，所谓“华夷之辩”在种族上并无偏颇，更多的是文化上的抉择。这样就抛给了现今学者两个问题：其一，忽略地理、族别上的差异，如何从不同的研究视角上去界分或归类五代十国这段波折的历史时期；其二，如何对待同一时期未被纳入传统中国史观的异族政权，亦即怎样“去中原化”。五代时期的历史研究，近代以来中、日学者致力颇多，前期虽有零散之作，但真正系统的研究可以说发轫于二十世纪四五十年代。五代十国史研究成果的梳理，可参照胡耀飞《五代十国研究中文论著目

[1] 刘浦江：《正统论下的五代史观》，载荣新江主编《唐研究》第十一卷，北京大学出版社，2005年，第73—94页。

录》及其所撰《五代十国史研究的主要史料与论著》[1]。总体而言，史学界的研究已开始将五代视作一个与唐、宋并行的研究单元，虽然不同学者对这一时期性质的认识存在分歧，但不论是以内藤湖南、宫崎市定、堀敏一、王赓武等为代表的“中世与近世转变期”学说，还是毛汉光所提出的政治“独立单元说”，都反映了一种由动乱折射承平的研究视角[2]。

五代有三朝（后唐、后晋、后汉）为他族所建，政权的文武职官多来自河东、河北道，通朝任官者数见不鲜，五代有残唐仕宦，北宋亦有五代文武。自制度而言，有时代之变迁、地方之草创，史实载于典籍明矣。但这一时期的社会风俗或衣食住行反映到实物资料上又是一个怎样的状况，以及社会的大变革是如何在细微处豹变至北宋新风，则需要考古学的努力。在这一考察过程中，我们不应桎梏于狭义政治史学上的王朝断代，而应关注和探讨物质文化自身的演变，这样才能为五代十国史研究注入新鲜血液[3]。颇为遗憾的是，受传统史学研究的影响，五代时期的考古工作也未受到应有的重视，相关考古资料的公布和研究总体偏少。这当然也不排除五代在整个中国历史的长河中为时较短、纷争频仍以致出土资料较少的缘故。另外，可能是受上述因素的影响，有些资料会将五代十国的相关发现在具有时间连续性或时代指向明确的报告中一笔带过，如《河北曲阳涧磁村发掘的唐宋墓葬》[4]，还有部分遗物具有典型的五代特征却被归入唐或北宋时期，如洛阳北宋墓出土的铜镜具有明显的晚唐五代特

[1] 胡耀飞：《五代十国研究中文论著目录》（上），《中国唐史学会会刊》第31期，2012年，第32—56页；《五代十国研究中文论著目录》（中），《中国唐史学会会刊》第32期，2013年，第54—88页；《五代十国研究中文论著目录》（下），《中国唐史学会会刊》第33期，2014年，第43—83页。胡耀飞：《五代十国史研究的主要史料与论著》，《文汇报》2015年6月26日第T09版。此外尚有胡耀飞网络发布的《唐末五代宋初日人论著综合目录》（未刊稿）及美国学者王宏杰整理的《五代研究外文文献目录》（未刊稿）。

[2] 毛汉光：《中国中古政治史论》第八篇《五代之政治延续与政权转移》，上海书店出版社，2002年，第418页。毛先生称：“我们若将太平盛世视作常态，而将动乱时刻视为过渡，乃是含着浓厚政治理想或政治伦理的观念，缘因中国历史上动乱局面时常出现，理应将承平与乱世同样视为历史事实，赋予同等独立单元之地位研究之，才能不偏不倚，兼顾全貌。如果能将动乱时期作各种角度个案研究，理出独特的形态，一方面固然可便利于各个动乱时期作综合比较；另一方面又由于某些变动形态或许是某些承平时期小动乱之放大，对承平时期的现象亦能由此获得较清晰的了解。”

[3] 齐东方：《唐代的丧葬观念习俗与礼仪制度》，《考古学报》2006年第1期，第59—82页。

[4] 河北省文化局文物工作队：《河北曲阳涧磁村发掘的唐宋墓葬》，《考古》1965年第10期，第507—510页。

点[1]，或960年后的吴越塔幢被视为北宋遗物[2]，所以在整理过程中必须仔细辨读和爬梳。本文的学术史回顾涉及但不包括与之同时期的辽、大理、吐蕃等，酌情纳入张、曹二人归义军时期及部分相关研究。五代十国虽民族成分复杂，但总体以传统中原文化为指向，其他民族政权考古资料或文献暂未收录。目前收录的考古资料粗略分为四类，分别为发掘简报（包括简讯）、发掘报告、著作、论文（包括专论和未出版论文或学位论文）[3]。

一、20世纪以来的考古发现

从笔者目及的资料来看，出土的考古资料主要分布在四川、河南、江苏、浙江这四个省份。四川省在这一方面出土材料颇丰，且有自唐到五代并延续到北宋的多个实例，时代连续性较强，具有较好的参考价值。四川发现的前、后蜀遗存主要为墓葬，如王建永陵[4]、孟知祥和陵[5]，高晖墓[6]、宋琳墓[7]、张虔钊墓[8]、王宗侃夫妇墓[9]等；有部分街坊、城墙遗址被揭露，如成都指挥街唐宋遗址[10]、内姜街遗址[11]、江南馆街唐宋街坊遗址[12]等；另有零星遗物出土，如乐

[1] 王牧：《五代吴越国的铜镜类型及纹饰特点——兼议五代时期的铜镜及相关问题（下）》，《收藏家》2018年第7期，第85—94页。

[2] 魏祝挺：《吴越国佛塔经幢通考以及形制分布的初步研究》，浙江大学硕士学位论文，2016年。

[3] 本文所收录资料以已出版物为准，日期截至2019年10月，主要来源是《中国考古学年鉴》（1900—2017）和2018年及以后的各学术期刊或集刊，粗略统计有1100余篇。

[4] 冯汉骥：《前蜀王建墓发掘报告》，北京：文物出版社，1964年。该书于2002年由文物出版社再版。

[5] 成都市文物管理处：《后蜀孟知祥墓与福庆长公主墓志铭》，《文物》1982年第3期，第15—20页。

[6] 徐鹏章、陈久恒、何德滋：《成都北郊站东乡高晖墓清理简报》，《考古通讯》1955年第6期，第39—42页。

[7] 四川省博物馆文物工作队：《四川彭山后蜀宋琳墓清理简报》，《考古通讯》1958年第5期，第18—27页。

[8] 成都市文物管理处：《成都市东郊后蜀张虔钊墓》，《文物》1982年第3期，第21—28页。

[9] 成都文物考古研究所、龙泉驿区文物保护管理所：《成都市龙泉驿五代前蜀王宗侃夫妇墓》，《考古》2011年第6期，第33—44页。

[10] 成都市博物馆、四川大学博物馆：《成都指挥街唐宋遗址发掘报告》，载《南方民族考古》第二辑，成都：四川科学技术出版社，1990年，第233—298页。

[11] 成都文物考古研究所：《成都市内姜街遗址发掘报告》，《成都考古发现（2004）》，北京：科学出版社，2006年，第364—391页。

[12] 成都市文物考古研究所：《成都江南馆街唐宋街坊遗址》，《成都文物》2009年第3期，第1—5页。

山陶棺[1]、后蜀李才买地券[2]、成都尊胜陀罗尼石刻[3]、新都钱币窖藏[4]等。此外，四川地区的安岳造像如卧佛院[5]、菩萨湾[6]、云峰寺[7]也都进入了研究者的视野。

河南作为五代政权的核心区域，但相关的发现却较其他时期为少，出土资料也比较单一，主要是墓葬遗存，如后梁高继蟾墓[8]、后晋孙璠墓[9]等，这对研究唐代壁画墓葬的形制转变有所助益。值得一提的是葬于洛阳的建隆元年（960）安番（审）韬墓[10]的发现，对于讨论唐至北宋的丧葬变化具有重要的参考意义。除墓葬外，还有郑州唐宋瓦窑址[11]、许昌五代十国钱币窖藏[12]、洛阳唐宋遗迹[13]等遗址发现。遗址虽可见唐宋建筑布局或沿用情况，但这一类发现多忽略或未见五代遗迹现象。

江浙坐拥东南富饶之地，地下保留了各时期丰富的遗存，五代时期也不例

[1] 沈仲常、李显文：《四川乐山出土的五代陶棺》，《文物》1983年第2期，第53—56页。

[2] 龙腾、李平：《蒲江发现后蜀李才和北宋魏训买地券》，《四川文物》1990年第1期，第43—45页。

[3] 成都市文物考古工作队：《成都市五代墓出土尊胜陀罗尼石刻》，《四川文物》1999年第3期，第100—102页。

[4] 成都市博物馆、新都区文管所：《新都五代十国钱币窖藏清理报告》，《四川文物》2005年第3期，第11—21页。

[5] 大足石刻研究院、成都文物考古研究所、四川美术学院大足学研究中心、安岳县文物局：《安岳卧佛院考古调查与研究》（大足学研究文库，甲种第一号），北京：科学出版社，2014年。

[6] 王丽君、张亮等：《四川安岳岳阳镇菩萨湾摩崖造像调查简报》，《敦煌研究》2016年第3期，第35—45页。

[7] 四川大学国家级考古学实验教学中心、成都文物考古研究院、安岳县文物管理局：《四川安岳人和云峰寺摩崖造像调查简报》，《文物》2019年第4期，第73—87页。

[8] 洛阳市文物工作队：《洛阳后梁高继蟾墓发掘简报》，《文物》1995年第8期，第52—60页。

[9] 四川大学历史文化学院、洛阳市第二文物工作队：《洛阳伊川后晋孙璠墓发掘简报》，《文物》2007年第6期，第9—15页。

[10] 吴业恒、张西峰等：《河南省洛阳市北宋安番（审）韬墓发掘简报》，《洛阳考古》2015年第1期，第52—58页。

[11] 河南省文物研究所：《郑州唐宋瓦窑址的发掘》，《华夏考古》1993年第2期，第56—58页。

[12] 王军、喻战勇：《许昌市五代十国钱币窖藏出土报告》，《中国钱币》1999年第4期，第28—31页。

[13] 中国社会科学院考古研究所洛阳唐城工作队：《河南洛阳唐宫路北唐宋遗迹发掘简报》，《考古》1999年第12期，第45—53页。

外，尤其是南方大开发后，历代统治者对该地愈加重视，乃至杨吴、南唐、吴越纷纷立国于此。墓葬清理仍为这一地区出土资料的重要组成部分，南京南唐二陵[1]的发掘清理堪称经典，另外还有杭州吴越康陵[2]、扬州寻阳长公主墓[3]、南京江宁祖堂山3号[4]、南京杨吴宣懿皇后墓[5]等重要墓葬的发掘。临安晚唐钱宽夫妇墓[6]的清理也可酌情参考，其对于吴越国丧葬礼制的研究具有较高的参考意义。遗址的时代延续性一般较强，多为唐宋沿用，五代十国时期承启其间。遗址的发掘可以分为两部分：一部分是与城市考古相关，如南京南唐宫城遗址[7]、护城河[8]、砖铺路面[9]，扬州城城墙[10]和泰州城南水关[11]，温州五代子城谯门遗址[12]等。值得注意的是张家港黄泗浦[13]、镇江花山湾古城[14]这样傍依水道的市

[1] 南京博物院编著：《南唐二陵发掘报告》，北京：文物出版社，1957年。南京出版社2015年再版。

[2] 杭州市文物考古研究所、临安市文物馆编著：《五代吴越国康陵》，北京：文物出版社，2014年。

[3] 吴炜、徐心然、汤杰：《新发现之杨吴寻阳长公主墓考辨》，《东南文化》1989年第Z1期，第127—129页。

[4] 南京市博物馆、南唐二陵文物保护管理所：《南京祖堂山南唐3号墓考古发掘的主要收获及认识》，《东南文化》2012年第1期，第41—51、127—130页。

[5] 邵磊、贺云翱：《南京铁心桥杨吴宣懿皇后墓的考古发掘及初步认识》，《东南文化》2012年第6期，第66—78页。

[6] 浙江省文物考古研究所、浙江省博物馆、杭州市文物考古研究所、临安市文物馆编著：《晚唐钱宽夫妇墓》，北京：文物出版社，2012年。

[7] 陈兆善：《南京发现五代南唐宫遗址》，《东南文化》1987年第3期，第143页。

[8] 顾苏宁、王子明：《南京发现南唐宫城护城河》，《人民日报（海外版）》1995年10月6日第8版。

[9] 南京市文物研究所：《南京首次发现唐、五代砖砌城市路面》，《中国文物报》1999年1月6日第1版。

[10] 汪勃：《扬州城遗址唐宋城时期用砖规格之研究——兼及城砖烧制特征和包砖墙修砌技法等》，载《江淮文化论丛》第二辑，北京：文物出版社，2013年，第1—26页。

[11] 南京博物馆、泰州市博物馆：《江苏泰州城南水关遗址发掘简报》，《东南文化》2014年第1期，第43—52页。

[12] 梁君华：《温州发现五代子城谯门遗址》，《中国文物报》2014年3月21日第2版。

[13] 南京博物院等：《张家港市黄泗浦遗址：再现长江入海口唐宋时期的港口集镇》，《中国文物报》2010年4月23日第4版；高伟等：《江苏张家港黄泗浦遗址：唐宋时期长江入海口南岸一个重要港口集镇》，《中国文物报》2012年2月10日第4版。

[14] 镇江六朝唐宋古城考古队：《江苏镇江市花山湾古城遗址1991年发掘简报》，《考古》1999年第3期，第25—37页；镇江博物馆：《江苏镇江花山湾古城遗址2010年发掘简报》，《江汉考古》2012年第2期，第23—32页。

镇遗址，这一变化与晚唐以来城市的格局变化有所关联。另一部分是单体建筑遗址，如寺院、古井、古桥梁、窑址、水利设施（捍海塘遗址）[1]的发掘，其中最为突出的是杭州雷峰塔遗址[2]。

闽、楚、南唐、南汉的版图几乎囊括了现今中国的整个东南部，而以上政权所立足的地域相当于今福建、湖南、安徽、江西、广东五省，其境内也留存了可观的考古资料（江苏、浙江前文已述）。墓葬资料依旧占主导，偶见少量的城市遗址和窑址。福建地区最早发现并公布的五代墓葬为“长兴二年辛卯岁二月祀”纪年铭砖室墓[3]，另还有福州洪塘金鸡山土坑墓[4]、漳浦唐五代石室墓[5]、福州外兰尾山五代砖室墓[6]等中小型墓葬，除金鸡山土坑墓因土质坚硬，难以判断具体形制外，其他墓葬基本都是长方形竖穴壁龛墓。随葬品中的多角罐（多角壶或多嘴谷仓）是这一时期的代表器物。大型墓葬有刘华墓[7]和王审知夫妇墓[8]，二者皆为后唐长兴年间所筑石室墓，墓前有多级台地，后壁仍设龛。福州马坑山还清理了一座吴越国石室墓，形制与闽国墓葬基本相同[9]。遗迹方面，同安汀溪发现了唐、五代窑址[10]，泉州承天寺调查了五代铸钱遗址[11]，福州则揭露了部分闽国长乐府的城市遗迹如柏林坊、水流湾遗址[12]、钱塘巷夹道遗址[13]等。

---

[1] 浙江省文物考古研究所：《五代钱氏捍海塘发掘简报》，《文物》1985年第4期，第85—90页。

[2] 浙江省文物考古研究所：《杭州雷峰塔五代地宫发掘简报》，《文物》2002年第5期，第4—32页。

[3] 吴文良：《泉州发现的五代砖墓》，《考古通讯》1958年1期，第66—68页。

[4] 曾凡：《福州洪塘金鸡山古墓葬》，《考古》1992年第10期，第900—909页。

[5] 漳浦县博物馆：《漳浦唐五代墓》，《福建文博》2001年第1期，第40—45页。

[6] 林桂枝：《福建福州外兰尾山五代墓葬简报》，《南方文物》2010年第3期，第62—64页。

[7] 福建省博物馆：《五代闽国刘华墓发掘报告》，《文物》1957年第1期，第62—74页。

[8] 福建省博物馆、福建市文物管理委：《唐末五代闽王王审知夫妇墓清理简报》，《文物》1991年第5期，第1—10页。

[9] 福建省博物馆：《福州马坑山五代吴越国墓葬清理简报》，《福建文博》1999年第2期，第6—10页。刘华墓、马坑山石室墓和永春砖室墓（晋江地区文管会、永春县文化馆：《福建永春发现五代墓葬》，《文物》1980年第8期，第52—55页）都表现出了不同区域文化交融的特点。

[10] 《汀溪发现唐、五代窑址》，《福建日报》1962年2月17日。

[11] 中国钱币学会等：《泉州承天寺五代铸钱遗址发掘简报》，《中国钱币》2004年第4期，第50—56页。

[12] 福州市文物考古工作队：《福州柏林坊、水流湾遗址发掘简报》，《福建文博》1994年第2期，第29—33页。

[13] 福州市文物考古工作队：《福州钱塘巷五代夹道遗址发掘简报》，《福建文博》2005年增刊，第64—70页。

此外，福州作为外销贸易的集散之地，水下考古如平潭分流尾屿沉船遗址的调查[1]亦不容忽视。湖南境内也发现了较多五代时期墓葬，集中在长沙市附近，如烈士公园五代墓[2]、黄土岭五代墓[3]等，其中二十世纪五六十年代于长沙市南北郊清理的大批五代土坑墓具有代表性[4]。其他地区如资兴[5]、安仁[6]也发现有五代墓葬，而益阳大海圹唐宋墓[7]中还出土了具有五代时期风格的青瓷小盂。这一时期的墓葬多为小型长方形竖穴土坑墓，随葬品以实用器为主，因墓葬形制简单，常与晚唐、北宋初的小型墓葬相混淆，辨识有难度。遗迹清理发现有窑址、水井、灰坑、城墙等，窑址主要是湘江水系的长沙窑[8]、衡阳蒋家窑[9]；灰坑或作土坑，坑内或有陶瓷器，或空无一物，容园和烈士公园[10]曾发现过此类土坑；五代城墙多与宋、明清古城墙重合，墙体间也多有叠压[11]。遗迹中灰坑虽发现较多，但因关注不够，未见详细报告，这是今后工作需要稍加留意的。

岭南作为南汉政权的辖境，遗存较丰富，尤其是政治中心广州附近。清末民初，村民在广州小北门外发现南汉砖室墓，墓内出土了买地券[12]。1954年，南汉中宗刘晟昭陵的发掘拉开了南汉考古的序幕[13]。2003—2004年，广州大学

[1] 中国国家博物馆水下考古研究中心、福建博物院文物考古研究所：《福建平潭分流尾屿五代沉船遗址调查》，《中国国家博物馆馆刊》2011年第11期，第18—25页。

[2] 高至喜：《长沙烈士公园清理一座五代墓》，《文物参考资料》1957年第6期，第93页。

[3] 周世荣：《湖南长沙黄土岭的五代墓》，《考古通讯》1958年第1期，第68—69页。

[4] 周世荣：《湖南长沙市郊五代墓清理简报》，《考古》1966年3期，第159页；高至喜、刘廉银：《长沙市东北郊古墓葬发掘简报》，《考古》1959年12期，第649—654页。需要注意的是后者简报中说明的4号宋墓，其出土器物以及墓葬形制都与五代墓相似。容园清理的五代墓葬，发掘者并未将五代、宋墓严格区分开，据已有资料推断隋唐五代至宋末，多半是两米多长的小型长方形竖穴土坑墓，随葬品以日常实用器为主，反映了盛唐以来社会物质文化生活的转变。周世荣：《长沙容园两汉、六朝、隋、唐、宋墓清理》，《考古》1958年5期，第11—17页。

[5] 湖南省博物馆：《湖南资兴隋唐五代宋墓》，《考古》1990年第3期，第223—230页。

[6] 柴焕波：《湖南安仁发现一座五代墓》，《考古》1992年第10期，第957、958页。

[7] 益阳地区博物馆：《湖南益阳市大海圹唐宋墓》，《考古》1994年第9期，第861—864页。

[8] 黄朴华：《湖南望城县长沙窑1999年发掘简报》，《考古》2003年第5期，第49—62页。

[9] 向新民：《湖南衡阳市蒋家窑址的再调查》，《考古》1996年第6期，第37—41页。

[10] 周世荣：《长沙烈士公园发现五代灰坑》，《考古》1965年第9期，第483页。

[11] 长沙市文物考古研究所：《2012年长沙坡子街工地考古发掘情况简报》，载陈建明编《湖南省博物馆馆刊》，长沙：岳麓书社，2013年，第111—114页。

[12] 陈鸿钧：《广州出土五代南汉国“马氏二十四娘买地券”考》，《文博学刊》2018年第1期，第82—87页。此买地券系村民所得并拓片，与后来经过考古发掘出土的“刘氏二十四娘买地券”不同。

[13] 商承祚：《广州石马村南汉墓葬清理简报》，《考古》1964年第6期，第297—300页。

城又发现了南汉德、康二陵，出土了康陵哀册文碑[1]。除王陵外，在广州北郊还发现了数座臣民墓，如大宝三年（960）刘氏二十四娘墓[2]。自20世纪90年代起，为配合广州城市建设开展的抢救性考古发掘和保护工作中，又陆续发现了广州南汉王宫一、二、三号宫殿和池苑遗址[3]、宫殿群遗址[4]、道路遗址[5]、城墙遗址[6]、光孝寺[7]等建筑遗址。广东阳春还发现了南汉铸币钱范及遗址[8]，为研究南汉铅钱的铸造史提供了明确信息。

安徽、江西已清理的墓葬基本为小型长方形竖穴砖室墓，仅合肥西郊南唐汤县君墓[9]带梯形前室。安徽地区墓葬中的随葬品与江苏南唐墓葬类似，不同的是汤县君墓另随葬了木屋，其与合肥姜氏妹婆墓[10]都出土了木质买地券。芜湖还出土了永通泉货铁钱[11]，青阳县也发现了大和五年（933）青铜钟[12]。安徽、江西地区的遗址以窑址为主，如安徽繁昌窑窑址[13]、景德镇湖田窑窑

[1] 广州市文物考古研究所：《广州南汉德陵、康陵发掘简报》，《文物》2006年第7期，第4—25页。

[2] 易西兵、马建国等：《广州富力唐宁花园五代南汉大宝三年墓》，《东南文化》2016年第3期，第47—51页。

[3] 南越王宫博物馆编：《南越国宫署遗址:岭南两千年中心地》，广州：广东人民出版社，2010年，第119—175页。

[4] 广州市文物考古研究所：《广州市中山四路致美斋南汉与宋代建筑遗址》，载冯永驱主编、广州市文物考古研究所编《羊城考古发现与研究（一）》，北京：文物出版社，2005年，第243—255页。

[5] 广州市文物考古研究所:《广州市北京路千年古道遗址的发掘》，载《羊城考古发现与研究（一）》，第182—201页。

[6] 易西兵：《广州市中山四路长塘街南汉宋代城墙遗址》，载《中国考古学年鉴2008》，北京：文物出版社，2009年，第335—336页。

[7] 广东省文物考古研究所：《广州光孝寺五代两宋建筑基址》，载《华南考古》第一辑，北京：文物出版社，2004年，第297—304页。

[8] 朱非素：《广东阳春县发现南汉钱范》，《考古》1984年第4期，第381页；阮应祺、刘鸿健：《广东阳春县发现南汉“乾亨重宝”钱范》，《文物》1984年第12期，第67、68页；邱立诚：《广东阳春县发现南汉乾亨重宝石范》，《中国钱币》1996年第3期，第46、47页。

[9] 马人权、石谷风：《合肥西郊发现南唐墓》，《文物参考资料》1958年第3期，第65—68页。

[10] 葛介屏：《安徽合肥发现南唐墓》，《考古通讯》1958年第7期，第56、57页。

[11] 芜湖市钱币学会秘书处：《安徽芜湖发现永通泉货铁钱》，《中国钱币》1994年第3期，第22页。

[12] 青文：《青阳出土五代十国青铜钟》，《中国文物报》1995年6月25日第1版。

[13] 汪发志、崔炜等：《安徽繁昌窑窑址分布调查简报》，《东南文化》2016年第1期，第66—76页；亢艳荣、郎付海等：《安徽繁昌柯家冲窑遗址2013—2014年发掘简报》，《文物》2016年第3期，第19—35页。

址[1]等，江西分宜县还发现了晚唐至北宋的矿冶遗址[2]，新干则发现了南唐时期的流觞曲水石刻[3]。该地五代墓葬发现得较少，目前发现的有九江和会昌五代墓[4]，随葬的皈依瓶与湖南出土的盘口瓶类似。

陕西、河北两地五代时期虽繁盛不减，但发现的五代遗存很少，这可能与当时纷争扰攘的时代背景有关，而发掘者对这类遗存的忽略也有一定影响。两地发现并公布的墓葬资料较少，但多为大型高等级墓葬，且有详细报告出版，如冯晖墓[5]、李茂贞夫妇墓[6]、王处直墓[7]。这些墓主都是煊赫一时的藩镇重臣，其墓室营建既承袭了唐代遗风，又开启了宋代新仪，墓葬的仿木砖雕、壁画及浮雕艺术都充分展现了公元10世纪高超的艺术水平，出土的墓志也为研究唐末五代藩镇体制提供了可靠材料。河北唐山[8]、曲阳[9]、张家口[10]、廊坊[11]，陕西西安[12]等地还发现了数座中小型墓葬，特别是河北的五代墓葬，其平面多呈圆形或多边形，出现了仿木构装饰，而这些“河北因素”最终汇入宋代的大

[1]江西省文物考古研究所、景德镇民窑博物馆编著：《景德镇湖田窑址：1988—1999年考古发掘报告》（全二册），北京：文物出版社，2007年。

[2]彭振声、李小平：《分宜发现唐宋采矿冶铁遗址》，《中国文物报》1992年1月26日第1版。

[3]郑林兰：《新干发现五代南唐时流觞曲水石刻》，《中国文物报》2000年9月17日第1版。

[4]刘晓祥：《九江县五代南唐周一娘墓》，《江西文物》1991年第3期，第80—85页；钟建华：《会昌县西江发现一座五代墓》，《江西历史文物》1987年第2期，第53、54页；池小琴：《江西会昌发现晚唐至五代墓葬》，《南方文物》2001年第3期，第7—9页。

[5]咸阳市文物考古研究所编：《五代冯晖墓》，重庆出版社，2001年。

[6]宝鸡市考古研究所编：《五代李茂贞夫妇墓》，北京：科学出版社，2008年。

[7]河北省文物研究所、保定市文物管理处编：《五代王处直墓》，北京：文物出版社，1998年。

[8]河北省文管会：《唐山市陡河水库汉、唐、金、元、明墓发掘简报》，《考古通讯》1958年第3期，第5—14页。

[9]河北省文物局文物工作队：《河北曲阳涧磁村发掘的唐宋墓葬》，《考古》1965年第10期，第507—510页；河北省文物研究所等：《河北曲阳五代壁画墓发掘简报》，《文物》1996年第9期，第4—13页。

[10]张家口市宣化区文保所：《张家口市宣化区发现一座五代墓葬》，《文物春秋》1989年第3期，第85—87页。

[11]廊坊市文物管理处：《廊坊固安县公主府砖场五代墓》，载《河北省考古文集·3》，北京：科学出版社，2007年，第143—160页。

[12]《后晋存世文物少，西安出土百余件》，《人民日报》1987年3月3日第3版；《西安发现罕见后晋墓葬》，《文物报》1987年4月3日第2版；李军辉：《西安东郊黄河机器厂唐五代墓发掘简报》，《考古与文物》1991年第6期，第12—16页。

潮之中[1]。此外两地还曾发现五代佛造像[2]、钱币窖藏[3]、石龟残碑[4]等遗物，窑址以黄堡窑[5]、井陉窑[6]为代表，建筑遗址鲜少，其文化层难以发现或仅薄薄一层夹于唐宋地层之间。

除上文介绍的十一个省份，在山东、山西、湖北、内蒙古、重庆、北京、广西等地也有五代十国遗存的零星发现。已公布的墓葬有山西的刘廷斌墓[7]、太惠妃墓[8]、晋祠后晋墓[9]等，山东滕州砖室陶棺墓[10]，湖北武汉阅马场杨吴纪年墓[11]、梅家山超惠大师墓[12]，内蒙古清水河县塔尔梁[13]、跳峁砖室墓[14]等墓葬。南北墓葬形制差异较大，且等级不一，难以比较。山西北汉墓葬壁画及内蒙古清水县塔尔梁砖室墓有着明显的五代北地风格，而湖北阅马场杨吴纪年墓则与湖南、江西等地十国长方形竖穴墓类似，超惠大师墓与佛教紧密相关，平面呈方形，漆木葬具似仿舍利函制。遗物还有部分零星的墓志和买地券，如山

[1] 崔世平：《唐宋变革视野下的五代十国墓葬》，南京大学博士学位论文，2008年。

[2] 冉万里、刁通源：《陕西三原县发现唐五代鎏金佛道铜造像》，《收藏家》2010年第1期，第65—66页。

[3] 康煜等：《石家庄市工农西路出土五代窖藏钱币清理报告》，《文物春秋》1994年第2期，第1—14页。

[4] 郭玲娣、樊瑞平：《正定出土五代巨型石龟碑座及残碑》，《文物》2003年第8期，第67—76页。

[5] 陕西省考古研究所编：《五代黄堡窑址》，北京：文物出版社，1997年。

[6] 黄信：《井陉窑遗址考古调查勘探报告(上、下)》，《文物春秋》2017年第4、5期，第39—48、33—48页。

[7] 池茂花、孟晖：《中国首次出土有纪年北汉墓瓷器》，《中国文物报·收藏鉴赏周刊》2001年11月21日第2版。

[8] 太原市文物考古研究所：《山西太原青阳河北汉太惠妃墓发掘简报》，《考古与文物》2018年第6期，第51—57页。

[9] 太原市文物考古研究所：《山西太原晋祠后晋墓发掘简报》，《文物》2018年第2期，第4—10页。值得注意的是大同市考古研究所发掘的另一座“五代”墓葬（《山西大同西北郊五代墓发掘简报》，《文物》2016年第4期，第26—31页），简报的断代可能有误，其并非五代墓，而可能是安史之乱史思明政权（大燕）的墓葬。

[10] 元平等：《滕州清理五代墓葬》，《中国文物报》1994年1月2日第1版。

[11] 武汉市博物馆：《阅马场五代吴国墓》，《江汉考古》1998年第3期，第67—72页。

[12] 罗宏斌、曹昭、范江欧美、沈欣荣：《武汉市武昌区梅家山五代超惠大师墓发掘简报》，《江汉考古》2016年第4期，第36—43页。

[13] 内蒙古师范大学科学技术史研究院、内蒙古文物考古研究所：《内蒙古清水河塔尔梁五代壁画墓发掘简报》，《文物》2014年第4期，第16—38页。

[14] 魏坚、李兴盛：《清水河县发掘唐末五代砖室墓地》，《中国文物报》1995年5月14日第1版。

东安丘刘鄩墓碑[1]、邹城乡贡进士墓志[2]，甘肃宁县后周买地券[3]。此外，还在若干钱币窖藏中出土了五代十国钱币，如原襄阳县发现的唐国通宝[4]、赤峰发现的前蜀永平元宝[5]等。山西榆社后唐石棺[6]、北京五代独木船[7]等特殊遗物也值得关注。宗教遗存方面，北方多留存寺院遗鄩址，如南禅寺、镇国寺、大云院[8]、东阿大秦村五代寺庙和行宫遗址[9]等，南方则多见石窟造像，如重庆千佛寺晚唐至宋初石刻造像[10]、大足石刻，广西桂林南汉佛教摩崖造像[11]等。

总体而言，动荡频繁的北方五代政权辖境内发现的遗存相对较少，而较为稳定的南方九国辖境内的资料相对较多。已公布的遗存以墓葬为主，且多集中在前后蜀、吴越、南唐、楚、闽、南汉政权境内。除帝陵、高等级墓葬外，中小型墓葬在各地也有所报道，但资料简略，其无明确纪年或无明显断代遗物者，易与晚唐、宋初墓葬混淆。中小型墓葬形制上，北方多仿木构、圆形或多边形壁画墓，南方则多长方形竖穴土坑墓。墓室中附有壁龛是南方九国墓葬的一个显著特征，尤其是头龛。而随葬品中出现了一批具有时代特征的器物，如多角罐、塔式罐、风字砚、木俑等。需要指出的是，这一时期的物质资料并未表现出强烈的政权国界色彩，虽处于割据状态，但时代上的连续性和空间上的跨地域性，展现出的是泛地区文化面貌差异。

[1] 刘冠军：《安丘发现五代刘鄩墓碑》，《中国文物报》1995年6月11日第1版。

[2] 程明、王军：《邹城出土五代乡贡进士墓志》，《中国文物报》1995年12月3日第1版。

[3] 张驰：《甘肃宁县发现后周买地券》，《文物》1998年第6期，第76页。

[4] 张光忠：《襄阳县发现唐国通宝》，《江汉考古》1993年第3期，第71页。

[5] 杜国禄、董秉义：《赤峰发现前蜀永平元宝》，《中国钱币》1998年第1期，第37页。

[6] 贾旭峰、张寿明：《榆社出土后唐石棺》，《中国文物报》1995年10月22日第1版。

[7] 祁庆国、王武钰：《北京出土五代时期独木船》，《中国文物报》1990年12月27日第1版。

[8] 安建峰：《山西晋城紫金山大云院考古调查》，《文物春秋》2016年第3期，第24—35页。

[9] 李宝军、吴志刚等：《山东东阿大秦村发现北朝至五代寺庙和行宫遗址》，《中国文物报》2017年9月22日第1版。

[10] 邹后曦、刘青莉：《重庆潼南县千佛寺发现唐宋摩崖石刻造像》，《中国文物报》2012年3月16日第8版。

[11] 贺战武等：《广西桂林发现南汉时期佛教摩崖造像》，《中国文物报》2013年8月2日第2版；李东、阳跃华：《桂林龙泉寺区域唐五代造像遗址调查》，《中国国家博物馆馆刊》2019年第2期，第20—39页。

二、20世纪以来的相关研究

（一）20世纪的相关研究

20世纪以来学界对五代的关注最早可见于《艺林月刊》1930年、1932年谈月色与周肇祥对南汉骠骑将军章[1]和五代元从都押衙记印[2]的讨论，但这两枚印章都是传世品。其后戴振辉在《食货》（半月刊）上讨论五代货币制度[3]，引起了学界对五代“古泉学”的兴趣。至20世纪40年代初，有戴葆庭、张季量、罗伯昭、陈恕斋、王荫嘉等人以《泉币》杂志为平台展开了五代十国货币的讨论和研究[4]。二十世纪四五十年代五代史的专题研究数量减少，较重要的有1943年傅振伦《五代之瓷器》[5]，1957年杨有润《王建墓漆器的几片银饰件》[6]和1958年梁济海《〈韩熙载夜宴图〉的现实意义》[7]。此外，黄永年在《文物周刊》上阐述唐以后明器衰微现象时对五代的明器制度也有所论及[8]。

二十世纪六十至七十年代由于陆续发现并公布了一批五代墓葬，关于五代十国的讨论有所增加，但制度史、丧葬史方面的成果鲜少，多是对具体物象的分析，其中冯汉骥[9]、麦英豪[10]、伊世同[11]这三位学者的论文具有代表性。文物艺术方面，在谢稚柳等人的推动下，五代之画作（董源、顾闳中）、造型艺术（敦煌壁画）、服饰、舞蹈、伎乐等开始受到学界的较多关注，有王以坤《董

[1] 谈月色：《南汉骠骑将军章跋》，《艺林月刊》1930年第9期，第5页。

[2] 周肇祥：《五代元从都押衙铜记》，《艺林月刊》1932年第27期，第2页。

[3] 戴振辉：《五代货币制度》，《食货》第2卷第1期，1935年，第16—20页。

[4] 上述诸位先生在《泉币》杂志上的讨论，始于张季量在1940年7月第1期发表的《乾封泉宝（背天府铁范铜泉）》一文（第62、63页），终于罗伯昭于1943年11月第21期发表的《唐国通宝当二说释疑》一文（第34、35页），总量达28篇之多。

[5] 傅振伦：《五代之瓷器》，《学术杂志》第1卷第1期，1943年，第37—45页。

[6] 杨有润：《王建墓漆器的几片银饰件》，《文物参考资料》1957年第7期，第24—27页。

[7] 梁济海：《〈韩熙载夜宴图〉的现实意义》，《文物参考资料》1958年第6期，第28—31页。

[8] 黄永年：《宋代的明器制度（“唐以后明器衰微问题的研究”之一）》，《文物周刊》1947年9月第50期，第50—59页。

[9] 冯汉骥：《前蜀王建墓出土的平脱漆器及银铅胎漆器》，《文物》1961年第11期，第46—48页。

[10] 麦英豪：《关于广州石马村南汉墓的年代与墓主问题》，《考古》1975年第1期，第62—65页。

[11] 伊世同：《最古的石刻星图——杭州吴越墓石刻星图评介》，《考古》1975年第3期，第153—158页。

源〈潇湘图〉》[1]，涵阁《五代王齐翰〈勘书图〉》[2]，谢稚柳《五代阮部〈阆苑女仙图〉》[3]等。

二十世纪八九十年代关于五代十国的专题研究呈现出欣欣向荣之势，研究成果的数量及领域相对前期都向前跨进了一大步，尤其是出现了对五代十国地域文化面貌和域外文化交流讨论的尝试，遗址中的五代地层也开始受到关注，研究的视角则分布在印刷、陶瓷器、钱币、墓志、宗教、雕塑造像、石窟艺术等方面。

雕版印刷的讨论起自宿白先生，其《唐五代时期雕版印刷手工业的发展》[4]一文奠定了整个唐五代印刷研究的基础。之后有潘美月、荣新江、杨荣新等人在这一问题上展开的微观化、具体化研究[5]。20世纪90年代末，宿白《唐宋时期的雕版印刷》一书对雕版印刷进行了总结和再思考[6]。

陶瓷器的研究可以分为产品和窑址两大块，产品研究又可分为器物的时代性和作为商品与文化载体的流动性特征这两个方面。周世荣立足于湖南地区的陶瓷考古资料，对湖南唐宋窑址进行了分期，并尝试归纳出各窑口、各时期陶瓷的主要特征[7]。其后，陈丽琼、刘东亚也分别讨论了四川、河南五代时期陶瓷艺术的特色[8]。冯先铭、黄韬鹏于1984年论述的《隋唐五代瓷》为1994年出版的文物教材《中国陶瓷》第三编《隋唐五代与辽的陶瓷》张本[9]，在此之前还有

[1] 王以坤：《董源〈潇湘图〉》，《文物》1960年第1期，第44、45页。

[2] 涵阁：《五代王齐翰〈勘书图〉》，《文物》1960年第10期，第61、62页。

[3] 谢稚柳：《五代阮部〈阆苑女仙图〉读后记》，载《文物精华》（第二集），北京：文物出版社，1963年，第56、57页；后收入氏著《鉴余杂稿》（增订本），上海人民美术出版社，1996年，第82—87页。

[4] 宿白：《唐五代时期雕版印刷手工业的发展》，《文物》1981年第5期，第65—69页。

[5] 潘美月：《五代的印刷》，《故宫文物》第1卷第10期，1984年，第67—72页；荣新江：《五代洛阳民间印刷业一瞥》，《文物天地》1997年第5期，第12、13页；杨荣新：《唐宋时期四川雕版印刷考述》，《文博》2003年第2期，第65—70页。

[6] 宿白：《唐宋时期的雕版印刷》，北京：文物出版社，1999年。该书在2019年由生活·读书·新知三联书店再版。

[7] 周世荣：《湖南唐宋窑址分期与陶瓷的主要特点》，《景德镇陶瓷》1984年S1期，第49—59页。

[8] 陈丽琼：《唐宋时代四川陶瓷装饰艺术特点》，《西南师范学院学报》1984年第4期，第51—56页；刘东亚：《隋唐五代河南瓷器摭谈》，《中州今古》1987年第5期，第60—64页。

[9] 冯先铭、黄韬鹏：《隋唐五代瓷》，《人民画报》1984年第4期，第44、45页；冯先铭主编：《中国陶瓷》第三编“隋唐五代与辽的陶瓷”，上海古籍出版社，1994年。

《汉唐陶瓷大全》[1]一书，其第五、八、九章讨论了五代时期的陶瓷器。高至喜1984年注意到了南方青瓷特色下长沙出土的唐五代白瓷器[2]后，陆续有刘良佑、章金焕、张福康、张浦生、山本信夫、李建毛等人对五代时期南青北白瓷业进行了思考，其中还涉及窑口产品对外地影响的讨论[3]。陶瓷产品的流动不仅是国内，还涉及海外交流，这一方面以苏垂昌[4]、三上次男[5]、叶文程[6]、蔡钢铁[7]等人的论著为代表。窑口的讨论主要有越窑、婺州窑、黄堡窑等窑口[8]。

随着大量窖藏钱币的出土发现，钱币研究也蔚为可观，资料绍介及研究的平台主要是《中国钱币》这一刊物，南唐、马楚、前蜀、闽国、后周等政权的货币均有涉及，其中南唐开元通宝钱的讨论相对较多。除具体的钱币、钱范的探讨之外，货币经济和货币制度也是研究者关注的课题，黄炳元[9]、沈柏村[10]、曾咏霞[11]等人的著述是其代表。

作为重要的出土资料，墓志这一具有纪年纪史功能的特殊遗物越来越受到学界的关注，在二十世纪八九十年代间分别讨论了闽王王审知夫妇、前蜀晋

[1] 艺术家工具书编委会主编：《汉唐陶瓷大全（中国陶瓷大系之三）》，台北：艺术家出版社，1987年。

[2] 高至喜：《长沙出土唐五代白瓷器的研究》，《文物》1984年第1期，第84—93页。

[3] 刘良佑：《隋、唐、五代的白瓷》，《中国文物世界》1988年3月号，第70—74页；章金焕：《唐、五代上虞青瓷生产繁荣的概况及其原因》，《东南文化》1992年第3期，第235、236页；张福康、张浦生：《五代越窑的烧制工艺及其对南方地区某些青瓷窑场的影响》，《文博》1995年都6期，第100—105页；［日］山本信夫：《有关越窑青瓷之研究》，王竟香译，《文博》1995年6期，第125—128页；李建毛：《唐五代邢、定窑白瓷在长沙的发现及对湖南制瓷的影响》，《文物春秋增刊》1997年S1期，第36—38页。

[4] 苏垂昌：《唐五代中国古陶瓷的输出》，《厦门大学学报》1986年第2期，第63—102页。

[5] ［日］三上次男：《晚唐、五代时期的陶瓷贸易》，杨琮译，《文博》1988年第2期，第57—61页。

[6] 叶文程：《试论福建古代陶瓷的生产与外销》，载《福建历史文化与博物馆学研究》，福州：福建教育出版社，1993年，第163—174页。

[7] 蔡钢铁：《唐五代温州瓷业及外销问题探讨》，《南方文物》1997年第2期，第70—75页。

[8] 代表作有刘毅：《晚唐宋初越窑若干问题思考》，《江西文物》1991年第4期，第10—13、17页；李刚：《越窑衰落续论》，《文博》1995年第4期，第57—63页；贡昌：《五代北宋婺州窑的探讨》，《景德镇陶瓷》1984年S1期，第131—139页；仵录林、袁西成：《五代黄堡窑陶瓷贴塑艺术》，《文博》1999年第4期，第53—55页。

[9] 黄炳元：《“永隆通宝”钱范与泉州早期社会经济》，《中国钱币》1987年第4期，第51页。

[10] 沈柏村：《论五代楚国货币及其影响》，载《湖南省博物馆四十周年纪念论文集》，长沙：湖南教育出版社，1996年，第199—207页。

[11] 曾咏霞：《前蜀货币概述》，《成都文物》1998年第4期，第28—32页。

晖、后梁吴存锷、后唐张继业父子、南唐姚嗣骈等重要人物的墓志[1]。

敦煌学的繁兴，也带动了西北地区一系列五代历史的相关研究，正如荣新江1990年指出的那样，“敦煌学研究揭开晚唐五代宋初西北史的新篇章”。莫高窟壁画艺术和经变图的研究，以及对归义军及出土文书写本的关注，使得五代西北地区的研究一时可观，相关的成果主要出自小山满[2]、江琳[3]、马德[4]、赵声良[5]，郑炳林、高炜[6]及金滢坤[7]等人。

成都王建永陵及部分前后蜀墓葬如孙韶墓、晋晖墓的发现与清理，促成了大批相关论著的问世，最为突出的是20世纪90年代中期《前后蜀的历史与文化》一书的结集出版[8]，这标志着五代蜀地的研究达到了一个小高峰。甚至在千禧年之后，王建永陵研究这个“老瓶子”仍迸射出了新的火花[9]。与蜀地研究相

---

[1] 官桂铨、官大梁：《闽王王审知夫妇墓志》，载《文史》第二十八辑，北京：中华书局，1987年，第135—143页；袁曙光：《前蜀晋晖墓志考释》，《四川文物》1989年第6期，第17—21页；程存：《新发现的后梁吴存锷墓志考释》，《文物》1994年第8期，第69—73页；李献奇、张钦波：《五代后唐张继业、季澄父子墓志浅考》，《洛河文明论文集》，郑州：中州古籍出版社，1994年，第430—453页；李之龙：《南唐姚嗣骈墓志初考》，《东南文化》1995年第1期，第69—75页；吴炜：《对李之龙先生〈南唐姚嗣骈墓志初考〉一文的几点补充》，《东南文化》1996年第3期，第114、115页。

[2] ［日］小山满：《敦煌第六十一窟〈五台山图〉研究》，袁林译，《敦煌学辑刊》1990年第1期，第143—153页。

[3] 江琳：《莫高窟吐蕃、归义军张氏时期〈药师经变〉中乐舞的研究》，《敦煌学辑刊》1990年第2期，第77—83页。

[4] 马德：《曹氏三大窟营建的社会背景》，《敦煌研究》1991年第1期，第19—24页。

[5] 赵声良：《莫高窟第61窟五台山图研究》，《敦煌研究》1993年第4期，第88—107页。

[6] 郑炳林、高炜：《从敦煌文书看唐五代敦煌地区的医事状况》，《西北民族学院学报》1997年第1期，第68—74页。

[7] 金滢坤：《从敦煌文书看晚唐五代敦煌地区布纺织业》，《敦煌研究》1998年第2期，第133—140页。

[8] 成都王建墓博物馆编：《前后蜀的历史与文化：前后蜀的历史与文化学术讨论会论文集》，成都：巴蜀书社，1994年。

[9] 相关论文有樊一：《永陵被盗年代小考》，《四川文物》2000年第3期，第76页；曾如实：《从永陵出土文物谈金银平脱器的盛衰》，《四川文物》2000年第3期，第57—60页；张亚平：《前蜀永陵石刻的艺术史价值》，《四川文物》2000年第3期，第23—31页；冯夏：《永陵石刻艺术浅谈》，《四川文物》2000年第3期，第43—47页；何莉丽：《浅谈永陵墓室彩绘的宝相花》，《成都文物》2007年第3期，第35—38页；安瑜琴：《永陵出土的铜兽衔环铺首》，《成都文物》2008年第2期，第30—33页；安瑜琴：《由永陵看中国古墓葬建筑发展》，《成都文物》2008年第3期，第61—65页；冯夏：《前蜀永陵出土玉册艺术浅析》，《成都文物》2009年第4期，第8—11页。

对的是南唐研究。邹劲风1996年所撰《1949年以后的国内南唐史研究状况及考古发现》一文，对整个南唐历史和考古研究进行了概述。其后邹氏又著有《南唐文化》一书[1]。相较而言，南唐的研究偏侧于历史文化，蜀地则多基于考古资料展开研究，涉及建筑、文化、宗教等多方面。此外还有少量关于吴越国的研讨[2]。

20世纪90年代出现了一个比较有趣的现象，即五代研究在唐宋段历史考古研究中的“分野”或五代研究者们如何在历史时期考古中自处，这一现象直接在相关论著的论题中表现了出来：一种是按照传统的史学划分将五代与隋唐并举，如杨森《晚唐五代两件〈女人社〉文书札记》[3]、傅宋良等人《厦门杏林晚唐、五代窑址及相关问题的初探》[4]；另一种是将五代纳入宋代的叙述范围，美术考古、美术史尤为突出，如《中国寺观雕塑全集》第二卷《五代宋寺观造像》[5]、《五代宋金书法史论纲要》[6]。这种转变涉及这一时期学界关于“唐宋变革论”的思考，而上述现象的出现或是一种出于宋代民众文化风俗新成而上层建筑承接唐、五代前朝旧典认识的自觉。

（二）21世纪以来的相关研究

21世纪初的研究还是集中在墓葬（墓志）、造像、窑址、钱币等方面，雕版印刷、建筑、城址、书法艺术偶有涉猎，雷峰塔遗址的研究成为新的热点，越窑青瓷、定窑白瓷的讨论依然较多。对五代十国的时代性展开综合思考的成果也开始出现：齐东方概括了唐代丧葬礼仪特色，指明了唐后期墓葬中的新因

---

[1] 邹劲风：《1949年以后的国内南唐史研究状况及考古发现》，《中国史研究动态》1996年第5期，第12—16页；邹劲风：《南唐文化》，南京出版社，2005年。

[2] 王士伦：《五代吴越国王投龙简》，《浙江省文物考古研究所学刊——建所十周年纪念（1980—1990）》，北京：科学出版社，1993年，第289—294页。吴建华：《吴越国王钱俶墓志考释》，《中原文物》1998年第2期，第89—95页。丁晓雷：《五代十国时期的杨吴、南唐和吴越墓葬》，《青年考古学家》1999年第11期，第47—57页；其后还有《五代十国墓葬》一文，北京大学硕士学位论文，2001年。竺家慧：《关于吴越国王投简中的“射的”》，载《东方博物》第四辑，杭州：浙江大学出版社，1999年，第173、174页；刘伟：《五代吴越王钱氏与越窑秘色青瓷》，《中国文物世界》1999年总170期，第46—53页。

[3] 杨森：《晚唐五代两件〈女人社〉文书札记》，《敦煌研究》1998年第1期，第65—74页。

[4] 傅宋良、郑东、陈娟英、彭景元：《厦门杏林晚唐、五代窑址及相关问题的初探》，载《厦门博物馆建馆十周年成果文集》，福州：福建教育出版社，1998年，第18—25页。

[5] 李松主编：《中国寺观雕塑全集》第二卷《五代宋寺观造像》，哈尔滨：黑龙江美术出版社，2005年。

[6] 王连起：《五代宋金书法史论纲要》，《故宫博物院院刊》1999年第1期，第48—51页。

素——“世俗化和大众化”以及“葬”的简化，并提出“论及墓葬变化，未必要拘泥于政治上的断代王朝，如同唐初的墓葬与隋代难以区分，唐末的墓葬与五代十分相似一样，狭义的历史学对改朝换代的重视，不应成为考古研究的桎梏，以探讨物质文化演变为重点的考古学应淡化断代王朝的作用，也许才能找到历史演变的真正原因”[1]。张学锋立足于“唐宋变革论”学说，指出五代十国时期处于“唐宋变革的激荡之中”，其丧葬制度也随之展现出新旧时代急剧交替的特殊面貌——一方面是隋唐律令规定下的丧葬等级制度逐渐松弛，等级观念日趋薄弱，另一方面是以个人意愿进行营造或装饰，展现墓主信仰或个性的冥世理念成为社会的主流。在以上观点的指导下，张学锋概观了五代、两宋的墓葬，并就五代十国帝王陵墓的陵园布局（陵垣、神道石刻、封土、合葬形式、陵寺庙）和玄宫制度进行了归纳和总结，阐明了这一时期陵墓规制承上启下的时代特征[2]。齐、张二位高屋建瓴的论述为五代考古研究廓清了思路。

研究者密切关注的墓志多散见于各学术期刊和论文集中，如曹发展[3]、赵振华[4]、邵磊[5]、蔡乃武[6]等人的论述。2005年，谭凯（Nicolas Tackett）自行刊印了《唐末至宋初墓志目录》，集结了唐宋之际的墓志资料，但因流传不广难以窥见全貌[7]；2012年又有周阿根《五代墓志汇考》[8]一书的结集出版，填补了五代墓志整理的空缺，并从一个侧面补充了五代史料的不足和正史疏误，有裨于五代历史的研究。

---

[1] 齐东方：《唐代的丧葬观念习俗与礼仪制度》，《考古学报》2006年1期，第59—82页。

[2] 张学锋编著：《中国墓葬史》第八编《五代两宋墓葬》，扬州：广陵书社，2009年，第392—439页；张学锋：《五代十国帝王陵墓通叙》，初刊南京博物院编《南京博物院集刊》第十二辑，北京：文物出版社，2011年，第75—88页；后收入夏仁琴主编《南唐历史文化研究文集》，南京出版社，2015年，第141—167页。

[3] 曹发展：《五代朔方军节度使冯晖墓志考》，载《文物考古论集——咸阳市文物考古研究所成立十周年纪念》，西安：三秦出版社，2000年，第251—255页。

[4] 赵振华：《五代宋廷浩墓志考》，《华夏考古》2003年第4期，第71—76页。

[5] 邵磊：《五代马楚史料的一则重要发现——马光赞墓志考释》，《南方文物》2007年第3期，第107—110页。

[6] 蔡乃武：《“东窑”出上林湖——从新发现的两件五代越窑墓志罐谈起》，载《中国越窑高峰论坛论文集2007》，北京：文物出版社，2008年，第72—78页。

[7] ［美］谭凯（Nicolas Tackett）编集：《唐末至宋初墓志目录》，2005年，第265页。此番收集一定程度上成了《中古中国门阀大族的消亡》（北京：社会科学文献出版社，2017年）一书的资粮。

[8] 周阿根：《五代墓志汇考》，合肥：黄山书社，2011年。

在陶瓷器研究方面，青瓷器的研究并不局限于越窑产品甚至窑址所出。王小蒙便讨论了黄堡窑的青瓷[1]；易立则以墓葬和塔基出土的耀州青瓷为中心，对其进行了类型学分析[2]。五代白瓷的研究在2002年举行的中国古代白瓷国际学术研讨会上达到了一个高峰，研讨会主要讨论了白瓷的分期、地域特色、窑口等三方面的问题，其中也有对安徽省博物馆、南京博物院馆藏白瓷资料的介绍[3]。此后关于白瓷的讨论减少，可见的有杜劲甫[4]、于文荣[5]对地方窑口的探索，黄义军就南方白瓷、青白瓷产生的再研究[6]，以及林亦秋对印尼井里汶沉船中晚唐、五代定窑白瓷的关注[7]。2002年白瓷研讨会落幕后不久，同年11月在杭州也举办了越窑国际学术讨论会。这次研讨会论文中，涉及五代的有栗建安对福建“越窑系”青瓷的讨论[8]和黎淑仪对五代越窑产品所受晚唐金器影响的认识[9]。2007年举办的中国越窑高峰论坛则注重于五代越窑产品的进贡、外销和越窑系产品的研究，如陆明华《唐宋官用越瓷烧造相关问题再议》，秦大树、谷艳雪《越窑的外销及相关问题》、刘毅《吴越王家族墓葬出土越窑瓷器研究》等[10]。这一时期其他窑址的讨论较少，有西关窑、耀州窑、邢窑、吉州

[1] 王小蒙：《五代黄堡窑青瓷与柴窑》，《收藏家》2001年第7期，第2—6页。

[2] 易立：《试论五代宋初耀州青瓷的类型与分期——以墓葬、塔基出土物为中心》，《考古与文物》2009年第2期，第81—92页。

[3] 上海博物馆编：《中国古代白瓷国际学术研讨会论文集》，上海书画出版社，2005年。

[4] 杜劲甫：《唐、五代长沙出土白瓷窑口探源》，《东南文化》2003年第1期，第79—81页。

[5] 于文荣：《连云港市海州五代墓出土白瓷窑口考》，《中国历史文物》2003年第1期，第58—61页。

[6] 黄义军：《唐宋之际南方的白瓷生产与青白瓷的产生》，《华夏考古》2008年第1期，第113—120页。后作者所著《宋代青白瓷的历史地理研究》（北京：文物出版社，2010年）第二章亦有所论及。

[7] 林亦秋：《千年余晖——印尼井里汶沉船里的晚唐、五代定窑白瓷》，《收藏家》2009年第11期，第32页。

[8] 栗建安：《福建唐、五代“越窑系”青瓷——以古窑址发掘的发现为中心》，载《浙江省文物考古研究所学刊（第五辑）——2002年越窑国际学术讨论会专辑》，杭州出版社，2002年，第188—192页。

[9] 黎淑仪：《贡瓷遗珍——国外所见五代越窑精品兼论五代越窑与晚唐金器之承传关系》，载《浙江省文物考古研究所学刊（第五辑）——2002年越窑国际学术讨论会专辑》，第193—200页。

[10] 陆明华：《唐宋官用越瓷烧造相关问题再议》，载《2007’中国·越窑高峰论坛论文集》，北京：文物出版社，2008年，第45—55页；秦大树、谷艳雪：《越窑的外销及相关问题》，第177—207页；刘毅：《吴越王家族墓葬出土越窑瓷器研究》，第128—142页。

窑、邛窑等单个窑址出土遗物的分析[1]。窑业技术的交流和发展越发受到关注，外销瓷仍是这一时期关注的重点[2]。钱币的研究在21世纪初的十年间依旧出现了较多成果，研究仍基于窖藏和墓葬新出的新资料。雷峰塔地宫的清理，也为五代钱币的研究提供了新的资料。值得关注的研究有蒋九如、范文海对已有闽国开元铁钱的铸主和铸地的甄别[3]，以及唐志工、盛涛从其他出土资料入手研究钱币的新尝试[4]。

浙江省文物考古研究所于2005年编著出版了《雷峰塔遗址》一书。在该书出版的前后，有黎毓馨、周新华、金申、杨鸿勋、郑嘉利、扬之水等人针对雷峰塔地宫出土的金铜佛坐像、玉器、钱币、铜镜、阿育王塔及雷峰塔本身做了较多讨论[5]。敦煌图像（题记）、吴越书法、五代山水画、妇女服饰、经幢、漆器、玻璃器等都曾有学者涉足，韩竞、马俊波即通过唐、五代的绘画观察了中国传统坐具的演变[6]。而成都城、扬州城这一类沿用久远的古今叠压型城池随着城市遗址的清理，其五代时期的面貌也逐渐浮现出来，代表作有孙华的《唐末五代的成都城》[7]、陈双印的《五代时期的扬州城考》[8]、周加胜的《南汉时期

[1] 李文杰：《河南密县西关窑五代珍珠地划花白釉瓷钵工艺分析》，《文物春秋》2001年第5期，第18—21页；薛东星、杨瑞余：《五代耀州窑青瓷与柴窑》，《收藏家》2001年第6期，第2—4页；王光尧：《六至十世纪河北地区的瓷器断代及邢窑瓷器的分期研究》，载《故宫学刊》2004年总第一辑，北京：紫禁城出版社，2005年，第506—539页；赵冰：《五代宋元时期吉州窑仿定窑白瓷生产管窥》，载《中国古代白瓷国际学术研讨会论文集》，上海书画出版社，2005年，第545—559页；张天琚：《五代邛窑绿釉模印莲花纹盘》，《收藏》2010年第3期，第31页。

[2] 黄慧怡：《唐宋广东生产瓷器的外销》，《海交史研究》2004年第1期，第105—118页；李军：《唐、五代和北宋越窑青瓷的外销及影响》，载《中国古陶瓷研究》第十四辑，北京：紫禁城出版社，2008年，第125—136页；另外青白瓷或越窑研讨会也有相关论文，详见上注。

[3] 蒋九如、范文海：《闽开元大铁钱的版别及其铸主考略》，载《中国钱币论文集》第四辑，北京：中国金融出版社，2002年，第259-268页。

[4] 唐志工、盛涛：《试析广元五代、宋、元时期与钱币相关的石刻资料》，《四川文物》2005年第6期，第82—86页。

[5] 浙江省文物考古研究所编：《雷峰塔遗址》，北京：文物出版社，2005年。

[6] 韩竞、马俊波：《从唐、五代绘画看中国传统坐具的演变》，《收藏界》2006年第5期，第60、61页。

[7] 孙华：《唐末五代的成都城》，载《宿白先生八秩华诞纪念文集（上）》，北京：文物出版社，2002年，第255—290页。

[8] 陈双印：《五代时期的扬州城考》，《中国历史地理论丛》2005年第3期，第101—108页。

广州城市布局及建筑研究》[1]等。

2010年，时值南唐二陵考古发掘60周年，在蒋赞初、潘谷西、梁白泉等先生的建议及南京博物院、南京市文物局和江宁区人民政府的联合组织下，其年末在南京江宁区举办了第一届“南唐文化交流论坛”，四年后再次举办了第二届“南唐历史文化学术研讨会”，并在2015年出版了两次会议的论文集。论文集分“回顾展望”“历史文化”“文物考古”三篇，其中既有前辈学者对发掘过程的回顾和对南唐二陵保护与管理的认识，也有从地域政治、文化艺术、都城规制、建筑样式、宗教等多角度对南唐历史地位的重新评价，还有对五代十国帝王陵墓的宏大概观和比较研究，对南唐二陵陵园布局的新探及祖堂山3号墓为代表的杨吴、南唐墓葬的发掘，更有杨吴、南唐墓葬综述和随葬品的微观考证[2]。

整体而言，21世纪初五代十国的相关研究仍延续了二十世纪八九十年代的基本框架。重大遗迹的出现具有导向性——永陵的研究经久不衰，雷峰塔地宫的发掘推动了吴越国历史考古的研究；全局性的综合考量以及对传统史学的反思开始萌芽，表现在研究者对五代十国墓葬初步的综合考量以及对五代十国历史考古地位的思考。

2011年以来的研究在保持原有的框架之上，微观化和碎片化现象虽然较为明显，但研究的视野明显拓宽，这一趋势的发展有助于五代十国历史考古图像的拼接完整。受学界影响，考古材料中儿童、女性这些长期被忽视的人物形象也开始成为讨论分析的对象，并一同参与构建整个时代的图景。一个不恰当的比较是，最近五年的研究数量相对前十年的数量相当甚至有所超越，这一定程度上反映了五代研究进一步受到的重视。

敦煌壁画仍受到持续关注，尽管20世纪末一系列五代敦煌壁画艺术的相关书籍出版，但这一主题中的“五台山图”、飞天图、供养人图等宗教题材的研究都是经久不衰且极具魅力的研究对象，研究角度也从美术史（美术考古）

[1] 周加胜：《南汉时期广州城市布局及建筑研究》，载杜文玉主编《唐史论丛》第十一辑，西安：三秦出版社，2009年，第271-280页。

[2] 夏仁琴主编：《南唐历史文化研究文集》，南京出版社，2015年。全书共收入论文29篇，分“回顾展望篇”（4篇）、“历史文化篇”（8篇）、“文物考古篇”（17篇）三部分。

的单一角度转向底本、供养人、服饰、妆饰等研究，如许栋[1]、沙武田[2]、陈粟裕[3]、李波[4]、袁梦雅[5]等人的成果。敦煌文书的研究除五代敦煌的布纺织业外，还涉及诵经、婚俗、家庭教育、丝绸之路、地理区划等，关注的学者有张先堂[6]、宋广玲[7]、金滢坤[8]、赵贞[9]等。

五代钱币关注度在下降，仅见洛阳五代墓出土开元通宝钱的分析[10]，印坦沉船出水南汉“桂阳监”银铤[11]等五篇论文。

宗教造像研究方面，有2014年出版的《安岳卧佛院考古调查与研究》[12]一书，书中通叙五代时期卧佛院兴起的造像、修妆活动；同年尚有徐顺智以安岳石窟装饰图案研究为题完成的硕士论文[13]。李小强通过大足北山石刻第254号造像为探求大足地区五代十王造像组合和布局形式提供了更为明晰的线索，可与

[1] 许栋：《论早期五台山图的底本来源——以敦煌壁画中的五台山图为中心》，《社会科学战线》2013年第1期，第149—154页。

[2] 沙武田：《敦煌石窟归义军曹氏供养人画像与其族属之判别》，《西部考古》2012年00期，第204—234页；《五代宋敦煌石窟回鹘装女供养像与曹氏归义军的民族特性》，《敦煌研究》2013年第2期，第74—83页。

[3] 陈粟裕：《五代宋初时期于阗王族的汉化研究——以敦煌石窟中的于阗王族供养像为中心》，《美术研究》2014年第3期，第21—28页。

[4] 李波：《莫高窟唐五代壁画供养人服饰领型研究》，《敦煌研究》2014年第6期，第48—54页。

[5] 袁梦雅：《敦煌莫高窟壁画中女供养人的妆饰探究——以61窟于阗天公主为例》，《装饰》2014年第6期，第82、83页。

[6] 张先堂：《晚唐至宋初敦煌地方长官在石窟供养人画像中的地位》，载《敦煌文献·考古·艺术综合研究——纪念向达先生诞辰110周年国际学术研讨会论文集》，北京：中华书局，2011年，第455—466页；《一件珍贵的唐五代敦煌俗家弟子诵经录——敦煌研究院藏D0218号残卷新探》，《敦煌研究》2013年第6期，第40—49页。

[7] 宋广玲：《从考古资料看唐五代敦煌儿童的游戏活动》，《丝绸之路》2013年第10期，第34、35页；《唐五代敦煌生养问题研究》，西北师范大学硕士学位论文，2014年。

[8] 金滢坤：《从敦煌文书看晚唐五代敦煌地区布纺织业》，载《敦煌吐鲁番研究——文献与文明》，兰州：甘肃文化出版社，2013年，第111—125页。

[9] 赵贞：《敦煌文书中所见晚唐五代宋初的灵州道》，载《丝绸之路研究——交通与文化》，兰州：甘肃文化出版社，2013年，第43—58页。

[10] 潘付生：《洛阳五代墓出土开元通宝钱初析》，《中国钱币》2013年第1期，第6—12页。

[11] 全洪、李颖明：《印坦沉船出水银铤为南汉桂阳监制造》，载陈建明主编《湖南省博物馆馆刊》第十一辑，长沙：岳麓书社，2015年，第421—430页。

[12] 大足石刻研究院、成都文物考古研究所、四川美术学院大足学研究中心、安岳县文物局：《安岳卧佛院考古调查与研究》，北京：科学出版社，2014年。

[13] 徐顺智：《安岳石窟装饰图案研究》，重庆大学硕士学位论文，2014年。

敦煌晚唐五代“地藏十王”图像形成对照。[1]

墓葬研究除传统的墓志、买地券一类的文字资料外，另有壁画、随葬品、墓葬形制（陵园形制）等具象的解释与阐述。经典墓例如王建永陵、冯晖墓仍有相关成果问世，可参见韩莎《前蜀永陵发掘70周年研究综述》[2]和黄剑波、贾嫚等人对冯晖墓彩绘砖雕的关注[3]。在墓葬形制研究上，崔世平、李海群注意到了五代墓葬的腰坑现象[4]，郑以墨则关注到了五代、宋墓中仿木建筑构件的观看视角[5]。此外，王志高讨论了南京祖堂山南唐二陵陵园的布局[6]；黄剑波则以五代十国墓葬壁画的观察为中心撰写了博士学位论文[7]。随葬品在之前的随葬陶瓷器分析上，新增了对墓葬出土的经幢（包括所刻陀罗尼经咒）、粮罂（五谷仓）、仪鱼、神怪俑等与精神信仰相关的随葬品分析。墓葬研究甚至延伸到地上相关活动，重要的有崔世平[8]、王铭[9]对丧葬行业和丧葬仪仗的讨论。

具有普遍意义的轮廓框架固然重要，但落于实处、脚踏实地勾画出时代的微妙风情同样不可忽视。部分饶有趣味的研究开始从细微处从容着手，如汪勃通过唐宋城砖规格及铭文内容的考察还原、垒砌了五代时期的扬州城[10]；李玭

[1] 李小强：《大足北山石刻第254号造像题材探析——兼及大足五代十王造像的相关问题》，《敦煌研究》2011年第4期，第21—26页。

[2] 韩莎：《前蜀永陵发掘70周年研究综述》，《文史杂志》2015年第1期，第95—99页。

[3] 黄剑波：《五代后周冯晖墓中“竹竿子”人物图像考证》，《南京艺术学院学报》2012年第1期，第22—24页；贾嫚：《“柘枝”从唐到宋之迭嬗——冯晖墓彩绘砖雕花冠舞伎考》，《文艺研究》2013年第8期，第61—67页；贾嫚：《唐代拍板、箜篌、方响在五代的流变——以冯晖墓彩绘砖雕为例》，《陕西师范大学学报》2014年第3期，第106—112页；王拥军：《冯晖墓砖雕乐舞音乐文化价值略考》，《青海社会科学》2015年第1期，第163—167页；贾嫚：《承唐启宋的五代燕乐——以冯晖墓乐舞图像为例》，《西北大学学报》2015年第6期，第35—45页；王希：《五代绘画中的乐舞构图与配置——以冯晖墓彩绘砖雕乐舞图为例》，《陕西师范大学学报》2016年第3期，第140—147页。

[4] 崔世平、李海群：《唐五代墓葬中的腰坑略论》，《江汉考古》2011年第1期，第96—100页。

[5] 郑以墨：《缩微的空间——五代、宋墓葬中仿木建筑构件的比例与观看视角》，《美术研究》2011年第1期，第41—47页。

[6] 王志高：《试论南京祖堂山南唐陵园布局及相关问题》，《文物》2015年第3期，第48—52页。

[7] 黄剑波：《五代十国壁画研究——以墓室壁画为观察中心》，上海大学博士学位论文，2015年。

[8] 崔世平：《唐五代时期的凶肆与丧葬行业组织考论》，载马明达、纪宗安主编《暨南史学》第八辑，桂林：广西师范大学出版社，2013年，第107—119页。

[9] 王铭：《菩萨引路：唐宋时期丧葬仪式中的引魂幡》，《敦煌研究》2014年第1期，第37—45页。

[10] 汪勃：《扬州城遗址唐宋城时期用砖规格之研究——兼及城砖烧制特征和包砖墙修砌技法等》，载扬州博物馆编《江淮文化论丛》第二辑，北京：文物出版社，2013年，第1—26页。

玭从文献所见“踏床”出发，结合图像资料发掘室内家具——脚踏的历史演变及渊源[1]；王牧在吴越国铜镜的横纵对比中重新认识时代更迭下工艺风格的转换[2]；董华锋等人则注目于川渝地区的“小经幢”，区分出其镇水禳灾的独特含义[3]。这种趋势也影响到了古建筑研究，代表有李映福《三峡地区出土的唐宋陶质兽面建筑材料》[4]、魏祝挺《吴越国佛塔经幢通考以及形制分布的初步研究》[5]。同样得益于此，五代考古中海外交通的受重视程度日益上升且取得相应成果，吴培植就泉州司马王福墓出土的伊斯兰玻璃器佐证了泉州海外交通的海港地位[6]；姚沁从香料入手，勾连出隋唐、五代时期福建的海外贸易概貌[7]；吴天跃基于日本出土吴越国钱俶造阿育王塔的资料初步分析了吴越国与日本佛教艺术的交流情况[8]；黄慧怡参考二十世纪五十至七十年代潮州窑的资料，对比了东南亚发现的相关产品[9]；易西兵立足广考古发现，对文献和考古材料中所见南汉的海外贸易进行了梳理[10]。

以上粗疏的例证代表五代考古研究血肉的逐渐丰满，展示出了一个更为多姿多彩的历史时期。此外，由于城市考古的不断开展，异于封闭型、里坊制的中古都城，开放型、街市制“近世都城”的概念[11]被提出，黄泗浦、明月坝这

[1] 李玭玭：《五代、宋时的室内家具“脚踏”考——由敦煌文献〈什物历〉中的“踏床”谈起》，《吐鲁番学研究》2015年第1期，第76—83页。

[2] 王牧：《五代吴越国的铜镜类型及纹饰特点——兼议五代时期的铜镜及相关问题（上、下）》，《收藏家》2018年第6、7期，第37—44、85—94页。

[3] 董华锋、何先红、朱寒冰：《川渝地区晚唐五代小型经幢及其反映的民间信仰》，《考古》2018年第6期，第105—114页。

[4] 李映福：《三峡地区出土的唐宋陶质兽面建筑材料》，《四川文物》2014年第6期，第64—72页。

[5] 魏祝挺：《吴越国佛塔经幢通考以及形制分布的初步研究》，浙江大学硕士学位论文，2016年。

[6] 吴培植：《泉州发现的最早的海外玻璃》，《中国港口》2016年S1期，第17—20页。

[7] 姚沁：《隋唐五代时期福建的香料与海外贸易》，《福建文博》2016年第4期，第49—52页。

[8] 吴天跃：《日本出土的吴越国钱俶造铜阿育王塔及相关问题研究》，《艺术设计研究》2017年第2期，第98—105页。

[9] 黄慧怡：《九至十二世纪潮州窑产品在东南亚的发现》，《东方收藏》2016年第9期，第13—17页。

[10] 易西兵：《文献和考古材料所见五代南汉国的海外贸易》，《南方文物》2016年第3期，第285—291页。

[11] 张学锋：《“近世都城”的出发——以南唐金陵城为例》，《南京晓庄学院学报》2015年第5期，第46—54页。

类聚落也被陆续发现并与“市镇”关联而展开探索；加之水下考古对沉船资料的获取日丰，补充与修正了对外交流的认知。这些都逐渐从点到线、面，由陆到海地从另一个层面和微观研究一起为五代历史考古做了有效补充。

三、结　语

五代十国考古研究在田野发掘与资料利用上存在的不足，在前文综述部分已经有所涉及，概言之，田野发掘上对遗迹、遗物的发现不够重视，遗迹现象的分析失于细致，且田野发掘报告过于粗疏，多以简讯形式见于报刊等。发掘工作上的这些疏漏，在其他历史时期考古工作中也多少存在，但相对于本就为时较短的五代十国时期，这一不足被进一步放大。如何做好处于唐宋之际五代十国的考古田野工作，必须引起考古学界的重视。至于出土文物的进一步利用，虽受限于原始资料的鲜少，相关的研究都从不同角度进行了尝试，但如何认识五代十国的历史地位，或如何处理唐宋之间五代十国表现出的承袭与变化，则是研究者们必须进一步思考的问题。

新的变化也在孕育之中。2017年12月，由北京大学考古文博学院、中国考古学会宋辽金元明清考古专业委员会和广州市文物考古研究院主办的“五代十国考古发现与研究”学术研讨会在广州召开，其要旨在推动五代十国历史、文化诸方面的研究，认识宋代繁荣基础中的五代因子。研讨会围绕史迹、历史与制度研究、出土文物及海贸交通研究等主题，从都城、陵墓、手工业、佛教等陆路的遗迹到海上丝绸之路沉船等水下文物进行了讨论。作为国内首次举办的五代十国考古发现与研究学术研讨会，对国内尚显薄弱的研究状况无疑有着很好的引领作用。

感谢张学锋教授对本文的悉心指导。

（作者单位：南京大学考古文物系）

The Research on Historical Archaeology of the Five Dynasties and Ten Kingdoms since 20th Century

Zhu Yi

[Abstract] The paper reviews the archeological discoveries of the Five Dynasties and Ten Kingdoms in China since 20th century as well as the academic history of relevant archaeological research over the past 80 years. The former is summarized in terms of the modern provinces while the latter is narrated by two decades. As the different research objects, they respectively describe the academic context of archeology in the Five Dynasties and Ten Kingdoms from the aspects of space and time, point out the field excavation and archaeological research need to be strengthened. In addition, they highlight the historical status of the Five Dynasties and Ten Kingdoms in terms of material culture as well as the importance of constructing a relatively independent historical and archaeological study of the Five Dynasties and Ten Kingdoms beyond the influence of traditional dynastic history.

南唐扬州筑城史事考述

余国江

扬州是我国古代重要的区域性地方城市，在古代城市史上占有较为重要的位置。半个多世纪的考古研究工作，揭示了扬州城发展演变的总体轨迹，但迄今仍有不少未解谜团，值得我们继续探索。由于城市考古是文献与考古资料的“二重奏”，即陈寅恪所谓“取地下之实物与纸上之遗文互相释证”[1]，两者既相互支撑，又相互制约，所以如果任何一方面有所缺失，或者“释证”不够合理，都不能正确展现文献与考古材料所反映的历史真实面貌。这是城市考古的共通之理，放之扬州亦然。

以往在扬州城市考古和研究中，只注意到唐末五代时期有高骈、杨行密、韩令坤等修城之事，在解读相关遗迹遗物时，也多与这三次修城进行“关联”[2]。本文则拟根据北宋时期《南唐近事》等未被留意的文献记载，提示在杨行密与

---

[1] 陈寅恪：《王静安先生遗书序》，载氏著《金明馆丛稿二编》，北京：读书·生活·新知三联书店，2001年，第247页。

[2] 清代以来，扬州学者即大量收辑整理地方文献，如焦循《邗记》、姚文田《广陵事略》等，依时代、类别记述与扬州有关之史事，然而均没有注意到南唐曾修筑扬州城。20世纪40年代，日本学者安藤更生在扬州踏查遗址，后撰写《唐宋时期扬州城之研究》一文（［日］安藤更生：《鉴真大和上传之研究》附篇，东京：平凡社，1960年，第323—381页。中文译稿由汪勃、刘妍翻译，收入董学芳主编《扬州唐城考古与研究资料选编》，2009年，第152—211页），对唐末五代扬州城多有涉及，其史料收集颇见功力，奠定了以后扬州城研究的重要基础，但未提及保大年间修城之事。中华人民共和国成立后，扬州城市考古和研究取得巨大成果，史料挖掘愈发充分，刘妍整理的《扬州城建史料集成》（载《扬州唐城考古与研究资料选编》），可谓集其大成，涵盖正史、地方志、早期地理志书、早期笔记等，可惜也没有《南唐近事》和保大扬州筑城。由于始终未注意到南唐曾经修筑扬州城，所以以往的考古发掘和研究，只能将唐末与宋代之间的地层和遗迹较为笼统地称为“五代时期”，而且近年还有根据城砖将相关地层明确为杨吴时期的倾向。

韩令坤之间的南唐保大年间（943—957）亦曾经修筑扬州城，并对考古发现的“迎銮窑户”铭文砖作出一些新的解读，希望引起考古研究者对南唐扬州城的重视以及进一步的探讨。

一

自宋代编纂扬州地方志，至于近现代地方学者讨论扬州城池变迁，据笔者孤陋之见，他们似乎均未注意到南唐中期曾有修筑扬州城之事。其事载于五代北宋时人的撰著之中，其一为《南唐近事》：

> 保大中，广陵理城隍，因及古冢，得石志一所云：“日为箭兮月为弓，四时射人兮无穷。但得天将明月化，不觉人随流水空。山川秀兮碧穹窿，崇夫人墓兮直其中。猿啼鸟啸烟蒙蒙，千年万年松柏风。”或云李白词。[1]

其二为《江表志》：

> 苏洪至扬州版筑，发一冢，不题姓名，刊石为铭曰：“日为箭兮月为弓，射四时兮无终穷。但见天将明月在，不觉人随流水空。南山石兮高穹窿，夫人墓兮在其中。猿啼鸟叫烟蒙蒙，千年万岁松柏风。”[2]

其三为《江南余载》：

> 苏洪规筑扬州城，古冢中得石铭，其文曰：“日为箭兮月为弓，射四时兮何曾穷。但见天将明月在，不觉人随流水空。南山石兮高穹窿，夫人墓兮在其中。猿啼鸟叫烟蒙蒙，千年万年松柏风。”[3]

三者的记载内容十分相近，综合言之，即南唐中主李璟保大年间，苏洪在扬州规划修筑城池，版筑城墙，其间发掘一座古墓。

此次修筑扬州城的主事之人为苏洪，而据《江南余载》所言，亦可能为“苏洪规”。清代王士祯《五代诗话》、陈梦雷《古今图书集成》引《江表

---

[1]（宋）郑文宝撰，张剑光整理：《南唐近事》，载朱易安、傅璇琮等主编《全宋笔记》第一编第二册，郑州：大象出版社，2003年，第229页。

[2]（宋）郑文宝撰，张剑光、孙励整理：《江表志》卷中，载《全宋笔记》第一编第二册，第264页。

[3]（宋）佚名编纂，张剑光、孙励整理：《江南余载》卷下，载《全宋笔记》第一编第二册，第247页。

志》，均云“苏洪进扬州版筑，发一冢”[1]，则修城者又作“苏洪进”。关于苏洪、苏洪规、苏洪进，检索文献，未见其他记载。文献中这种人名之别，大多因后世“传钞者有所讹漏”。我们推测修城主事者应为苏洪，“规筑”为谋划修筑之意，“进”则是“规”之讹伪。

至于苏洪等人在扬州发掘古冢，当是取其棺板以夹筑夯土城墙，或者取墓砖用以砌筑城墙，这在古代修城时均十分常见。三国孙吴景帝时（258—264），“戍将于广陵掘诸冢，取版以治城，所坏甚多”[2]，唐末高骈修成都罗城，史载“西川高相公骈版筑罗城日，遣诸指挥使分擘地界，开掘古墓，取砖甃城”[3]，即分别是以棺板筑城墙和墓砖砌城墙的例证之一。

二

以上记载南唐保大年间苏洪修筑扬州城的三种文献，其中《南唐近事》与《江表志》的作者都是由南唐入北宋的郑文宝（953—1013）。据《宋史》本传，郑文宝系南唐旧将郑彦华之子，以父荫授奉礼郎，后迁校书郎，入宋后于太平兴国八年（983）登进士第，久在边镇，抵御西夏、契丹[4]。《南唐近事》撰于太平兴国二年（977），《江表志》成于大中祥符三年（1010）。郑文宝之所以为南唐撰写两种史书，清代四库馆臣认为：“《南唐近事》……其体颇近小说，疑南唐亡后，文宝有志于国史，搜采旧闻，排纂叙次。以朝廷大政入《江表志》，至大中祥符三年乃成，其余丛谈琐事，别为缉缀，先成此编。一为史体，一为小说体也。”[5]《江南余载》成于北宋熙宁八年（1075），作者不详，乃是根据《江表志》删改校订而成[6]。也就是说，上引三种文献，其史料来源均为郑

[1]（清）王士祯原编，郑方坤删补，（美）李珍华点校：《五代诗话》卷一〇“扬州冢铭”条，北京：书目文献出版社，1989年，第364页。（清）陈梦雷编纂：《古今图书集成》第七册《方舆汇编·坤舆典》，北京：中华书局、成都：巴蜀书社，1985年，第7656页。

[2]（晋）干宝：《搜神记》卷一五，又见《三国志》卷四八《吴书·孙休传》注引葛洪《抱朴子》。今本《抱朴子》无此文，严可均辑《抱朴子内篇佚文》作：“吴景帝时，戍将于江陵掘冢，取板治城。”“江陵”下注“又作广陵”。

[3]（后蜀）何光远：《鉴诫录》卷二“鬼传书”条，载陶敏主编《全唐五代笔记》第四册，西安：三秦出版社，2012年，第3021页

[4]（元）脱脱：《宋史》卷二七七《郑文宝传》，北京：中华书局，1977年，第9425—9429页。

[5]（清）永瑢等：《四库全书总目》卷一四〇，北京：中华书局，2003年，第1188页。

[6]《江南余载》之“点校说明”，第235页。

文宝。虽然史源单一，而且传钞有所讹漏，但郑文宝生于保大十一年（953），“世仕江南，得诸见闻，虽浮词不免，而实录存焉”[1]，所记时事当有所本，南唐保大年间修筑扬州城必有其事，殆无可疑。

扬州城在中晚唐时期达到最大规模，有子城与罗城。乾符六年（879），高骈为淮南节度使，为抵御黄巢乱军，在扬州“缮完城垒，招募军旅，土客之军七万，乃传檄征天下兵，威望大振。朝廷深倚赖之”[2]。这是唐代扬州城最后的辉煌。此后高骈失政，诸将叛乱，扬州也陷入兵火之劫，史称“广陵大镇，富甲天下。自师铎、秦彦之后，孙儒、行密继踵相攻，四五年间，连兵不息，庐舍焚荡，民户丧亡，广陵之雄富扫地矣”[3]。景福元年（892），杨行密再入扬州，被唐朝廷拜为淮南节度使，是为杨吴的草创时期。扬州“自毕师铎、孙儒之乱，荡为丘墟。杨行密复葺之，稍成壮藩”[4]。从高骈“缮完城垒”到杨行密“复葺之”，其间不过十余年，且“兵火之余，十室九空”[5]，加之杨行密时期仍在四处征战，因此从时局与实力等方面推测，杨行密“复葺之”不是大修扬州城，而是在高骈修城基础上的修葺补筑。

杨吴中后期，徐温父子把持朝政，徙治金陵，从此，金陵遂成为实际上的政治中心。扬州虽为杨吴都城、南唐东都，实际地位已急剧下降，且“自杨氏王吴，淮甸之人不识干戈者二十余年”[6]，应无修城之事。

后周世宗柴荣即位后，有一统天下之志，江淮地区遂陷入不稳定局面，即史载“保大末，淮甸未宁”[7]。保大十一年（953），布衣邵棠上书南唐中主李璟：“近游淮上，闻周主恭俭，增修德政。吾兵新破于潭、朗，恐其有南征之志，宜为之备。”[8]这可能导致南唐在江淮地区加强了防御。《稽神录》记载：“周显德乙卯岁，伪涟水军使秦进崇修城。发一古冢，棺椁皆腐，……其明年，周师伐吴，进崇死之。”[9]“显德乙卯岁”即保大十三年（955），秦进崇

[1]《四库全书总目》，第1188页。

[2]（后晋）刘昫：《旧唐书》卷一八二《高骈传》，北京：中华书局，1975年，第4704页。

[3]《旧唐书》卷一八二《高骈附秦彦传》，第4716页。

[4]（宋）洪迈：《容斋随笔》卷九，上海古籍出版社，1978年，第122页。

[5]（宋）司马光：《资治通鉴》卷二五九，北京：中华书局，2012年，第8554页。

[6]（宋）马令撰，濮小南点校：《南唐书》，南京出版社，2010年，第35页。

[7]《南唐近事》卷一，第210页。

[8]《资治通鉴》卷二九一，第9621页。

[9]（宋）徐铉撰，白化文点校：《稽神录》，北京：中华书局，1996年，第132页。

发掘古冢，修筑涟水城，显然与后周将要南侵的局势有关。是年，周世宗果然下诏征讨南唐，于翌年二月攻陷扬州，七月南唐收复扬州。保大十五年，周世宗再次亲征南唐，十二月，李璟知道扬州无法防守，便遣使焚其官私庐舍，扬州遂为后周所占据[1]。结合《南唐近事》等记载和相关史实，推测南唐修筑扬州城应该在保大十三年前后，其目的与秦进崇修筑涟水城一样，乃是为了加固城防、抵御后周南侵。

三

以往在扬州城市考古中，在杨行密“复葺之”和后周韩令坤筑周小城之间，未能注意到南唐保大年间亦曾“理城隍”“规筑扬州城”。现在，我们则可以在确认保大筑扬州城的基础上，对“迎銮”铭文砖等五代筑城的遗迹遗物做进一步的倾向性的推测。

2007年，在扬州城南门遗址发掘时，曾发现“迎銮窑户”铭文砖，其中标本07YNMJ5③：1，残长20厘米、残宽12厘米、厚6.2厘米，侧面戳印长方形边框和“迎銮窑户徐□”铭文；标本07YNMJ5③：20，残长32.5厘米、宽24厘米、厚5.8厘米，平面戳印长方形边框和“迎銮窑户徐”铭文（图一）[2]。2013年，仪征市博物馆等单位对仪征马坝村附近的白沙窑遗址（Y3）进行了发掘，出土有数十块“白沙窑徐軿”和一块“迎銮”铭文砖，其中“迎銮”铭文砖残长16厘米、宽20厘米、厚5厘米（图二）[3]。从扬州城南门遗址发掘报告公布的照片看，“迎銮窑户徐□”铭文砖最末一字，其右侧“并”部较为清晰，左侧“车”部亦隐约可见，当即是“軿”字。如此，则迎銮窑户徐軿就是白沙窑徐軿。

“迎銮”铭文砖尺寸较为特别，远较中唐时期的扬州罗城城砖要大，而与晚唐高骈筑城之砖较为相近。我们认为，乾符六年（879）高骈修筑扬州城，一定程度上受到其乾符三年（876）修筑成都罗城的影响。成都唐罗城外侧包砖有长方形砖，长42厘米、宽24厘米、厚6厘米[4]，即唐僖宗《奖高骈筑成都罗城

[1]（宋）陆游撰，胡阿祥、胡萧白点校：《南唐书》，南京出版社，2010年，第230、231页。

[2] 中国社会科学院考古研究所、南京博物院、扬州市文物考古研究所编著：《扬州城遗址考古发掘报告》，北京：科学出版社，2015年，第154页，图版六七。

[3] 夏晶、刘勤、曹骏：《仪征晚唐五代时期砖瓦窑址的发现与扬州城筑城关系浅析》，载中国考古学会等编《扬州城考古学术研讨会论文集》，北京：科学出版社，2016年，第232—242页。

[4] 谢涛：《成都市1994~1995年城垣考古》，《四川文物》2001年第1期，第69—72页。

诏》所说的“皆施广厦，又砌长砖”[1]之“长砖”。“迎銮”铭文砖以及唐末五代扬州城砖与中晚唐扬州城砖判然有别，而与成都罗城的这种“长砖”的尺寸基本一致，应该不是偶然，而是高骈肇始、杨吴南唐延续的结果。

据文献记载，杨吴顺义“四年，溥至白沙阅舟师，徐温来见，以白沙为迎銮镇”[2]，则是顺义四年（924）改白沙为迎銮镇。仪征白沙窑的考古发现证实了白沙窑应该由此更名为“迎銮窑”。“迎銮”铭文砖的烧造在杨行密“复葺”扬州城之后，从尺寸、时代、历史渊源等方面综合推断，我们认为其与南唐保大年间苏洪修筑扬州城有关的可能性最大。

在目前的扬州城市考古中，仅在南门遗址发现“迎銮”铭文砖，仪征白沙窑遗址也只发现一块，而“白沙窑”铭文砖则数量颇夥，似可推测“迎銮窑”实际生产中或者沿用旧名，或者烧造较少，而用于筑城则更少。保大修扬州城事起

1.“迎銮窑户徐□”　　2.“迎銮窑户徐”

图一　扬州城南门遗址出土“迎銮”铭文砖

[1]（清）董诰等编：《全唐文》卷八七唐僖宗《奖高骈筑成都罗城诏》，北京：中华书局，1983年，第911页。

[2]（宋）欧阳修：《新五代史》卷六一《吴世家·杨行密传》，北京：中华书局，1974年，第758页。

图二 仪征白沙窑出土“迎銮”铭文砖

仓促，且南唐国力已经大为衰落，恐无大加修筑城池的可能，这从“迎銮”铭文砖的发现极少以及苏洪发人旧墓取砖筑城亦可窥得一二。

（作者单位：扬州城大遗址保护中心）

The Research on the Construction of Yangzhou City in the Southern Tang Dynasty

Yu Guojiang

[Abstract] In the past archaeology and research of Yangzhou City, scholars have noticed that Gao Pian, Yang Xingmi and Han Lingkun' s building walls in the late Tang and Five Dynasties. When they interpreted the related archaeological remains and relics, they often associated them with these three events. In fact, Su Hong also built walls in Yangzhou during the Baoda（保大） period of the Southern Tang Dynasty according to the documents. Based on the competition between the Southern Tang and the Late Zhou for Yangzhou, we speculate that this incident may take place around the 13th year of Baoda and is to strengthen the city defense and resist the invasion of the Late Zhou. On this basis, we can reinterpret the bricks engraved with "Yingluan"（迎鸾）, which may be the city bricks used in the Southern Tang Dynasty.

新出隋唐乐律学家《祖孝孙墓志》研究

王书钦

祖孝孙是我国隋唐间最为著名的乐律学家，并于贞观二年（628）勘定完成了《大唐新乐》，堪为一代盛事。目前，音乐理论界对于祖孝孙的研究颇有成果，但多是凭借中古史籍载述完成的。近日，笔者有幸于陕西汉唐石刻博物馆秦航馆长处见到唐贞观六年《祖孝孙墓志》（以下简称《墓志》）拓本，可为乐界之祖孝孙研究提供一份极其重要的新材料。

墓志拓本高59厘米、宽58厘米，正书，楷法端严，31行，满行32字；志盖盝顶拓本高、宽均为45.5厘米，无四刹及边部拓印。中部阳刻篆书4行16字，首行题曰“大唐故太常少卿范阳男祖君墓志之铭”，有阳刻界格，略带鸟虫篆意，为北魏中期至李唐间王公重臣墓志盖之多见风格。兹录文如下：

> 唐故太常少卿上骑都尉范阳男祖君墓志铭
>
> 君讳孝孙，字德懋，涿郡范阳人也。昔贤臣作训，懋德著于匡殷；上将治戎，鸿勋光于翼晋。故能播英声于简素，誓功业于山河。自斯厥后，异人出世。曾祖瑗，魏东鲁二郡太守、钟离侯。祖遵，魏卫将军、右光禄大夫、淮川公。并德高时誉，望重国华，紫盖连阴，朱轮结轨。父崇儒，齐司州别驾、散骑长侍、聘周使，随民部侍郎、淮川男。继好上国，方见輶轩之重；摄职南宫，始睹握兰之贵。君幼挺岐嶷之姿，夙表老成之誉。譬巨鳞纵壑，不俟穷渎之波；逸翮搏空，无假积风之力。言成世范，声冠于陈藩；德为人师，望隆于锺皓。究儒墨之雅诰，尽流略之菁华。掞藻丽于文场，摛辩光于讲肆。能穷六艺，德备四科，为周行之羽仪，寔人伦之模楷。释褐随协律郎，寻转益州总管府司法。仍除北绛县令，俄迁侍御史。文纪省俗，威重埋轮；仲康宰民，绩彰驯雉。属时屯世故，礼坏乐

崩，罇俎绝揖让之仪，钟律乖终始之序。大唐断鼇练石，崇立极之功；勘祸静乱，兴定鼎之业。缉升降之坠典，继韶夏之遗章。特辟君为著作郎，加上骑都尉。寻转选部郎中、检校天策府从事中郎。载笔汗简，独步兰台，激浊扬清，高视礼阁。武德六年，以公事出为登州别驾。未几，追还入京，除太常丞。寻加范阳男，随班例也。顷之迁吏部侍郎。辩华素于九流，参铨品于八坐。朝有得贤之颂，野无遗才之讥。雅操则跨蹑臣源，清通则锱铢叔则。俄迁太常少卿。昔鲁卿哥豳，吴札但称其美；周王遍舞，郑伯唯知其亡。未若君从政秩宗，典斯金石。迈杜生之逸轨，超制氏之高纵。遂使八音克谐，五声调韵。仪威凤于丹穴，降仙鹤于赤霄。当今日月光华，天地贞观，自应披图案牒，草分丘之仪；覃思含豪，奏升平之颂。岂谓岁躔辰巳，与康成而共终；夜梦琼瓌，将声伯而俱逝。贞观五年十一月十三日，寝疾薨于私第，春秋七十。昔西朝佐命，秦中有萧相国之坟；东汉名臣，洛下有刘太尉之墓。思归反葬，非达士之良规；魂无不之，得高人之深趣。所以，君虽乡居河朔，今乃安厝关西。即以六年岁次壬辰二月乙酉朔十八日壬寅迁窆于雍州万年县少陵原，礼也。惟公机神朗悟，器宇凝深。齐小大于庄生，混荣辱于老氏。虽爵隆忻瑞，每留赏于林泉；位重搢绅，尚游心于箕颍。才兼文质，气足凌云，学擅儒玄，辩堪折角。但川流东注，阅逝水而兴悲；日御西驰，慯落晖而增叹。恐春秋迭代，陵谷贸迁，用播芳猷，勒兹贞础。庶平陵之外，永识朱游之坟；东都之前，长表滕公之室。乃为铭曰：

洪源眇邈，茂绪绵长。绩彰辅晋，功成翼商。允文允武，为龙为光。门传卿相，世绾银黄。高阳贵里，寔生才子。温润珪璋，芬芳兰芷。网罗儒墨，抑扬文史。直指表威，絃哥流美。时逢兴运，异人挺出。藻镜九流，协和六律。履仁籍信，金相玉质。丹组承风，玄冠曜日。钟漏易穷，人世俄度。形归真宅，魂游太素。荒埏积草，山门拥雾。古往今来，同悲斯路。

一、祖孝孙家族世系及时代背景

志载："君讳孝孙，字德懋，涿郡范阳人也。"范阳祖氏为我国中古历算学和乐律之世家代表，于南北朝间人才辈出。算学有祖冲之、祖暅之父子，为南朝天道定律之圭臬；乐律有祖莹、祖珽父子，为北朝"洛阳旧乐"之宗师。从

《北史·祖莹传》所附祖孝孙父祖崇儒传[1]，可知孝孙一门与南北朝间著名的祖氏共出一源。

《魏书·祖莹传》载："初，庄帝末，尔朱兆入洛，军人焚烧乐署，钟石管弦，略无存者。敕（祖）莹与录尚书事长孙稚、侍中元孚典造金石雅乐，三载乃就，事在《乐志》。"[2]《隋书·音乐志中》载："（祖莹子）珽因采魏安丰王延明及信都芳等所著《乐说》，而定正声。始具宫悬之器，乃杂西凉之曲，乐名《广成》，而舞不立号，所谓'洛阳旧乐'者也。"[3]《北史·祖莹传》亦附珽传："珽字孝征，神情机警，词藻遒逸，少驰令誉，为当世所推。……又自解弹琵琶，能为新曲，……寻为太常少卿。"又载："珽弟孝隐，亦有文学，早知名。……兼解音律。"[4]可见，祖氏一门精音律者不乏其人。孝孙既为祖莹从子，与孝征、孝隐为从兄弟，自然多受族风濡染。

《墓志》载孝孙四世世系，甚为清楚。《元和姓纂》祖氏条亦载有孝孙一门世系："祖太沂裔孙讷，祖逖生约，并见《晋书》。后汉太常邈，十三代孙询、祎。询元孙晋义阳太守耶，讷从祖弟也。玄孙旷，廷尉卿，生温、敏。温生绍。绍生庆。曾孙崇儒，北齐鸿胪卿、临川公，生孝孙、孝基、孝寿。孝孙，唐吏部郎中、太常少卿，生光。"[5]《姓纂》载孝孙一支自曾祖以下为：绍—庆—崇儒—孝孙—光。而《墓志》则载为：瑗—遵—崇儒—孝孙。有曾祖、祖二世之异，祖遵四世孙《祖义臣墓志》[6]载其曾祖为"元遵"，其因或在，祖遵字符遵，后世称字不称名讳故也。于此，所异当从《墓志》。《姓纂》载崇儒为"北齐鸿胪卿、临川公"。《祖义臣墓志》载为"齐中书舍人、周春官中大夫、隋户

[1]（唐）李延寿：《北史》卷四七《祖莹传》，北京：中华书局，1974年，第1734页。《北史》于此节亦有误：祖珽应为祖崇儒族子，而非族兄。所据有二：一是从其名字看，祖珽，字孝征。其弟祖贲之，字孝隐。与孝孙名相谐，皆为孝字辈。二是从孙晓辉在《祖孝孙的师承与家学研究》［《音乐艺术（上海音乐学院学报）》2004年第2期］一文中所制范阳祖氏家谱图看，崇儒应为祖莹族弟，祖珽从父。

[2]（北齐）魏收：《魏书》卷八二《祖莹传》，北京：中华书局，1974年，第1800页。

[3]（唐）魏徵：《隋书》卷一四《音乐志中》，北京：中华书局，1973年，第314页。

[4]《北史》卷四七《祖莹传》，第1736—1744页。齐运通等：《洛阳新获墓志》之《祖贲之（孝隐）墓志》，北京：中华书局，2017年，第30页。

[5]（唐）林宝撰，岑仲勉校记：《元和姓纂（附四校记）》卷六，北京：中华书局，1994年，第947页。

[6]中国文物研究所、河南文物研究所编：《新中国出土墓志·河南（叁）》，北京：文物出版社，2008年，第91页。

部侍郎、齐兴县开国公”，而《墓志》载：“父崇儒，齐司州别驾、散骑长侍、聘周使，随民部侍郎、淮川男。”祖遵为淮川县公，崇儒继之而为淮川县男，事理自然，子述父事，应为确凿。当然也不能排除孝孙身后又有对其父追赠之事。另，《姓纂》载崇儒生孝孙、孝基、孝寿三子，而《祖义臣墓志》载其世系为：元遵—崇儒—孝寿—义臣，义臣子《祖好谦墓志》[1]所记其世系为：崇儒—孝基—义臣—好谦，义臣女《裴府君夫人祖氏墓志铭》[2]则载其世系为：孝基—义臣—祖氏。可见，孝基与孝寿为一人，可正《姓纂》三子之误。

孝孙曾祖、祖二世于诸史皆无载。《旧唐书·祖孝孙传》记其父：“父崇儒，以学业知名，仕至齐州长史。”[3]《北史·祖莹传》亦附有崇儒小传：“珽族弟崇儒，涉学有辞，少以干局知名。武平末，位司州别驾、通直常侍。入周，为容昌郡太守。隋开皇初，终宕州长史。”[4]事迹简略，官职与墓志有小异。

《墓志》载：“（孝孙）曾祖瑗，魏东鲁二郡太守、钟离侯。祖遵，魏卫将军、右光禄大夫、淮川公。……父崇儒，齐司州别驾、散骑长侍、聘周使，随民部侍郎、淮川男。”从以上所述，基本可以看出孝孙四世正好生活在北朝政局最为纷乱动荡的年代，其曾祖、祖应该是递仕于北魏，及孝武西迁、元魏裂为东西时，孝孙一门留仕东魏，而为公侯。东魏武定八年（550），高洋僭代东魏，国号为齐，改元天保。其父崇儒则继仕北齐。北周建德六年，武帝宇文邕一统北方后，祖氏一门当然归于宇文制下。再及杨坚僭代北周，其父又为隋民部侍郎、淮川男[5]。

二、祖孝孙仕历浅议

祖孝孙历仕隋唐两朝，《墓志》载孝孙于杨隋：“释褐随协律郎，寻转益州总管府司法。仍除北绛县令，俄迁侍御史。”

协律郎，汉称协律都尉。汉武帝以李延年善新声，故置此官。晋改协律校尉。北魏以后各朝设有协律郎，掌管音律，辖于太常属。史载：“太常寺又有

[1] 赵君平、赵文成编：《河洛墓刻拾零》上册，北京图书馆出版社，2007年，第260页。

[2] 周绍良主编：《唐代墓志汇编》，上海古籍出版社，1992年，第1622页。

[3]（后晋）刘昫：《旧唐书》卷七九《祖孝孙传》，北京：中华书局，1975年，第2709页。

[4]《北史》卷四七《祖莹附祖崇儒传》，第1745页。

[5] 可参见《祖义臣墓志》载：“曾祖元遵，魏骠骑大将军、齐赠金紫光禄大夫、定州刺史、淮川县开国公。祖崇儒，齐中书舍人、周春官中大夫、隋户部侍郎、齐兴县开国公。”事迹清楚。载《新中国出土墓志·河南（叁）》，第91页。

博士四人，协律郎二人……统郊社、太庙、诸陵、太祝、衣冠、太乐、清商、鼓吹、太医、太卜、廪牺等署。”又载：“宣威、明威二将军，协律郎，……为正八品。”[1]杜佑《通典·乐典》载：“其日，率工人入居次，协律郎举麾，乐作；仆麾，乐止。”[2]从以上记载看，协律郎初于乐律事，是专攻其业的。观《乐典》所载其行止，颇似现代乐队指挥之滥觞。唐以后，亦有作为虚衔，授予非专事音律者[3]。孝孙为隋协律郎，具体何时，《墓志》无载。《隋书·祖孝孙传》载：“平江左，得陈乐官蔡子元、于普明等，因置清商署。时牛弘为太常卿，引孝孙为协律郎，与子元、普明参定雅乐。”隋朝一匡南北在开皇九年（589），基本可以推定：孝孙释褐任协律郎在开皇九年或稍前时间。

孝孙寻转益州总管府司法一职，为地方官。北绛县令，《隋书·百官志》载，京县县令为正五品。诸县以等级定县令品秩，北绛县为中县，故北绛县令应为从七品阶。孝孙释褐协律郎当然渊源自祖氏门第于音律之荫功，但在其入仕之初的一段时间里，似乎并没有完全专事于音律职守，且官秩不过七品。后来才迁侍御史之职。

《墓志》载孝孙于李唐：“特辟君为著作郎，加上骑都尉。寻转选部郎中、检校天策府从事中郎。……武德六年，以公事出为登州别驾。未几，追还入京，除太常丞。寻加范阳男，随班例也。顷之迁吏部侍郎。……俄迁太常少卿。”

入唐后，孝孙任职著作局为著作郎、选部郎中，选部即吏部。《新唐书·百官志》：“武德五年改选部曰吏部。”可以断定，孝孙迁选部郎中，当在武德五年改曹之前。从《墓志》载述看，其于吏部，亦是颇能知人善任，网罗时贤。《旧唐书·祖孝孙传》载：“孝孙博学，晓历算，早以达识见称。”[4]又载：“后中书令封德彝奏历术差谬，敕吏部郎中祖孝孙考其得失。”[5]可知孝孙在吏部郎中任上于历算亦有成就，而墓志载述偏重乐律。其实，祖孝孙于选部郎中任上，还参与了齐史的编纂。《旧唐书·令狐德棻传》载：“（高祖诏曰）太子詹事裴矩、兼吏部郎中祖孝孙、前秘书丞魏徵可修齐史。”[6]但《本传》与《墓志》皆

[1]《隋书》卷二八《百官志下》，第776页、787页。

[2]（唐）杜佑：《通典》卷一四四《乐四》，北京：中华书局，1988年，第3688页。

[3]左汉林：《唐代乐府制度与歌诗研究》，北京：商务印书馆，2010年，第11页。

[4]《旧唐书》卷七九《祖孝孙传》，第2709页。

[5]《旧唐书》卷七九《傅仁均传》，第2711页。

[6]《旧唐书》卷七三《令狐德棻传》，第2597页。

未载记。

检校天策府从事中郎，为秦王李世民的天策上将府的属官，算是太宗在藩时的旧僚，故太宗登基，遂命孝孙主持《大唐新乐》的勘定，其一是缘于祖氏一门娴于乐事，并于乐律改革淀有积功；其二，可能与其早期入职天策府有关。

太常丞，掌判太常寺日常事务，太常少卿为其副长官，《新唐书·百官志三》载太常寺："卿一人，正三品；少卿二人，正四品上。掌礼乐、郊庙、社稷之事，总郊社、太乐、鼓吹、太医、太卜、廪牺、诸祠庙等署，少卿为之贰。"[1]可知，与隋朝相比，少卿职数多一人[2]，于李唐太常寺编制有所扩容。太常少卿职责范围主要是掌管太乐署、鼓吹署的乐律事宜，但亦有例外：《新唐书·刘武周传》载："武德二年，总兵二万入寇，……诏遣太常少卿李仲文御之，为贼所执，举军没，仲文逃还。"[3]可见，太常少卿亦可为领军将领之虚衔，不事音乐。《新唐书·高祖本纪》载："（武德四年二月）乙巳，太常少卿李仲文谋反，伏诛。"[4]《墓志》及本传皆不载孝孙何时为太常少卿。纵观史籍，虽然李唐较杨隋多置了一名少卿，但在李仲文与孝孙之间，不再见有任太常少卿者，孝孙继任太常少卿应该在李仲文后。《墓志》载："武德六年，以公事出为登州别驾。未几，追还入京，除太常丞。寻加范阳男，随班例也。顷之迁吏部侍郎。……俄迁太常少卿。"《旧唐书·祖孝孙传》："武德七年，始命孝孙及秘书监窦琎修订雅乐。"[5]综合诸条，孝孙为少卿应该在武德七年（624）或稍后的时间，也就是从这时起，祖孝孙才真正开始专注于乐律事功。

三、祖孝孙与隋唐乐律改革成就

关于祖孝孙事迹，除《墓志》外，《旧唐书》《新唐书》《贞观政要》《元和姓纂》《资治通鉴》《通典》等诸书亦多有载及，然诸史皆不载孝孙生卒年。《墓志》载：孝孙"贞观五年十一月十三日，寝疾薨于私第，春秋七十。"由此推断，其应该生于北齐太宁二年（562）。北周武帝建德六年（577）统一北方，其年十六；杨隋建立（581），其年二十；隋文开皇九年一匡南北，其年

[1]（宋）欧阳修：《新唐书》卷四八《百官志》，北京：中华书局，1975年，第1241页。

[2]《隋书》卷二七《百官志》载："太常、光禄、卫尉、宗正、太仆、大理、鸿胪、司农、太府，是为九寺。置卿、少卿、丞各一人。"第755页。可见，杨隋太常寺仅设少卿一人。

[3]《新唐书》卷八六《刘武周传》，第3712页。

[4]《新唐书》卷一《高祖本纪》，第11页。

[5]《旧唐书》卷七九《祖孝孙传》，第2710页。

二十九；隋唐换鼎，孝孙已入了知天命的年纪；等到贞观二年勘定《大唐新乐》的时候，孝孙已是年届六十七岁的老人了；贞观五年十一月，孝孙在长安家中溘然长逝。孝孙自青壮事于乐律，直至命终，在两朝凡四十余年矣。

从本传和《墓志》的载述看，孝孙很明显没有入仕北周。但从其出生的时间看，及北周宣政元年（578）业已成年。因而，其对北周宣帝制下郑译所主持的礼乐改革也应该是有所闻知的。

《墓志》对孝孙仕隋一段，据《隋书·音乐志》载："俄而柱国、沛公郑译奏上，请更修正。于是诏太常卿牛弘、国子祭酒辛彦之、国子博士何妥等议正乐。然沦谬既久，音律多乖，积年议不定。"[1]沛国公郑译颇善音律并主持了北周宣帝朝的乐律改革，于杨隋又有密荐翊戴之功。但在开皇初季，由于恃功散漫，被隋文帝疏远不用。直到开皇六年，隋文念及旧情，复以启用，委以礼乐律历事。上节所述应为开皇六年后事[2]。《隋书·音乐志》又载："开皇二年，齐黄门侍郎颜之推上言：'礼崩乐坏，其来自久。今太常雅乐，并用胡声，请凭梁国旧事，考寻古典。'高祖不从，曰：'梁乐亡国之音，奈何遣我用邪？'是时尚因周乐，命工人齐树提检校乐府，改换声律，益不能通。"[3]颜之推前为江左士族、梁陈故臣，又于杨隋始立之时力荐故国礼乐，自然不能从之，且其本来就对陈乐颇有成见。《北史·隋本纪上》载："（开皇九年四月）又设亡陈女乐，谓公卿等曰：'此声似啼，朕闻之甚不喜，故与公等一听亡国之音，俱为永鉴焉。'"[4]加上其时国祚初建诸事繁多等原因，隋文对乐律改革并未着意。再加上权臣宫斗，乐律改宜之事久久难决。杨隋最初有修乐律意向在开皇七年，《隋书·音乐志》载："高祖大怒曰：'我受天命七年，乐府犹歌前代功德邪？'命治书侍御史李谔引弘等下，将罪之。"[5]可见，直至开皇七年，杨隋礼乐仍依北周制度。这次隋文态度的变化，应该与郑译的复出和游说有关。《北史·隋本纪上》："（开皇九年）十二月甲子，诏太常卿牛弘、通直散骑常侍许善心、秘书丞姚察、通直郎虞世基等议定乐。"[6]杨隋平陈在开皇九年正月，当年十二月即诏定修乐，很显然，是平陈之后统一的国势以及由此而得以充

[1][3][5]《隋书》卷一四《音乐志中》，第345页。

[2]参见《隋书》卷三八《郑译传》及新出土的《郑译墓志》。《郑译墓志》载："（开皇）六年，入朝。公常以乐章残废，多历年所，乃研精覃思，博採经籍，更修《乐府声调》八篇，上表陈奏。"见陈根远：《隋郑译墓志》，《书法》2018年第6期，第128页。

[4]《北史》卷一一《隋本纪上》，第415页。

[6]《北史》卷一一《隋本纪上》，第416页。

实的音乐人才和乐律内容选项，客观地推动了乐律改革。祖孝孙开始于杨隋一朝的乐律事业，就在此背景之下展开。

关于隋唐礼乐改革，在整个中古史籍中，人们会很容易地得出一个结论：那就是杨隋乐律改革的失败和《大唐新乐》的功德圆满[1]。《祖孝孙墓志》《旧唐书·祖孝孙传》无疑就是这种意识形态下历史载述的典型范本。笔者认为，这种叙述显然是不够客观、全面的，起码是失于简单的。造成这种局面的原因是多方面的：首先，无疑在于隋朝乐律改革本身的不圆满；其次，史籍载述的选择性站位也加剧了对杨隋制度的这种“不圆满”的批判性叙述。众所周知，《隋书》《北史》《南史》均修于李唐，而李唐的立场无疑是在对于杨隋的批判和否定中构筑起来的。李唐所执的这种立场叙述，对于当时情状的覆盖无疑是空前强大的，其势力和影响累及后世。从这个意义上讲，隋朝乐律改革成了杨隋政治衰败的牺牲品。

黄永年先生指出：“以东汉季年宇内分崩，至曹魏司马晋之灭蜀吴，为时已八十余年，旋有五胡八王之乱，又经东晋南北朝历时二百七十余年始有杨隋之统一。”[2]可见，杨隋对于大一统中国的重要性几可拟于嬴秦。嬴秦以降，西汉以叔孙通缘定礼乐，遂成两汉之制。汉魏间虽亦有动荡，但基本保持宇内混一的大体，礼乐制度得以继承。及西晋，晋室内乱，致五胡轮替登唱于中原，汉魏礼乐制度受到冲击和撕裂。中原士族南迁，与故吴族类混为东晋，偏安于江左，自然沾染吴楚风习。自北魏一统北方，与南朝以江淮为限，南北之乐，自成体统。其后，北魏又裂为东西，继为北齐、北周僭代，北方乐律系统一分为二，主脉应为高齐所有。北周武德六年，武帝宇文邕一统东西，使得东西制度融合，亦包括西域、漠北少数民族音乐因素的汲取。开皇九年，隋文一匡南北，又使南北乐律得以兼容于一炉。至此，中国亦自西晋之后，又迎来了三百多年的大一统时期。隋唐间的乐律改革就是附载于这样的历史发展的大背景之下。可以说，政治版图的再次一统也使华夏乐律体系中各民族、各地域的音素更趋丰富。这无疑就是杨隋乐律改革的重大意义之一。

[1] 从大的背景审视，整个隋唐史的叙述似乎都存在这种问题。黄永年先生说：“近代治国史者多习于断代，断代则多言隋唐，言隋唐实多略隋而详唐，以唐之天可汗自豪，而隋享年短促而不足道者，其实非也。”见王其祎、周晓薇编：《隋代墓志铭汇考·序言》，北京：线装书局，2007年，第1页。

[2] 王其祎、周晓薇编：《隋代墓志铭汇考·序言》，第1页。

杨隋乐律改革的意义之二，是再一次确定了汉魏乐律的主导地位。《旧唐书·祖孝孙传》载："平江左，得陈乐官蔡子元、于普明等，因置清商署。时牛弘为太常卿，引孝孙为协律郎，与子元、普明参定雅乐。时又得陈阳山太守毛爽，妙知京房律法，布琯飞灰，顺月皆验。爽时年老，弘恐失其法，于是奏孝孙从其受律。"[1]隋文平陈，一匡南北，得到了蔡子元、于普明等陈朝乐官，又让孝孙承习南陈阳山太守毛爽所妙知的《京房律法》，说明杨隋乐律在很大比重上汲取了南朝音乐，这和隋文逐渐钦慕汉魏音律密不可分。《资治通鉴》载："及平陈，获宋、齐旧乐器，并江左乐工，帝令廷奏之，叹曰：'此华夏正声也。'"[2]。杨隋以弘农杨氏为宗祖，反动于宇文的北族风习，更强调汉族意识。"华夏正声"之叹，大抵可视为隋文汉传意识的觉醒。《旧唐书·音乐志》亦载："开皇九年平陈，始获江左旧工及四悬乐器，帝令廷奏之，叹曰：'此华夏正声也，非吾此举，世何得闻。'"[3]可见，当是之时南朝雅乐在北方是鲜以听闻的。虽然北朝历代也有对汉魏音乐的汲取，但其现实的境况可能依然如《旧唐书·音乐志》所述："而元魏、宇文，代雄朔漠，地不传于清乐，人各习其旧风。虽得两京工胥，亦置四厢金奏。殊非入耳之玩，空有作乐之名。"[4]杨隋将南朝雅乐再次并入华夏礼乐体系，其功不能漠视。但遗憾的是，杨隋乐律改革并没有因此而得以成就。

杨隋乐律改革的意义之三，当属祖孝孙重新挖掘再建了旋宫法[5]。《旧唐书·音乐志》："初，隋但用黄钟一宫，惟扣七钟，余五钟虚悬而不扣。及孝孙建旋宫之法，皆遍扣钟，无复虚悬者矣。"[6]《资治通鉴》载：开皇十三年"牛弘使协律郎范阳祖孝孙等参订雅乐，从陈阳山太守毛爽受京房律法，布管飞灰，顺月皆验。又每律生五音，十二律为六十音，因而六之，为三百六十音，分直一岁之日以配七音，而旋相为宫之法，由是著名"[7]。从以上载述看，所谓"旋宫之法"，无疑就是现代中国民族音乐中多调性表现之滥觞。祖孝孙使"钟无虚

[1]《旧唐书》七九《祖孝孙传》，第2709页。

[2]（宋）司马光：《资治通鉴》卷一七七，开皇九年八月条，北京：中华书局，1956年，第5524页。

[3][4]《旧唐书》卷二八《音乐志》，第1040页。

[5]《旧唐书·祖孝孙传》载："旋宫之义，亡绝已久，世莫能知，一朝复古，自孝孙始也。"可见，旋宫之法古已有之，只是于乱世亡决。开皇九年，隋文一匡天下，为孝孙复掘出多调性的旋宫之法创造了客观的条件。

[6]《旧唐书》卷二八《音乐志》，第1041页。

[7]《资治通鉴》卷一七八，开皇十三年七月条，第5543、5544页。

悬”的旋宫法失传之后再现，无疑是他高超纯粹的音乐技能的体现，也是他对中国民族音乐事业做出的最为重要的贡献。遗憾的是，旋宫之法于文、炀两帝寝而未用[1]。杨隋礼乐改革，一波三折，逡巡不决。孝孙经历其中，既倍感挫折，同时又逐步积淀夯实了自己的礼乐取向和乐律设计，这一点是没有问题的。

《通典》载：“（大唐）高祖受禅后，军国多务，未遑改刱乐府，尚用隋氏旧文。至武德九年正月，始命太常少卿祖孝孙考证雅乐，至贞观二年六月乐成，奏之。”[2]《旧唐书·祖孝孙传》：“武德七年，始命孝孙及秘书监窦琎修定雅乐。”[3]二者所载孝孙受命考证雅乐的时间，有武德七年、九年之异。《本传》载述与《墓志》所载基本一致。志载孝孙入唐后，先任职于著作局、吏部，亦有外任宰民之职。武德六年，又出为登州别驾，未几，追还入京，除太常丞，加范阳男。俄迁太常少卿。其时，应该就到了本传所载之武德七年。可以说，李唐专委孝孙以乐律事应该始于武德七年。从武德七年至贞观二年，其间五年，孝孙专以礼乐事功，在爬梳前朝积淀的基础上，勘定完成了《大唐新乐》。《新乐》既成，即引发太宗与诸重臣之间那场著名的“乐在人和，不由音调”的朝议[4]。可见，厘定《新乐》确为朝廷之大事。

与隋文后期崇尚汉传音律不同，李唐虽亦称祖源陇西，而为汉脉。但其数世封居北地，姻亲相结多是北族豪酋，自然对西北异族音律有本能相悦和涵容。或许，在隋文心中曾经存在着光复汉传的治世理想，从这一点考量，他是有别于后继的李唐王朝的。但其时的中夏，在经历了三百余年各民族交融之后，不论是稍前周文的复古之制，还是隋文的光复之愿，都不可能成为历史现实的选项。而李唐王朝恰以其融合之血脉，顺应并成就了华戎南北融合的历史走势。《新唐书·礼乐志》：“隋乐，每奏九部乐终，辄奏《文康乐》，一曰《礼毕》。太宗时，命削去之，其后遂亡。及平高昌，收其乐。有竖箜篌、铜角，一；琵琶、五弦、横笛、箫、觱篥、答腊鼓、腰鼓、鸡娄鼓、羯鼓，皆二人。工人布巾，袷

[1]《资治通鉴》卷一七八，开皇十三年七月条载：开皇十三年“弘等乃奏请复用旋宫法，上犹记何妥之言，注弘奏下，不听作旋宫，但用黄钟一宫。于是弘等复为奏，附顺上意，其前代金石并销毁之，以息异议”。第5544页。《旧唐书》卷七九《祖孝孙传》又载：“然牛弘既初定乐，难复改张。至大业时，又采晋、宋旧乐，唯奏《皇夏》等十有四曲，旋宫之法，亦不施用。”第2710页。

[2]《通典》卷一四三《乐三》，第3654页。

[3]《旧唐书》卷七九《祖孝孙传》，第2710页。

[4]（唐）吴兢撰，谢保成集校：《贞观政要集校》卷七，北京：中华书局，2009年，第417页。

袍，锦襟，金铜带，画绔。舞者二人，黄袍袖，练襦，五色绦带，金铜耳珰，赤靴。自是初有十部乐。”[1]可见，《高昌乐》于李唐十部乐居其一。随着异族音乐的吸纳，各种不同的民族乐器也相继进入李唐宫廷乐队。《新唐书·礼乐志》载：“五弦，如琵琶而小，北国所出，旧以木拨弹，乐工裴神符初以手弹，太宗悦甚，后人习为挡琵琶。”[2]太宗既悦，五弦自然入乐队之编。《通典·乐典》记坐立部伎中之燕乐、四方乐的乐队编制中，除有琵琶、大、小琵琶外，又有五弦琵琶[3]。至唐，不仅得以定编，且在演奏技法上又有突破。诸如此类情况，太宗之后亦是屡见不鲜。《新唐书·礼乐志》载：“帝（玄宗）又好羯鼓，而宁王善吹横笛，达官大臣慕之，皆喜言音律。帝尝称：‘羯鼓，八音之领袖，诸乐不可方也。’盖本戎羯之乐，其音太蔟一均，龟兹、高昌、疏勒、天竺部皆用之，其声焦杀，特异众乐。”[4]可见，李唐礼乐制度较于杨隋，确定和兼容了更多的非汉族因素和非中原风格。这不仅仅是统治者的姻亲血脉因成，更体现了当时宫廷和民间的音乐趣好，拥有更广泛的士族和庶民的认同基础，是与融合了多地域色彩、多民族血脉和族体的李唐王朝政体相适应的。唐太宗无疑是中国历史上具有历史感的皇帝之一，他既有以天下为郡县的远大抱负，当然要涵容四域之文物风习。贞观季，唐朝擒归突厥颉利可汗，九年平定吐谷浑，十四年灭高昌，披其地为郡县，置安西都护府，这也是入唐以后，乐风胡化弥劲的缘由所在。正如田余庆先生在《中国古代史上的国家统一问题》一文中指出：“汉族要是不经过五胡十六国的局面搞出一个民族大融合来，汉族还是原来的汉族，那就没有隋唐的局面。因为隋唐时期的发展，包含着大量非汉族的血统，非汉族文化，非汉族的各个因素在里头。”[5]可以说，政治制度和礼乐制度的历史性是相一致的——民族大融合势必伴随着各民族、各地域音乐的大融合。对于李唐音乐制度来说，“戎华兼采”是一个客观的、不可更改的历史趋势。祖孝孙也正是在这样的时代背景之下，“斟酌南北，考以古音，作为《大唐雅乐》”[6]。可以说，隋文汉传意识的复苏，以及之后李唐乐律的再次南北与戎华的融合，共同搭建完

[1]《新唐书》卷二一《礼乐志》，第470、471页。

[2]《新唐书》卷二一《礼乐志》，第471页。

[3]《通典》卷一四四《乐四》，第762页。可以肯定，此五弦琵琶就是来自北地的五弦。据《新唐书·礼乐志》载，五弦入乐，至迟隋已有（载《新唐书》卷二一《礼乐志》，470页）。

[4]《新唐书》卷二二《礼乐志》，第476页。

[5]中南海历史文化讲座编写组：《历史文化讲座》（内部资料），第270页。

[6]《旧唐书》卷二八《音乐志》，第1039页。

成了以汉魏乐律为主体、兼收各民族各地域音乐元素的中国中古时期乐律的基本架构，这无疑是李唐乐律改革的最重要的成果。

李唐乐律改革的成果之二，无疑是祖孝孙“旋宫之法”得以实际的推行。祖孝孙发掘并得以推行的“钟无虚悬”的旋宫法，使得《大唐新乐》拥有了更加绚丽的多调性色彩和更加宽广的音域表现，让大唐礼乐八音克谐，焕然生辉。

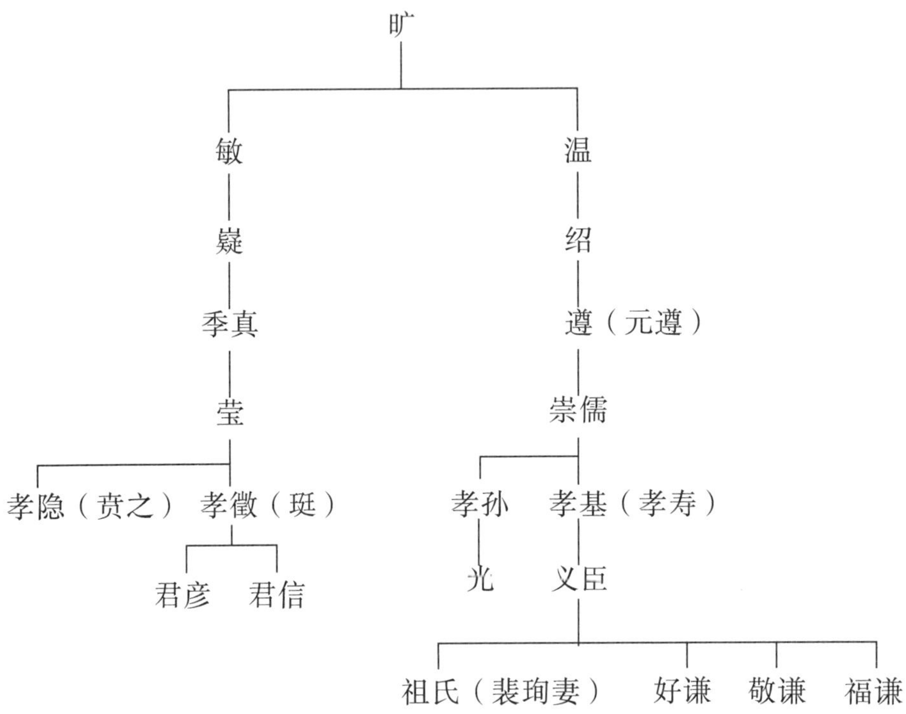

祖孝孙一支世袭表

后记：戊戌年秋，师尊陶立玲先生遽归道山，于今时逾一载。想起在西安音乐学院投学先生门下的日子，想起先生对于我的厚爱，不禁黯然。兹以小文，缅怀我的先生！

《祖孝孙墓志》志盖

《祖孝孙墓志》拓片

（作者单位：陕西省书法家协会高校教育委员会）

The Research on the New Found Epitaph of Phonologist Zu Xiaosun in the Sui and Tang Dynasties

Wang Shuqin

[Abstract] Zu Xiaosun is the most famous phonologist during the Sui and Tang dynasties. Through the analysis of Zu Xiaosun's Epitaph which was written in the sixth year of Zhenguan in the Tang Dynasty, this paper is helpful to clarify the succession process of Zu Xiaosun's family from the Northern Dynasties to Tang Dynasty as well as Zu Xiaosun's personal life and his participating in the phonology-reform process at that time. In addition, this paper sorts out the similarities and differences as well as the inheritance of the Sui and Tang Dynasties' phonology-reform.

隋唐太原祁县王秉家族补考

鲍丹琼

太原王氏是隋唐时期的五姓士族之一，学界对此进行过比较充分的研究[1]，尤以和庆锋的博士论文《隋唐太原王氏的变迁与影响》较为系统地梳理了太原王氏的世系房支，婚姻关系，政治、经济活动，家风家学，文化心态与社会影响。他认为晋阳和祁县是太原王氏的两大主要房支，但具体到祁县王秉一支在隋唐两代的际遇，则尚有研究的空间[2]。本文拟在系统梳理王秉家族世系的基础上，着力探讨其家族在隋唐时期的立足策略与兴衰沉浮，不当之处，祈请方家指正。

一、家族世系

关于王秉一支的世系，王洪军博士误归入太原大房王松年一系，且将晋阳王仁表与王秉之孙王仁表混为一人，和庆锋博士对此已有辨析[3]，不过因为他的博士论文涉及范围较广，对王秉一支的世系梳理相对简单，笔者拟作一拾漏补缺。

[1]［日］守屋美都雄：《六朝門閥の一研究——太原王氏系譜考》，日本出版协同株式会社，1951年；中译本见《六朝门阀：太原王氏家系考》，梁辰雪译，上海：中西书局，2020年。王洪军：《名门望族与中古社会——太原王氏研究》，南开大学博士学位论文，2005年。和庆锋：《隋唐太原王氏的变迁与影响》，上海师范大学博士学位论文，2013年；《唐代太原王氏研究》，上海师范大学硕士学位论文，2010年。王丽娅：《唐朝太原王氏的兴衰》，天津师范大学硕士学位论文，2016年。俞钢、和庆锋：《唐代〈王庆诜墓志〉反映的太原王氏婚姻关系》，《上海师范大学学报》2012年第11期，第96—101页。

[2] 和庆锋：《隋唐太原王氏的变迁与影响》，上海师范大学博士学位论文，2013年，第36、37页。

[3] 王洪军：《名门望族与中古社会——太原王氏研究》，第188页。和庆锋：《隋唐太原王氏的变迁与影响》，第24、25，36、37页。

王秉是西魏名将王思政之子，《北史》《周书》详细记载了王思政的生平，有子元逊、康、揆、邗、恭、幼，有女一人[1]。两书校勘记中已经指出“王康”“王秉”“王柬”为一人，唐人讳“昞”而改为“康”，“柬”可能是“秉”的形误，《珍稀墓志百品》所收《王裕墓志》录文中的“父兼”应为“父秉”[2]。

王秉兄弟的子嗣情况载于史册者，只有元逊之子晋阳县侯景。而西安韦曲新发现的《王怜墓志》揭示其是中都公王揆之子，王思政之孙[3]。此外，王思政尚有一孙祇玄，可据贺知章《皇朝秘书丞摄侍御史朱公妻太原郡君王氏墓志》补，志文记载王氏“五代祖宇文朝司徒思政……曾祖祇玄，皇朝银青光禄大夫、秦国军副。祖师古，司农主簿，杭州钱塘令。考承业，广州录事参军”[4]。墓志未记王氏高祖之名，不知是王思政的哪位儿子，可以排除的是王秉，因撰者贺知章与王珣兄弟同为玄宗朝要员，对王氏与之是否同出一系应该是清楚的。

王秉之子王裕的墓志刊布于《珍稀墓志百品》：“公讳裕，字长弘……祖思政，周侍中，河南道大行台尚书左仆射，荆州刺史，太原忠公。……父兼（秉），侍中，使持节襄州总管，襄州刺史，上柱国，太原公。”[5]娶妻李渊胞妹同安长公主。志文未交代其子嗣情况，据张说《王方翼神道碑》可知有子仁表，孙方翼。此外，尚有一女，为隋炀帝宫人[6]。和庆锋认为王皇后之父王仁祐也是王裕的儿子，但从新、旧《唐书》称同安长公主是王皇后从祖母来看，疑王裕还有一位名字不显的兄弟，王仁祐是王裕兄弟的儿子。

王方翼，两《唐书》有传，并有神道碑留世[7]，立功于西域。有子三人，

---

[1]（唐）李延寿：《北史》卷六二《王思政传》，北京：中华书局，1974年，第2205—2208页。（唐）令狐德棻：《周书》卷一八《王思政传》，北京：中华书局，1971年，第293—297页。

[2] 胡戟：《珍稀墓志百品》16《王裕墓志》，西安：陕西师范大学出版社，2016年，第40、41页。拓片另见齐运通、杨建锋编：《洛阳新获墓志二〇一五》，北京：中华书局，2017年，第62页。

[3] 樊波：《西安韦曲出土唐〈王怜墓志〉探赜——兼探西魏重臣王思政家族相关问题》，《文博》2012年第3期，第23—25、88页。

[4] 吴钢主编：《全唐文补遗》第四辑《皇朝秘书丞摄侍御史朱公妻太原郡君王氏墓志》，西安：三秦出版社，1997年，第17页。

[5] 胡戟：《珍稀墓志百品》16《王裕墓志》，第41页。

[6]（后晋）刘昫：《旧唐书》卷一《高祖本纪》，北京：中华书局，1975年，第2页。

[7]《旧唐书》卷一八五《王方翼传》，第4802、4803页；（宋）欧阳修：《新唐书》卷一一一《王方翼传》，北京：中华书局，1975年，第4134—4136页；（清）董诰：《全唐文》卷二二八《唐故夏州都督太原王公神道碑》，北京：中华书局影印本，1983年，第2302—2304页。

《新唐书》称："子珣，字伯玉，与兄璵、弟瑨以文学称，时号'三王'。"[1]可知他们的序次是璵（《旧唐书》作"瑶"）、珣、瑨。王璵的子嗣情况不见于史籍。

王珣有子王銲[2]。据《唐故太原王氏孤女墓记》可知，銲有子汭，汭有一女名刹[3]。为王刹撰写墓志铭的是她的堂兄前左清道率府仓曹参军王樟。《册府元龟》卷一三一记载："（宪宗元和）五年三月，以赠给事王澮之子璋（樟）为左清道率府曹参军。澮因李錡为乱遇害，故录其嗣。"[4]王澮顺宗永贞元年（805）为浙西节度判官，宪宗元和元年（806），李錡据润州反时杖节死义。朝廷平乱后为其追赠、致祭收葬，并恩及子孙，"其王澮如有子弟，服满日，与一子八品正员官"[5]。王樟正是在这样的背景下得授左清道率府曹参军一职。王樟与王刹是堂兄妹，加之王澮与王汭的命名方式相同，两人应是兄弟关系。

王瑨有子可考者三人，即王锡、王鉷、王銲。王鉷，两《唐书》有传，据《文苑英华》收录常衮所作《御史大夫王公墓志铭》[6]，王鉷是王瑨的侧出之子，因善于理财有宠于玄宗，曾贵极一时。后坐其弟王銲与邢縡谋反事被诛。王鉷有子二人，"男准除名，长流岭南承化郡，偁长流珠崖郡，至故驿杀之"[7]。妻子薛氏和在室女也被流放。

王銲作为谋逆案的主角，其妻儿情况未见记载，但按唐律，"诸谋反及大逆者，皆斩；父子年十六以上皆绞，十五以下及母女、妻妾、子妻妾亦同。祖孙、兄弟、姊妹若部曲、资财、田宅并没官"[8]。即便有妻儿也难逃厄运。兄长王锡亦受此事波及，"鉷兄锡，见诸弟贵盛，不肯仕，鉷强之，为太子仆。至是，贬东区尉，死于道，时人伤焉"[9]。因此，之后的史料中难以见到王瑨一支的后裔情况。

---

[1][2]《新唐书》卷一一一《王方翼附王珣传》，第4136页。

[3]吴钢主编：《全唐文补遗》第八辑，西安：三秦出版社，第124页。

[4]（宋）王钦若等编，周勋初等校订：《册府元龟》卷一三一《帝王部·延赏》，南京：凤凰出版社，2006年，第1438页。

[5]《册府元龟》卷一四〇《帝王部·旌表》，第1559页。

[6]《旧唐书》卷一〇五《王鉷传》，第3228—3232页；《新唐书》卷一三四《王鉷传》，第4564—4567页；（宋）李昉等编：《文苑英华》卷九四二《御史大夫王公墓志铭》，北京：中华书局，1956年，第4953、4954页。

[7]《旧唐书》卷一〇五《王鉷传》，第3232页。

[8]刘俊文：《唐律疏议笺解》卷一七《贼盗》，北京：中华书局，1996年，第1237页。

[9]《新唐书》卷一三四《王鉷传》，第4566页。

现可整理王秉家族世系如下：

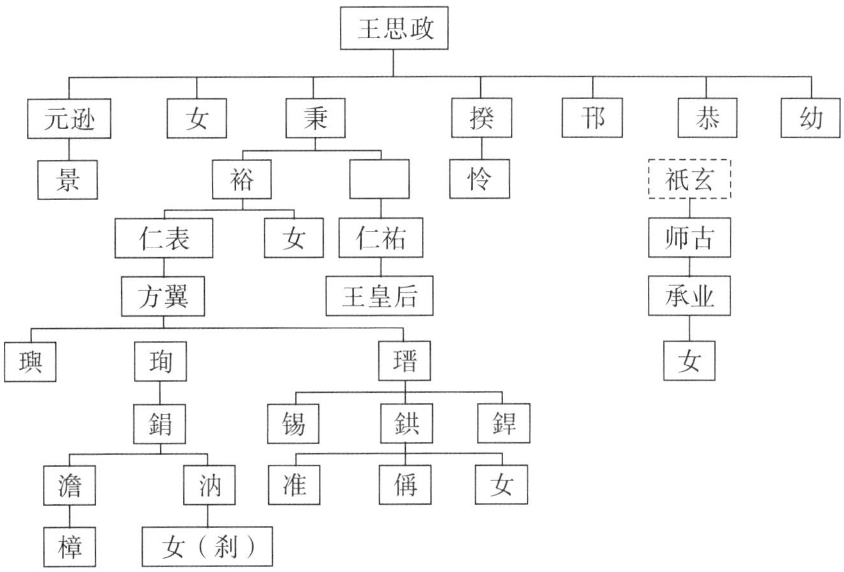

注：[虚线框]为不知所属。

二、姻结帝室

隋唐时期婚姻讲究阀阅。太原王氏的通婚对象仍多为山东高门士族，与陇西李氏、清河和博陵崔氏保持着密切的婚姻关系[1]。而祁县王秉家族则呈现出不同的面貌，较为明显地体现了关陇集团内部联姻的特点，特别是与皇室联姻颇多。

樊波先生曾讨论宇文泰的母亲王氏出自王思政家族，并称“正因为有这一层姻亲关系，王思政颍川战败后子嗣仍被加官封爵就很容易理解；王思政力劝北魏孝武帝元修入关，与这一背景抑或也有关联”[2]。隋朝时，又有王秉孙女、王裕之女入隋炀帝后宫。《旧唐书·高祖本纪》记载，大业九年（613）：“会有诏征高祖诣行在所，遇疾未谒。时甥王氏在后宫，帝问曰：‘汝舅何迟？’王氏以疾对，帝曰：“可得死否？”[3]当时炀帝对李渊多有猜忌，李渊胞妹嫁王裕为妻，故与王氏女有此对话。随着李渊革隋鼎，作为妹婿的王裕又成了李唐

[1] 俞钢、和庆锋：《唐代〈王庆诜墓志〉反映的太原王氏婚姻关系》，《上海师范大学学报》2012年第11期，第100页。

[2] 樊波：《西安韦曲出土唐〈王怜墓志〉探赜——兼探西魏重臣王思政家族相关问题》，第25页。

[3]《旧唐书》卷一《高祖本纪》，第2页。

王朝的驸马。同安长公主是唐高祖之妹，太宗之姑，特受尊崇。“太宗时，以公主属尊年老，特加敬异，数幸其第，赏赐累万”[1]。贞观十八年三月甲午，“幸同安大长公主第，帝以主春秋高，常有风疾，故亲加省视。赐绢五百匹，侍主疾者赐绢有差”[2]。高宗李治同样敬重这位姑奶奶，永徽初，赐实户三百，并幸同安大长公主第亲加省视。因有了同安长公主的支持，王仁祐之女得以嫁于时为晋王的李治为妃，“公主以后有美色，言于太宗，遂纳为晋王妃。高宗登储，册为皇太子妃，以父仁祐为陈州刺史。永徽初，立为皇后，以仁祐为特进、魏国公，母柳氏为魏国夫人。仁祐寻卒，赠司空”[3]。太原祁县王氏再一次实现与帝室结亲，并出现了地位尊崇的皇后。

而王皇后之所以能被选中，与其说是因美色或婉淑，不如说是因符合关陇集团的利益[4]。王皇后之母柳氏出自西魏、北周、隋杨以来冠冕相继的贵族，其与王仁祐的婚姻本就是关陇集团内部的联姻。加之，柳氏从父柳述所娶是隋文帝女兰陵公主，叔父柳亨所娶是唐高祖襄阳公主与窦诞之女，集团内部的姻亲关系更加复杂、紧密。此外，据两《唐书·王鉷传》可知，其父王瑨与隋炀帝玄孙、杨崇礼之子杨慎矜是表兄弟，则王方翼的姐妹嫁给了杨崇礼或者杨崇礼的姐妹嫁给了王方翼的可能性很大。

综上，王秉家族与关陇集团保持着密切的婚姻关系，与皇室的关系亦非常紧密，体现了较强的政治性。如此一来固然能给家族带来巨大的利益，却也危机四伏，“废王立武”事件充分暴露了这个问题。随着王皇后被废，“后母兄、（萧）良娣宗族悉流岭南。许敬宗又奏：‘仁祐无他功，以宫掖故，超列三事，今庶人谋乱宗社，罪宜夷宗，仁祐应斫棺，陛下不穷其诛，家止流窜，仁祐不宜引庇荫宥逆子孙。’有诏尽夺仁祐官爵”[5]。在此后的史籍中再难见到王仁祐子孙情况。王皇后的从兄王方翼亦不免受牵连，“太后临朝，有凶人诬奏公废后从兄……迁于崖州。路至衡山，寝疾捐馆”[6]。王方翼的儿子王珣也曾因此仕途受阻，直到宋璟辅政才被召回京城。不过，王仁表的孙子辈所受影响

[1]《旧唐书》卷一八五《王方翼传》，第4802页。

[2]《册府元龟》卷三九《帝王部·睦亲》，第414页。

[3]《旧唐书》卷五一《后妃传上·高宗废后王氏》，第2169页。

[4]汪篯：《唐高宗王武二后废立之争》，载氏著《汪篯隋唐史论稿》，北京：中国社会科学出版社，1981年，第167页。

[5]《新唐书》卷七六《王皇后传》，第3473页。

[6]《全唐文》卷二二八《唐故夏州都督太原王公神道碑》，第2304页。

相对较小，随着武则天退出政治舞台，王氏兄弟又开始活跃在官场上。

三、从龙太原

王思政是西魏重臣名将，曾力劝北魏孝武帝入关投靠宇文泰，具有敏锐的政治触觉。后虽在颍川一役被俘，但“以一城之众，抗倾国之师”，声誉卓著。其家族经西魏、北周、杨隋屹立不倒，固然与世家大族根深叶茂有关，但更离不开审时度势的政治敏感度。王裕和他的从兄弟王怜墓志的刊布，为我们了解隋唐更替之际的风云际会提供了新的资料。

据《王裕墓志》可知，虽然王裕是名将王思政的孙子，其父王秉任“侍中，使持节襄州总管，襄州刺史，上柱国，太原公”，但他本人却并无引人注目的作为。墓志记载：“隋高祖藉甚高名，虚心引纳，乃以公为新卫，寻转千牛，以家艰去职位。……大业九年，敕授始平县令。”以王裕武德五年（625）薨，春秋五十九逆推，其当生于北周武帝天和二年（567），大业九年（613）时已经47岁，却只是个县令。值得注意的是，墓志紧接着说：“太上皇虽龙德未升，而帝图先兆。肃雍爰适，妙简才良。公以华胄高名，允膺时选。乃尚同安长公主。”如前所述，以大业九年隋炀帝称李渊为宫人王氏之舅来看，王祐已娶李渊的妹妹，那么，他们结亲的时间很可能就在这一年。当时，李渊已备受隋炀帝猜忌，《旧唐书·高祖本纪》记载：“九年，迁卫尉少卿。辽东之役，督运于怀远镇。及杨玄感反，诏高祖驰驿镇弘化郡，兼知关右诸军事。高祖历试中外，素树恩德，及是结纳豪杰，众多款附。时炀帝多所猜忌，人怀疑惧。”[1]牛致功先生推论：“早在太原起兵前四、五年，也就是农民起义开始爆发、隋炀帝正在进攻高丽的时候，李渊就有取隋而代之的打算。”[2]也就是说，大业八九年的时候李渊已经开始为反隋做积极准备。值此关键时期，将胞妹嫁与地位不高的王裕，不外乎看中其“华胄”身份，以期达到“密招豪友”的目的。《王裕墓志》云：“既攀附风云，骋其智力。宣平结援，佐汜水以立功；固始连姻，知春陵之应谶。”王氏家族在太原树大根深、经营日久，与其联姻，确可得到不可小觑的支援。

鉴于王裕本人在太原起义中的贡献乏善可陈，所谓“投诚效命”更多的是指其家族从龙有功。《西安南郊唐贞观十七年王怜夫妇合葬墓志发掘简报》对

[1]《旧唐书》卷一《高祖本纪》，第2页。

[2]牛致功：《李渊建唐史略》，西安：陕西人民出版社，1983年，第2、3页。

王怜墓志进行了录文[1]，樊波先生推论王怜是王思政第三子王揆的儿子，知其与王裕是堂兄弟关系。从王怜墓志可知，他继承了家族尚武之风，扈从隋炀帝征辽东，并以功授朝散大夫，拜鹰击郎将。

但时移世易，隋末群雄逐鹿之际，王怜亦追随家族抉择，依附李渊。其墓志称“暨有隋之季，天下分崩，人人起问鼎之心，家家怀择冈之意。我大唐膺万姓之攸往，总三分而拯溺。公于时留守鄠、杜，率众先归，蒙授银青光禄大夫、三卫总管”。“杜即杜县也，鄠即鄠县也”，是李渊进取长安的重要一环，离兵临长安城下只有一步之遥。平阳公主“归鄠县别墅，散家资，聚徒众。（李）渊从弟神通在长安，亡入鄠县山中，与长安大侠史万宝等起兵以应渊”[2]。另有“鄠贼帅丘师利、李仲文，盩厔贼帅何潘仁、向善志，宜君贼帅刘旻等，各率众数千来降。丁卯，以师渡渭川，略定鄠杜，至于盩厔”[3]。从王怜墓志可知，他“时留守鄠杜，率众先归”，为攻下鄠、杜尽了一份力。不仅如此，攻克京师，亦见王怜身影，“既而京城未下，率主合围。公乃申带布贾勇之奇功，设筑垒反耕之事宁”。王怜以功“拜上柱国、秘策左监门郎将。寻以元勋茂德，叶佐屯蒙。……武德二年，又拜左监门将军，以殊恒秩”。左、右监门卫各置大将军一人，正三品；将军二人，从三品；中郎将四人，从四品下，掌诸门禁卫门籍之法[4]。而武德初年任左、右监门卫大将军、将军、郎将者多是高祖所信任的元从。如钱九陇，“高祖信爱之，常置左右。义兵起，以军功授金紫光禄大夫。及克京城，拜左监门郎将”[5]。樊兴，“从平京城，累除右监门将军”[6]。秦行师，《旧唐书》记官至左监门将军，《新唐书》记为右监门卫将军。武德九年（626）十月，太宗始定功臣实封差第，钱九陇与樊兴各食四百户，秦行师食三百户，惜王怜已于武德七年二月薨逝，不能享此殊荣。史籍未载王怜在李渊攻克长安中所立功勋，幸得墓志补充。

不只祁县王秉支，晋阳王湛也在霍邑之战与攻克京师立中有战功。其神道

[1] 陕西省考古研究院：《西安南郊唐贞观十七年王怜夫妇合葬墓发掘简报》，《文博》2012年第3期，第3—12页。后文对《王怜墓志》的引用皆来源于此，不再一一出注。

[2]（宋）司马光：《资治通鉴》卷一八四，义宁元年条，北京：中华书局，1956年，第5757页。

[3]《册府元龟》卷七《帝王部·创业》，第72页。

[4]（唐）李林甫等撰，陈仲夫点校：《唐六典》卷二五，北京：中华书局，1992年，第640页。

[5]《旧唐书》卷五七《钱九陇传》，第2299页。

[6]《旧唐书》卷五七《樊兴传》，第2300页。

碑记载："兵次霍邑，力战有功。高祖嘉之，赐良马一匹。平霍邑后，授紫金光禄大夫，进围京城，为伏弩所中，高祖临视，赐物三百段。入长安，加左光禄大夫，历丞相相国二府典签参军事。高祖受禅，擢王湛为通事舍人通直散骑侍郎，封金水县侯，食邑七百户。"[1]此外，乌丸王氏王实，房支不详的王林、王绍宗也是建唐元从[2]。惜墓志对此一笔带过，没有叙述具体参与之事。

王氏家族在政权鼎革之际做出了正确的政治判断与抉择，正所谓"结姻帝室，佐命兴王"，自然也会得到相应的回报。除了上述王怜任从三品的左监门将军外，王裕在武德八年，诏除隋州诸军事、隋州刺史，成为一方大员。

四、文臣清流

太原王氏在唐朝的文学发展中占有重要地位，胡可先先生对王之涣一系，王绩、王勃一系，王维、王缙一系文学家族进行了考索[3]。王秉支在文学上的成就虽不如上述人物，但因家族儒风深厚，并不荒废文业。王秉"兼资文武"，王裕谥曰"文"，王怜"学琼书圃，材冠词林"，王方翼"善书，与魏叔琬齐名"。众所周知，高宗、武后以来，重视文学与科举之风日盛。在这样的背景下，王方翼三子王璵、王珣、王瑨，并以文学著称，时号"三王"。学界对此关注不多[4]，尚有讨论的余地。

王氏兄弟的仕宦经历，反映了其家族由高门贵族向清流文官的转型。因史料阙如，王璵与王瑨的官历难以厘清，仅知王璵开元中任中书舍人，终官光禄少卿。王瑨景云元年（710）至先天二年（713）时任左补阙，爵祁县男，开元前期任司勋员外郎[5]、司勋郎中[6]，开元中任中书舍人，终官秘书少监。

睿宗景云元年于崇福寺译《大宝积经》，"睿宗登极，敕于北苑白莲池、

[1]（唐）杨炯撰，徐明霞点校：《杨炯集》卷八《泸州都督王湛神道碑》，北京：中华书局，1980年，第117页。

[2]和庆锋：《隋唐太原王氏的变迁与影响》，第127—130页。

[3]胡可先：《新出石刻与唐代文学家族研究》，第336—396页。和庆锋：《隋唐太原王氏的变迁与影响》，第124页。

[4]岑仲勉对王珣的卒年作过考释，载氏著《唐史馀瀋》，北京：中华书局，1960年，第101、102页。

[5]（清）劳格、赵钺撰，徐敏霞、王桂珍点校：《唐尚书省郎官石柱题名考》卷八"司勋员外郎"条，北京：中华书局，1992年，第400页。

[6]《唐尚书省郎官石柱题名考》卷七"司勋郎中"条，第351页。

甘露亭，续其译事，翻度云毕，御序冠诸。其经旧新凡四十九会，总一百二十卷。先天二年（713）四月八日进内，……次有润文官卢粲、学士徐坚、中书舍人苏瑨、给事中崔璩、中书门下三品陆象先、尚书郭元振、中书令张说、侍中魏知古，儒释二家，构成全美”[1]。这条记载缺漏王瑨参与润文之事，《开元释教录》揭示：“左补阙、祁县男王瑨……等润色。”[2]

又有高丽藏经收《大宝经卷一百廿译场译位》详列参加者名单[3]：

和帝亲笔受
睿宗亲笔受
……
太子詹事东海郡公徐坚润色
邠王傅固安伯卢粲润色
尚书右丞东海男卢藏用润色
中书舍人舒王男苏瑨润色
礼部郎中彭景直润色
左补阙祁县男王缙（瑨）润色
太府丞颜温之润色
太常博士贺知章润色
中书侍郎平舆侯陆象先监译
侍中钜鹿公魏知古监译
前太常卿薛崇胤监护
通事舍人弘农男杨仲嗣监护

如此强大的阵容，令当时的中书侍郎崔湜行香至翻经院时不禁感叹：“清流尽在此矣，岂应见隔？”王瑨译经时的官职是从七品上的左补阙，赖瑞和先生指出“最有可能出任遗（补遗）、补（补阙）者，是那些‘文词优美’者”[4]。这样的例子可以举出很多，如玄宗朝著名的词臣苑咸“旋除左补阙，迁起居舍人，仍试知制诰……拜中书舍人”，参与翻译《大乘本生心地观经》的“右补阙萧俛”等。文臣参与译经一般起到“润色”的作用，除了是对其文学水平的

[1]（宋）赞宁撰，范祥雍点校：《宋高僧传》卷三《译经》，北京：中华书局，1987年，第43页。

[2]（唐）智昇：《开元释教录》卷九，载《大正藏》第55册，台北：新文丰出版公司，1983年，第570页中、下。

[3]［日］池田温：《中国古代写本识语集录》，东京：大藏出版株式会社，1990年，第266、267页。

[4]赖瑞和：《唐代中层文官》，北京：中华书局，2011年，第105页。

认可外，更多则“展示的是大唐王朝对文化交流事业的一种支持态度”[1]，这对于参与译经的文臣来说是一种荣耀。

当时的话语中已经出现“清流”一词，而王瑨显然跻身其中。之后，王瑨或由从五品上的司勋郎中迁中书舍人，这也是当时文人梦寐以求的升迁路径，是“五品以下官升入三省领袖的一个重要枢纽”[2]。玄宗开元以后，这一职务对文学素养的要求愈高，像王璵、王瑨兄弟同为中书舍人的情况是比较少见的。据孙国栋先生研究，中书舍人的迁官途径在玄宗时期“迁入吏部侍郎数字锐减，迁入礼部侍郎数字锐增”，大体而言仍以六部侍郎居多，在他的统计中仅齐澣一人迁秘书少监[3]。而从王瑨开元中为中书舍人，其兄王珣开元五年至开元九年为秘书少监、“数年而瑨继职”来看，王瑨应该也是由中书舍人迁秘书少监。秘书少监是从四品上的清望官，为秘书省之贰，对才学有一定要求，王珣就曾以秘书少监之职参与修撰《群书四录》。

王珣的仕宦经历比较详细，《新唐书》记载：“天授初，珣及进士第，应制科，迁蓝田尉。以拔萃擢长安尉……左迁亳州司法参军。神龙初，为河南丞，武三思矫制贬临川令。宋璟辅政，召授侍御史。出许州长史。……累迁工部侍郎。……尝为秘书少监……终右散骑常侍，卒，赠户部尚书，谥曰孝。”[4]其子《王鉷传》云：“珣，兵部侍郎、秘书监。”[5]王珣的科举经历颇可一说，岑仲勉先生考证开元十七年（729）王珣尚未卒，《京兆金石录》所记开元十六年为非[6]。开元十七年距离其登第的天授元年（690）间隔39年，以唐人平均寿命60岁计[7]，王珣进士及第时非常年轻，可谓少年得志。“应制科，迁蓝田尉”，所应制科的时间与科目具体不明。后又以拔萃科擢长安尉，“拔萃”即书判拔萃科，侧重文辞与书法。神龙初王珣为河南丞，在此之前则为亳州司法参军，

[1] 杨志飞：《论玄奘译场的文臣监译》，载杜文玉主编《唐史论丛》第三十辑，西安：三秦出版社，2020年，第233页。

[2] 孙国栋：《唐代中书舍人迁官途径考释》，载氏著《唐宋史论丛》，上海古籍出版社，2010年，第91—146页。

[3] 孙国栋：《唐代中书舍人迁官途径考释》，第112页。

[4]《新唐书》卷一一一《王方翼附王珣传》，第4136页。

[5]《旧唐书》卷一〇五《王鉷传》，第3229页。

[6] 岑仲勉：《唐史馀瀋》，第102页。

[7] 蒋爱花《唐人寿命水平及死亡原因试探——以墓志资料为中心》据5053例样本得出唐人平均死亡年龄为59.2529岁（《中国史研究》2006年第4期，第64页）；李燕捷《唐人年寿研究》据2944例样本得出唐人平均死亡年龄为57.55岁（台北：文津出版社，1994年，第115页）。

查孟二冬《登科记考补正》，从天授元年到神龙元年之间的拔萃科举行时间，分别为天授元年、久视元年（700）[1]和大足元年（701）[2]，则王珣拔萃登科的时间很可能在久视元年或大足元年，《登科记考补正》《登科记考再补正》均未载，可补充。虽然王珣获得了进士、制举的成功，但他的仕途也并非一帆风顺，武则天“询其族氏，对曰：‘废后，臣之姑也。’后不悦，左迁亳州司法参军。神龙初，为河南丞，武三思矫制贬临川令”。因为废王皇后的关系，王珣由美职长安尉左迁州判司，一定程度上影响了他的仕途。直到宋璟辅政时召为侍御史，此后王珣的仕途大致平顺。

王珣书判超绝，文辞自然上佳。开元五年修《群书四录》：“秘书监马怀素奏：‘省中书散乱讹缺，请选学术之士二十人整比校补。’从之。”[3]对参与整理者的要求是精于“学术”，“乃奏用左散骑常侍元行冲、左庶子齐澣、秘书少监王珣、卫尉少卿吴兢并（韦）述等二十六人，同于秘阁详录四部书”[4]。王珣能参与其事，可见以“文学”见称的说法并非虚言。

《全唐文补遗》第八辑收录王珣奉敕所作《大唐故燕国夫人（窦淑）墓志铭》，燕国夫人窦氏是唐玄宗的姨母兼保姆，对玄宗有鞠养之恩。窦氏之薨，“皇上震悼，辍朝三日。敕文武五品以上官，谒宅临吊。所缘葬式，并从优厚。分命京兆尹孟温莅临监护，长安县令李承家副，秘书少监王珣撰志文，前太常卿、楚国公姜皎书盖”[5]。玄宗将为窦氏撰写墓志铭的重任交给王珣，既是对其文学才能的肯定，又是信任倚重之体现。

由上述王氏族人的仕宦经历与文学方面的特质可知，在注重科举与文学的新形势下，王秉家族很快进行了调适，在新的政治文化格局中依然处于精英群体，也就是所谓的“清流家族”[6]。

---

[1] 孟二冬：《登科记考补正》卷四，北京：燕山出版社，2003年，第153、154页。

[2] 孟二冬：《登科记考补正》卷四，第156、157页。

[3]《资治通鉴》卷二一一，开元五年十二月条，第6730页。

[4]《旧唐书》卷一〇二《韦述传》，第3183页。

[5] 吴钢主编：《全唐文补遗》第八辑，西安：三秦出版社，2005年，第18—20页。另见陕西省考古研究院编：《陕西省考古研究院新入藏墓志》，上海古籍出版社，2019年，第261页。

[6]《旧唐书》卷四二《职官志》：“职事官资，则清浊区分，以次补授。又以三品已上官，及门下中书侍郎、尚书左右丞、诸司侍郎、太常少卿、太子少詹事、左右庶子、秘书少监、国子司业为清望官。太子左右谕德、左右卫左右千牛卫中郎将、太子左右率府左右内率府率及副、太子左右卫率府中郎将、已上四品。谏议大夫、御史中丞、给事中、中书舍人、太子中允、中舍人、左右赞善大夫、洗马、国子博士、尚书诸司郎中、秘书丞、著作郎、太常丞、左右卫郎将、左右卫率府郎将、已上五品。起居郎、起居舍人、太子司议郎、尚书诸司员外郎、太子舍人、侍御史、秘书郎、著作佐郎、太学博士、詹事丞、太子文学、国子助教、已上六品。左右补阙、殿中侍御史、太常博士、四门博士、詹事司直、太学助教、已上七品。左右拾遗、监察御史、四门助教已上八品。为清官。”第1804、1805页。

王珣之子王鍔“天宝中历右补阙、殿中侍御史”[1]，大历末年起居舍人在任，建中元年（780）南曹郎中在任，贞元四年（788）左司郎中在任[2]，终官郑州刺史[3]，为《唐刺史考全编》所不载，可补。王鍔的官历仍然符合清要的特点，且与中唐文人往来密切，诗歌唱和频繁。《全唐文补遗》第七辑收《党晔等洛阳龙门题名》：“党晔、赵骅、卢政、王后已、王鍔、崔纵、王澄、卢誧，大历七年二月十二口，□宿此寺。”[4]《宋高僧传》卷一五《唐京师安国寺藏用传》记载：“贞元中，左司正郎王鍔、南台崔公继和之。如是数公将议标题，兵部正郎程浩作都序，职方正郎知制诰吴通微书之。四年戊辰岁也。”[5]有“大历十才子”之名的钱起有《同王鍔起居程浩郎中韩翃舍人题安国寺用上人院》诗。韩翃也是大历十才子之一，天宝十三载进士，以《寒食》诗受知德宗，其《访王起居不遇留赠》诗云：“双龙阙下拜恩初，天子令君注起居。载笔已齐周右史，论诗更事谢中书。行闻漏滴随金仗，入对炉烟侍玉除。贺客自知来独晚，青骊不见意何如。”[6]王起居即当时正在起居舍人任上的王鍔。另一位大诗人顾况有《谢王郎中见赠琴鹤》诗一首。

王鍔的儿子王汭任“杨府节度推官”，杨府即扬州，为淮南节度使治所之所在。王汭所任节度推官，属于藩镇文职，需要一定的文学素养[7]。据《两浙金石志》卷二《唐王澹等题名》记载，贞元元年王澹所任是“节度判官”[8]，即浙西节度使李錡的判官，这是一种常见的中层文官。《全唐诗》保留了一首姚合所作《送王澹》诗：“常省为官处，门前数树松。寻山屐费齿，书石笔无锋。果熟猿偷乱，花繁鸟语重。今来为客去，惜取最高峰。”[9]姚合是与贾岛并称的大诗人，选编的《极玄集》体现了推崇大历诗人的特点，他写给王澹的诗“其清幽、冷寂的意境已接近于大历十才子之作”[10]。虽然没有见到王鍔父子的诗

[1]《新唐书》卷一一一《王方翼传附王珣传》，第4136页。

[2]陶敏：《全唐诗人名汇考》，沈阳：辽海出版社，2007年，第340页。

[3]吴钢主编：《全唐文补遗》第八辑《唐故太原王氏孤女（刹）墓记》，第124页。

[4]吴钢主编：《全唐文补遗》第七辑，西安：三秦出版社，2000年，第454页。

[5]《宋高僧传》卷一五《唐京师安国寺藏用传》，第372页。

[6]（清）彭定求等编：《全唐诗》卷二四五，北京：中华书局，1960年，第2752页。

[7]赖瑞和：《唐代基层文官》，北京：中华书局，2008年，第247—256页。

[8]（清）阮元主编：《两浙金石志》卷二《唐王澹等题名》，杭州：浙江古籍出版社，2012年，第34页。

[9]《全唐诗》卷四九六，第5622页。

[10]胡可先：《新出石刻与唐代文学家族研究》，第615页。

作流传，但王銷与大历才子、王澹与推崇大历诗风的姚合来往唱和，间接说明了这父子俩的诗风、格调可能与此接近。

五、天宝权争

关于玄宗朝政局，汪篯先生从吏治与文学之争来考察。胡可先先生认为总体上不存在“吏治”与“文学”的对立，之所以出现这种情况，是由于这个时期政治发展的大背景造成的，也与张说、张九龄与李林甫等执政者的个人特性相关。但是，偏重吏治者并没有废弃文学，偏重文治者也是很好的干练之才[1]。如果说“三王”是以文学才能知名，王瑨之子王鉷则以吏干受到李林甫倚重。在当时，唐初的经济政策无法维持，加之奢靡之风渐起，经济之才日益受到重视，宇文融、韦坚、杨慎矜、王鉷、杨国忠等一批财政官员由此活跃起来，即便是像苑咸这样著名的词臣也曾有过“耻以文字进，以经济为己任”[2]的年少时期。

韦坚与杨慎矜分别于天宝五载、六载受诬而死，继之崛起的是王鉷和杨国忠。王鉷以“茂才异行，首于策诏”[3]进入仕途，“开元十年，为鄠县尉、京兆尹稻田判官。二十四年，再迁监察御史。二十九年，累除户部员外郎，常兼侍御史”[4]。可以说，到这个时候，王鉷仍沿着普通士大夫的仕途轨迹迁转。可能他在户部员外郎任上表现突出，天宝之后因财政能力受到特别的重视，任御史大夫兼京兆尹，身兼二十余使，恩宠至极[5]。

事情的转折发生在天宝十一载（752）四月，王鉷卷入其弟王銲与故鸿胪少卿邢璹子邢縡谋反案中。任士英先生注意到“邢縡、王銲案乃是李林甫与杨国忠政治冲突公开化的标志”[6]，但他的关注点在宰相与皇太子之间矛盾发生的原因，对李林甫与杨国忠之间的冲突没有具体论述。与天宝前期李林甫主导的针对东宫的几次狱案不同[7]，这次事件可以说是围绕着相权之争展开的。早在天

---

[1] 胡可先：《新出土〈苑咸墓志〉及相关问题研究》，《清华大学学报》2009年第4期，第57页。

[2] 杨作龙、赵水森等：《洛阳新出土墓志释录》，北京图书馆出版社，2004年，第158页。

[3]《文苑英华》卷九四二《御史大夫王公墓志铭》，第4954页。

[4][5]《旧唐书》卷一〇五《王鉷传》，第3229页。

[6] 任士英：《唐代玄宗肃宗之际的中枢政局》第三篇《唐玄宗天宝初年的中枢政局》，北京：社会科学文献出版社，2003年，第125页。

[7] 杜文玉：《唐代宫廷史》第三章第四节《残酷的宫廷斗争》，天津：百花文艺出版社，2010年，第367—382页；任士英：《唐代玄宗肃宗之际的中枢政局》第三篇《唐玄宗天宝初年的中枢政局》，第98—145页。

宝九载（750），“吉温为国忠谋夺林甫政”，驱逐了李林甫所亲善的京兆尹萧炅、御史中丞宋浑。史书称王鉷“恩宠侔于国忠，而位望居其右”[1]，无疑是杨国忠拜相之路上的阻碍。构陷王鉷既可铲除潜在的相位争夺者，又可断李林甫左膀右臂，可谓一箭双雕。王鉷虽被诏赐自尽，但杨国忠的最终目的在于取代李林甫，“乃穷竟邢縡狱，令引林甫交私鉷、銲与阿布思事状，而陈希烈、哥舒翰附会国忠，证成其状，上由是疏薄林甫”[2]。对左相陈希烈而言，一方面因被李林甫压制而心生不满，另一方面“忌公（王鉷）有宰相器，忧在移夺”[3]，故在此事上与杨国忠立场相同。诬告李林甫与阿不思约为父子的还有安禄山，目的在于“消除李林甫为相十九年的潜在影响”[4]。包括为杨国忠与安禄山出谋划策的吉温，也试图入相[5]。

他们的共同目标都是扳倒李林甫。最终，杨国忠攫取相位，李林甫虽已死，但被削去官爵，子孙有官者除名流放，近亲及党与坐贬者五十余人。

王鉷虽然适时地抓住了“计臣”受统治者重视的机遇，但是聚敛之臣往往没有好下场，又卷入到杨国忠与李林甫的权争中，成了杨国忠踏上权相之路上不得不铲除的障碍。

王秉入隋之后仍享有尊崇地位，其家族在政权鼎革之际因结姻帝室、从龙有功颇受瞩目，也因后位争夺中的失利而一度沉寂，在政治大环境改变的情况下，又及时调整家族的立足策略，转型为兼具门阀、文学、政治为一体的清流家族。虽然王鉷兄弟在天宝权争中的覆灭对家族造成了沉重打击，但总体而言，这个历经兴衰沉浮的家族仍然具有较好的政治适应性，这从王珣的子孙仍活跃在安史之乱后的朝堂中可见一斑。只是因为王澹死于浙西李錡之乱，只余一子王樟见于记载；而王汭及其女早亡，故唐后期的史料中很难见到王秉一支的人物。

（作者单位：陕西师范大学历史文化学院）

[1][2]《旧唐书》卷一〇六《杨国忠传》，第3243页。

[3]《文苑英华》卷九四二《御史大夫王公墓志铭》，第4954页。

[4]介永强：《论唐代天宝时期藩将与宰相的权争》，《唐都学刊》1999年第4期，第40页。

[5]吉温阴结安禄山，“常谓禄山曰：‘李右相虽观察人事，亲于三兄，必不以兄为宰相。温虽被驱使，必不超擢。若三兄奏温为相，即奏兄堪大任，挤出林甫，是两人必为相矣。’禄山悦之”。《旧唐书》卷一八六《吉温传》，第4856页。

The Supplementery Study on Wang Bing's Family of Taiyuan Wang Clan in the Sui and Tang Dynasties

Bao Danqiong

[Abstract] Through the analysis of relevant inscriptions and text materials, this paper outlines the rise and fall of Wang Bing's family in the Sui and Tang Dynasties, which mainly reflected in the following four aspects. First, in the aspect of marriage, it has a close relationship with Guanlong group, especially with the royal family. Second, at the time of regime change in the Sui and Tang Dynasties, Wang Bing's family had meritorious service in Taiyuan Uprising. Third, with the change of political environment, Wang Bing's family changed from noble family to literary official. Fourth, this paper analyzes the case of Wang Hong and Wang Han's rebellion from the dispute of prime minister's power in the later period of Tianbao.

新见《唐故汾阳公主赠郑国温仪大长公主墓志铭》考释*

郭海文　远　阳

汾阳公主，唐宪宗第六女，《新唐书·诸帝公主传》有关汾阳公主的记载很少，主要有三点：公主始封汾阳；公主“下嫁韦让”；公主去世后，追封及谥“郑国温仪大长公主”[1]。

目前，学术界还没有专门研究汾阳公主及驸马韦让的论文及著作。笔者有幸得到洛阳师范学院毛阳光教授所赐的新出《唐故汾阳公主赠郑国温仪大长公主墓志铭并序》（以下简称《汾阳公主墓志铭》）及《唐故银青光禄大夫太子詹事驸马都尉扶风郡开国公食邑三千户赠陕州大都故京兆韦公墓志铭并序》（以下简称《驸马韦让墓志铭》）拓片，对了解汾阳公主的生平及当时的政治文化大有裨益。

现将汾阳公主及其驸马墓志的录文记录如下：

唐故汾阳公主赠郑国温仪大长公主墓志铭并序

朝散大夫行尚书司门员外郎柱国赐紫金鱼袋韦观文撰

皇唐刬革隋乱，以至公御天下，列圣垂衣，德泽浸渍四海，熙熙二百余年。道既高于舜禹，庆遂钟于令淑。

汾阳公主，宪宗昭文章武大圣至神孝皇帝之第六女，先太妃荥阳郑氏。

生禀奇姿，幼摽异相。辨方而有识，始龀而知教。孝敬出于天性，容德冠于当时。由是六宫称叹而一人偏爱矣。

*本文系国家社科基金后期资助项目“大唐公主命运图谱”（项目编号：15FZS037）阶段性成果之一。

[1]（宋）欧阳修：《新唐书》卷八三《诸帝公主传》，北京：中华书局，1975年，第3667页。

元和十一年下嫁于前义成军节度使、捡校工部尚书、太子詹事京兆韦公让。韦公关内鼎族，门传清风。阀阅官婚，焕乎国史。家以勤俭称于搢绅。而贵主作嫔君子，妇道克修。虽出自九重，而动必中礼。逮事先姑秦国太夫人，垂三十年，未曾纤木以娇贵自失。服澣濯之衣，奉蒸尝之祀，虽山东士族无以加也。

韦公曾被飞语，谪佐远郡。诏下之日，侍板舆南去。贵主时亦偕行，离上国繁华之地，遵商于寂寞之途。唯惧侍养之不周，恭顺之不至。至于陟涉崎岖，道路遐阻，曾无惮焉。以帝女之尊，展家人之敬，不其美欤？求之前古，未见其比也。韦公留滞郡佐，累变星霜，怡然相欢，若处荣显。

洎圣敬文思和武光孝皇帝君临寰宇，敦睦亲族，韦公追赴班资，贵主亦朝天阙。每令节佳辰，参对别殿，敷奏必合于睿旨，渥泽不群于他家。戚里之荣，见重于一时矣。

韦公以长材远略，上契宸衷，除义成军节度使。圣上重藩方之寄，割友爱之情，诏许同赴镇。呜呼！白马雄津，明君注意。方庆齐眉之乐，俄兴阅水之悲。况又恶浊世嚣尘之境，奉玄元清净之教。授法箓，服道衣。往往蔬食，动经旬时。而积善之应，何其篾然。至高者天，不可得而问也。以大中五年八月廿日薨于滑州之官舍，享年五十四。皇上震悼，废朝三日，册赠郑国温仪大长公主。哀荣之典，尽于此矣。

粤以大中七年岁次癸酉四月一日辛酉归窆于长安县福阳乡张村，韦氏先茔之侧，礼也。男四人，皆幼而不育；女三人，存者一人，嫁陇西李滂。又男曰究郎，女三人，一人嫁荥阳郑位，二人未笄。皆孝谨过人，孺慕天至。尚书公观文，从祖兄也，友悌之厚，岂同他人，不以菲薄，抑令撰述，备详事实，不敢饰词。铭曰：

皇族降祉，帝室传芳。天移京兆，邑号汾阳。女的咸具，妇道聿彰。戚里归美，韦门有光。昔奉先姑，动合礼仪。不尚华靡，敬事尊卑。亦随迁谪，备历艰危。谁谓远地，未尝不怡。圣明御宇，归还上京。宠光重叠，锡赉从横。旌旆赴镇，时亦偕行。琴瑟合奏，凤凰和鸣。辞恩北阙，遘祸南燕。至尊悲恸，九族哀缠。容华永閟，淑问空传。托此贞石，藏于下泉。

唐故银青光禄大夫太子詹事驸马都尉扶风郡开国公食邑三千户赠陕州大都故京兆韦公墓志铭并序

兄朝议郎前守殿中省尚舍奉御上柱国譔纂

公讳让，字岐凤，京兆人也。六世祖隋仓部侍郎、南皮伯讳瓒。曾大父朔方节度使、赠太子少傅讳光乘。王父洪州刺史、江南西道都团练观察等使、赠太子太保讳偎。烈考侍御史、内供奉、岭南节度判官、赐绯鱼袋、赠工部侍郎讳放。公即第二子也。少有令问，挺为環材。朗特温恭，郁报雅器。始从师受书，无不通晓。杰出群等，誉在搢绅。宪宗文皇帝用茂族端庄，选尚第六女汾阳公主。

时元和十一年，公年十七也。起家升太子舍人、赐绯鱼袋，累加银青光禄大夫、捡校太常少卿、驸马都尉。太和二年方拜□王府司马始。宪宗以□俭德示天下，而贵戚皆□其□□，故公为捡校官十年余，及是方拜真秩。三年，转婺王傅。六年，改太仆少卿。八年，□知光禄大卿。终勤职业，赫有能名，加捡校左散骑常侍。俄以不佞权贵而□□，坐出为澧州长史。寻移□州长史。未至，重丁。家艰服除，拜河中少尹。威肃廉清，号为称职。

迁左庶子，改宫菀闲厩使，拜太仆卿。又转太府卿，而菀厩使皆兼焉。大中三年，迁捡校工部尚书，郑、滑节度使。既至，则军惮威声，邦洽善政。上方注意，滑无疲民。五年，汾阳主薨，诏罢郑、滑而以□汾阳主丧归。阙六年，拜太子詹事。以八年八月十日疾薨于长兴里第，享年五十□□。天子轸悼，为之废朝。公虽姻连帝族，而性不乐豪右。居常必静□，退处不趍，进于时权。虽秩增位，迁皆以朝望重议所归。故自滑台而又居散秩，公恬然处之，无有不适意。早年好黄老术，尝受道箓于昇玄先生。而又能达于物之理性，于一事无不穷其工妙也。书尽草隶之体，射得弛张之妙。至于吸吐之术，炉鼎之法，亦皆造其微要。既居朝，为时所选，则卜胜地。桓嘉木而松桂郁然，以茂引流于其侧。鼓琴于其下，日娱于酒，而不茯捿迟。君子谓公又能以道自乐于襟灵，不戚戚于退处也。以大中九年二月廿三日祔于长安县福阳乡汾阳公主之墓，礼也。呜呼！诚忠于国，行孝于家。礼乐以进身，宽猛以涖政。人以为难，公必绰有余焉。公中年尝有男子数人，而皆丧于襁褓，孰谓公之令德而不昌于胤嗣。庆善之言，天其惑欤？女二人，长曰考老，适前安邑县尉李滂；季曰张张，未及笄。公兄諿，前尚舍奉御。弟诣，魏博观察判官，捡校职方员外。将葬，諿泣曰：“我家为大族，而世有盛德，宜克天厥。后今公蒸尝无主信神道昧矣。”遂衔哀，茹痛以述，遗烈文不足以次序，顾不可坠□公之懿行也，抑哀而为铭曰：

礼用规身，德以保位。孰不乘时，公为藏器。是勤是俭，去华抑侈。

政以施仁，行必充义。蕴是全德，而不克嗣。志石于宫，休烈冈坠。

弟魏愽观察判官朝议郎捡技尚书职方员外郎兼侍御史上柱国赐绯鱼袋谐书

一、德宗贞元十三年（797）——宪宗元和十一年（816）：公主未嫁时期和她的择偶标准

墓志记载，公主“以大中五年八月廿日薨于滑州之官舍，享年五十四”，大中五年为公元851年，公主去世时54岁，所以公主出生于公元797年，为唐德宗贞元十三年。墓志记载“汾阳公主，宪宗昭文章武大圣至神孝皇帝之第六女”，可知公主的父亲为唐宪宗。唐宪宗是唐朝后期一位比较有作为的君主，其在位期间虚心纳谏、励精图治、平定藩镇，任用了一批有能力的文臣武将，创造了“元和中兴”的局面。墓志记载公主母亲为“先太妃荥阳郑氏”，两《唐书·后妃传》对此均无记载，今已不可考，所以也不知公主是否有同母兄弟姐妹。

公主的驸马为韦让。《汾阳公主墓志铭》曰：“元和十一年下嫁于前义成军节度使、捡校工部尚书、太子詹事京兆韦公让。”此时公主19岁。《驸马韦让墓志铭》亦曰：“时元和十一年，公年十七也。起家升太子舍人、赐绯鱼袋，累加银青光禄大夫、捡校太常少卿、驸马都尉。”可见元和十一年（816）公主与驸马结婚无疑。且公主比驸马大两岁，属于姐弟婚。

公主在19岁结婚之前在娘家的生活状况如何，墓志是“空白之页”。这本身是对女性个体生活的不重视所致。

拙文《唐代公主的择偶标准》认为：“肃宗—顺宗时期,公主多与河北诸镇节度使、平定安史之乱功臣后代及回纥首领联姻。”[1]汾阳公主嫁韦让的原因，一是因为其家世显赫。《驸马韦让墓志铭》曰：“六世祖隋仓部侍郎、南皮伯讳瓒。曾大父朔方节度使、赠太子少傅讳光乘。王父洪州刺史、江南西道都团练观察等使、赠太子太保讳儇。烈考侍御史、内供奉、岭南节度判官、赐绯鱼袋、赠工部侍郎讳放。公即第二子也。”与《新唐书·宰相世系表》吻合，且补充韦让之父韦放的官职以及韦让为韦放第二子的史实。《新唐书·宰相世系表》：“韦氏出自风姓。颛顼孙大彭为夏诸侯，少康之世，封其别孙元哲于

[1] 郭海文：《唐代公主的择偶标准》，《河南师范大学学报》2010年第2期，第189页。

豕韦，其地滑州韦城是也。豕韦、大彭迭为商伯，周赧王时，始失国，徙居彭城，以国为氏。”[1]韦让家族又属于其中之一的南皮公房。“南皮公房：安城侯胄次子愔。愔七代孙景略，后周骠骑将军、右光禄大夫、青州刺史。生瓒，隋仓部侍郎、尚书右丞、司农卿、南皮县伯。四子：叔谐、季武、叔谦、季贞，因号南皮公房”[2]。

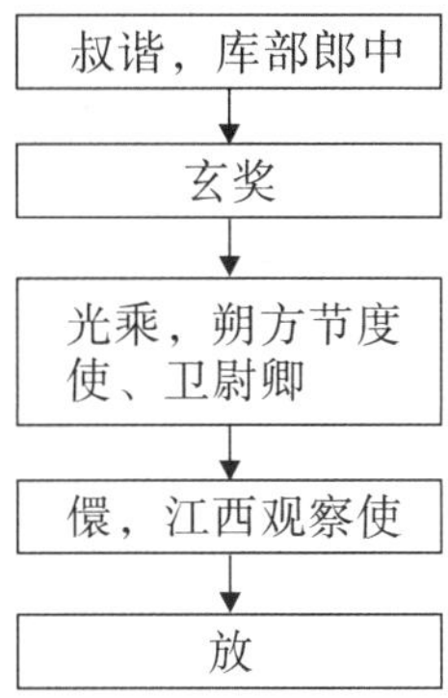

韦让分支家族世系表[3]

其中，“祖叔谐，贞观中为库部郎中，与弟吏部郎中叔谦、兄主爵郎中季武同省，时号‘三列宿’”[4]。《唐会要》亦有更详细的记载：“故事，叔父兄弟不许同省为郎官，格令不载，亦无正敕。贞观二年十一月，韦叔谦除刑部员外郎；三年四月。韦季武除主爵郎中；其年七月，韦叔谐除库部郎中。太宗谓曰：‘知卿兄弟并在尚书省，故授卿此官，欲成一家之美，无辞稍屈阶资也。’”[5]

韦光乘，赠太子少傅，谥号为“烈”。《唐会要》：“烈，秉德尊业曰烈，安民有功曰烈。”[6]

公主墓志的撰写者，驸马墓志的撰写者、书者都是驸马家族的人。其中，朝散大夫、行尚书司门员外郎、柱国、赐紫金鱼袋韦观文，是公主墓志的撰写者。“尚书公观文，从祖兄也，友悌之厚，岂同他人，不以菲薄，抑令撰述，

[1]《新唐书》卷七四《宰相世系表四上》，第3045页。

[2][3]《新唐书》卷七四《宰相世系表四上》，第3099页。

[4]《新唐书》卷一一八《韦凑传》，第4264页。

[5]（宋）王溥撰，牛继清校证：《唐会要校证》卷五七《尚书省诸司》，西安：三秦出版社，2012年，第837页。

[6]《唐会要校证》卷七九《谥法上》，第1250页。

备详事实，不敢饰词”。据《新唐书·百官志》：“尚书省……员外郎各一人，从六品上。掌付诸司之务，举稽违，署符目，知宿直，为丞之贰。”[1]驸马墓志的撰写者为其兄韦詛。韦詛为“朝议郎（正六品上[2]）、前守殿中省尚舍奉御（尚舍局“奉御二人，正五品下；掌殿庭祭祀张设、汤沐、灯烛、汛扫”[3]）、上柱国（“凡十有二转为上柱国，视正二品”[4]）”。驸马墓志的书写者为其弟韦诣。韦诣为“魏博观察判官、朝议郎（正六品上[5]）、捡校尚书职方员外郎、兼侍御史（御史台“侍御史六人，从六品下”[6]）、上柱国、赐绯鱼袋”。可见韦家才俊满门。

除了家世显赫这一条外，韦让成为驸马的主要原因还与他的才学有很大关系。《驸马韦让墓志铭》：“少有令问，挺为環材。朗特温恭，郁报雅器。始从师受书，无不通晓。杰出群等，誉在搢绅”，“书尽草隶之体，射得弛张之妙。至于吸吐之术，炉鼎之法，亦皆造其微要”。基于这两种原因，“宪宗文皇帝用茂族端庄，选尚第六女汾阳公主”。

二、宪宗元和十一年（817）——文宗太和八年（834）：公主陪驸马在长安任职时期

这一时期主要是公主生养孩子并随丈夫在长安的仕宦中沉浮的时期，此时牛李党争已经开始。

公主的墓志中，并无这17年间任何记载，是“空白之页”。但从公主墓志可知，公主一生共生育了7个孩子，“男四人，皆幼而不育；女三人，存者一人，嫁陇西李滂。又男曰究郎，女三人，一人嫁荥阳郑位，二人未笄。皆孝谨过人，孺慕天至”。这与驸马墓志的记载有出入，“公中年尝有男子数人，而皆丧于襁褓，孰谓公之令德而不昌于胤嗣。庆善之言，天其惑欤？女二人，长曰考老，适前安邑县尉李滂；季曰张张，未及笄”。虽然现在对公主的子女已不可考，但从两人的记载中还是可以得知两人子女不少，但无男孩存活。从而可知公主在这一时期，主要以生养孩子为主。而生养孩子对掌握话语权的男性

[1]《新唐书》卷四六《百官志一》，第1185页。

[2][5]《新唐书》卷四六《百官志一》，第1187页。

[3]《新唐书》卷四七《百官志二》，第1219页。

[4]《新唐书》卷四六《百官志一》，第1189页。

[6]《新唐书》卷四八《百官志三》，第1237页。

官员来说，是不值得记录的。驸马的墓志则有对这17年的详细记载，从而可以反观公主的生命历程。

所谓牛李党争，是指以李德裕为首的李党与以牛僧孺为首的牛党之间发生的长期而激烈的争斗。牛李党争“从宪宗元和三年（808）始，止于李德裕贬死崖州（850），在将近半个世纪的时间内，两党互相攻讦，互相倾轧排摈”[1]。

虽然驸马墓志无一字提及牛李党争，但把驸马墓志放在牛李党争的大背景下，可以发现驸马并没有超然于世外。

《驸马韦让墓志铭》记载：“时（宪宗）元和十一年（817），公年十七也。起家升太子舍人、赐绯鱼袋，累加银青光禄大夫、捡挍太常少卿、驸马都尉。”《册府元龟》记载“敬宗宝历元年（825），让以善决百姓，罚两季俸料”[2]。又《驸马韦让墓志铭》“（文宗）太和二年（828）方拜□王府司马始。宪宗以□俭德示天下，而贵戚皆□其□□，故□□公为捡挍官十年余，及是方拜真秩。”“三年（829），转嫠王傅（傅一人，从三品。掌辅正过失[3]）。”此时牛党上位。据《旧唐书》记载：“（文宗太和）三年（829）八月，（宗闵）以本官同平章事。……寻引牛僧孺同知政事，二人唱和，凡德裕之党皆逐之。”[4]《驸马韦让墓志铭》：“六年（832），改太仆少卿（少卿二人，从四品上[5]）”“八年（834），□知光禄大卿（卿一人，从三品[6]）。终勤职业，赫有能名，加捡挍左散骑常侍。”

驸马的墓志中没有提及牛李党争，但817年—834年这17年间，驸马官职一直在从三品、从四品左右上下波动，并没有得到很高的晋升，不知是否与牛党在位有关。由此可见，驸马并非牛党之人，因为他在牛党掌权时期并未得到重用；但也绝非李党之人，否则驸马在这一时期的仕途不会这么平顺。而17年来，公主一直陪在他身边，多次经历失子之痛，从二八年华的青春少女变成中年少妇。

[1] 邹琪、金华：《论晚唐的牛李党争》，《阜阳师范学院学报》2001年第5期，第116页。

[2]（宋）王钦若等编纂，周勋初等校订：《册府元龟》卷三〇七《外戚部·谴让》，南京：凤凰出版社，2006年，第3473页。

[3]《新唐书》卷四九《百官志四》，第1305页。

[4]（后晋）刘昫：《旧唐书》卷一七六《李宗闵传》，北京：中华书局，1975年，第4552页。

[5]《新唐书》卷四八《百官志三》，第1253页。

[6]《新唐书》卷四八《百官志三》，第1247页。

三、侄儿文宗开成四年（839）——侄儿武宗会昌六年（846）：公主陪驸马贬谪时期

1.受牛党影响，驸马被贬，公主随驸马至澧州

《汾阳公主墓志铭》曰："韦公曾被飞语，谪佐远郡。"《驸马韦让墓志铭》曰："俄以不佞权贵而□□，坐出为澧州长史。寻移□州长史。"《旧唐书·文宗纪下》亦云："（开成四年，839）十二月己酉朔。癸丑，贬光禄卿、驸马都尉韦让为澧州长史。"[1]从而可知驸马被贬是在开成四年，即公元839年，此年驸马40岁，公主42岁。驸马因何事被贬呢？两方墓志皆语焉不详。但有一点是必须明确的是，此时正值牛李党争。《旧唐书·文宗纪下》称："（大和九年，835）九月癸卯朔，奸臣李训（牛党人物）、郑注用事，不附己者，即时贬黜，朝廷悚震，人不自安。"[2]驸马被贬也许与牛党用事有关。

在驸马遭贬谪之时，"公主时亦偕行，离上国繁华之地，遵商于寂寞之途"。而且"唯惧侍养之不周，恭顺之不至"。最可贵的是，公主没有天之娇女的贵气，反而和驸马互相帮扶，"至于陟涉崎岖，道路遐阻，曾无惮焉"，以至于"韦公留滞郡佐，累变星霜，怡然相欢，若处荣显"。所以墓志的撰写者感慨地说："以帝女之尊，展家人之敬，不其美欤？求之前古，未见其比也。"《家人》[3]是《周易》的其中一卦，是说"女正位乎内，男正位乎外"。此处用典旨在说明公主安分守己，"正家而天下定矣"。此时公主与驸马已在一起生活了23年。23年中，公主"妇道克修。虽出自九重，而动必中礼"，"逮事先姑秦国太夫人，垂三十年，未曾纤木以娇贵自失。服瀚濯之衣，奉蒸尝之祀，虽山东士族无以加也"。

2.婆母去世，公主随驸马回长安守孝

据《驸马韦让墓志铭》："未至，重丁。"《唐律疏议》卷十《职制律》记载："父母之丧，法合二十七月，二十五月内是正丧。"[4]这叫丁忧。根据公主墓志"逮事先姑秦国太夫人，垂三十年"，此处应是驸马母亲去世。"未至"应该是指"寻移□州长史""未至"之时。此时，公主与驸马正在澧州

---

[1]《旧唐书》卷一七《文宗本纪下》，第579页。

[2]《旧唐书》卷一七《文宗本纪下》，第560页。

[3]（清）李道平撰，潘雨廷点校：《周易集解纂疏》卷五《下经第五·家人》，《十三经》清人注疏本，北京：中华书局，1994年，第349—351页。

[4]（唐）长孙无忌：《唐律疏议》卷十《职制律》，北京：中华书局，1983年，第207页。

（今湖南澧县）。为驸马母亲丧事，夫妻二人返回长安，待了27个月。

但是，与驸马韦让同期的驸马杜悰（尚岐阳公主）却只为母亲服丧一年，据《旧唐书·杜佑附杜悰传》载："太和六年，转京兆尹。七年，检校刑部尚书，出为凤翔尹、凤翔陇右节度。丁内艰，八年，起复授忠武军节度使、陈许蔡观察等使，就加兵部尚书。"[1]这说明"为母服齐衰三年"[2]的规定在唐代的社会运行中并没有得到严格的执行。那么韦让到底为母亲守了几年孝呢？因为正史与墓志记载中均无明确时间，已不得而知。

3.李党上位，夫妻共赴河中

据《驸马韦让墓志铭》："家艰服除。"家艰，指父母的丧事。服除，指守丧期满。如果按为父母守制27个月来算，从开成四年（839）十二月己酉朔驸马被贬算起，到驸马复位应是842年3月，为武宗会昌二年。如果按一年来算的话，840年为文宗开成五年，此时驸马"拜河中少尹，威肃廉清，号为称职"。按《新唐书·百官志四下》记载："少尹二人，从四品下。掌贰府州之事，岁终则更次入计。"[3]据《新唐书·地理志》记载"河中府河东郡，赤。本蒲州，上辅"[4]，蒲州即今山西永济市蒲州镇。公主与驸马又一次离开长安。"（开成）五年（840）正月，武宗即位。七月，召德裕于淮南。九月，授门下侍郎、同平章事"[5]，开始了李党独掌朝政的时期，正如有的研究者所说李德裕"武宗一朝任相（840—845），德裕受到武宗极大信任，这为李德裕施展抱负提供了政治舞台，得以有一番作为"[6]。也就是说，驸马及公主在李党上台时也没有得到重用，同样也要在人到中年之时再赴异地。

总之，公主在这一时期，与驸马相依为命、舟车劳顿，从长安到澧州，再从澧州回长安，再从长安到河中。

---

[1]《旧唐书》卷一四七《杜佑附杜悰传》，第3984、3985页。

[2]《新唐书》卷七六《后妃传上》载："唐高宗上元元年（674），（武则天）进号天后，建言十二事：……九、父在为母服齐衰三年；……帝皆下诏略施行之。"第3477页。

[3]《新唐书》卷四九《百官志四下》，第1312页。

[4]《新唐书》卷三九《地理志三》，第999页。

[5]《旧唐书》卷一七四《李德裕传》，第4521页。

[6]周乐：《李德裕与牛李党争》，厦门大学硕士学位论文，2009年，第23页。

四、侄儿武宗会昌六年（846）——兄弟宣宗大中五年（851）：公主悲喜交加的人生最后阶段

宣宗是宪宗的第十三子，是比汾阳公主小13岁的同父异母弟弟。《新唐书》所载："会昌六年（846），武宗疾大渐，左神策军护军中尉马元贽立光王为皇太叔。三月甲子，即皇帝位于柩前。四月乙亥，始听政。"[1]在位十三年，"宣宗性明察沈断，用法无私，从谏如流，重惜官赏，恭谨节俭，惠爱民物，故大中之政，讫于唐亡，人思咏之，谓之'小太宗'"[2]。

1.公主与驸马回到风云际会的长安，驸马官复原职（846—849）

据《汾阳公主墓志铭》："洎圣敬文思和武光孝皇帝君临寰宇，敦睦亲族。韦公追赴班资，贵主亦朝天阙。每令节佳辰，参对别殿，敷奏必合于睿旨，渥泽不群于他家。戚里之荣，见重于一时矣。"刚继位的宣宗，无论是为博得声名还是为防备在外的皇亲国戚，召回了汾阳公主和驸马，并让他们在京城度过了一段平静的时光 。

夫妻又回长安。驸马"迁左庶子，改宫菀闲厩使，拜太仆卿"。《新唐书·百官志四》记载："左庶子二人，正四品上……掌侍从赞相，驳正启奏。总司经、典膳、药藏、内直、典设、宫门六局。"[3]《百官志二》："圣历中，置闲厩使，以殿中监承恩遇者为之，分领殿中、太仆之事，而专掌舆辇牛马。"[4]

关于太仆卿，《百官志》未见，唐薛延珪曾写《授太仆卿制》：

> 敕。具官某。《书》曰："昔周穆王命伯冏为太仆正，曰：'昔在文武，聪明齐圣。侍御仆从，罔匪正人，以承弼厥辟。'"且曰："仆臣正厥后克正，仆臣谀厥后自圣。"太仆之为官也重矣。朕每读《书》，允择其可。矧惟前代，毕用名臣。数马执绥，故实具在。为予御侮，作我前驱。审官择人，今以命汝。稽诸训诰，得不勉之？可守太仆卿。[5]

[1]《新唐书》卷八《宣宗本纪》，第245页。

[2]（宋）司马光：《资治通鉴》卷二四九，大中十三年六月条，北京：中华书局，1975年，第8076页。

[3]《新唐书》卷四九《百官志四上》，第1293页。

[4]《新唐书》卷四七《百官志二》，第1217页。

[5]李希泌主编，毛华轩等编：《唐大诏令集补编》（上），上海古籍出版社，2003年，第402、403页。

之后驸马“又转太府卿，而菀厩使皆兼焉”。《新唐书·百官志三》记载：太府卿“卿一人，从三品。”[1]

2.驸马受牛党排挤，公主又随驸马出任郑滑节度使（849—851）

如果说“武宗一朝（841—846），李德裕秉政，牛僧孺、李珏、杨嗣复等均遭贬斥，李党政治主张贯彻得最为充分”[2]，那么，到了宣宗时期，时局又发生了很大变化，“宣宗即位，李德裕失势罢相，归洛阳，而宗闵、嗣复之党崔铉、白敏中、令狐绹欲置德裕深罪。大中初，教人发绅镇扬州时旧事，以倾德裕”[3]。也就是说，“宣宗一朝，白敏中、令狐绹等牛党人物执政，李德裕等贬斥殆尽，牛党主张贯彻得最为充分”[4]。

在这样的政治背景下，公主又随驸马离开长安，远赴郑滑。这一年公主已经52岁，驸马50岁。据《汾阳公主墓志铭》：“韦公以长材远略，上契宸衷，除义成军节度使。”义成军节度使，又称郑滑节度使，为唐朝、五代在今河南省北部设立的节度使。《旧唐书·地理志一》载：“义成军节度使。治滑州（今河南滑县），管滑、郑（今河南荥阳）、濮（今河南濮阳）三州。”[5]与驸马墓志记载一致，《驸马墓志铭》：“大中三年（849），迁捡校工部尚书（尚书一人，正三品[6]），郑、滑节度使，也与《全唐文》所载《授卢宏正韦让等徐滑节度使制》[7]相对应。

那么，是什么原因让已经人到老年的公主与驸马远赴外地呢？这仍然与党争有关。

其实，驸马在去外地之前，就已经受压制了。

（1）求京兆尹，被拒。也许在这之前，驸马的官职都在三四品徘徊，且多在外地。如果结合公主墓志“以大中五年八月廿日薨于滑州之官舍，享年五十四”来看，在驸马担任郑、滑节度使的第二年，公主撒手人寰。在此之前，公主身体一定不好。生了那么多孩子，但存活很少，一定给公主的心理和生理造成很大伤害。驸马想在京城谋职也许与想给公主一个安稳的晚年生活有关。

---

[1]《新唐书》卷四八《百官志三》，第1263页。

[2][4] 黄楼：《唐代宣宗朝政治史研究》，武汉大学硕士学位论文，2005年，第87页。

[3]《旧唐书》卷一七三《李绅传》，第4500页。

[5]《旧唐书》卷三八《地理志一》，第1389页。

[6]《新唐书》卷四六《百官志一》，第1201页。

[7]（清）董诰等编：《全唐文》卷四三八李讷《授卢宏正韦让等徐滑节度使制》，北京：中华书局，1983年，第4469页。

但是，这个请求却遭到牛党人周墀的反对。据《资治通鉴》载：大中三年（849）二月，“驸马都尉韦让求为京兆尹，（周）墀言京兆尹非才望不可为，让议竟寝”[1]。据《新唐书》载：“当时侍郎兼大夫少，唯京兆尹兼之。京兆尹从三品，今位乃在本品同类官从三品卿、监上，太常、宗正卿正三品下。”[2]关于京兆尹，“隋朝时虽然已有诸如县丞县尉不得由本郡人担任等籍贯回避的相关规定”[3]，但其实在唐代宗永泰年间关于两府（京兆府与河南府）任官就做出了特殊的规定：“不许百姓任本贯州县官及本贯邻县官，京兆、河南府不在此限。”[4]

周墀被称为“晚唐直相”[5]，与牛党关系密切。“大和七年（833），牛党首领之一李宗闵被解职出任山南西道节度使（治今陕西省汉中市）时，曾表奏周墀为其行军司马，可见在此之前二人关系已非同一般。另外周墀在官场上的起伏也和牛李两党势力的消长大致吻合。唐武宗即位，重用李德裕，牛党官员多被排斥，周墀也恰在此时由京官出任地方官”[6]。由此可见，周墀反对韦让任京兆尹与唐代任官回避制度应无关联，就是党争的结果。

（2）侵街造舍，被毁。《唐会要》：“大中三年（849）六月，右巡使奏：‘义成军节度使韦让，前任宫苑使日，故违敕文，于怀真坊西南角亭子西，侵街造舍九间。’敕旨：‘韦让侵街造舍，颇越旧章，宜令毁拆。’”[7]

驸马为什么要侵街造舍？这应该与他自己的家庭情况有关。大唐公主婚后不是随夫居，而是由朝廷另辟地方重盖新房。正如辛替否所言“伏惟公主陛下之爱女，选贤良以嫁之，设官职以辅之，倾府库以赐之，壮第观以居之，广池籞以嬉之，可谓之至重也，可谓之至怜也”[8]。可是，笔者翻检《唐两京城坊考》，都未找到汾阳公主住宅的记载。驸马与公主漂泊在外多年，于是趁在京城做宫蓰闲厩使之际，侵街造舍九间。其目的也与前文所说的想做京兆尹有关，想给公主一个温暖、安定的晚年生活。当然，也应与利益相关。台湾学

[1]《资治通鉴》卷二四八，大中三年条，第8038页。

[2]《新唐书》卷二〇二《文艺传中》，第5761页。

[3]曹婉茹：《唐代任官回避制度研究》，西北大学硕士学位论文，2016年，第29、30页。

[4]《册府元龟》卷六三〇《铨选部·条制二》，第7281页。

[5]张卫东：《晚唐直相周墀》，《天中学刊》2002年第1期，第85页。

[6]张卫东：《晚唐直相周墀》，第86页。

[7]《唐会要校证》卷八六《街巷》，第1349页。

[8]《旧唐书》卷一〇一《辛替否传》，第3156页。

者卢建荣教授指出："北宋十一世纪中，开封市街林立的情景，是要经过先前三百年缓慢积淀才形成的。商店街由一条而多条，甚至填溢整座城，光是在唐代后期就酝酿了一百五十年之久，再经过北宋一百五十年的积累，才有全城店家泛滥的惊人场面。如今我们华人社会住商混居的文化，其原始可溯至唐代中期。"[1]这说明在韦让所在的唐代中后期，商店街就已经诞生了。"公元755年之后，东城区以东市为中心，向西、东两方向扩散，诞生了一条商店街；西城区以西市为中心，同样向西、东方向展延，一间间店家如雨后春笋般冒出，诞生了另一条商店街。与这两条商店街相连的坊区，就形成住商混合区"[2]。而韦让侵街造舍的怀真坊，正处于这个范围，在此"侵街造舍九间"，应是为了经济利益。

当然，想以此牟利的人绝不止驸马一人。早在唐高宗永徽年间，《唐律疏议》就规定："诸侵巷街、阡陌者，杖七十。"[3]唐玄宗、唐代宗、唐文宗都对此做过严格规定（详见《唐会要》卷八六《街巷》[4]）。《册府元龟》也有相关记载：代宗永泰二年（766）正月"不许京城内坊市侵街筑墙造舍，旧者并毁之"[5]。有令不行，可见当时侵街造舍之盛，驸马之行为并不是个案。但"韦让侵街造舍，颇越旧章，宜令毁拆"[6]，这种惩罚着实有些重，有点以儆效尤的意味。说到底，还是党争的外在表现。

卢建荣教授认为："从唐代京城出现第一条商店街，之后向外辐射出去，变成商店街区，是一种如今住商混住的小区模样。这里就成了京师治安重点，往往劳烦京兆尹、两县令不时光临其地，有所处理公务。"[7]也就是说，京兆尹有管辖商店街之权。根据张荣芳《唐代京兆尹研究》一书可知大中三年时的京兆尹为崔偘[8]。《太平广记》中，也有"时崔偘充京尹"[9]的记载。《册府元

[1] 卢建荣：《唐代京城商店街形成考索——中国饮食文化史惊鸿一瞥》，《社会／文化史集刊17》，台北：新高地文化事业有限公司，2015年，第81—103页。

[2] 卢建荣：《唐代京城商店街形成考索——中国饮食文化史惊鸿一瞥》，第87页。

[3]《唐律疏议》卷二六《杂律》，第488页。

[4]《唐会要校证》卷八六《街巷》，第1348、1349页。

[5]《册府元龟》卷一四《帝王部·都邑二》，第148页。

[6]《唐会要校证》卷八六《街巷》，第1349页。

[7] 卢建荣：《唐代京城商店街形成考索——中国饮食文化史惊鸿一瞥》，第90页。

[8] 张荣芳：《唐代京兆尹研究》，台北：学生书局，1987年，第204页。

[9]（宋）李昉等编：《太平广记》卷二八三《巫（附厌咒）·韦觐》，北京：中华书局，1961年，第2260页。

龟》载："（开元）五年二月，诏有嘉遁幽栖，养高不仕者，州牧各以名荐。是年，有文史兼优科（李昇期、康子元、达奚珣及第），文儒异等科（崔侃、褚廷诲及第）。"[1]由此可知，崔侃应是科举及第进入仕途，与牛党大部分人员经历一致。前文已知，驸马求京兆尹遭到牛党人的阻止，按照逻辑分析，此时当京兆尹的崔侃，无疑是牛党人。既然是牛党的人掌握着京兆尹的官印，那么跟牛党早就不合的驸马能有什么便宜好占？大中三年二月求为京兆尹不得，同年六月癸未，"义成军节度使韦让于怀真坊侵街造屋九间，已令毁拆讫"[2]。

总之，驸马想从政治、经济上有所提升及改善的愿望都没有实现。最后，只好带着年迈的公主远走他乡，以致公主客死他乡。驸马"既至，则军惮威声，邦洽善政。上方注意，滑无疲民"。可见韦让还是有一定的能力的。

3. 公主客死他乡（851）

公主与驸马远离都城，来到郑、滑，"况又恶浊世嚣尘之境，奉玄元清净之教"。驸马"早年好黄老术，尝受道箓于昇玄先生。而又能达于物之理性，于一事无不穷其工妙也"。"昇玄先生名刘从政，是唐敬宗皇帝入道受箓的度师，曾因此获封昇玄先生、检校光禄少卿，隐然成为天下道门领袖。虽然不及司马承祯一系的显赫，但也有上溯至东晋杨羲'凡十四世'的传法谱系"[3]。公主亦"授法箓，服道衣。往往蔬食，动经旬时"。道教是李唐王朝的国教，公主与驸马专心问道自然与宗教信仰有关，但也有避厄祈福的目的。

天有不测风云，"而积善之应，何其篾然。至高者天，不可得而问也。"公主"以大中五年（851）八月廿日薨于滑州之官舍，享年五十四"。死因不详。

公主去世后"皇上震悼，废朝三日，册赠郑国温仪大长公主。哀荣之典，尽于此矣"，且"诏（驸马）罢郑、滑而以□汾阳主丧归"。但如果与襄城公主去世后"高宗举哀于命妇朝堂，遣工部侍郎丘行淹驰驲吊祭，陪葬昭陵。丧次故城，帝登楼望哭以送柩"[4]相比，汾阳公主去世后，宣宗的表现稍显平淡。"郑国"为封号，也许是因为公主死于滑州的缘故。"温仪"为谥号，是因为德性宽柔为"温"[5]，为人表率为"仪"。而"大长公主"的称呼就有些蹊

[1]《册府元龟》卷六四五《贡举部·科目》，第7445页。

[2]《旧唐书》卷一八《宣宗本纪》，第622页。

[3] 雷闻：《传法紫宸：敬宗之师升玄先生刘从政考》，《中华文史论丛》2017年第1期，第59页。

[4]《新唐书》卷八三《诸帝公主传》，第3645页。

[5]《唐会要校证》卷八〇《谥法下》，第1262页。

跷。按理说，公主是宣宗的姐姐，应封“长公主”才是。这也许是宣宗遵照了敬宗、文宗、武宗朝的称呼“大长公主”，抑或说宣宗依从了郭皇后那一支血脉称呼的缘故。

驸马因为公主去世回到了京城。唐朝服丧之礼中，斩衰是最重要的一种，齐衰次之。《新唐书·礼乐志》规定：妻死，夫服“齐衰杖周”之礼三年（指居丧持杖周年）[1]。可是，如果是公主死了，丈夫就必须为之服斩衰三年。《旧唐书·杜佑附杜悰传》有记载：“开成初，（杜悰）入为工部尚书、判度支。属岐阳公主薨，久而未谢。文宗怪之，问左右。户部侍郎李珏对曰：‘近日驸马为公主服斩衰三年，所以士族之家不愿为国戚者，半为此也。杜悰未谢，拘此服纪也。”[2]所以驸马韦让回京为公主服丧是礼制所要求的。但又因为“上（文宗）愕然曰：‘予初不知。’乃诏曰‘制服轻重，必由典礼。如闻往者驸马为公主服三年，缘情之义，殊非故实，违经之制，今乃闻知。宜令行杖周，永为通制’”[3]。因为文宗下令修改了驸马须为公主服斩衰三年之丧的规定，而汾阳公主在宣宗大中五年去世，所以驸马韦让并没有为公主服满三年丧，“六年（852），拜太子詹事”（“太子詹事一人，正三品，掌统三寺、十率府之政”[4]）。

“（公主）粤以大中七年（853）岁次癸酉四月一日辛酉归窆于长安县福阳乡张村，韦氏先茔之侧，礼也”，“（驸马）以大中九年（855）二月廿三日祔于长安县福阳乡汾阳公主之墓，礼也”，真是一对“生则同衾，死则同椁”的夫妻。公主没能像初唐公主那样，死后陪葬父皇的陵寝，而是与驸马一起，死后埋在夫家的祖坟。

五、结　语

汾阳公主是陪着驸马在仕途的起起伏伏中走完了自己的一生。其中不乏“空白之页”。而这个“空白之页”恰好说明“没有一个妇女是空白之页，每一位妇女都是一页页书的作者或一页页书的作者的作者。生产生活必需品——

[1]《新唐书》卷二〇《礼乐志十》，第443页。

[2][3]《旧唐书》卷一四七《杜佑附杜悰传》，第3985页。

[4]《新唐书》卷四九《百官志四》，第1292页。

孩子、食物、衣服等的艺术，是妇女独特的创造”[1]。汾阳公主历经八朝，与驸马夫唱妇随，荣辱与共。他们不涉长达40年的牛李党争，但牛党上台时，公主与驸马被贬到外地；李党得势时，驸马也没有加官晋爵。可见在如此大范围的党争之中，即使不进行政治站位，也难以置身事外，夫妻二人都可谓是牛李党争时双方互相攻讦倾轧的牺牲品。但在男性的历史叙事中，我们听不到公主的任何声音。但恰恰是这种沉默成了“神秘而富有潜能的抵抗行为”[2]。

《汾阳公主墓志铭》拓片

[1]［美］苏珊·格巴：《“空白之页”与女性创造力问题》，载张京媛主编《当代女性主义文学批评》，北京大学出版社，1992年，第179页。

[2]［美］苏珊·格巴：《“空白之页”与女性创造力问题》，第177页。

《驸马韦让墓志铭》拓片

（作者单位：陕西师范大学历史文化学院）

The Interpretation on the Epitaph of Princess Fenyang in the Tang Dynasty

Guo Haiwen, Yuan Yang

[Abstract] Princess Fenyang is the sixth daughter of Emperor Xianzong of the Tang Dynasty, whose husband was the brilliant Wei Rang of a distinguished family. The couple lived through the dynasties of De, Shun, Xian, Mu, Jing, Wen, Wu, Xuan periods and living in harmony. They didn't involve the Niu-Li factional struggles, but when Niu Party came to power, the princess and her husband were demoted. Then Li Party gained power, her husband didn't get promoted either. The princess moved to Lizhou, Hezhong, Zhenghua and other places with her husband's official travel in all her life and died in Huazhou at the age of fifty-four after experienced the pain of losing children and leaving home for many times. Finally, the princess and her husband were buried together in the ancestral tomb of her husband's family. In the male historical narrative, we can't hear any voice of the princess, but this silence has become a "mysterious and potential act of resistance".

新出唐宦官妻南阳郡夫人张大娘墓志发微*

景亚鹂

近年新出唐宦官妻南阳郡夫人张大娘墓志[1]，志主天宝十三载（754）六月二日葬于长安县龙首原，志石高86厘米、宽87.5厘米，志石左上有缺损。志文32行，满行35字，隶书。由唐史光烈撰文、陈度书并篆盖，盖已散佚。志主及墓志撰者、书者史籍均无载，其夫宦官李思艺的墓志亦同时同地出土，其夫卓卓政绩和特殊待遇另文有叙[2]，此不赘述。志文中记载了志主“贤良淑德”“相夫教子”“琴瑟之谐”“虔诚信佛”等。其葬礼的“刍灵”“明器”“輁轴”“骖轜车”“碑綍”“鼓窆”等仪式，体现了志主的丧葬规格。大凡墓志铭常有“溢美之词”，但身为宦官之妻的南阳郡夫人张大娘，其葬礼规格之高，场景描述之详，在唐代墓志铭中堪谓鲜见，故作一考述，就教方家。

一、墓志铭录文

□□□□□□□□□氏墓志铭并序

□□□□□□□胄也，晋大夫老以善颂飞名，汉留侯良以宏谋标誉。才贤代济，轩盖相承。□□□□□□□家南阳郡焉，夫人即其后也。夫人讳大娘，字南阳。曾祖爽，皇朝□□□□。祖□，皇朝中部郡安台府折

* 本文系国家社科基金项目“丝绸之路沿线汉至唐丝路碑刻整理研究”（项目编号：19BZS017）阶段性成果。

[1] 出土于西安市雁塔区鱼化寨北石桥，现为私人收藏。

[2] 景亚鹂：《新见唐宦官李思艺墓志疏证——兼论唐代的官方赙赠制度》，载杜文玉主编《唐史论丛》第三十辑，西安：三秦出版社，2020年，第333—342页。

冲都尉。考徽，皇朝武部常选。三府君以纯孝奉□，□□□□。故夫人以长源积庆，钟此英灵。大块委和，生而茂异。天资玉质，春秀禯华。虽□□□□，□川流雪，篾以加也。若乃致美，友于祇勤，德行具父母，珍其至性姑。姊妹挹其柔□，□□□□女师。礼方配于君子，年十三归我，内侍赵郡李公公。友以宝琴，赠之杂佩。婉□□□，□翡翠之不殊；肃雍和鸣，在凤皇而可拟。然时李公有志未就，垂□养蒙。夫人□□□□，□以听命。夙兴夜寐，所以奉舅姑；后已先人，以之谐娣姒。加以敬迈宾客，勤不□□。□□姻亲，惠能继好，故内外仰之如时雨，爱之若冬曦焉。其后李公道偶时来德，以□□□□人，咏《鹊巢》之什，叹方之盈之。阅《鸡鸣》之诗，必以规以戒。李公相敬无怠，从谏如□，□□□渐，周行允归。朝望龙楼，近侍妙简。帝池阶累土，以致乎九层，由释褐而成乎□□。□□夫人光辅之故，故我内侍天六载拜银青光禄大夫，夫人封南阳郡夫人。从□□□□，李公之丁家艰，夫人临丧必哀，慎终得礼，居诸骤变，朔望倍痛，于几筵霜露□□，春秋必洁乎禋祀，乃古之孝妇焉。夫人有男十五人、女二人。教以义方，训之《内则》。俾□□□仕，并曰能贤。缅笄有行，皆称婉顺。夫人尝谓内侍曰：扬名荣亲，岂忘□□。磨顶至踵，宜荷佛恩。将酬其心之慈，寔资□大之愿。然而一切经偈，穷妙迹于笔端。□□僧徒，就香供于宇下，至于管库之蕴，箧笥之珍。夫人稍舍于当年，内侍尽舍于来岁。虽禄利居厚固，宜家积万钟。而檀施无疆，遂使至如悬罄。必谓托兹，暾日恒多。阶老之欢，岂期遭彼。劲风顿起，半凋之恨。以天宝十二载十有一月廿八日夫人薨于布政里之第，亨年五十有五。呜呼哀哉，子□若婴儿中路失其母焉。曾参绝浆，孰云难继。季羔泣血，斯焉可传。凡所附身附棺，果于必诚必信。盖三日而后，敛□于阼阶，殡于客位。粤以明年岁在甲午六月乙丑朔二日景寅葬于京兆府长安县昆明乡龙首原，礼也。夫人之丧，典军弟为志焉。于是乎庀刍灵，藏明器，迁輁轴，骖輲车，加惟荒以饰棺，具碑繂而鼓窆。内侍泫然流涕曰：地久天长，业夷泉实，永言松槚，莫辩谁何述志。所以记坟献状，存乎旌善，顾令末学，用纪遗芳，爰命工人，式镌茂实。铭曰：□辕之胄，钟鼎其昌。我祖我考，为龙为光。其一。生我女师，维邦之媛。归于君子，维人之彦。其二。以规以戒，不忌不回。宜家光国，累土层台。其三。命夫命妇，有严有翼。男阅诗书，女工组织。其四。不忘帝力，顾答佛恩，写经岳仞，委施星繁。其五。昊天不佣，歼我仁寿。我夫我子，痛心疾首。其六。呜呼一别几千秋，此别今人生百忧。朝兰室兮夕荒业，山月苦兮野云愁。不悟夫人归此地，一朝顿尽许风流。

习艺馆内教景城郡盐山县尉史光烈撰

习艺馆内教武当郡司马陈度书并篆盖

二、张大娘身世及宦官妻身份

通过梳理墓志可知，志主的姓氏应为张姓。志文有曰："晋大夫老以善颂飞名，汉留侯良以宏谋标誉。"前句典出《礼记·檀弓下》，歌颂春秋末年晋国大夫张孟，"美轮美奂"成语由此而出；后句称誉"汉初三杰"之一的张良，"夫人即其后也"，言明志主乃张姓之后裔，"讳大娘，字南阳"。其曾祖因志石缺损，官职不详。其祖官职"皇朝中部郡安台府折冲都尉"。唐中部郡，今陕西黄陵县一带，安台府为设置于中部郡的折冲府之一。折冲都尉，武职事官，为本府长官。其父"皇朝武部常选"，唐天宝"十一载正月，改吏部为文部，兵部为武部，刑部为宪部"[1]。武部即兵部，"武部常选"同"兵部常选"。关于"兵部常选"，日本学者杉井一臣认为，"常选"具有两种意义，一种是广义的"常选"，包括现任官和前资官在内的出身获得者；一种是狭义的"常选"，指特定的官员身份，即虽经各种途径获得出身，但未能在吏部、兵部的铨选中取得合格资格的人。这种常选的资格高于散官，而获得散官并不等于获得了对应吏部铨衡的资格[2]。综上所述，张大娘出身于武职官员家庭。志文曰"年十三归我，内侍赵郡李公公"。夫人姿容清秀，品格高洁，敬慎勤劳，先人后己，奉养公婆，和睦娣姒。天宝六载因丈夫官阶"银青光禄大夫"，而被封为"南阳郡夫人"。有养子十五人，养女二人。

与其同时、地出土的还有唐宦官《李思艺墓志》（以下简称"李墓志"），据考证，此两方墓志的男女墓主可认定为夫妇关系。首先李墓志曰"赵郡人"，并志题言"唐故银青光禄大夫行内侍省内侍李公墓志铭并序"。而张大娘墓志（以下简称"张墓志"）记载"年十三归我，内侍赵郡李公公"。此处明确了张大娘乃嫁给赵郡李姓宦官，两方墓志此处信息具有一致性。其次，张墓志曰"家南阳郡焉，夫人即其后也。夫人讳大娘，字南阳"。李墓志言"夫人南阳张氏"，此条明确了李思艺之夫人乃南阳张氏，进而明确了□大娘之姓氏"张"，两方墓志此处信息亦为一致。张墓志曰其夫李公"朝望龙楼，近侍

[1]（后晋）刘昫：《旧唐书》卷四二《职官志一》，北京：中华书局，1975年，第1790页。

[2] 胡戟：《二十世纪唐研究》，北京：中国社会科学出版社，2002年，第116页。

妙简”，亲近于皇帝，似乎也呼应了宦官李思艺的为官生涯基本在宫内，未及有宫外其他职务之特点。第三，张墓志云，“故我内侍天六载拜银青光禄大夫，夫人封南阳郡夫人”，亦可对应李墓志“加银青光禄大夫赵郡公食邑二千户”，并补充了李墓志所缺的拜银青光禄大夫的具体时间，即天宝六载（747）。张墓志“夫人封南阳郡夫人”，更印证了李墓志之夫人籍贯乃“南阳”。张氏“南阳郡夫人”应是“妻以夫贵”而被授封嘉奖的。《大唐六典》载官员母、妻诏封外命妇的规定，“一品及国公母妻为国夫人，三品已上母妻为郡夫人，四品若勋官二品有封母妻为郡君，五品若勋官三品有封母妻为县君”[1]。两墓志此处亦为一致。李墓志言“吾见其进丁家艰，去职禀乎，分性毁乃加人”，张墓志亦言及此事，“李公之丁家艰，夫人临丧必哀”。丁家艰亦称丁忧，可知李思艺那年遭遇了父亲或母亲的丧事。第四，李思艺与张大娘两人的葬地亦为一致，均于“长安县龙首原”，李墓志“天宝十五载岁次景申正月七日合葬于长安县龙首原”，张墓志“明年岁在甲午六月乙丑朔二日景寅葬于京兆府长安县昆明乡龙首原”。第五，李墓志言“有制起，复授正议大夫、内侍省内侍，仍知内坊事兼云韶习艺使”，可知李还兼职为云韶府、习艺馆的使官。“内教坊，武德已来，置于禁中，以按习雅乐，以中官人充使。则天改为云韶府，神龙复为教坊”[2]。李思艺曾在此处担任使职，故其夫人墓志铭的撰者“习艺馆内教景城郡盐山县尉史光烈”和书、篆盖者“习艺馆内教武当郡司马陈度”均与此部门有关就不难理解了。两人同处一个时间点，又具有上述诸多方面的一致性，因此李思艺与张大娘的夫妇关系基本可以认定。

尽管如此，但夫妇俩薨卒之私第不统一，李思艺“薨于安兴里之私第”，张大娘“薨于布政里之第”，颇耐人寻味。拟作一较为合理的推测。安兴里，后改为广化坊[3]，万年县所领，处于朱雀门街东第四街，即右皇城东第二街，街东从北第三坊。唐时宦官宅于此坊者颇多，有仇士良、孙常楷、孙荣义[4]、王文幹、李

[1]［日］广池千九郎训点，内田智雄补订《大唐六典·尚书吏部》卷二，东京：广池学园事业部，昭和四十八年，第41页。

[2]《旧唐书》卷四三《职官志二》，第1854页。

[3]辛德勇将安兴坊更名为广化坊的时间考证在天宝至贞元年间，并具体到至德三载（758）。辛德勇：《隋唐两京丛考》，西安：三秦出版社，2006年，第51、52页。该墓志天宝十四载（755）亦称安兴里，可为辛氏结论增添佐证。

[4]（唐）权德舆撰，郭广伟校点：《权德舆诗文集》之《唐故右神策军护军中尉右街功德使开府仪同三司守右武卫大将军知内侍省事上柱国乐安县开国公内侍省少监致仕赠扬州大都督府孙公神道碑铭并序》，上海古籍出版社，2008年，第286页。

从证、苏思勖、骆明珣、闾知诚等[1]。唐代宦官“住地集中，是个具有邻里性格的社群”[2]，言之有据。尽管有广化坊周围还被密集的佛寺环绕之说[3]，但安兴坊内佛寺鲜见“十字街之西北净住寺”[4]。而布政里为长安县所领，朱雀门街西第三街，即皇城西之第一街，街西从北第四坊。此坊未见唐代宦官宅邸，而宗教寺院颇多。唐有胡祆祠、善果寺、镇国大波若寺、法海寺、济法寺、明觉尼寺等[5]。李思艺与张大娘夫妻所薨私第之不一致，似乎可以这样理解，宦官李思艺居于安兴里，距离皇城近，且同僚宦官居多，便于上朝工作。而夫人张大娘居于布政里，是与其佛教信仰有关联。

三、志主的人生历程

梳理志主“贤良淑德”“相夫教子”“琴瑟之谐”“虔诚信佛”的人生轨迹，特别是志主考究的葬礼仪式，再现了唐代早期显赫宦官之妻的特殊礼遇。

志主13岁嫁给内侍赵郡李公公。李墓志云“天宝十四载四月七日遘疾薨于安兴里之私第，春秋七十有九”，张墓志曰“天宝十二载十有一月廿八日夫人薨于布政里之第，亨年五十有五”，可知夫比妻大了22岁，张大娘13岁时嫁给35岁的宦官李公公。唐政府曾先后两次以诏令的形式规定唐代女性的初婚年龄，太宗时“男年二十，女年十五已上”[6]，玄宗朝“男年十五，女年十三以上，听婚嫁”[7]。志主13岁结婚，可见宦官之妻的初婚年龄与整个社会是同轨的。再者，志主卒年55岁，据学者考证，整个唐代女性的平均寿命为56.84岁[8]，此方面也基本均衡。张大娘早于丈夫而卒，后夫妇“合葬”而安。夫妇合葬乃中国古代盛行的丧葬习俗，“妇从其夫葬为合葬，凡夫妇以合葬为

[1]（清）徐松撰，李健超增订：《最新增订唐两京城坊考》，西安：三秦出版社，2019年，第145—149页。

[2] 陈弱水：《唐代长安的宦官社群——特论其与军人的关系》，载荣新江主编《唐研究》第十五卷，北京大学出版社，2009年，第175页。

[3] 张美侨：《唐长安宦官的生活场域与佛教信仰》，载杜文玉主编《唐史论丛》第二十二辑，西安：三秦出版社，第14页。

[4]《最新增订唐两京城坊考》，第145页。

[5]《最新增订唐两京城坊考》，第250、251页。

[6]（宋）王溥：《唐会要》卷八三《嫁娶》，北京：中华书局，1955年，第1527页。

[7]《唐会要》卷八三《嫁娶》，第1529页。

[8] 万军杰：《唐代女性的生前与卒后——围绕墓志资料展开的若干探讨》，天津古籍出版社，2010年，第134页。

常”[1]。宦官之妻张大娘，在人生的这几处节点上，俨然和普通女性一样，遵循着常态的女性生活。

贤良淑德：志主家族上三代，即曾祖、祖父、父亲均为朝廷命官。良好的家庭熏陶，使得张大娘“长源积庆，钟此英灵。……若乃致美，友于祗勤，德行具父母，珍其至性姑”。为人妇的张大娘，“夙兴夜寐，所以奉舅姑；后已先人，以之谐娣姒。加以敬迈宾客，勤不□□。□□姻亲，惠能继好”。尽职尽责地孝敬公婆，与丈夫之妾也是和乐融洽，对宾客亦尊敬有加，故此享有“内外仰之如时雨，爱之若冬曦”之美誉。丈夫事业顺达，敬业于皇帝身边，天宝六载拜为“银青光禄大夫”，夫人封为“南阳郡夫人”，享有尊贵。张大娘之“南阳郡夫人”封号，对应其夫官职[2]。“李公之丁家艰”，其公公或婆婆去世。在长辈丧葬礼仪上，志主“临丧必哀”“慎终得礼”“朔望倍痛”“于几筵霜露□□，春秋必洁乎禋祀”等，正因为有此种种尽职尽责的表现，故被时人赞誉为“古之孝妇”，体现了其贤良淑德之品行。

相夫教子：志主在教养儿子和训育女儿方面也是遵循礼仪。志文曰“夫人有男十五人、女二人。教以义方，训之《内则》”。在李墓志中，仅列举四子，均效力朝廷，并曰“孝思罔极，愿纪徽音”。母亲去世后，其子女“若婴儿中路失其母焉。曾参绝浆，孰云难继。季羔泣血，斯焉可传”。母子情深意切得以凸显。《春秋》曰：“爱子教以义方，不纳于邪。骄奢淫佚，所自邪也。”[3]义方，乃行事应该遵守的规范和道理。《左传》载：“石碏谏曰‘臣闻爱子教之以义方，弗纳于邪。’”[4]谓父母教育儿子，要求其遵守规矩法度。《礼记·内则》：“以其记男女居室事父母舅姑之法，此于《别录》属子法。以闺门之内，轨仪可则，故曰内则。”[5]借指妇道，可以说是对女性进行管教的条令。张大娘教育儿子以义方，训育女儿以《内则》，且成才的四子均效力国家，故育儿有方，被传为美谈。

志主在丈夫的事业中，也给予告诫劝勉，“夫人尝谓内侍曰：扬名荣

---

[1] 杨树达：《汉代婚丧礼俗考》，上海古籍出版社，2000年，第138页。

[2]《旧唐书》卷四三，第1821页。

[3]（南朝宋）范晔：《后汉书》卷四〇上《班彪列传》，北京：中华书局，1975年，第1328页。

[4]《春秋左传正义·隐公三年》卷三，载（清）阮元校刻《十三经注疏》（下），北京：中华书局影印本，1980年，第1724页。

[5]《礼记正义·内则第十二》卷二六，载《十三经注疏》（下），第1461页。

亲，岂忘□□。磨顶至踵，宜荷佛恩……”

琴瑟之谐：墓志行文中充盈着夫妻恩爱和谐的语句。志文云，“咏《鹊巢》之什……阅《鸡鸣》之诗”，《鹊巢》是描写婚礼的诗。如《毛诗序》解析道：“鹊巢，夫人之德也。国君积行累功，以致爵位。夫人起家而居有之，德如鸤鸠，乃可以配焉。”[1]上海博物馆《孔子诗论》简则一言以蔽之：“鹊巢之归。”[2]有学者依据上博简《孔子诗论》而言之，《鹊巢》的真正主旨并不是“夫人之德”说，实则表达了诗人对古代婚礼亲迎礼俗的赞美。男婚女嫁纳于礼仪范围，依礼完婚的少女才会有更好的归宿[3]。《鸡鸣》出自《毛诗·国风·齐风》[4]，有多家解读，朱熹《诗集传》以为“此诗人述贤夫妇相警戒之词”，实则更多是女子劝勉丈夫之辞[5]。志文的《鹊巢》《鸡鸣》，体现了此对夫妻的融洽和谐。

李公对夫人葬礼的特殊礼遇，也是唐代墓志铭中鲜见的。夫人先夫而逝，志文曰：“于是乎庀刍灵，蕆明器，迁輁轴，骖輀车，加帷荒以饰棺，具碑綍而鼓窆。”“刍灵”，用茅草扎成的人马，为古人送葬之物。《礼记》：“涂车刍灵，自古有之，明器之道也。”郑玄注：“刍灵，束茅为人马，谓之灵者，神之类。”孙希旦集解：“涂车刍灵，皆送葬之物也。”[6]“明器”，下葬时的随葬器物，即冥器。《礼记》又曰：“孔子谓为明器者，知丧道矣……死者而用生者之器也，不殆于用殉乎哉。其曰明器，神明之也。”[7]“輁轴”，乃运灵柩的一种车。《仪礼》：“迁于祖，用轴。”郑玄注：“迁于祖用轴者，谓朝庙之时，从殡宫迁移于祖庙。朝时用輁轴载之。”[8]“骖輀车”，骖本意是古代驾车前两侧的马，引申为驾三匹马。輀车亦作“輌车”，是唐代丧葬用车，谓载运棺柩的车子，且“輀车”是用于从遗体所在地到墓地间的

[1]《毛诗正义·召南·鹊巢》卷一至卷三，载《十三经注疏》（上），第283页。

[2]张影舒、魏耕原：《简论鸠居鹊巢意象的深隐意蕴》，《西安文理学院学报》2008年第2期，第1页。

[3]姜建设、刘承：《试论上博简《诗论》“《鹊巢》之归”——兼论先秦儒家的婚姻观》，《中原文化研究》2014年第5期，第111页。

[4]《毛诗正义·国风·齐风》卷五，载《十三经注疏》（上），第348页。

[5]钱钟书：《管锥编》，北京：中华书局，1998年，第104页。

[6][7]《礼记正义·檀弓下》卷九，载《十三经注释》（上），第1303页。

[8]《仪礼注疏·既夕礼》卷三八，载《十三经注疏》（上），第1147页。

运输柩车[1]。“碑繂”，《礼记》曰：“县棺而封。不设碑繂，不备礼。”乃粗绳绕墓碑上的孔，悬棺而下墓穴。正如孔颖达《正义》曰：“县棺而封，封，即窆，窆下棺内圹中也。贵者则用碑繂，若贫而即葬者，但手县棺而下之，同于庶人，不待碑繂，不设碑繂，不设碑繂不备礼。”[2]高规格的贵族墓葬，专门设碑，用粗绳下葬；而低级墓葬，就直接用手牵拉着悬棺而下[3]。“鼓窆”指放死者棺材进墓穴。

夫人去世后，“内侍泫然流涕曰：地久天长，业夷泉实，永言松檟，莫辩谁何述志。”道出李内侍对亡妻的深深怀念和追思。

唐代社会重视夫妇琴瑟和谐的另外一个重要标志是夫妇合葬。李墓志曰：“天宝十五载岁次景申正月七日合葬于长安县龙首原，礼也。”《礼记》曰：“《檀弓》云季武子曰：合葬非古也，自周公以来未之有改。……是则周公初制此礼也，故周桓王之诗曰：‘死则同穴。’”[4]夫妇合葬在新石器时代就已存在，唐之前历代也不乏合葬之例[5]。夫妻葬式有一个发展演变的过程，商周时代至西汉前期，夫妻“同坟异穴”较为流行。西汉中期以后，埋葬风气有所改变，除帝王、皇后陵为“同茔异坟”外，社会上普遍流行夫妻“同穴合葬”[6]。自此以后“遂成为定制，再未更改”[7]。自汉代起，夫妇合葬是三纲五常说在观念上对丧葬礼制影响的结果，汉儒如此观念也影响到唐代[8]。

信仰佛教：墓志铭亦叙及张氏的虔诚奉佛。志文曰“磨顶至踵，宜荷佛恩。将酬其心之慈，寔资□大之愿。然而一切经偈，穷妙迹于笔端。□□僧徒，就香供于宇下，至于管库之蕴，箧笥之珍。”铭文曰“不忘帝力，顾答佛

[1] 邓玮光：《唐人丧葬用车小考——兼论唐代“凶礼”中的“吉仪”“凶仪”》，《苏州文博论丛》2013年第4辑，第25页。

[2]《礼记正义·檀弓上》卷八，载《十三经注释》（上），第1291页。

[3] 杨华：《叶家山曾侯墓地所见西周早期丧葬礼制四则》，《江汉考古》2013年第4期，第93页。

[4]（宋）高承撰，（明）李果订，金圆、许沛藻点校：《事物纪原》，北京：中华书局，1989年，第483页。

[5] 姚平：《唐代妇女的生命历程》，上海古籍出版社，2004年，第118页。

[6] 段塔丽：《从夫妻合葬习俗看唐代丧葬礼俗文化中的性别等级差异》，《陕西师范大学学报》2005年第3期，第95页。

[7] 李如森：《从汉墓合葬习俗看汉代社会变化轨迹》，《史林》1996年第2期，第21页。

[8] 严耀中：《墓志祭文中的唐代妇女佛教信仰》，载邓小南主编《唐宋女性与社会》，上海辞书出版社，2003年。

恩，写经岳仞，委施星繁。”即志主不辞劳苦，感激佛恩，用笔墨抄写经书，并用财物报答佛慈。又“□□僧徒，就香供于宇下”，因有阙，推知其与僧徒似有交往，且家中敬奉佛像，珍藏佛典。志文中没有体现志主受过戒的语句，但就其种种奉佛行为，判断应为虔诚的佛教信仰者。

唐代佛教最为隆盛，奉佛之风充盈各个阶层，且女性占有相当的比例[1]。在信仰佛教的女性中，宦官之妻属于一个特殊群体。此类女性皈依佛教的动机及原因与其他仕宦阶层家庭中的妇女有较大的不同，与其说佛教是她们的精神追求，不如说是她们对现实的一种抗争手段[2]。“在专制时代，妇女无法掌握自己的命运，在追求幸福生活无望的情况下，被迫悉心向佛或出家为尼。亦不失为是对这残酷无情社会的一种抗争”[3]。当然此仅为一种普遍现象，女性因病信佛或希冀转身或爱好佛教等还是大有人在的。唐代宦官之妻的信奉佛教，一方面说明唐代奉佛之兴盛，另一方面也体现出唐代女性参与到了公众活动中，这无疑会对当时的社会风气造成一定的影响[4]。

[1] 万军杰：《从墓志看唐代女性佛道信仰的若干问题》，载《魏晋南北朝隋唐史资料》第十九辑，武汉大学出版社，2002年，第109页。

[2] 焦杰：《唐代女性与宗教》，西安：陕西人民教育出版社，2016年，第33页。

[3] 杜文玉：《唐代宦官婚姻及其内部结构》，《学术月刊》2000年第6期，第9页。

[4] 景亚鹂：《论唐人崇尚的女性美德》，《陕西师范大学学报》2012年第5期，第100页。

《张大娘墓志》拓片

（作者单位：西安碑林博物馆）

The Interpretation on the New Found Epitaph of Zhang Daniang of Nanyang Jun in the Tang Dynasty

Jing Yali

[Abstract] Among the Epitaphs of the eunuchs' wives in the Tang Dynasty, Zhang Daniang of Nanyang Jun was buried with high standards of etiquette. Although there is no record of Zhang Daniang, the author and the writer of the epitaph in history, the identity and virtue of Zhang Daniang as "daughter-in-law", "wife" and "mother", as well as her devout Buddhist belief has been recorded in detail. This epitaph and the epitaph of her husband (eunuch Li Siyi) that unearthed at the same time could confirm mutually and provide information for history.

书评

唐朝门阀大族及其消亡的再思考

——谭凯《中古中国门阀大族的消亡》书后*

李鸿宾

加利福尼亚大学伯克利分校谭凯（Nicolas Tackett）教授的*The Destruction of the Medieval Chinese Aristocracy*（Cambridge, Mass. and London: the Harvard University Asia Center, 2014）一书，其汉译本《中古中国门阀大族的消亡》经胡耀飞、谢宇荣二位的精心翻译和孙英刚的审校，于2017年4月由社会科学文献出版社出版。该书由第一章“中古中国的官僚贵族”、第二章“权力的地理”、第三章“京城精英的婚姻网络”、第四章“晚唐藩镇”和第五章“黄巢和中古大族的衰亡”等构成，并由“绪论”开首，“结语”收尾。这部著作研究的主题，用作者自己的话说，就是“将要论述的是中古中国的门阀士族如何在中唐时期重要的政治和制度变迁下依然维持其影响力，以及为何随着王朝的崩溃，世家大族消失得如此彻底”[1]。如此看来，作者通过这部作品的撰写，着眼的是中国中古社会阶层中那些具有重要影响的世家大族沿承、变迁乃至消散的过程及其因缘。

众所周知，世家大族从汉末崛起，历经魏晋南北朝迄至隋唐，成为中国那一时代引领社会走向的一股势力。作为一个在社会运行中发挥重要作用的阶层，大族产生的影响除了它所在的地区和周围的社会之外，更突出地表现在它参与同时代的地方政治尤其是与朝廷政治（即皇权）相结合[2]，从而将它推到国家政治的中

*本文系2018年度国家社会科学基金项目“唐后期河朔军镇胡汉员属本土化现象研究”（项目编号：18BZS049）成果之一。

[1] 见该书汉译本（以下简称“该书”）第17页。

[2] 参见毛汉光：《中古统治阶层之社会基础》，载氏著《中国中古社会史论》，上海书店出版社，2002年，第9页。

心位置，这在其时的各种社会阶层中十分特殊[1]。正因为如此，大族势力背后反映出人类步入高级政治体之后国家与社会这二者之关系的彼此博弈及其特质[2]。实际上，大族势力与王朝政治结合呈现的景象，特别是这种景象蕴含的王朝构建的特性，才是吸引人们注意力的关键[3]。那么，谭凯在这部著作里具体谈了什么呢？这既是读者想要知道的，也是我力图阐释的。在此，我索性将我阅读该书之后获得的最深印象（只是该书的部分而非全体）略谈一二，实际上是我将自己的兴趣借机阐发而已[4]。

一、该书的核心内容

首先说说谭凯这部书的中心思路。

作者从唐朝大族的姓氏出发，以大量的材料证明：9世纪以姓氏和郡望为标识的大族已经发生了深刻的变化，最明显的是他们与祖籍地脱离了关系，这是他们衰落的重要原因。能够维系其身份与地位的唯有仕职朝廷、身居高位方能达成，但这只是其中的很少部分。事实上，这些蛰居在长安、洛阳及其近毗之地的成员因与朝廷政治联系密切而延续大族之地位，为了稳妥维系这种地位，他们通过婚姻结成了一个高度契合的圈子，形成了以皇室家族和名门望族为中心的两大群体。这两大群体相互助益，为晋身上位提供便利，进而分享和主宰了长安的朝廷政治。正是以居住两京、结成婚姻圈使得这些精英填补旧族遗留的空间的形式，

[1] 有关大族的研究，可参见张广达：《近年西方学者对中国中世纪世家大族的研究》，《中国史研究动态》1984年第12期；宋德熹：《中国中古社会史门第研究在台湾：以研究课题取向为例（1949—1995）》，（台湾）《兴大历史学报》1996年第6期；陈爽：《近20年中国大陆地区六朝士族研究概观》，《中國史學》第十一卷，日本中国史学会，2001年，第15—26页；葛承雍：《士族地主与庶族地主》，载胡戟等主编《二十世纪唐研究》，北京：中国社会科学出版社，2002年，第801—808页；范兆飞：《西方学者中国中古贵族制论集》，北京：生活·读书·新知三联书店，2018年。

[2] 参见［英］戴维·毕瑟姆（David Beetham）：《马克斯·韦伯与现代政治理论》，徐鸿宾等译，长春：吉林出版集团有限责任公司，2015年，第161—196页。

[3] 参见唐长孺：《门阀的形成及其衰落》，载氏著《山居存稿续编》，北京：中华书局，2011年，第6—55页。

[4] 对该书的汉文评论（不含网上评议），就目前所知主要有王晶：《重绘中古士族的衰亡史——以*The Destruction of the Medieval Chinese Aristocracy*为中心》，《中华文史论丛》2015年第2期，上海古籍出版社，2015年，第371—390页；殷守甫：《Tackett，Nicolas，The Destruction of the Medieval Chinese Aristocracy中国中世贵族的解体》，载包伟民、刘后滨主编《唐宋历史评论》第一辑，北京：社会科学文献出版社，2015年，第269—276页。

他们成了9世纪以降唐朝的大族力量，作者将他们描述为“国家精英”；与此相对的则是那些分布于两京之外的其他大族，则属于“地方精英”。

安史之乱虽然打破了唐朝统治的既有结构，藩镇组织和新式的官僚集团在很大程度上也取代了中央政府的职能，但以“居住形态”和“婚姻网络”构成的精英集团并非没有作为，相反，既有的才干和审时度势的眼界使他们很好地适应了新形势的发展和变迁，继续保持了对中央权力的掌控，这得益于其在京城网络联系中的那种能量和作用。然而不幸的是，这些主宰朝廷政治的精英在黄巢起兵对两京造成的破坏和震荡之中以其肉体被消除而瓦解，这意味着后期朝廷大族势力作为一个带动政治走向的阶层就此消散了。

这是该书第一至第五章的主导内容。

二、大族延续的精髓所在

就此而言，谭凯一书的内容与其主题相协调，讨论的是唐朝大族势力的变迁及其“突然”的消解。如同学者们讨论的那样，有些问题决定着一个时代的基调，属于主旋律；有些则是生活中的琐碎事务，无关宏旨，二者产生的影响和作用颇有差异，不言而喻[1]。引发魏晋南北朝至隋唐这一时代整个社会动向的关键，学者们认可的一是胡汉关系，二是大族势力[2]。大族之所以重要，就在于它与皇权结合，从而引领了那个时代的政治发展与社会走向。在此过程中曾衍生出了田余庆先生描述的二者共主朝政的东晋门阀政治的经典案例[3]，它的影响虽然在南朝逐渐减弱，但仍伴随在后续的历朝历代中。北朝胡系势力的南下中原，又演化出了

[1] 譬如岸本美绪就认为民族、宗教的多样性及其处置，动荡中形成的社会集团与构建一统性的制度，国际商业的控制与国内经济的稳定、繁荣这三方面的问题构成了16世纪人们面对的主要矛盾，如何化解就成了那一时期的主旋律。参见［日］岸本美绪：《“后16世纪问题”与清朝》，《清史研究》2005年第2期。

[2] 陈寅恪曾说“种族及文化二问题，而此二问题实李唐一代史事关键之所在，治唐史者不可忽视者也”。参见氏著：《唐代政治史述论稿》，上海古籍出版社，1982年，第1页。日本史家将贵族制与胡汉关系视作魏晋至隋唐时期的两大关联性问题，亦成为学界之共识。参见［日］谷川道雄：《魏晋南北朝隋唐史的基本问题总论》，李凭译，载谷川道雄主编《魏晋南北朝隋唐史学的基本问题》，北京：中华书局，2010年，第5页。

[3] 参见田余庆：《东晋门阀政治》，北京大学出版社，1989年。

胡汉混融、以军功著称的新型大族势力[1]，陈寅恪先生概括的“关陇集团”，就是在北魏破裂后东西魏并争之中形成的一支新型胡汉结合的军功集团[2]。隋唐二朝依托的就是这个混融的集团[3]，他们与中原旧有大族乃至山东势力的联结，支配着王朝的运作，这成为谭凯其书大族讨论的逻辑起点。

然而谭凯并没有触及大族的胡汉融合，从他对大族的教养美德和婚配结合的定义中不难看出，他对大族的界定仍限制在中原汉地的传统之内[4]。在唐代，大族姓氏作为传统被继承下来，这些姓氏与特定地域结合形成的郡望依然成为人们认定大族的标准。但是到了9世纪，大族与郡望的结合已不复存在，与欧洲那些依据土地而与王室疏离的贵族不同，唐朝脱离乡土的大族若要维系其地位，如果没有了土地恒产及其郡望的实际积淀，就必然要选择其他的手段加以替代。其重要方式就是与朝廷政治保持密切关联，即以仕任官职获得地位，换言之，唐朝的大族之所以成为大族，政治参与成为重要甚至是“唯一”的保证手段[5]。若要与政治保持关系，就势必以同侪中的婚姻结合形成助推的动力，这就意味着，确定婚姻与特定职位的结合，成为大族存续和发展的两个突出的条件。这两个条件若要达成，只有在两京尤其是都城才最有可能。于是，大族地位的维系取决于任职朝廷，同侪婚姻成为通向此路的管道，这一切的前提则是他们在两京的聚集，这就成为谭凯论述唐朝大族作为势力延续而思考的一条逻辑线索。

那么，作者为什么如此分析呢？

他分析众多墓志资料的一个结果就是，唐朝那些具有声望的精英多选择长安、洛阳及其周边定居，只有少部分聚居在扬州和长江下游等地。这种情况之出现，根本原因还是隋唐一统化国家政权对旧有大族势力消解导致的。我们看到，

[1] 参见逯耀东：《拓跋氏与中原士族的婚姻关系》，载氏著《从平城到洛阳：拓跋魏文化转变的历程》，北京：中华书局，2006年，第181—255页；宋德熹：《试论唐代前期的代北外戚家族：以独孤氏、窦氏及长孙氏为例》，载氏著《唐史识小：社会与文化的探索》，台北：稻乡出版社，2009年，第89—133页。

[2] 参见陈寅恪：《唐代政治史述论稿》，第15—17页；张伟国：《关陇武将与周隋政权》，广州：中山大学出版社，1993年，第26—72页；吕春盛：《关陇集团的权力结构演变：西魏北周政治史研究》，台北：稻乡出版社，2002年，第123—164页。

[3] 参见张伟国：《关陇武将与周隋政权》，第115—171页；吕春盛：《关陇集团的权力结构演变：西魏北周政治史研究》，第310—333页。

[4] 参见［美］姜士彬（David Johnson）：《中古中国的寡头政治》，范兆飞、秦伊译，上海：中西书局，2016年，第57、58页。

[5] 参见［美］姜士彬：《中古中国的寡头政治》，第75、158—198页。

唐朝建国后采取的措施之一，就是不断弱化大族势力，《氏族志》《姓氏录》以当朝官职品秩为目的的政治和社会地位的重新厘定，针对的就是旧族[1]。他们一旦与乡土分离，道德习俗和文化因素丧失，根基动荡，地位的自保就成为问题，这迫使大族另谋他途以寻找安身立命之基础：抱紧政治——就势在必行了。能够为他们提供这种条件的地域非两京莫属，只有那里才能为他们提供更多的仕职场所，也能够增进他们累世为官的机缘，更能增加他们获得显赫地位的条件[2]。那么，他们是怎么做到的呢？

聚集在京城这一有限的环境下，大户获得了更直接的交往机会，进而构建了社交网络。作者将父子关系重构的亲属网络概括为“父子链”，依此线索分析了地缘的邻近对大族的维系起到的推动作用。他指明，京城的网络大体由两个婚姻集群组成，其中一个分布在两京及周边地带，包括文武各类家族，人数较多且非均衡；另一个多居住在洛阳且渊源有自。前者与皇室通婚频繁，他们多样化的婚姻网络有助于在更为广泛的场域内发挥作用，也为更多的外人进入精英行列提供机缘。但后者占据着诸如宰相、知贡举和吏部尚书等重要职位，他们婚姻的结合早在唐开国之前就已成型，安史乱后也以高度契合的方式保持下来。即使历经科举考试的冲击震荡，大族也以顽强灵便的策略，不仅适应了科举考试，甚至还成为主导科举的力量；安史乱后藩镇力量固然雄强坐大，然而大族同样以应聘藩镇节帅使府的高级官职而强化了自身的地位。

如此看来，失去了乡土依托、颓落了文化习俗的高门大族，在唐朝的语境内，若要维系自身地位的不替，除了与朝廷政治捆绑在一起外别无他途。这是作者强调的一个核心，它贯穿于全书。揆诸中古时代大族历程的衍化，他们之所以具有广泛的社会影响，诚如唐长孺先生所说，就是他们与政治的结合，具体来说是与王朝政治的结合[3]。自从秦始皇建立一统化的王朝以来，中国的国家建构就形

[1] 参见胡如雷：《门阀士族兴衰的根本原因及其士族在唐代的地位和作用》，载史念海主编《唐史论丛》第三辑，西安：陕西人民出版社，1987年，第62—108页；［日］池田温：《唐朝氏族志研究——关于〈敦煌名族志〉残卷》，韩昇译，载刘俊文主编《日本学者研究中国史论著选译》第四卷《六朝隋唐》，北京：中华书局，1992年，第663—720页。

[2] 参见韩昇：《南北朝隋唐士族向城市的迁徙与社会变迁》，《历史研究》2003年第4期，第49—67页。

[3] 参见唐长孺：《门阀的形成及其衰落》，第6—55页。另参见［日］川胜义雄：《六朝贵族制社会的成立》，夏日新译，载刘俊文主编《日本学者研究中国史论著选译》第四卷《六朝隋唐》，北京：中华书局，1992年，第1—35页。

成了以皇权为核心的中央集权式政治体的主导模式[1]，它以行政系统配合皇权高效率治理国家的特点而著称；汉朝以后的历朝历代在秉承秦朝王统的基础上又不断修缮和改订，使之进一步成型[2]。东汉末期高门大姓势力的出现、形成与坐大[3]，既是皇权政治演变的产物，又在一定程度上分解了皇权。但不可否认的是，大族之成为势力，如果不与皇权或中央权力结合，它的发展就注定受限，最终会走向消解乃至荡然无存。如同学者分析的那样，隋唐一统化王权的再度建国，本身就意味着大族势力的消减[4]，当他们丧失了维系自身优越地位的文化习俗和社会依托之后，与当朝政权的绑结，就成为重要甚至唯一的手段了。正是通过两京婚姻网络的构筑，大族才得以参与朝廷政治，从而保持了身份地位。这既是谭凯一书强调的重心，也是他论证的目标。毫无疑义，这一论述的确触及了大族势力兴衰的关键所在。

三、大族消散的偶发性

与政治（尤其朝廷势力的）结合，是唐朝大族保位的重要手段，但最终他们的势力却被黄巢造反引起的动荡瓦解了。作者在论述这一问题时显然将大族的消解视作一个偶变因素导致的结果，按照他原话的理解就是：

> 如果权力的转移通过前朝人士所发起的政变或叛乱实现了——正如隋朝、唐朝初年的例子，以及安禄山失败的统治——新兴的王朝建立者会令人期待地加强先前的官府建设。他会因此而更依赖于实质性的京城网络，从而扩充自己的行政机构。随后，这些人会将自己的亲戚和熟人纳入门

[1] 参见［以色列］S. N. 艾森斯塔德（S. N. Eisenstadt）：《帝国的政治体系》，阎步克译，贵阳：贵州人民出版社，1992年，第12、13、232—241页；刘泽华：《中国的王权主义：传统社会与思想特点考察》，上海人民出版社，2000年，第1—19页；［英］塞缪尔·E.芬纳（Samuel Edward Finer）《统治史》卷一《古代的王权和帝国——从苏美尔到罗马》（修订版），王震、马百亮译，上海：华东师范大学出版社，2014年，第503—554页。

[2] 参见［美］弗朗西斯·福山（Francis Fukuyama）：《政治秩序的起源：从前人类时代到法国大革命》，毛俊杰译，桂林：广西师范大学出版社，2012年，第121—145页。

[3] 参见杨联陞：《东汉的豪族》，《清华学报》第11卷第4期，1936年，第1007—1063页；田余庆：《曹袁之争与世家大族》，载氏著《秦汉魏晋史探微》（重订本），北京：中华书局，2004年，第145—162页。

[4] 参见汪篯：《唐太宗之拔擢山东微族与各集团人士之并进》《唐太宗树立新门阀的意图》《唐高宗王武二后废立之争》，载氏著《汪篯汉唐史论稿》，北京大学出版社，2017年，第365—414页。

下，旧时家族也就得以存活。然而，唐朝并未因宫廷政变而亡，而是因为一系列异常残暴的叛乱，从而整个京城精英网络本身被肉体消灭。[1]

这段叙述隐藏的逻辑就是：如果没有这“一系列异常残暴的叛乱”，大族作为一股势力就不会消散，而会如同作者着力描述的那样，以其审时度势的开阔眼界和顽强的应变能力顺应时代发展并能成为掌控局面的政治力量。一句话：它的消解是偶然的。

这个判断会引起我们进一步的思考：作为一种社会和政治势力，它的消亡是一个逐步的过程还是偶发因素的促成，如同它的产生一样是渐变抑或突然？

就东汉至北宋这900多年来的前后变迁而言，大族作为一种势力，我们似乎可以看出它前后衍化的轨迹：先是随刘秀起兵抗击新莽建立东汉而兴起的豪强地主，衍化成为东汉社会以庄园经济为特征的地方势力，进而成为汉末的门阀大姓[2]，成功地演变为司马氏代表的大姓主宰西晋王朝诞生的势力[3]，终于定型为大族与皇权共主的门阀政治局面的确立[4]。这既是大族政治施行的顶点，也是他们命运转折的关头。当南朝政权逐步转向庶族寒门把控之时，北朝又出现了草原南下的胡汉军功贵族势力的崛兴，当他们以关陇集团主宰的隋唐全国性政权建构的步伐迈入中原之际[5]，旧有大族的命运就与这些军功势力搅拌在一起，开启了如作者认定的大族变迁的新时代[6]。

如此看来，大族之崛起有一个逐渐衍生、步步递进的过程，更有一个不断的变迁，那么它的消解自应也有一个转化的步骤，徒然的消损若建立在这个步骤之上，似乎更有解释的力度。事实上，作者在该书揭示的，也是这样的过程。根据我的阅读，作者的基本思路似乎可以这样表述：当关陇为核心的集团建构唐朝之后[7]，这种胡汉统治势力就开启了以当朝官职为基准、旨在提升新型权贵的建国

[1] 该书第249页。

[2] 参见［日］宇都宫清吉：《中國古代中世史研究》，东京：创文社，1986年，第351—388页；王彦辉：《汉代豪民研究》，长春：东北师范大学出版社，2001年。

[3] 参见仇鹿鸣：《魏晋之际的政治权力与家族网络》，上海古籍出版社，2012年，第31—38页。

[4] 参见田余庆：《东晋门阀政治》。

[5] 参见［日］森安孝夫：《丝绸之路与唐帝国》，石晓军译，北京日报出版社，2020年，第129—137页。

[6] 参见毛汉光：《中古统治阶层之社会基础》，第14—17页。

[7] 对此有异见且有拓展的新近研究，参见张耐冬：《太原功臣与唐初政治》，北京：中国社会科学出版社，2018年。

道路。这一过程既是对旧族势力的消解，也为他们的再生提供了新的契机。这些脱离籍贯和郡望、失去文化风习的大族所能维系地位的唯一方式，就是攀附王朝政治并与其结合成为一体。他们聚集于两京，以婚姻联结构成特定网络，彼此推进而步入朝廷政治，顺应了科举考试之趋向，通过安史之乱因应了后期的政治形势，又以向地方节镇输送辅佐人才而保持了大族地位。

与朝廷政治结合是其地位维系的手段，善于应变则是手段获取的重要条件，聚集两京、构筑婚姻网络是条件的具体施行，这一切都是大族能力和智慧的施展。然而在这个施展的过程中，我们也发现，最能保有大族地位的条件一定是聚集在两京，舍此之外别无他法，即使有地方性的存在和分布，也因与朝廷核心权力的疏远难于起家。这表明，9世纪以降的唐朝大族被限定在两京与周边的狭小空间之内，一旦有突发事件或三长两短，这些特定空间的大族势力就很难有自身的变通和应对方式，这正是作者列举安史叛乱和黄巢之变对大族消解导致后果不同的用意所在[1]。

如此看来，一部唐朝近300年的历史，既是王朝自身的发展衍变过程，也是大族势力不断被消解的过程。如上所言，大族衍生于皇权主导的王朝政治，它亦以皇权政治为依托，但也存在着分解皇权政治的力量和倾向，这种“成辅—变异”的悖论相伴于二者之间。当隋唐一统化王朝构建、强化中央权力之时，它就一定以弱化和削减大族势力为前提或条件[2]。一统化皇权政治运行的逻辑就是：它不为皇权以外的政治势力留下任何空间，而将自身的权力布满中央和地方。与此对应，作为“分权”的大族，在皇权的强力压制下，他们的空间逐步变小，最终荡然无存。这一过程浸透于唐朝的前后，当这种所剩无几的空间聚集于两京之时，通过剧烈的战争般的持续性的残杀，大族势力的消散，就能置放在人们理解的逻辑轨道里了。

四、墓志作为资料的价值

不能不说，谭凯的这部作品对大族的研究具有新的学术价值。其学术新意之能贯通于全书，首先应归功于他对学界已有研究成果的吸收和采纳，在此基础上向前推进到他所认识的那个程度。应当说，这部作品比较典型地展现了学术研究

[1] 见该书第237、238页。但这也正是人们质疑的地方。他们认为谭书将大族的消亡视作这一紧急事变的直接后果与事务发展变迁的通常逻辑不符，掉进了“偶然决定论”的旋涡。

[2] 参见唐长孺：《门阀的形成及其衰落》，第6—55页。

薪火相传的传统[1]。但更重要的、人们能够体验到的则是这部作品之有新意的另一个学术积累，这就是他对墓志资料充分地，甚至超出学界同道常人般地采用和分辨。可以说，整部著作的立论，都以墓志资料为依托，结合传世文献，将大族在唐朝前后发展变迁的历程予以梳理和辨识，形成了一个比较完整的演化脉络。譬如第一章中的“大族后裔的地理分布”、第二章中的“定位精英”“京城精英”“地方上的国家精英”、第三章中的“定位父子链”“晚唐政治精英的地理分布与规模”“京城社会景观”、第四章中的“唐朝政治专制与藩镇”“藩镇文化”，以及第五章中的“唐代精英的消亡”等问题的讨论，都是建立在整理和分辨众多墓志的基础之上；这也在该书附录《配套数据库的使用方法》《估算晚唐京城精英的总量》和《九世纪出土墓志的来源》三项说明中体现出来[2]。据他本人在讲座中透露，他用于参考、整理和统计隋唐五代墓志的时间超过了5万个小时[3]，这种心力的耗费就我所知在唐史学界中尚无出其右者，因而我采用“超出学界同道常人般”的词语表述，并非溢美之言。如果说该书成功的第一标识，盖墓志资料的详尽采用莫属。

说到墓志本身，陆扬曾将它上升到“史学分析”的层面加以对待[4]。这就是说，墓志除了有补充文献记载的疏缺或辩证史籍失误这项基本功能之外，它本身也如同传世的纪传、编年等构成的本文那样，在通过记载或反映某种（些）特定史实的同时，也有自身抑或主体性的诉求，即墓志本身构成了特定文体，形成了一整套有自身追求的话语书写系统，因而对它本身进行研究和解读也就顺理成章[5]。在这方面，石见清裕对几合突厥墓志的解读堪为典型，其中尤为突出的是

[1] 参见该书“致谢”，第18—24页；另可参阅范兆飞：《权力之源：中古士族研究理论视野》，《学术月刊》2014年第3期。

[2] 见该书第59—72、86—111、126—143、174—180、192—195、235—237、253—261页。

[3] 我曾邀请谭凯教授赴中央民族大学历史文化学院作学术讲演，他分别于2013年5月16日和6月5日为师生做了“晚唐的权力地理”（Geography of Power in the Late Tang）和“11世纪东北亚的丧葬文化与族群认同”（Mortuary Culture and Ethnic Identity in Eleventh-Century Northeast Asia）两场讲座，上述有关他利用墓志进行研究的信息就是在讲座中说明的。

[4] 参见陆扬：《从墓志的史料分析走向墓志的史学分析——以〈新出魏晋南北朝墓志疏证〉为中心》，载氏著《清流文化与唐帝国》，北京大学出版社，2016年，第305—332页。

[5] 近年在中国大陆中古史学界兴起了一股旨在对传世文献进行检讨和批判的史学讨论，几成风气，至今不衰，多集中于中青年新锐一代，成就不凡。可参见孙正军：《魏晋南北朝史研究中的史料批判研究》，《文史哲》2016年第1期；徐冲：《历史书写与中古王权》，《中国史研究动态》2016年第4期。

对《阿史那施墓志》的解说[1]。该墓志主系突厥启民、处罗可汗之后，墓志所载内容之源，据作者考订系托于《大唐实录》，它是唐初数种实录的总称，较两《唐书》引证的实录更早一些，其内容也不见于后者。这表明，《阿史那施墓志》依据初唐实录撰写的内容具有更加权威的价值，它与两《唐书》采纳的文本成为两个不同的系统。如此看来，这种研究就不仅仅局限在补充辨别之属，更具有文本书写的依托和选择的特性，这就与陆扬所谓墓志“史学研究”之主旨颇为契合了。

谭凯这部著作立论的主要依凭正是这些墓志资料。他讨论的内容并非稀见而为人所习知，这类旧题若要新作，要么提出新意证伪成说，要么将认识推向新的高度。这部作品最大的价值，是在继承以往研究成果的基础上将唐朝大族演化变迁与消亡的历程置放在一个更为清晰，也更加具体的解释框架之内，能够将作者带到这个框架之内的，就是对墓志资料大量、系统而有分辨之后的采用。它与传世文献的密切结合，使作者的认识在沿承师长一辈研究的同时又获得了超越。如此说来，这部作品采用墓志文本，就不仅仅是补史辩伪，同样上升到“史学分析”的层面了。

（作者单位：中央民族大学历史文化学院）

[1] 参见［日］石见清裕：《开元十一年的〈阿史那施墓志〉》，此据氏著《唐代北方问题与国际秩序》，胡鸿译，上海：复旦大学出版社，2019年，第142—159页。

Re-thinking on the Rise and Fall of Chinese Aristocracy in the Tang Dynasty: Review for Nicolas Tackett's *The Destruction of the Medieval Chinese Aristocracy*

Li Hongbin

[Abstract] This is a review related with Nicolas Tackett's *The Destruction of the Medieval Chinese Aristocracy*. After reading it, the author thinks that Nicolas Tackett has got the key to understand the traditional Chinese aristocracy system and their developments in the Tang Dynasty while they were in a position to rise and fall with the court political changes. The author also explains why those aristocracy system disappear immediately which Nicolas Tackett had viewed in his book. Needless to say, a lot of epitaphs as evidences and its relevant analysis are the foundation of what the book has got successfully.

唐代宾礼与亚洲格局

——读《唐代宾礼研究：亚洲视域中的外交信息传递》*

李效杰　王永平

古代的中国虽然王朝不断更替，不同朝代的制度也多有因革，但礼制始终是支撑国家统治秩序正常运转的基础性制度之一。《左传》有“礼，国之干也”[1]的记载，《礼记》也称：“夫礼，先王以承天之道，以治人之情。故失之者死，得之者生……故圣人以礼示之，故天下国家可得而正也。”[2]《周礼》把礼分为吉、凶、宾、军、嘉五类，其中“以宾礼亲邦国”这一记载对古代中国宾礼的主要内容、实施原则等有着深远的影响。唐代的宾礼是与周边民族、国家有关的礼节，只有当唐与这些民族、国家发生实质性联系时，宾礼才能真正发挥作用。因此，研究唐代宾礼，应当把实施主体和接受客体结合起来考虑，不仅要研究宾礼的主要内容、实施过程、发展趋势等，还应根据宾礼动态过程中的不同侧面，考察宾礼所反映的地区政治格局。关于这一点，王贞平教授的《唐代宾礼研究：亚洲视域中的外交信息传递》（以下简称《唐代宾礼研究》）一书作出了研究典范。《唐代宾礼研究》的部分章节，作者在其另一部著作《汉唐中日关系论》[3]中已有相应论述，但从研究重点和史料基础等综合来看，《唐

*本文系国家社科基金项目“全球史视野下汉唐丝绸之路多元文明互动中的殊言异域外来风研究”（项目编号：17BZS007）、山东省社会科学规划重点研究项目“唐代商业经营的动态研究”（项目编号：18BSJ01）系列成果之一。

[1] 杨伯峻：《春秋左传注》僖公十一年，北京：中华书局，1981年，第338页。

[2]（汉）郑玄注，（唐）孔颖达等正义：《礼记正义》卷一一，上海古籍出版社，1990年，第413页。

[3] 王贞平：《汉唐中日关系论》，台北：文津出版社，1997年。

代宾礼研究》一书不但扩大了研究的范围，还在对唐代宾礼的动态过程进行实证研究的基础上，反思了“册封体制论”“朝贡体制论”等的不足，对宾礼背后的唐代亚洲国际关系格局进行了理论建构。

一、唐代宾礼的解构

什么是宾礼？唐代宾礼的源流为何，与之前的宾礼有何区别？宾礼包括哪些类型，又有哪些特质？对于这些问题，王贞平教授以其扎实的史学功底和宽广的学术视野，在充分吸收国内外研究成果的基础上，对唐代宾礼的诸多方面进行了鞭辟入里的解构。

关于宾礼的实施对象，作者认为唐代宾礼语境中的“大国”和“小国”并不能仅仅从字面意义去理解，“大国”指的并不是实力强大之国，而是臣服于唐的国家；“小国”指的也不是实力弱小之国，而是拒绝效忠唐皇帝或与唐为敌的国家。唐廷根据这些国家对唐的政治态度、接受中国政治和文化的程度、蕃望，把它们分为不同的等级，在实施宾礼时根据既定的等级给予不同国家不同的待遇。唐廷就是以这种区别性的接待方式，展示各外国君主、使节所代表国家在中国世界秩序中的地位[1]。

在宾礼的主要类型方面，作者以“迎劳”“赐舍”“食料”“蕃主奉见”“皇帝宴蕃国主、蕃国使”“元日（冬至）朝贺仪式”六部分对唐代宾礼的主要活动进行了考证，还原了不同宾礼活动的大致过程，如“蕃国主来朝以束帛迎劳”分为敕使赠蕃主束帛、蕃主赠敕使礼品、蕃主到宫城拜访三个阶段[2]，“皇帝宴蕃国主”包括十二个繁复的环节[3]。

作者还利用较大篇幅对唐代宾礼中的口头信息传递进行了深入考察。书面信息沟通是外交活动的重要内容之一，其中又以递交国书最为重要，而口头信息传递是外交活动中的主要交流方式。作者不但分析了古代外交活动中口头信息传递的历史渊源，还考察了隋唐时期一些重大活动中口头信息传递的重要作用，并重点研究了东亚外交活动中的口头信息传递，对其中“不以实对”的现象进行了深入剖析。

---

[1] 王贞平：《唐代宾礼研究：亚洲视域中的外交信息传递》，上海：中西书局，2017年，第14、15页。

[2] 王贞平：《唐代宾礼研究：亚洲视域中的外交信息传递》，第19—26页。

[3] 王贞平：《唐代宾礼研究：亚洲视域中的外交信息传递》，第49页。

关于古代中国礼制的源流，学界早已有较为成熟的观点，陈寅恪先生认为隋唐礼制从根本上来说多因于汉、晋[1]，宾礼亦如之。梁满仓教授认为唐代宾礼的理论源头是《周礼》，直接来源是西晋时期五礼制度中的宾礼[2]。《唐代宾礼研究》第二章在说明唐代的宾礼“源于上古‘吉、凶、宾、军、嘉’五礼中的宾礼”、以西晋礼制中的宾礼为楷模的同时，又广征博引地论证了古代中国的宾礼并不是简单的待客之道，其核心是建立主宾之间的君臣关系。正是基于宾礼的这一特质，唐代的宾礼一开始就蕴含着“中国中心论”的思维方式[3]。

作者认为，唐廷在实施不同类型的宾礼时，处处注意强化唐皇帝与宾客之间的君臣关系和“中国中心论”的世界秩序。“迎劳”时天子敕使与蕃主或蕃使“在指定位置站立，使用特定的口头及肢体语言，对天子表示感恩戴德，传达来访者为天子外臣这一政治信息”，“迎劳”的每一个细节都“恰如其分地表现了皇帝、敕使、蕃主三者各自的身份和相互关系”。蕃主酬谢皇帝敕使的礼物，在数量、价值上不能高于皇帝的赏赐，以表明“唐廷视其为天子外臣，地位与敕使相当”[4]。蕃主奉见皇帝时，皇帝御座与蕃主座位的位置安排，“是以两者座位方位的差异和距离，表现相互间政治地位的差异和君臣关系”，“蕃主奉见”时所有的礼仪安排，都是为了达到“表现唐‘天子’的崇高地位，展示外国来客对‘以中国为中心’的世界秩序的认可”的政治目的[5]。“皇帝宴蕃国主”礼中蕃国主行“贽见礼”时“敢献壤奠”的口头表述，象征他们在“政治上臣属中国”和“履行对天子的经济义务”[6]。“皇帝宴蕃国主”时外国客人“再拜”“俛伏”和“兴”的礼仪，同样是“宣示他们与唐天子之间的‘主从’政治关系”[7]。

唐廷关于宾礼有着严格的规定，但也不是教条地执行宾礼的既定仪式，有时也会适应国际关系形势的变化、唐外交策略的改变而对宾礼进行灵活调整，或是对某些国家的使者施以“殊礼”“优礼”，或是对一些国家的使者“杀其

[1] 陈寅恪：《隋唐制度渊源略论稿》，北京：生活·读书·新知三联书店，2001年，第64、65页。

[2] 梁满仓：《魏晋南北朝五礼制度考论》，北京：社会科学文献出版社，2009年，第126—146页。

[3] 王贞平：《唐代宾礼研究：亚洲视域中的外交信息传递》，第18、19页。

[4] 王贞平：《唐代宾礼研究：亚洲视域中的外交信息传递》，第19—26页。

[5] 王贞平：《唐代宾礼研究：亚洲视域中的外交信息传递》，第40页。

[6] 王贞平：《唐代宾礼研究：亚洲视域中的外交信息传递》，第51页。

[7] 王贞平：《唐代宾礼研究：亚洲视域中的外交信息传递》，第52页。

礼”“不礼”，以达到特定的外交目的[1]。

就唐代的亚洲格局而言，除东亚各国外，唐与周边国家的文化类型、制度体系各有差异，各国的实力也不断变换，但宾礼的形式却保持大体不变，王贞平教授认为这种现象与唐代宾礼日益成为亚洲外交关系中的“公共产品”有关。唐代宾礼的“公共产品”化是在中原与域外长期的礼仪互动中逐步形成的，既与亚洲各国君主、官员等对礼仪空间安排的共识有关，也和亚洲文化互动中音乐的跨文化传播有关，而归根结底是由人们期望在礼仪活动中得到别人尊敬、保持自身尊严的观念决定的。宾礼的“公共产品化”是外交礼仪发展的大势所趋[2]。

此外，作者还对唐代宾礼实施过程中的一些史实进行了考证，如认为“迎劳”的地点是位于万年县的常乐驿而非蕃客下榻之客馆[3]；宾礼中的“舞蹈”或“蹈舞”是源于北亚、东北亚的“夷礼”，隋唐时期成为亚洲较为通行的礼仪，并考证出“舞蹈”礼仪的具体形式[4]；考证了唐代不同时期“皇帝宴蕃国主（使）”的两仪殿、太极殿以及中书省、鸿胪寺等不同地点，认为这些地点均有着特定的政治含义[5]。

作者对唐玄宗时期日本遣唐使的“争长”事件提出了自己的见解。学界在唐玄宗时期日本遣唐副使大伴宿弥古麻吕与新罗使“争长”事件的真实性上一直争讼不已。作者认为，日本使者“争长”事件可能并未发生，但日本使节受到了唐玄宗的“加等”优待却是事实。王维《送秘书晁监还日本国序》有“司仪加等，位在王侯之先；掌次改观，不居蛮夷之邸”的记载，表明藤原清河受到了唐廷两方面的优待：一为“加等”，把其“班位”排在“王侯之先”；二是调整其下榻之处，不再居于“蛮夷之邸”。但这不太可能是藤原清河主动争取的结果，而是因为“他恪守唐廷礼仪，举止得当，给玄宗留下了良好印象，所以才受到优待”。《续日本纪》之所以会有大伴宿弥古麻吕与新罗使“争长”的记载，一方面是其邀功所致，另一方面也反映了《续日本纪》编撰者利用一切手段提高日本国际地位的心态[6]。这一论述有一定的说服力。

[1] 王贞平：《唐代宾礼研究：亚洲视域中的外交信息传递》，第60—67页。

[2] 王贞平：《唐代宾礼研究：亚洲视域中的外交信息传递》，第78—93页。

[3] 王贞平：《唐代宾礼研究：亚洲视域中的外交信息传递》，第20页。

[4] 王贞平：《唐代宾礼研究：亚洲视域中的外交信息传递》，第44—46页。

[5] 王贞平：《唐代宾礼研究：亚洲视域中的外交信息传递》，第47、48页。

[6] 王贞平：《唐代宾礼研究：亚洲视域中的外交信息传递》，第74—78页。

二、宾礼的“去政治化”

作者虽然将其著作命名为《唐代宾礼研究：亚洲视域中的外交信息传递》，并对宾礼本身传递的政治信息以及宾礼中的口头信息传递进行了深入论述，但笔者认为，宾礼的“去政治化”才是贯穿全书的主线。

外交活动中的宾礼蕴含的意识形态内容之一，就是传达中国与来朝之国之间的君臣关系。当唐实力强盛，宾礼可以得到顺利实施，而当唐实力衰微、无力控制周边国家时，宣示君臣关系的宾礼却依然能够按照既定的仪式运行。这种宾礼的外在表现形式与政治含义和实际权力关系相分离的现象，作者称之为宾礼的“去政治化”。

宾礼“去政治化”，首先因为宾礼具有“政治化”的内涵。对于唐代中国而言，宾礼的“政治化”主要是展示唐皇帝与来访国主之间的君臣关系，以及由君臣关系而产生的其他连带关系。当唐代中国在亚洲格局中处于强势地位时，宾礼的“政治化”内涵能得到较为有效的推行，周边国家的君长往往主动接受唐封号，向唐称臣纳贡。当这些国家完成局部统一、势力大为增强之后，往往会改变对唐的态度，虽然他们的君主或使节仍按唐宾礼行事，但并不代表他们承认宾礼所宣示的主宾之间的“君臣关系”，而只是把宾礼作为外交活动的“公共产品”和向唐皇帝表达敬意的象征性礼节。外国君主或使节对宾礼进行“去政治化”解读的背后，隐藏着他们特定的政治目的：打开与中国官方交往的大门，从中获取政治、经济、军事、文化利益。[1]

而在唐廷看来，来访的外国君主、使节既然按唐之宾礼行事，就等于承认唐天子的权威和他们自身的“外臣”身份，并接受中国的世界秩序观。虽然唐廷对外国使节来访的真正动机一清二楚，但仍然对他们予以政治、经济乃至军事方面的支持，其实是为了构建以唐为中心的世界秩序。

“政治化”是宾礼的主旨，也是唐廷在外交活动中的刻意追求，但有时候唐廷也对来访使节“不为礼”“抗礼”等行为进行“去政治化”的解读。“敌国”或强国使者的“不为礼”“抗礼”行为，实际上已经触及了唐廷宾礼“政治化”的底线，但唐廷却不愿承认这是对以中国为中心世界秩序的挑战，往往以风俗不同为由容忍、默许，淡化其政治含义。因此，作者认为外交往来中的宾主双方都可能对宾礼中对方的礼仪作出互不相同、有利于己的解释，以实现

[1] 王贞平：《唐代宾礼研究：亚洲视域中的外交信息传递》，第8页。

自身的外交目标。这是唐代外交礼仪“去政治化”的要旨所在，也是唐之宾礼成为国际交往“公器”的原因所在[1]。宾礼的发展往往滞后于国际政治格局的演变，古代亚洲外交的常态是“形式”与“内容”之间的差异及其内涵与外延的分离[2]。

作者没有把研究范围局限于唐代，而是把研究时段向前延伸至宾礼的肇始阶段——周朝，认为宾礼的“去政治化”现象并非唐代独有，而是在“礼崩乐坏”的东周时期就已经出现。

古代中国理想的社会秩序是不同等级的群体各居其位、各守其责，而这种秩序是以礼的形式表现出来的。《周礼》：“以玉作六瑞，以等邦国：王执镇圭，公执桓圭，侯执信圭，伯执躬圭，子执谷璧，男执蒲璧。以禽作六挚，以等诸臣：孤执皮帛，卿执羔，大夫执雁，士执雉，庶人执鹜，工商执鸡。”[3]《白虎通》对此的解释为：“公侯以玉为贽者，玉取其燥不轻，湿不重，明公侯之德全也。卿以羔为贽。羔者，取其群而不党。卿职在尽忠率下，不阿党也。大夫以雁为贽者，取其飞成行，止成列也。大夫职在奉命适四方，动作当能自正以事君也。士以雉为贽者，取其不可诱之以食，慑之以威，必死不可生畜。士行耿介，守节死义，不当移转也。”[4]可见，君臣相见礼仪中，公、侯、卿、大夫之所以各有所执，是因为所执之物有着不同的“政治化”内涵，“卿执羔”是“取其群而不党”和“尽忠率下，不阿党”；“大夫执雁”是因为“雁飞成行，止成列”，意求大夫各守其位且秩序井然；“士执雉”是为了让士“不可诱之以食、慑之以威”，以达到让士“守节死义，不可移转”的目的。

西周时期的礼制带有双重属性，一方面它具有浓重的道德规范和理想化色彩，另一方面它又以法律制约、武力制裁为后盾，“诸侯五年一朝天子，天子亦五年一巡守”，对于“不敬”“不孝”“不从”“衅”的诸侯分别施以“削以地”“绌以爵”“流”和“讨”的惩罚[5]。但到了春秋时期，西周东迁洛邑后一蹶不振，周天子与诸侯之间的力量对比发生了重大变化，出现了“礼崩乐坏”的局面。但周王朝的礼制并没有因为天子势力的衰微而被弃置不用，一些

[1] 王贞平：《唐代宾礼研究：亚洲视域中的外交信息传递》，第8、9页。

[2] 王贞平：《唐代宾礼研究：亚洲视域中的外交信息传递》，第207页。

[3]（东汉）郑玄注，（唐）贾公彦疏：《周礼注疏》卷一八《大宗伯》，上海古籍出版社，1990年影印版，第277—280页。

[4]（清）陈立撰，吴则虞点校：《白虎通疏证》卷七，北京：中华书局，1994年，第355、356页。

[5]《礼记正义》卷一一，第224、225页。

诸侯为维护自身利益仍遵守周礼，作者称之为“礼仪虚像”[1]，认为“在周天子权威渐失，中原群雄逐鹿‘礼崩乐坏’的背景下，‘礼’的古典政治内涵被逐渐抽空，出现了‘去政治化’的现象”[2]，参与仪式的双方都按照自己的需要，对仪式作出有利于己方的解读，从而提高了外交礼仪的可操作性[3]。同时，礼的“去政治化”不仅发生在宾礼方面，其他礼制也出现了“去政治化”发展趋势，“弱势朝廷主导下的‘礼制’也发生了形式与内容逐渐脱节、二者丧失统一性的现象”[4]。

实际上，古代中国包括宾礼在内的礼制从“政治化”到“去政治化”的发展趋势，促进了礼制的更新发展。在旧的礼制不断“去政治化”的同时，具有“政治化”的新礼制又得以产生，正是这种“政治化”与“去政治化”的循环变换，推动了从两汉至明清礼制的发展。这是不同朝代礼制竞相变革的原因所在，也是唐代《开元礼》中宾礼由六种主要形式，在宋代《政和五礼新仪》中演变为《蕃国主来朝仪》《紫宸殿大辽使朝见仪》《紫宸殿正旦宴大辽使仪》《夏国进奉使见辞仪》《高丽国进奉见辞仪》《交州进奉使见辞仪》《宜州西南蕃黎州等处进奉使人见辞仪》《海外进奉蕃客见辞仪》等众多礼仪的原因所在。

三、宾礼背后的亚洲国际格局

隋唐时期亚洲东部存在着一个大体以唐为中心的区域性“东亚世界”已是学界的共识。关于如何认知、解读这一区域性的“东亚世界”，中外学者或从整体、或分时代、或按国别、或以领域进行了深入研究，形成了“册封体制论”“朝贡体系论”等代表性学术观点，奠定了“东亚世界”研究的理论框架和学术格局。

作者对“册封体制论”和“朝贡体制论”等进行了深入的理论反思。他在《汉唐中日关系论》一书中就曾指出，“朝贡体制论”主要是基于汉、清两朝中国外交关系的研究，理论基础是中国传统的世界秩序观，但中国起支配作用的“册封制”只出现在特定的历史时期，只在不多的国家和地区间实施。因此，“册封体制论”不能反映古代中外关系的常态，也不具备高度的概括性[5]。

[1] 王贞平：《唐代宾礼研究：亚洲视域中的外交信息传递》，第3、4页。
[2][3] 王贞平：《唐代宾礼研究：亚洲视域中的外交信息传递》，第7页。
[4]王贞平：《唐代宾礼研究：亚洲视域中的外交信息传递》，第80页。
[5]王贞平：《汉唐中日关系论》序言，第16—31页。

在《唐代宾礼研究》中，王贞平教授在深入考察“朝贡”“册封”的古典含义和发展演变后认为，中国史书所载的“朝贡”和“册封”关系，远非君臣关系那么简单划一，中国朝廷期许的“朝贡”制度和它所能发挥的实际作用之间有着相当的差距。古代亚洲的国际关系动态发展、性质多样，不可能全部纳入中国的“册封/朝贡体制”[1]。因此，在以“朝贡”“册封”为支点的理论框架中研究以中国为中心的古代亚洲国际关系，是把古代中国某一特定时期的对外关系状态，当成了整个古代中国的对外关系常态，没有妥善解释国际关系的变动问题[2]，而古代亚洲的国际格局时时处于或轻微或剧烈的变动之中。

在亚洲国际格局深刻变动的历史条件下，当古代中国朝廷实力相对衰弱时，“册封”“朝贡”这类官方交往活动似乎就不再具有制定时的政治功用。但这类活动并没有消失，相反，保持了一定的延续性。作者认为此时的“册封”和“朝贡”已不再具有君臣关系的政治内涵，只是保留了相应的礼仪外壳，即宾礼表现出“去政治化”的特征，成为双方各取所需的外交“公器”。

为何唐代的宾礼会呈现出“去政治化”的发展趋势？回答这一问题既要从唐与周边国家的实力变换中寻找原因，也要从古代亚洲复杂的国际关系格局中探寻答案。作者认为宾礼的“去政治化”只是唐代亚洲国际关系格局发展变化的“结果和表象”，宾礼“去政治化”的直接原因是亚洲国家的实力变换，而根本原因则是“权力中心论”在亚洲各国的发展。[3]

因此，宾礼的“去政治化”是贯穿《唐代宾礼研究》的主线，而“权力中心论”才是全书的重心所在。

作者认为，“权力中心论”“是一种主张以武力征服为基本手段，实现本部落统治其他部落的政治意识形态。它强调统治权的排他性、合法性和正统性，是亚洲各部落、集团首领在争夺霸权中竞相使用的思想利器”[4]。“权力中心论”并非中国所独有，亚洲其他国家同样存在着以自我为中心的“权力中心论”[5]。宾礼是唐廷“权力中心论”的直接体现，周边国家君主或使节入唐朝贡时虽按唐之宾礼行事，但并不等于接受唐的“权力中心论”，相反，在借鉴唐政治、文化、制度等的过程中，使自己的“权力中心论”更加系统化、条理化[6]，这对唐之“权力中心论”而言是一种冲击，“使唐王朝逐渐失去了在国际关系

[1] 王贞平：《唐代宾礼研究：亚洲视域中的外交信息传递》，第207页。

[2][3][4][5] 王贞平：《唐代宾礼研究：亚洲视域中的外交信息传递》，第155页。

[6]王贞平：《唐代宾礼研究：亚洲视域中的外交信息传递》，第166页。

中的意识形态主导权"[1]。

在作者看来，亚洲各国的"权力中心论"深刻影响了这些国家的内部政治进程，各国之间的关系以及各国与唐的关系也因此产生了耐人寻味的变化。在亚洲多元"权力中心论"互动的形势下，唐廷实行的是"实用多元主义"的对外策略，而外交策略与宾礼是目的和手段的关系，宾礼日益呈现出严格与灵活兼而有之、"去政治化""虚名化""公共产品化"等特征[2]，宾礼的政治象征意义与双边交往的实质内容日渐分离。

正是因为唐宾礼具有"去政治化""虚名化""公共产品化"等特征，为持有不同"权力中心论"的国家提供了在国际政治中折冲樽俎的外交空间，从而形成了"多元动态网络"的亚洲国际格局[3]。"权力中心论"在亚洲各国独立发展的直接后果是国际关系格局的多元化[4]，而唐之宾礼虽然维护了唐王朝的"宗主国"表象，却掩盖了亚洲已发展为多元国际社会这一实质变化[5]。

"权力中心论"是作者对古代亚洲国际格局进行长期思考的结果。他在《汉唐中日关系论》一书中提出了"互利"的概念，认为"互利"具有悠久的历史渊源，与古代外交关系的历史发展息息相关，是任何双边关系的核心与内涵，也是各方建立外交关系的首要动机[6]。作者认为"互利"概念具有相当的广泛性，可用来解释任何国家在任何时期的国际行为，并用这一概念深入分析了汉唐时期的中日关系。作者认为"日本中心论"是日本朝廷制定外交礼仪的指导方针[7]。

"权力中心论"应是作者在"互利""日本中心论"等概念的基础上提出的。古代中国的外交原则虽是"德""礼""义"而不是"利"，但在制定具体外交政策时却在得失利害和儒家道德说教之间精心算计[8]，精心算计的直观表现之一就是宾礼的"去政治化"，而背后的决定性因素是亚洲各国的"权力中心论"。在怀有不同"权力中心论"的国家出于不同的目的而进行的外交活动

[1] 王贞平：《唐代宾礼研究：亚洲视域中的外交信息传递》，第166页。

[2] 王贞平：《唐代宾礼研究：亚洲视域中的外交信息传递》，第181页。

[3] 王贞平：《唐代宾礼研究：亚洲视域中的外交信息传递》，第182页。

[4] 王贞平：《唐代宾礼研究：亚洲视域中的外交信息传递》，第167页。

[5] 王贞平：《唐代宾礼研究：亚洲视域中的外交信息传递》，第168页。

[6] 王贞平：《汉唐中日关系论》序言，第5—7页。

[7] 王贞平：《汉唐中日关系论》，第70—76页。

[8] 王贞平：《汉唐中日关系论》序言，第13页。

中，相关各方常依据各自的需要来解读“朝贡体制”和中国的宾礼，宾礼成为各方均可接受且切实可行的外交礼仪[1]。唐廷在强盛时期一度是亚洲的霸主，并把以唐为中心的“权力中心论”推及四方，但从更长的历史时段分析，唐代的亚洲国际关系格局其实是多个“权力中心论”在长期互动过程中相互妥协的结果，表现在具体外交礼仪方面，就是唐与来访之国分别对体现唐“权力中心论”的宾礼作出有利于己的诠释，在确保各自外交利益的同时，客观上推动了国际关系的发展。

四、作为全球史观研究内容的“互动”

《唐代宾礼研究》一书立足唐代亚洲国际关系深入发展的历史背景，分析了宾礼的动态过程，从唐与不同国家关于宾礼的“互动”中梳理出宾礼的政治基础、发展趋势以及背后的亚洲国际关系格局。“互动”是全球史观的重要研究方法，刘新成教授认为“互动”是全球史观的核心理念[2]，并总结出全球史学者表达“互动模式”有十种途径[3]。王永平教授认为全球史观以长时段、动态的历史观察方法、跨学科的综合研究方法来研究历史，将历史研究从传统的“国家史”或“民族史”的模式扩展到以跨文化和跨国界为基础的对历史联系的重构，从而大大拓展了历史研究的范畴[4]。夏继果教授把全球史观的研究方法概括为“互动”和“比较”以及二者的结合，“互动”“比较”以及“互动—比较”“比较—互动”研究的目的，是对人类历史的发展有所“建构”[5]。

以上学者的研究理清了全球史观的学术脉络，对我们以全球史观研究历史提供了理论和方法上的指导，也促进了全球史观在中国史学界的发展。就研

[1] 王贞平：《唐代宾礼研究：亚洲视域中的外交信息传递》，第207页。

[2] 刘新成：《在互动中建构世界历史》，《光明日报》2009年2月17日。

[3] 表达“互动模式”的十种途径为：（1）阐述不同人群“相遇”之后，文化影响的相互性和双向性；（2）描述人类历史上曾经存在的各种类型的“交往网络”或“共生圈”；（3）论述产生于某个地区的发明创造如何在世界范围内引起连锁反应；（4）探讨“小地方”与“大世界”的关系，说明全球化时代任何局部地区的变化都会折射世界发展趋势；（5）“地方史全球化”；（6）全球范围的专题比较研究；（7）生态史、环境史研究；（8）跨文化交流；（9）探讨互动规律与归宿；（10）“全球化史”研究。见刘新成：《互动：全球史观的核心理念》，载刘新成主编《全球史评论》第二辑，北京：中国社会科学出版社，2009年，第3—12页。

[4] 王永平：《从“天下”到“世界”：汉唐时期的中国与世界》绪论，北京：中国社会科学出版社，2015年，第9页。

[5] 夏继果：《全球史研究：互动、比较、构建》，《史学理论研究》2016年第3期。

究内容而言，全球史观的“比较”是比较不同地区、不同时段发生的历史事实，“互动”关注的也是历史上不同时期、不同国家、不同族群之间在军事、政治、经济、文化、外交等方面真实发生的互动事件。因此，历史上不同时期、不同地区、不同族群之间发生的众多“互动”事件，其实也是全球史观研究的重要内容。刘新成教授所说的全球史观的十种“互动模式”，研究的主要内容也是不同地区、不同民族或国家在不同时期的历史实践。王永平教授的《从天下到世界：汉唐时期的中国与世界》一书即是把汉至唐中国与域外国家之间跨文明、多领域、长时段的互动，以及在互动中形成的世界认知作为研究对象，《唐代宾礼研究》也是把唐代亚洲范围内的宾礼互动作为研究对象。

作者虽然没有明确说明《唐代宾礼研究》一书使用了全球史观的理论和方法，但全书的史料基础是亚洲国家围绕唐廷宾礼进行的各类互动事件，如外国君主或使者入唐朝贡时具体的宾礼仪式、唐代宾礼实践中不同国家的“抗礼”和“争长”事件、唐玄宗时期日本使的“争长”活动、隋末唐初重大外交活动中的口头信息传递、唐地方和朝廷官员在外交活动中的口头信息传递、外交活动中的“不以实对”等。在对此类外交互动事件进行分析的基础上，作者对唐代亚洲国际关系史进行了适当的理论“建构”：提出了唐代宾礼的“去政治化”发展趋势，并用“权力中心论”解释唐代的亚洲国际关系格局。因此，就这一方面而言，全球史观其实是《唐代宾礼研究》使用的研究方法之一。

全球史观有利于打破历史研究中的“一国中心论”倾向，但打破“一国中心论”并不等于没有中心，古代各文明在对周边世界认知的过程中，大多形成了一种以自我为中心的“世界观”[1]。作者认为亚洲各国普遍存在着以自我为中心的“权力中心论”，并以较大篇幅论证了各国存在的“权力中心论”以及不同“权力中心论”在互动中调适、妥协的过程和结果。因此，全球史研究中既要打破“一国中心论”的观点，但也要坚持“中心—边缘”的研究视角[2]。在“册封体制论”“朝贡体系论”理论框架内研究东亚历史，则中国无疑是“中心”，但若以朝鲜半岛、日本为出发点观察周边世界，则中国也是“边缘”。正如葛兆光教授所说，东亚各国既可以互为背景，也可以互为尺度，“你站在

[1] 王永平：《从“天下”到“世界”：汉唐时期的中国与世界》，第1—12页。

[2] 李光宗、王永平：《中外文化交流史研究中的全球史转向》，《齐鲁学刊》2017年第4期，第40—45页。

桥上看风景，看风景的人在楼上看你”[1]。

李鸿宾教授曾指出，现有唐史研究的范式以考证为主，在现有研究的基础上拓展全球史研究的新境界、构筑唐史研究的新范式势在必行[2]。《唐代宾礼研究》一书在分析亚洲各国围绕唐之宾礼发生的诸多“互动”事件的基础上，提出了宾礼“去政治化”的发展趋势，并以“权力中心论”解释唐代亚洲的国际关系格局，可以说既拓展了“全球史研究的新境界”，也在“构筑唐史研究的新范式”方面用功颇深，同时还在唐代亚洲国际关系格局方面尝试进行了理论“建构”，有着重要的启发意义。

五、结　语

从研究内容上看，《唐代宾礼研究》一书并没有局限于唐代宾礼的具体条文，而是在分析唐之宾礼主要内容的基础上，探讨了宾礼实施的动态过程以及宾礼参与各方的心态，提出了宾礼“去政治化”发展趋势的论断；从研究方法上来说，作者不仅熟练运用传统史学研究方法，还借鉴了政治学、国际关系学等理论和方法，具有跨学科、多领域、长时段、大范围的研究特点，而这正是全球史观的重要特征；从研究背景来看，作者除广泛征引汉籍文献和国内学术成果外，还大量引用了国际学术界的研究成果，显示了作者宽广的学术视野；在理论建构方面，作者提出了唐代宾礼的“去政治化”发展趋势，但这只是唐代国际关系状态的表象，背后的真实原因是亚洲各国普遍存在的“权力中心论”，这才是《唐代宾礼研究》一书的重心所在。“权力中心论”是作者在对“册封体制论”“朝贡体制论”等进行深入反思的基础上提出的，出发点是弥补“册封体制论”“朝贡体制论”等概括性不强、适应范围不广的不足，以解释古代亚洲国际关系的常态格局。因此从这一点来说，成熟完善的“权力中心论”应与“册封体制论”“朝贡体制论”等具有同样重要的意义。

书中也有一些不足之处。作者提出宾礼的“去政治化”发展趋势，前提是认为宾礼具有“政治化”的功用。作者认为宾礼的重要目的之一是“以意识形态、文化、经济手段‘教化四夷’，使他们仰慕中国文化，向往中国生活方

[1] 葛兆光：《中心与边缘·分歧与认同·离散与聚合——东亚文明互动与传播的历史样本》，《北京日报》2016年7月18日第15版。

[2] 李鸿宾：《从全球史语境看唐史研究新范式出现的可能性》，《陕西师范大学学报》2018年第3期，第27—33页。

式”，因此除了“政治化”属性外，宾礼至少还应具有“文化”属性，以“政治化”或“去政治化”的理论取向研究唐代宾礼，可以洞察宾礼在政治方面的内涵和意义，作者的论述也堪称精妙，并取得了令人信服的成果，但唐代宾礼的“文化”等内涵仍值得进一步探讨。

另外，作者认为西方学者以现代国际关系理论研究古代亚洲的国际关系，其实他提出的“政治化”“权力中心论”等概念，也是在以现代的理论研究唐代的宾礼和亚洲的国际关系格局。当然，任何史学研究都是以后来的观念研究前代的历史，要为唐代的亚洲国际关系格局建立起一种完善成熟的现代话语体系的理论框架，需要进行系统的学术探索，作者也做了充分的论证，但“权力中心论”仍有进一步提升的空间。

总之，王贞平教授的《唐代宾礼研究》可以说是近年来研究唐代宾礼的力作，也是研究中国古代礼制的重要成果。它的出版对学界重新审视东亚世界的国际关系必将产生重要的影响。

（作者单位：山东工商学院马克思主义学院，首都师范大学历史学院）

The Tang Dynasty's Diplomatic Etiquette and the Asian International Relations Pattern

Li Xiaojie, Wang Yongping

[Abstract] *The Study on the Tang Dynasty's Diplomatic Etiquette* analyzes the interaction on diplomatic etiquette between Tang and Asian countries in the dynamic background of Asian international relations. It holds that "Depoliticization" is the development trend of Tang Dynasty's diplomatic etiquette, which began in Chunqiuperiod. "Depoliticization" of diplomatic etiquette was the semblance of the Asian international relations pattern in the Tang Dynasty and the fundamental reason was the development of the "Power Center Theory" in Asian countries. "Power Center Theory" is the author's theoretical conception to explain the Asian international relations pattern in the Tang Dynasty. *The Study on the Tang Dynasty's Diplomatic Etiquette* is an important work in recent years.

中古佛教社会史的新探索

——《隋唐长安佛教社会史》评介

介永强

佛教是中古史研究领域历久弥新的重要话题，学术界在佛教宗派及其思想学说、僧官制度与寺院组织、佛教寺院经济、佛教典籍、佛教人物、佛教文化艺术、佛教的传播与中外文化交流等方面都取得了许多重要成果。众所周知，佛教作为一种外来文化，扎根中古中国，渗透到了民众社会生活的诸多方面。因而，佛教在宗教实践中的社会意义，也早已引起学者们的关注。可是，有关中古佛教与社会的论著却并不多见，因为宗教社会学研究虽然积累了丰富的经验，但其经验是在大量田野调查的基础上而获得的，未必能够适用于中古佛教社会史的研究。可喜的是，季爱民《隋唐长安佛教社会史》[1]一书独辟蹊径，立足于多元史料的排比和考订僧俗信众的行实，以个案的形式探讨了佛教对于都城政治和社会生活的意义，历时性地考察了佛教与隋唐长安社会的关系，并深入剖析了这种关系的产生、形成、转折和演变，展现给我们一幅动态的长安佛教社会景象。

一

本书主要用专题或个案的形式，“探寻都城佛教与社会关系中的独特性，而不是不分背景、场景地寻找共性”[2]。第一章“寺院社会等级与相互关系”，

[1] 季爱民：《隋唐长安佛教社会史》，北京：中华书局，2016年。

[2] 季爱民：《隋唐长安佛教社会史》，第8页。

根据供养人的身份，将隋唐长安佛教寺院分为国家寺院与民间寺院。作者认为，国家寺院一般具有祖先纪念意义，随着改朝换代与政治变动，寺院等级会发生变动；国家寺院吸引佛学精英，是佛教知识的汇集地，成为佛教中心；国家寺院具有权威性，居于都城佛教的主导地位。隋唐长安民间寺院成为都市佛教颇具活力的部分，僧侣、民众、商人、贵族构成寺院经营的多元主体，僧侣宣传面向民众，采取多样的形式和多元的讲学内容。作者指出，隋大兴城与北周长安城佛教有承接关系，关陇贵族在周隋之际持续供养寺院和僧团，是隋唐长安佛教最为有力的供养人，他们通过地缘等关系吸纳多方佛教资源。本书开篇不以占地大小或僧众多寡来划分寺院的类别，而是以寺院的社会性质将隋唐长安佛教寺院分为国家寺院与民间寺院，重点考察不同性质之寺院的社会功能。由此贯穿全书的社会史视野和社会学方法，无疑大大拓展了隋唐佛教史研究的学术意义。

聚焦于佛教与社会的关系，本书第二章围绕“佛教宣传与社会之间的关系”，揭示了隋唐长安佛教宣传的多元性，探究了佛教舆论宣传与都城社会之间的互动关系。通过分析敦煌、吐鲁番出土的两种《盂兰盆经赞述》的撰写背景及其影响，作者认为，玄奘师徒新译佛典带来“新”“旧”两种宣传方式的并列格局；慧净的注疏将《盂兰盆经》与《净土盂兰盆经》相结合，是佛教宣传中的再创作；法国国家图书馆藏P.2269号写本体现了玄奘师徒利用新的佛典翻译名称和科段结构推动新译佛典世俗传播的努力。作者通过比对考证孟献忠《金刚般若经集验记》保存的萧瑀《金刚般若经灵验记》故事原文指出，萧瑀的《金刚经》故事包含特别情节，这些情节体现出初唐政治与宗教之间的紧张关系，面对政治上的压力与僧尼优裕的生活处境，有识之士意识到需要借助灵验故事宣传予以警示，以维护佛教在社会上的地位。作者注意到，与大多数佛经翻译完成于国家寺院不同，《陀罗尼集经》的翻译是在民间寺院完成的，译场由慧日寺寺主组织，得到贵族的支持，但并没有立即得到官方承认，反而经过道教徒的宣传得到传播，在武后统治时期正式进入藏经。可以看出，本章以敦煌文献为中心，讨论了佛教宣传的“新”“旧”格局及其在中晚唐时期的影响；以灵验记故事的辗转传播为中心，分析了皇帝与大臣、寺院与社会之间在舆论宣传上的互动关系；以密教佛经的合法化过程为中心，考察了密教佛典在社会上传播的过程。作者独具匠心，从“新”与“旧”、官与民、佛教与道教之间的关系探究了隋唐长安佛教宣传的往复传播过程，视角十分新颖。

宗教具有维护社会秩序的功能，“秩序”体现宗教的基本社会意义，在中古时期涉及信仰、人伦规范和政治稳定之间的关系。本书第三章和第四章即分别从政治秩序和家庭秩序两方面，探讨了隋唐长安佛教与社会秩序的关系。第三章探讨佛教与政治秩序之间的关系，作者注意到，唐代前期首都长安国家寺院为太子建立、为母亲建立等背景，体现了希望权力顺利过渡、确认皇位继承秩序等多种动机，反映了寺院建立与政治秩序形成有着紧密的关系。第四章探讨唐前期佛教信仰与家庭秩序之间的关系，以石刻史料为主，注重“将志主宗教体验与生活经历结合起来观察，一般反映志文撰写者的意图，也符合个人精神生活的内在关联性”[1]。本书按照贵族、士大夫、一般居民三个层次，阐述了佛教在夫妇关系、尊卑与长幼关系等方面的影响，作者认为，佛教具有护持伦理关系与牵离家庭秩序的双重作用。不过，让人疑惑的是，同样是奉佛，姬总持临终期望归葬夫家，徐峤夫人王琳卒后没有归葬徐氏在长安的祖茔，而是葬于龙门。两种选择迥然不同，本书对此没有作出进一步的解释。

二

近三十年来，北宗禅的思想与历史重新得到学者们的审视，但仍受传统禅学研究定势的影响，如通常认为北宗禅思想必定被南宗所取代。本书作者关注东山禅法为隋唐都城社会接受的过程，在第五章专题研究了东山禅法北传两京后，佛教信仰方式发生的转折。从外在环境来说，初唐以来通过营建寺院宣示政治秩序的做法在中宗、睿宗时期得到延续，但这一时期的宗教经营与政治动荡彼此交织，不能体现稳定的秩序。是时，士大夫多采用《金刚般若经》作为反对营建寺院或佛像的根据，这些主张在唐玄宗初年才转变为限制佛教营建的政策。作者以为士大夫的主张受到禅思想的影响，从佛教方面看，禅僧在都城传法是群体动向，他们相互之间谦让推美，而不是相互排斥。正是由于僧俗求法者能够转益多师，东山禅法因而获得广泛传播，整体上具有很高的社会声望。诚然，士大夫引用《金刚般若经》中的词句以反对佛教营建，东山禅法早期的文献也有相同的思想，但是，这一点并不构成士大夫受到东山禅法影响的直接证据，而武后末期士大夫与东山禅法的关系仍需讨论。

作者认为，东山禅法的传播为隋唐都城佛教带来了清新的风气，造成佛教

[1] 季爱民：《隋唐长安佛教社会史》，第145页。

信仰方式的转变，即由外在作为转变为内心修为。用这个观点检讨既有的研究结论，会有不同的认知。例如，传统观点认为姚崇在武后末期参与建造佛像，玄宗初年为相之后，参与制定抑制佛教的政策，是他由信佛转向反佛的表现。本书引用姚崇开元二年（714）奏文中“佛不在外，近求于心”的说法以及他晚年的遗言，认为姚崇并没有反佛，只是佛教信仰方式有了转变，这是较为贴切的认知。

禅法的传播，使得人们的佛教信仰方式在唐代发生了转折，这是本书的重要观点。孙昌武认识到东山法门的革命性，以为东山禅法“不同于神通灵异、追求祈福消灾的奉养的佛教，他一方面能够满足民众信仰的普遍需求，受到民众的欢迎，另一方面又得到当时作为新兴社会势力的庶族知识阶层的支持”，但是，“弘忍弟子神秀及其门徒义福、普寂一辈，纷纷被召请入朝，走上御用化的道路。一时间北宗宗师们占据两京及其附近诸大寺，接受朝廷和重臣宦寺的供养”，“这样新兴的禅宗就在相当程度上失去了革新的性质”[1]。本书辨析了北宗禅的思想史意义，作者利用石刻史料，证实东山禅法进入都城长安之后同样流传于一般居民中，都城地区知识阶层普遍接受东山禅法的现象。作者同时强调指出，这种“革命性”不因禅师进入都城地区而消失。

余英时认为，唐宋转型中的思想突破表现为由慧能发起的“入世转向”的精神运动，“传统的佛教以神秀为代表，喜欢贵族支持，而新禅宗通常更能吸引下层社会的民众”，“它也表现出很强的反对将诸多事物视作佛、菩萨和祭祀的礼仪偶像崇拜倾向，不必说，这种简易的传教，更适合大众而非上层社会的精神需要”[2]。本书也讨论了中古思想史上“内在超越”的观点。作者认为，余英时的诠释没有准确反映隋唐都城地区的实际情况，由偶像崇拜到内在超越的转折发生在武后末年至玄宗初期的两京地区，主人翁是走上政治舞台的知识阶层，这一转变与南宗禅没有关系[3]。

本书将隋唐长安国家寺院分为供奉皇室的寺院、为国祈福的寺院以及坊市宣传的寺院，认为皇室以及依附于皇权的宦官成为寺院最为有力的供养人，在第六章专题讨论了唐中后期的权势阶层与僧团流动的关系。作者以安史之乱后

[1] 孙昌武：《作为“宗教革命”的“东山法门”》，载黄夏年主编《第三届黄梅禅宗文化高峰论坛论文集·东山法门研究》，郑州：大象出版社，2013年，第20、24页。

[2] 余英时：《唐宋转型中的思想突破》，曾建林译，载何俊编《人文与理性的中国》，上海古籍出版社，2007年，第51、52页。

[3] 季爱民：《隋唐长安佛教社会史》，第304页。

进入权势阶层的王缙等人为案例，指出史书关于王缙等人劝诱代宗崇佛的记载并不可靠，但他们的确攀比宦官权势，竞相崇佛。王缙是东山法门信徒，在安史之乱后改宅为寺，极力营建。这背离了东山法门的理性信仰精神，意味着传统信仰方式的回潮。作者还以乘如、圆敬、良贲三位僧人为例，分析了唐代中后期僧侣的流动与权势阶层之间的关系。

会昌毁佛是唐代佛教史上的大事件，学界关于会昌毁佛的研究，以往主要集中于这次毁佛运动的原因、过程和影响等方面。会昌毁佛首当其冲的是唐都长安，如果将讨论的范围集中于都城地区，则可以深入考察唐后期佛教与社会之关系的变化，这就是本书第七章“会昌毁佛的社会反响”。作者指出，在武宗君相逼迫之下，功德使的僧团管辖权力逐渐丧失，因此，废佛诏令得到逐步施行；大中初年，朝廷实施有限的恢复佛教的措施，宦官仍是复兴佛教的主要力量，僧尼与一般民众则延续之前的佛教信仰方式。本书着眼于毁佛之际与佛教恢复过程中权势阶层、士大夫家庭、一般民众、僧团的不同反应，这无疑使我们对会昌毁佛的过程和影响有了更为丰富和真切的认识。

三

本书在写作上的突出特点，一是注重多元史料的运用。传世文献关于隋唐长安佛教的史料并不丰富，其中，《续高僧传》《宋高僧传》等僧史记载较为简略，难以成为建立佛教社会史的主要资料。作者充分综合利用石刻文献、敦煌吐鲁番文书等史料，力图复原隋唐都城佛教社会史的丰富场景。如在谈到宗教宣传对国家宗教实践的影响时，传世文献与石刻史料对于李承乾建议为长孙皇后祈福建立寺院的记载不同[1]，作者指出，就史源而言，《贞观政要》《旧唐书》《资治通鉴》等史书的记载可能都来自唐前期的国史，经过剪裁加工，在细节上不同，相互之间属于“父子证”。《大唐鄠县修定寺传记》与《元一统志》的记载互不隶属，却共同指向于朝廷曾经发布修复废旧寺院诏令这一事实，属于“兄弟证”，因而所记近于实情。本书认为，官方史料记载皇太子、房玄龄以及其他朝臣促成了诏令的形成，保留了诏令出台过程的生动情形。由此可见，作者判断史料价值时，能采取较为公允的态度。

二是注意文献校勘与历史细节的梳理。如本书校勘了《无垢称经疏》尾题

[1] 季爱民：《隋唐长安佛教社会史》，第131页。

中“幽明苏地”中的“苏”[1]。作者根据日本天保七年（1836）抄写的大谷大学藏本作“蓟”，“蓟”同“蓟”，推测“苏”为“蓟”的误抄，认为“幽明苏地”应作“幽州蓟地”。在文献校勘上，本书还采用内证[2]的方法，辨析了两种《盂兰盆经赞述》的先后关系。作者指出，上图068《盂兰盆经赞述》采用的《大经》即疑伪经《净土盂兰盆经》，这是前人论证两种注疏时没有注意到的区别。在此基础上，本书认为慧净首次将青提入地狱的缘由和目连救母的过程两个方面结合起来，塑造了生动的故事情节，增强了渲染效果。再如，对于斋文，学界从斋文的意义、场景等角度命名，有“愿文”“斋文”和“祷文”等称呼。郝春文认为，“斋文是在佛教徒组织的斋会上宣读的开场白”，其内容一般是“先颂扬佛的功德、法力，次述斋会的事由，再述斋主的高贵出身（多为吹捧）、美好品德及对佛教的虔诚等，最后是对佛的祈求”[3]。而赞宁描述卢鸿的文章为“序赞邑社”的导文，这符合斋文的含义。本书作者认为，“导文”也应是这类文体的贴切称呼[4]。本书还致力于澄清隋唐长安佛教寺院的历史，如肃宗时期的文献提及长安定国寺，作者通过辨析，推断肃宗曾经改大安国寺名为定国寺[5]。史书对于会昌六年（846）唐都长安佛教寺院损毁的记载，《唐会要》与《旧唐书》颇有不同，作者认为是《旧唐书》对史料裁剪不当造成的。

毋庸讳言，本书第四章“唐前期佛教信仰与家庭秩序”，利用石刻史料探讨了唐长安居民佛教信仰生活的细节，但总体看来，与一般的佛教信仰研究没有多大区别，缺乏新颖的核心观念。本书尚嫌不足的是，对佛教与唐后期长安社会之关系的讨论较为简略，这一时期佛教社会史的丰富内容与多元面貌有待深入研究。

（作者单位：陕西师范大学历史文化学院）

[1] 季爱民：《隋唐长安佛教社会史》，第55页。

[2] 季爱民：《隋唐长安佛教社会史》，第60、61、65页。

[3] 郝春文：《关于敦煌写本斋文的几个问题》，载氏著《郝春文敦煌学论集》，上海古籍出版社，2010年，第239页。

[4] 季爱民：《隋唐长安佛教社会史》，第199页。

[5] 季爱民：《隋唐长安佛教社会史》，第244页。

A New Exploration on Social History of Buddhism in the Middle Ancient Times: Review of *A Social History of Buddhism in the Sui-Tang Chang'an*

Jie Yongqiang

[Abstract] *The Social History of Buddhism in the Sui-Tang Chang'an* is a unique masterpiece which discusses the social history of Buddhism during the middle ancient times. Basing on paralleling all kinds of historical materials as well as examining and correcting the action of believers of Buddhist and secular, this book investigates the significance of Buddhism to capital politics and social activities in the form of special topics and individual cases.By researching the relationship between Buddhism and society of Chang'an in the Sui and Tang Dynasties diachronically, it unfolds a dynamic spectacle of Buddhism society of Chang'an to us. Otherwise, the social historical vision and multidisciplinary research method throughout this work has largely expanded the academic significance of Buddhism study in the Sui and Tang Dynasties.

《唐史论丛》引文规范及说明

《唐史论丛》编辑部

一、一律使用简体字，人名、地名等简化后会产生歧义的可使用繁体字。

二、引文文字、标点等项，如有改动，须在注释中做出说明。

三、注释采用脚注，每页重新排序，序号用“[1]、[2]、[3]……”标识。体例如下：

（一）古籍类

一般情况下，引用古籍标注项目与顺序：责任者与责任方式/书名/卷次/部类名及篇名/出版地/出版社/出版时间/页码。

例：（宋）欧阳修：《新唐书》卷四六《百官志》，北京：中华书局，1975年，第1183页。

注意事项：

1.若加注作者朝代，一律使用圆括号（ ）；若作者为外国人，一律使用方括号，如：［日］。

2.古籍卷次一律不得使用阿拉伯数字。《资治通鉴》等古籍须标注年月，为避免混乱，在卷次后加逗号“，”。如：《资治通鉴》卷二〇〇，永徽六年十月条，北京：中华书局，1956年，第6293页。

3.出版社须标注地址，如出版社名称中可体现地址（如：上海古籍出版社），则可不用标注。通行的中华书局点校本不标注“点校本”字样。影印、古籍刻本须标注。

4.页码连续在两页以内者，用顿号“、”（如：第1、2页）；在三页及以上者用一字线“—”（如：第1—3页）。

（二）一般图书

标注项目与顺序：责任者与责任方式/书名/卷册/出版地点（城市）/出版者/出版时间/页码。

例：张树年主编：《张元济年谱》，北京：商务印书馆，1991年，第6页。

注意事项：

若为译著，标注译者于卷册篇名后、出版地点前。如：［日］仁井田陞：《唐令拾遗》卷二一《公式令》，栗劲等译，长春出版社，1989年，第2页。

（三）析出文献

标注项目与顺：作者/析出文献名/文集编者/文集题名/卷册/出版地点（城市）/出版者/出版时间/页码。

例：（清）黄宗羲：《汪魏美先生墓志铭》，载沈善洪主编《黄宗羲全集》第10册，杭州：浙江古籍出版社，1992 年，第382页。

（四）期　刊

引用期刊中的文章，标注项目与顺序：作者/文章名称/期刊名称/卷册号及出版日期/页码。

例：吴艳红：《明代流刑考》，《历史研究》2000年第6期，第34页。

（五）外文文献

1.引外文文献，原则上应使用该文种通行的引证标注方式。

2.引英文文献的标注方式：

（1）引证专著（编著、译著），标注项目与顺序：作者/书名（斜体）/出版地点/出版者/出版时间/页码。

例：*Randolph Starn and Loren Partridge,The Arts of Power:Three Halls of State in Italy*,1300—1600,Berkeley:University of California University,1992,pp.19-28.

（2）引期刊中的文章，标注项目与顺序：作者/文章名称/期刊名称（斜体）/卷期号/出版时间/页码。